U0139682

人民文库 第二辑

两宋财政史

（修订本）

（上）

汪圣铎｜著

人民出版社

出 版 前 言

1921 年 9 月,刚刚成立的中国共产党就创办了第一家自己的出版机构——人民出版社。一百年来,在党的领导下,人民出版社大力传播马克思主义及其中国化的最新理论成果,为弘扬真理、繁荣学术、传承文明、普及文化出版了一批又一批影响深远的精品力作,引领着时代思潮与学术方向。

2009 年,在庆祝新中国成立 60 周年之际,我社从历年出版精品中,选取了一百余种图书作为《人民文库》第一辑。文库出版后,广受好评,其中不少图书一印再印。为庆祝中国共产党建党一百周年,反映当代中国学术文化大发展大繁荣的巨大成就,在建社一百周年之际,我社决定推出《人民文库》第二辑。

《人民文库》第二辑继续坚持思想性、学术性、原创性与可读性标准,重点选取 20 世纪 90 年代以来出版的哲学社会科学研究著作,按学科分为马克思主义、哲学、政治、法律、经济、历史、文化七类,陆续出版。

习近平总书记指出："人民群众多读书，我们的民族精神就会厚重起来、深邃起来。""为人民提供更多优秀精神文化产品，善莫大焉。"这既是对广大读者的殷切期望，也是对出版工作者提出的价值要求。

文化自信是一个国家、一个民族发展中更基本、更深沉、更持久的力量，没有文化的繁荣兴盛，就没有中华民族的伟大复兴。我们要始终坚持"为人民出好书"的宗旨，不断推出更多、更好的精品力作，筑牢中华民族文化自信的根基。

人民出版社

2021 年 1 月 2 日

目　录

第一编　两宋财政发展史概述

第二编　两宋财政的收入与支出

第三编　宋朝财政的管理体系与设施

初 版 前 言

　　本书写作的目的,是想从整体上对宋朝财政进行客观的描述,从而揭示那个时代社会生活的一些重要特征。同时,勾勒我国中古时期财政演进史的一个横切面的轮廓,也有助于深刻认识当时的社会结构、上层建筑对经济基础反作用的深刻程度等。

　　为了达到这一目的,笔者在数年前拟订了写作计划。首先,查阅了力所能及的正史、杂史、笔记、方志、碑刻以及其他历史资料,书中征引者有三百余种,曾经查阅未加引用或未直接引用者又有数百种。随后,笔者对这些史料进行了分析、比较、综合、去伪存真的工作。与此同时,按计划分别对宋朝财政涉及的各个领域进行了有步骤的探考和研究,撰写和发表了一些学术探讨的文章。笔者竭力争取不但在对宋朝财政整体的认识上,而且在其各主要部分的研究上,都或多或少较前人有所突破或提高。在最后的三年中,笔者陆续将腹稿落实为文字。在此意义上可以说,本书是笔者若干年探求和工作的总结。为了达到上述目的,笔者做了很大努力去吸取前人和今人已有成果,查阅了大量专著和论文。在某些笔者自觉功力尚浅或感觉已有专家做了充分研究的地方,更做了较多的吸取。有些书中已作了说明,然而大量的却无法在书中一一说明,谨在此对这些研究者和专家表示衷心的敬意,并说明情况,以表示笔者不敢掠美的心情。但是,也应说明,本书吸取前人成果,一般不采取直接征引或简单加工的方式,而是尽可能充分加以消化,使它们同自己的研究成果融为一体。在这一意义上，本书是笔者学习和归纳前人成果的总结。

本书在写作方法上，力求突出科学性和严谨性，即本着实事求是的态度去考察历史。本书的重点是如实而概括地反映历史原貌，而不是阐述某些历史理论。因此，笔者既不想堆砌史料，搞烦琐考据，让读者云里雾里摸不着头绪，又不想在叙述中加入过多的议论和主观成分。本书不但在文字上力求精准，在史实的叙述上反映历史原貌，而且更主要的是力求在总体上、各种联系及其变化上反映历史原貌。

本书力图体现三种观念：整体观念、发展观念、数量观念。所谓整体观念，一是讲把宋朝财政看作一个整体，是一个开放系统。将其各个方面看作是彼此互动、紧密联系的子系统。本书努力突出地刻画整个系统的性质、结构、运作方式，刻画系统与子系统、各子系统之间的联系和互动。二是讲本书力图体现自身的整体性，做到结构严谨，层次分明，前后照应，繁简得当，避免重复和遗漏。所谓发展观念，是指不把各种财政设施、相关的典章制度看成静止不变的历史现象，而是将宋朝财政整体及各组成部分都看成是与外界联系、不断发展变化的历史过程，在叙述中注意反映这种变化。所谓数量观念，是指本书在考察宋朝财政结构时，力图注意各种数量关系，尤其是财赋的数量关系。财政的主要管理对象是财赋，财赋是可以计量的。考察各项财赋收支转移的数量及其比例关系，对于精确认识整个财政结构及性质都是十分必要的。但是，史籍所提供的统计数字有时是不科学或不准确的，本书在数据的分析考察方面也作了努力。

宋朝财政在我国中古时期是具有典型性的，它对此后我国历史的发展有着深刻的影响。关于宋代财政，许多学者作了深入的研究，取得了丰硕的成果。但迄今为止，只有日本学者曾我部静雄《宋代财政史》是从整体上进行全面研究的专著。此书成书于二三十年前，尽管学术造诣颇深，却也有不少欠缺。除了内容中某些可以商榷之处外，最突出的还是此书结构比重上的不足：彼此不相连贯的专题研究所占篇幅过大，而对财政关系甚大的问题未能展开。况且近二三十年中学术界已把有关的研究大大推向前进。本书力图在填补这方面学科空白上贡献绵薄之力。然而宋朝财政是一个大题目,尽管笔者苦心经营,像一位虔诚的石匠那样悉力雕琢,然学疏才浅,力难胜任,难免有疏漏错讹,还望专家学者赐教。

一九八九年六月

修 订 前 言

　　《两宋财政史》是我二十多年前的著作。此书出版后,随着学界对此书重视程度的提高,特别是不少学校将本书列入古代史方向或宋史方向研究生的参考书,给我造成一种压力,进而产生了修订此书的愿望。现在,这一愿望借助人民出版社的支持终于变成了现实。然而,现在的我已近乎风烛残年,打乱原书体系重写已是绝无可能,出于现实的考虑,这次修订,只能是在原来框架下作局部调整、完善。所以,此次修订的主旨是完善原书。

　　修订主要包括三个方面:一是修改明显错误、偏颇及过时的论述。例如,由于对于宋代的冗官问题有过激认识,导致标题中以"冗官支费"代替了"官员及官僚机构支费",这是不当的。此次纠偏,恢复了较为客观和中性的"官员及官僚机构支费",且在相关论述中,做了相应的修改。又例如,由于我原来对府州军监中的"监"的认识有错误,导致书中相关论述的失当。此次对此一一做了修正。此次修订,核对了部分有疑问的史料,校正了一些错讹,对某些转引的文字改用了更原始的文献。例如,将原书征引《长编拾补》等作了替换。又例如,原书第9页引《长编》文字,将"崇高"讹为"嵩高",此次核对点校本予以改正。同时,改正了原书在抄录、排印过程中出现的一处错讹。例如,原书第八章节题排序有失误,缺少了第二节,此次作了纠正。又例如,原书第550页将"孝宗对辅臣讲"中的"对"字讹为"时"字,使得宋孝宗的话变成了辅臣的话,此次也做了校正。

二是补充此书出版后我本人的相关研究成果。例如,皇室及宗室支费独立成章后,原来的内容稍显薄弱,正好原书出版后我对宗室问题、官员俸禄问题作了较深入的研究,此次就将有关成果融入其中,特别是将我对皇室、宗室、外戚女性俸禄以及官员俸禄外颁给的研究成果,写入了相关章节。又例如,关于公使供给,原书只在关于地方财政的章节内顺带言及,后来我对公使钱及公使供给问题作了进一步研究,此次在官僚机构及官员支费一章内作专题论述,包含了我的研究成果。又例如,南宋税粮的法外多收,原书只是泛泛言及,未能强调它在南宋财政中的重要性,此次另列小题专述,强调指出了因此而造成的税粮成倍增收的结果。原来我对南宋免役法问题研究不够深入,相关论述存在含糊其词的问题,后来我对此也作了较深入的研究,此次南宋免役钱的上调与留州等问题的叙述就做了改进。原书对预借赋税只是一带而过,后来我对此又作了一些探讨,此次作了较多的补充。负责西部军费的熙河等路边防财用司,原书未言及,我后来对它做了些研究,感到它在宋代财政史上有一定重要性,此次就将研究成果补入,尽管没有展开深入讨论。再如,关于州郡的粮料院、审计司,《宋史》的《职官志》《食货志》均无记载,以往多被忽视,原书也未能深入。后来阅读宋代文献,感到此问题有深入讨论的必要,此次就作了一些补充,融入了我的新认识。

三是适当调整原书上结构上的不合理处,补充重要的遗漏。例如,原书存在重收入、轻支出的倾向。这次对此作了一些调整。将“皇室支费”与“官员及官僚机构支费”分立二章,内容也做了较多的补充。原书述财政基层,只述县邑,实有缺陷,因为不少税收都是通过场务收上来的。所以,此次补入了关于场务监当的内容。原书对财政方面的立法未作专门论述,此次在第五章内,专立“宋朝财政方面的法规”,弥补了这一缺漏。又例如,一些项税利收入的分隶制度原先只是在论述州郡财政时泛泛论述,不够集中和突出,此次另列小题专述,力求使读者从中体会到朝廷、路、州、县各级财政的既统一又有区分的复杂关系。由于我原先对提刑司的研究不够深入,原书对提点刑狱司财政方面职能的论述过于简单,未能全面正确地反映其实际。这次作了较多补充,勾勒出提刑司在财政方面职能的梗概,比以前较为丰富、充实了。此次修订,对元丰、元祐、崇宁、大观、宣和诸库的论述也做了重要补充。

经过七八个月的努力,都是为了一个目的——使这部著作更加完善,都是出于一个动机——留给后世一部尽可能完美的著作。史学研究,有点像永远没有终点的接力长跑,史学研究者就像一名运动员,一棒接一棒向下传递,史学研究的路在不断向前延伸。我的希望,就是在自己的一棒内跑出更好的成绩,给下一棒提供更佳的基础。

第 一 编
两宋财政发展史概述

第 一 章

宋朝全盛时期的财政

所谓宋朝全盛时期,这里特指宋初至仁宗去世的百余年时间。人们习惯上把真宗、仁宗两个皇帝统治的时期看作两宋的黄金时期,然而太祖、太宗统治时期除了版图尚小之外,其他方面大都不差于真宗、仁宗在位时期,有些方面或许更好些,例如军事上更有生气,财政上未见匮乏等。故这里将其一并归入宋朝的全盛时期。宋朝历史积贫积弱是一重要特点,在这一意义上将其前百余年划为最盛时期,也是较为合理的。财政状况与国势兴衰密切关联,此时期的财政也是整个宋朝统治时期中比较最好的。

第一节 财制上的高度集权

一、割除唐五代藩镇割据的弊端

宋朝财政上的集权,是超过前代的。这种高度集权的财政管理制度,是从宋初即奠定了基础的,这在一定程度上也是在割除唐、五代以来藩镇割据积弊而矫枉过正的结果。宋初鉴于唐五代藩镇割据的历史教训,立

国之始就从各方面加强中央集权,财权的集中自然是最重要的一方面。宋人李攸《宋朝事实》卷九《官职》对此记述颇详:

> 唐自开元、天宝以后,藩镇屯重兵,皆自赡。租赋所入,名曰送使、留州,其上供者鲜矣。五代疆境偪戚,藩镇益强,率令部曲主场院厚敛。其属三司者,补大吏以临之,输额之外,颇以入己。太祖历试艰难,周知其弊……藩镇有阙,稍命文臣权知;所在场务,或以京朝官监临。凡一路之财,置转运使掌之;一州之财,置通判掌之;为节度、防御、团练、留后、观察、刺史者,皆不予签署(一作"书")金谷之事,于是外权削而利归公上矣。

南宋著名学者叶适对财权的集中曾有如下的评论:

> 太祖之制诸镇,以执其财用之权为最急。既而僭伪次第平一,诸节度伸缩惟命、遂强主威以去其尾大不掉之患者,财在上也。①

宋初在财制上加强中央集权以消除藩镇割据的重要经济基础,主要采取了两方面的措施:增加总赋入中直接归中央调用的财赋的比例,加强对地方财政的控制和监督。李焘《续资治通鉴长编》(以下简称《长编》)卷五太祖乾德二年条载:

> 是岁,始令诸州自今每岁受民租及管榷之课,除支度给用外,凡缗帛之类,悉辇送京师。

同书卷六乾德三年三月载宋廷曾重申这一敕令。这一规定的意义,乃是针对唐、五代以来的如下一种现象:地方向中央按规定的数量或比例输送财赋之外,赋入的其余部分朝廷不再过问,悉听地方自行支配。地方又可以用各种名义或明或暗地增加赋入,据为己有。其结果,使得藩镇得以在所辖地区积聚大批财赋,作为其与中央政府抗衡的物质准备。当然,据南宋另一位学者陈傅良讲,乾德年间颁布的上述敕令实际上并未得到完全贯彻,仍有相当数量的财赋存留地方。但是既然有了上述规定,虽然这些财赋可以暂存地方,而一旦朝廷认为必要,即可随时向地方征调。例如

---

① 《水心别集》卷一一《财总论》;马端临:《文献通考》(以下简称《通考》)卷二四《国用考》。

《长编》卷一一四载景祐元年就有诏令将存留地方的财赋辇运京师。地方除经费外,其余财赋全部输送京师的规定,对于加强中央在财政上的集权起了重要作用。随后,开宝六年,又"令诸州旧属公使钱物尽数系省,毋得妄有支费"。淳化五年十二月,又进一步规定"置诸州应在司,具元管、新收、已支、见在钱物申省"。① 这两项规定,在原则上取消了地方对其留用财赋的独立支配权,确定了较严格的财务结算申报制度。这样,地方在财政上就处于中央政府的严密控制和监督之下了。

除了上述原则规定外,为了确保宋朝中央直接支配的财赋数量,宋廷还先后对各地输送京师的上供财赋数量做了具体规定。据陈傅良讲:太平兴国六年初立江淮上供米纲之额,景德四年修订增加数额为每年六百万石;后又规定了别路上供粮的数量。大中祥符元年初立上供银纲定额,天禧四年四月初立上供钱纲定额。绢绵上供初立定额之时不见记载,然咸平三年时已有定额。② 据此可知输送京师的税物中主要品类都有规定数额。为了减少因地方每年向京师输送缗钱而造成地方交易中缺少现钱的压力,同时也为了增加上供财赋的实际价值,宋廷还规定可将部分现钱变转购买当地特产或贵重物品输送京师。例如仁宗景祐二年十月诏令:"诸路岁以缗钱输京师,……江东五万缗,自今并市䌷绢绵,福建、广东各十万,广西八万,并市银上供。淮南、湖北各五万,两浙五万五千,输缗钱如故。"③这样,上供财赋的数量有了增加,而且还有一套比较完备的上供制度为之作保证。

前已述及,宋朝加强财政上的集权,还表现在对禁榷课利的严密控制上。除了在禁榷课利收入较多的地区置设一些直隶中央的场监委派京朝官监当之外,宋初以来钞引制度的推行在客观上也大大加强了宋朝中央政府对禁榷收入的控制权。据陈傅良记:"国初盐荚('荚'当为'茶'或'筴'之误)只听州县给卖,岁以所入课利申省,而转运司操其赢,以佐一

① 并见《通考》卷二四《国用考》。
② 参见《通考》卷二三《国用考》引止斋陈氏语。
③ 李焘:《续资治通鉴长编》(以下一律简作《长编》)卷一一七。又同书卷一八载,太平兴国年中诸州有"上供均输金银丝绵"等,当与此相类。

路之费,初未有客钞也。雍熙二年三月,令河东、北商人如要折博茶盐,令所在纳银,赴京请领交引。盖边郡入纳算请,始见于此。端拱二年十月,置折中仓,令商人入中斛斗,给茶盐钞。盖在京入中斛斗算请,始见于此。天圣七年,令商人于在京榷货务入纳钱银,算请末盐。盖在京入纳见钱算请,始见于此。而解盐算请始天圣八年。福建、广东盐算请始景祐二年。京师岁入见钱至二百二十万,诸路斛斗至十万石。"① 由于发行钞引,盐茶等禁榷课利可以由商人直接以算请的方式输纳京师,不必再由地方转输,这自然增加了宋朝中央对禁榷收入支配的主动权。后来宋廷又对各路负担钞引偿付的数量作了规定。例如仁宗时曾规定商人于京师榷货务入现钱,赴淮浙盐场请盐,岁课为四百万缗。② 这样,就等于分取了原来归属地方财计的一部分禁榷收入,直接归属于中央,中央政府对于禁榷收入的支配能力进一步增强了。

宋朝前期在财政上采取的如上措施,消除了藩镇割据的重要经济基础,对于加强宋朝中央集权的政治体制起了很重要的作用。

二、三司理财体制的形成和发展

三司之设,唐以前无之。③ 发端于唐,成形于五代。三司的出现反映了两方面的情况:一是随着募兵制的实行,军费激增,财政在国家事务中的地位加强。二是在加强皇权动机的驱使下,使职泛滥。宋咸平二年八月,孙何上疏中言及三司使之起始,谓:

> 有唐贞观之风,最为称首。于时封疆甚广,经费尤多,亦不闻别分利权,改创使额,而军须取足。玄宗侈心既萌,贪地无已……召发既广,租调不充,于是萧旻、杨钊始以他官判度支,而宇文融为租调地税使,虽利孔始开,祸阶将作,然版籍根本尚在南宫。肃、代之世,物

---

① 《通考》卷一五《征榷考》引止斋陈氏曰。
② 参见《长编》卷一八六嘉祐二年十一月癸酉。
③ 按,汉朝三司系指三公之司,唐又称尚书刑部、御史台、大理寺为三司,且曾设三司使以决疑狱,均与财政无涉,即与我们讨论的"三司"无关。参见赵与时:《宾退录》卷七。

力萧然,于是有司之职尽废……专置使额……[德宗时]叛乱相仍,经费不充,使额又建……①

孙何所讲唐玄宗以后,因经费不足,于尚书省二十四司之外,另设专使以掌财计之事,基本是符合史实的。这正是后来三司及三司使设置的发端。唐玄宗时期是使职开始泛滥的时期,动辄委派钦差使者,取代原先三省六部及寺监中的对应官员,出现了有个别亲信大臣身兼数十使的情况。不过,唐玄宗时尚没有并列的盐铁、户部、度支三使,因而也没有作为理财中枢的"三司"之名,当时更没有兼领盐铁、户部、度支的三司使。度支使、盐铁使的正式单独设官置署,据《唐会要》记,都是肃宗乾元年中的事。乾元元年,第五琦除度支郎中,系衔诸道盐铁使。乾元二年十二月,吕谭除兵部侍郎、同中书门下平章事,充勾当度支使。② 这大约是较早的盐铁使、度支使。设使之前,尚书省户部有度支郎中,度支乃为尚书省二十四司之一司,其职掌是统筹国计。玄宗时及以后,财计日窘,度支职事尤显重要,故先由重臣兼判,后干脆另置专使。盐铁权利肃宗以后日渐重要,"几半天下之赋",尤为唐朝中央政府财计所倚仗,故也置专使。二使之设,使得唐朝主掌财计的机构由尚书省户部转变为盐铁、度支、户部并列的三使司,三司之名由此而起。

宋人林駉《古今源流至论》后集卷二《三司》讲:

尝观三司沿革之由矣。度支本唐户部之郎耳,自宰相兼判、系以使名,而度支之权始重,此其一变也。盐铁亦唐户部之郎耳,自御史台分务,吏至万员,而盐铁之权愈重,③此其再变也。接于五代,盐铁、度支、户部皆专使,总额曰三司,而盐铁又升户部、度支之上,此三变也。④

林駉所讲除关于盐铁使的文字不甚确切外,其所勾画的演化轨迹大体还是属实的。唐朝虽有盐铁使、度支使之设,且有一人兼数使之现象,然盐

---

① 《长编》卷四五。
② 分见《唐会要》卷五九《度支使》、卷八八《盐铁》。
③ 此文关于盐铁使的记述有误,所谓"吏至万员"应是三司之总数,非盐铁一司之数,详见《新唐书》卷二〇三《文艺·吴武陵传》。
④ 原书细文多误,不录。

铁、度支实各为一司,且非常设机构,更没有统领盐铁、度支、户部的三司使。据宋人吴曾《能改斋漫录》卷二《三司使之职》记:

> 国初有盐铁、度支、户部三司使之职,盖始于唐末天祐三年以朱全忠为盐铁、度支、户部三司都制置使,三司之名始于此。全忠辞不受。

据此,唐末虽曾以"三司都制置使"之职委予朱全忠,却未被接受,故直到唐末实际上仍没有三司使的设置。三司使之设始于五代之后唐,《旧五代史》记:

> [后唐明宗]长兴元年八月,以许州节度使张延朗行工部尚书、充三司使,班在宣徽使之下。三司置使,自延朗始也。①

宋朝承袭了五代三司及三司使的设置。然而太宗和真宗时曾经历了两次分而又合的变动:太平兴国八年分三司为三部,分别设使;淳化三年五月合为一司,共设一使。至道二年,复分三司为三部分设使;咸平六年复合设一使。② 两次分立三司的时间共约十六年,同北宋前期的百余年相比,毕竟还是短暂的。

三司既是北宋前期理财的首脑机构,它在财政上的作用自是不容忽视的。这种作用可以简单地概括为:财政上实行了集权,财权集中于中央,中央财权的主要部分又归于三司。故而在一定意义上可说三司是财政集权的一个主要体现者。《古今源流至论》后集卷二《三司》又记:

> 盖我朝(按,指宋前期)以宰相主民,枢府主兵,三司主财。国家大务,莫重三者,故不得不专其职也。[三司]有正使,位亚执政,官称省主;有副使,位亚待制者,称省副;外此有判官,其员有二,资序视转运;有子司,其员有六,资序视提刑,通称曰省判。

又于注文中记道:

> 国朝沿五代后唐之制,置三司使以总国计,应四方贡赋之入,朝廷未尝预焉,一归三司。总盐铁、度支、户部,号计省。使位亚执政,目为计相,官称省主,其恩数廪禄与参[政]、枢[密]并。

① 见此书卷一四九《职官志》。《新五代史》卷二六《张延朗传》、孙逢吉《职官分纪》卷一三《三司》、王辟之《渑水燕谈录》卷五也有类似记述。

② 林駉:《古今源流至论》后集卷二《三司》,另参见王辟之:《渑水燕谈录》卷五。

这些记载说明了三司使及三司地位的重要。皇帝之下,三司使乃是理财的最高总领,宰相之位虽高于三司使,但对于财计事,一般情况下却是无权干预的。三司及三司使乃是理财体系核心所在,故北宋人司马光言称:"祖宗之制,天下钱谷自非常平仓隶司农寺外,其余皆总于三司,一文一勺以上悉申帐籍。"①而《宋会要·食货》五六之一引《神宗正史职官志》也谓:"三司沿后唐置,国朝以两制学士充使,亦有前执政充者,于天下财计,无所不统。"

整个北宋前期,三司及三司使一直在宋朝财政上居于核心和主导位置,发挥重要作用。而三司及三司使财权的强大,正是北宋前期财政上集权化的表现。

三、皇帝对财政直接控制的加强

财权的集中,还表现在皇帝对财计之事较以往更多地亲自干预上。宋朝皇帝不但亲自参与有关财计的各项重要制度的制定,亲自主持大臣们有关财计的重要会议,而且还经常过问财计的盈亏虚实。太宗于淳化三年(992)特下诏规定:"自今三司每年具见管金银钱帛军储等簿一本以闻。"②真宗、仁宗、英宗三朝进一步命三司使主持编定《会计录》,详录有关财计的重要数据,以便皇帝全面了解财政运行情况。

太宗于至道初年所讲的一番话,道出了宋朝历代君王对财计格外关心的动机,他说:

　　朕岂不知以崇高自恣耶!但为救世养民,所以钱谷细务,亦自与用心区分。朕若更不用心,则如何整顿也?只如前代帝王昏弱,天下十分财赋,未有一分入于王室。唐德宗在梁、洋,公私窘乏,韩滉专制镇海,积聚财货,德宗遣其子皋往求,得百万斛斗,以救艰危,即当时朝廷事势可见矣。朕今收拾天下遗利,以赡军国,以济穷困,若豪民

① 《长编》卷三六八。
② 《宋大诏令集》卷一八四《三司岁具金银钱帛簿以闻诏》。

猎户，望吾毫发之惠，不可得也。①

太宗所谓"救世养民""济困穷"之类言语，虽有自我溢美之意，然而他所讲的害怕像唐德宗一样在财计方面受制于下，却流露的是实情。为了进一步加强皇帝亲自驾驭财计的能力，也为了皇室用财的方便，北宋前期又设置了内藏库，其财赋由皇帝亲自掌握。

把赋入分为朝廷公财与皇室私财，汉朝已有之。汉朝司农之财为朝廷公财，水衡、少府之财为皇室私财。宋初没有皇室私藏之设。平定荆湖西蜀之后，财计较前充裕，于是宋太祖便决定贮存一部分财赋，不得皇帝允准不得随意支用。史载：

> ［乾德三年］国初，贡赋悉入左藏库，及取荆湖、下西蜀，储积充羡。上顾左右曰："军旅饥馑，当预为之备，不可临事厚敛于民。"乃于讲武殿后别为内库，以贮金帛，号曰封桩库，凡岁终用度赢余之数皆入焉。②

王辟之《渑水燕谈录》卷一又记：

> 太祖讨平诸国，收其府藏贮之别府，曰封桩库。每岁国用之余，皆入焉。尝语近臣曰："石晋割幽燕诸郡以归契丹，朕悯八州之民久陷夷虏，俟所蓄满五百万缗，遣使北虏，以赎山后诸郡。如不我从，即散府财募战士以图攻取。"会上晏驾，乃寝。③

这些记载说明太祖设封桩库，主要是拟用以积储收复幽燕的费用，事未及行，他即去世。太宗即位后，很快即将封桩库、左藏北库改建为内藏库。《长编》卷一九谓：

> ［太平兴国三年冬十月］，上初即位，幸左藏库，视其储积，语宰相曰："此金帛如山，用何能尽……"于是分左藏北库为内藏库，并以讲武殿后封桩库属焉，改封桩库为景福内库。④

---

① 《长编》卷三七。
② 《长编》卷六，又见《太平治迹统类》卷二九。
③ 事又见叶梦得《石林燕语》卷三。
④ 关于左藏北库、封桩库、内藏库及景福内库之关系，宋人记载不一，《长编》于上引文后的细文中列举众说，并作了分析，可以参考。

据说太宗创立内藏之初曾对近臣讲："此盖虑司计之臣不能节约,异时用度有阙,复赋率于民。朕不以此自供嗜好也。"①这说明太宗创立内藏库的动机,乃包括对司计之臣不甚放心而要通过亲掌一部分财赋以加强对财政控制的意图。以后宋朝君臣也多强调内藏蓄积以待非常的功用。如李心传《建炎以来朝野杂记》(以下简称《朝野杂记》)甲集卷一七《内藏库》记:

> 真宗咸平中尝谓宰相曰:"祖宗置内藏,所贮金帛,以备军国之用,非自奉也。"二圣削平诸国,亲祀郊丘,所费不赀,皆出于是,三司所假,凡六千万。自淳化至景德,每岁多至三百万,少亦不下百万。三年不能偿,即蠲除之。此库乃为计司备经费耳。故仁宗后,西北事起,大率多取给于内藏。

又章如愚《群书考索》续集卷四五《财用》也称:

> 宋朝置内藏、奉宸等库,其实欲蓄积以待非常之用。军兴赏赉则用之,水旱灾伤振济则用之,三司财用乏则出以助之,诸路财用乏则出以助之。

再从文献记载看,虽然内藏财赋为皇室私用者也不少,但是用于军费、赈灾、济乏等方面确也经常可见。这说明宋朝内藏之财与前代水衡、少府之财稍有不同,即用于封建国家的部分所占比重增加,且成为封建皇帝控制国家财政的重要手段。这体现了财权的特殊的集中,即皇帝直接掌握的财权的增加。

内藏的建立,使得输送京师的财赋分为两部分,一部分由三司掌管,另一部分由皇帝亲掌,这虽然有加强皇权的功用,却给三司理财带来不小的困难,它使三司财计常常人为地处于困窘之中。开始,入于内藏的财赋仅仅是括取吴唐荆蜀诸国府库的财赋和经费之余,后来渐渐演变为固定的窠名和数额的赋入。这就导致负责理财的三司不得不常常因财计无措向内藏挪借,一方面挪借,另一方面又不得不千方百计增加赋入以补不足,不少财政上的混乱及苛征暴敛的出现都由此而起。

---

① 《宋史》卷一七九《食货志·会计》。

第二节　由收支基本平衡到危机初现

从财政收支状况上看,从宋初至真宗去世前,入不敷出的情况较少,状况稍佳;仁宗、英宗统治时期,入不敷出的情况较多,状况稍劣。根据收支状况的变化,可以把北宋前期再细分为三个小的阶段,即上升阶段、鼎盛阶段、危机初现阶段。

一、上升阶段

太祖、太宗统治时期财政上呈现上升趋势。太祖在平定各割据势力的过程中,把财政问题放在较为重要的地位加以考虑,他曾讲:"中国(按,指处于中原的政权)自五代以来,兵连祸结,帑廪虚竭,必先取西川,次及荆广、江南,则国用富饶矣。今之勍敌正在契丹,自开运(按,五代后晋年号)已后,益轻中国。河东正扼两蕃,若遽取河东,便与两蕃接境。莫若且存继元,为我屏翰,俟我完实,取之未晚。"[1]宋太祖的战略意图基本上得到了贯彻,这对于财计状况的改善起了很大作用。此间虽未见详缜的有关统计数据,但有些记载却颇能说明问题。如《长编》卷六记:"国初,贡赋悉入左藏库,及取荆湖、下西蜀,储积充羡……"太宗即位之时,看到左藏库储积甚广,曾对宰相说:"此金帛如山,用何能尽?先帝每焦心劳虑,以经费为念,何其过也!"[2]太宗看到储存者多,竟认为太祖以经费为念是多余,可知太祖留给太宗的家底还是不错的。太宗在位前期,比较注意发展生产,鼓励垦殖。五代时期,由于战乱不止,各割据者为供养大批军队,不得不加重人民的赋税负担。特别在情势紧急之时,横征暴敛

---

[1]　江少虞:《皇朝类苑》卷一引《杨文公谈苑》。
[2]　《长编》卷一五。

往往不择手段。见于记载者如"渠伊钱""捋须钱"①"嫁装税"②等多种，都是税出无名、十分荒唐可笑的。太祖时已对此有所革除，太宗继之，对过更苛急的税赋进行了蠲减。例如太平兴国六年即免除了江南各州五代时沿袭下来的"地房钱""勾栏地钱""水场钱"等数种杂税。③ 太宗即位后的第八年，太宗曾对宰相赵普讲，他已将五代以来"偏霸掊克"之税"凡数百种"，"悉令除去"，他还雄心勃勃地让赵普记住自己的许诺，他将在五、七年时间内对百姓租税进行全面蠲减。④ 事虽未行，却反映了他对调整重赋以宽民力的重视。太宗在位时也比较重视发展农业。太平兴国七年，太宗曾下令每县设农师一人，由"练土地之宜、明树艺之法者"担任，负责指导农业生产，督察游惰误农之事。⑤ 事虽仅行不足两年，却也不失为一个创举。为了充分利用地力，太宗还采纳大臣建议，下诏令南方于水稻外兼种五谷，北方则凡有条件处即推广粳稻。凡实行此法的土地，免其租税。⑥ 为了鼓励垦殖，消除唐末五代以来造成的大片土地荒芜的现象，太宗于至道元年六月下诏："募民请佃诸州旷土，便为永业。仍蠲三岁租，三年外输三分之一。州县官吏劝民垦田之数，悉书于印纸，以俟旌赏。"⑦诸如此类的鼓励农业生产的措施，收到一定成效。生产的恢复和发展，促进了经济的繁荣，对财政产生了间接的但却是有决定意义的积极影响。《朝野杂记》甲集卷一四《国初至绍熙天下岁收数》记：

> 国朝混一之初(按，当指灭北汉后)，天下岁入缗钱千六百万，太宗皇帝以为极盛，两倍唐室矣。⑧

① 佚名:《江南余载》卷上《张崇帅》。
② 《长编》卷一四、《宋史》卷三《太祖纪》。
③ 《宋史》卷二六五《张齐贤传》、《长编》卷二二。
④ 《长编》卷二四。
⑤ 《长编》卷二三、二五及《宋史》卷一七三《食货志·农田》。
⑥ 《宋史》卷一七三《食货志·农田》。
⑦ 《长编》卷三八。
⑧ 按，此处仅缗钱一项，其他各种如粮、绢等未见记载。

另外从田赋收入数量看,至道年中也接近了两宋最好水平。① 这说明太宗在位时期,财计状况仍处在上升势态中。然而国势的强盛、财政收入的增加,也使得太宗有些忘乎所以,往往忽视对财政开支增加速度的节制。端拱年中,已有大臣对此提出警告,淳化二年,负责财计调度的度支使李惟清以帐式呈报太宗,太宗阅后始不禁惊叹:"费用若此,民力久何以堪!"急令裁减。李惟清说明道:"比开宝、兴国之际,其(按指支费)数倍多。盖以边事未宁,屯兵至广……"②曾讥笑其兄长不该"焦心劳虑"于财计之事的太宗,自己也开始为财计之事忧虑了。尽管如此,迄太宗去世为止,宋朝财政仍未有匮乏之象,仍处上升阶段。《宋史》记:"宋承唐、五季之后,太祖兴,削平诸国,除藩镇留州之法,而粟帛钱币咸聚王畿;严守令劝农之条,而稻、粱、桑、枲务尽地力。至于太宗,国用殷实,轻赋薄敛之制,日与群臣讲求而行之。"③"太祖、太宗因其(按,指吴、蜀、江南、荆湖、南粤各割据者)蓄藏,守以恭俭简易。天下生齿尚寡,而养兵未甚蕃,任官未甚冗,佛老之徒未甚炽;外无金缯之遗:百姓亦各安其生……故上下给足,府库羡溢。"④

二、鼎盛阶段

真宗在位时期是宋朝财政的全盛时期。此阶段是两宋数百年中战争相对较少的,特别是景德初年宋辽"澶渊之盟"以后更是如此。社会较为安定,社会生产得到进一步恢复和发展,经济上呈现出某些繁荣景象。这首先表现在人口和垦田数的增加,据《通考》卷一一《户口考》记,宋太祖开宝九年共有户三百零九万余,至真宗天禧五年,已有户八百六十七万余,后者接近前者三倍。又据《宋史》卷一七三《食货志·农田》记,太祖开宝年中垦田数为二百九十五万余顷,真宗天禧五年(1021)垦田数增为

---

① 参见本书历年田赋收入表。
② 《长编》卷三二。
③ 《宋史》卷一七三《食货志·农田》。
④ 《宋史》卷一七九《食货志·会计》。

五百二十四万余顷,后者约为前者的两倍。反映在财政收入上,突出地表现为禁榷收入和商税等的大幅度增加。据《群书考索》续集卷四五《财用·祥符天禧出入之数》记:

> 国初以来财用所入莫多于祥符、天禧之时,所出亦莫多于祥符、天禧之时。至道中榷酒税钱一百二十万贯,至天禧增至七百七十九万贯。其他关市津渡等税率增倍之。至道末盐课钱七十二万贯,天禧末至一百六十三万贯。至道中岁铸钱八十三万贯,景德末至一百八十三万贯,则财之所入多于国初矣。

此处所载商税增加情况过于笼统,《长编》卷九七等处所记可为之补充:

> 关市津渡等税,至道中获钱四百万贯,天禧末增八百四万贯。①

另《长编》卷九七所记榷酒收入增加情况也较《群书考索》更详细:

> 至道中,两京诸州收榷课铜钱一百二十一万四千余贯、铁钱一百五十六万五千余贯,京城卖曲钱四十八万余贯。天禧末,榷课铜钱增七百七十九万六千余贯,铁钱增一百三十五万四千余贯,曲钱增三十九万一千余贯。②

《群书考索》未记榷茶收入情况,从记载看,真宗时期榷茶收入情况也是不错的。根据《长编》卷六六及《宋史》卷一八三《食货志·茶》的记载,可以列为如下简表。

时间	岁入数/万贯	时间	岁入数/万贯
景德元年	569	大中祥符五年	200
景德二年	410	大中祥符六年	300
景德三年	208	大中祥符七年	390
—	—	大中祥符八年	160

备注:景德元年系用旧茶法,岁入数中包含沿边籴买高估、虚估数。其余系用新法,比较接近实入数。

以表中所列岁入数同仁宗至神宗前期茶课收入数相比较,可以看出,此时期榷茶岁入还是较高的。由于禁榷收入和商税的增加,真宗天禧末年财

---

① 事又见《宋史》卷一八六《食货志·商税》。
② 事又见《太平治迹统类》卷二九、《宋史》卷一八五《食货志·酒》。

政总岁入中的缗钱一项,由太宗时的一千六百余万贯,迅速增为二千六百五十余万贯。①

宋真宗和太祖、太宗二帝相比,显得要昏弱得多。他并没有能充分利用已有的条件对历史发展作较多的贡献。尽管他也在设法发展农业生产(例如编定《农田敕》继续推行鼓励垦殖的政策,在缺乏耕牛的地区继续推广踏犁、在水源不足的地区推广占城稻等)等方面也做了一些事情,但是,他过多地把精力用在巩固自己的皇位之上,为此不惜严重损害封建地主阶级国家以至整个社会的公利。② 在对辽战争并未受到太大挫折的情况下,宋朝匆忙地与辽订立"澶渊之盟",答应向辽输送"岁币",这无疑对以后的财政产生了不良的影响。据记载,初议岁币数目时,真宗即对宋使者称:"必不得已,虽百万亦可。"宰相寇准暗令使者不得过三十万。和议成,内侍误传为三百万,真宗惊愕之余,居然讲:"姑了事,亦可耳。"③"百万"与"三百万",相对当时宋朝财赋出入来说并不是小数,真宗竟如此不知珍重。这一方面虽说明当时财政状况尚好,另一方面,真宗之昏庸无能的面目也由此暴露得十分清楚。和议之后,本是整顿内务、革除弊蠹、养息人民、发展生产的大好时机,真宗却恰在此时大搞起封建迷信活动,与少数近臣一起制造"天书屡降"的假象,大事庆祝(大中祥符元年正月、四月、六月三次)。随后又到泰山行封禅礼(同年十月),到汾阴行祀后土礼(四年正月),在京行五岳奉册礼(四年十月)。真宗又编造所谓天尊降的谎言,声称道教尊奉的天尊乃是宋朝皇室先祖赵玄朗,天尊几次"显灵",被尊为"圣祖",为此搞了许多迷信活动。此后,真宗又到亳州拜谒太清宫(七年正月),在京师举行道释万人大会(天禧三年春)等。时人田况揭露最高统治集团大搞这些迷信活动的动机,是由于他们感到"澶渊之盟"是很大的耻辱。要洗白这种耻辱,维护自身的威信,无他良策,只好借助

---

① 李心传:《建炎以来朝野杂记》(以下简称《朝野杂记》)甲集卷一四《国初至绍熙天下岁收数》。

② 关于真宗时皇位继承权的斗争,可参见程应镠:《读〈宋史〉札记》,载《上海师范大学学报(哲学社会科学版)》1981年第2期。

③ 见《长编》卷五八。

"神"的力量。①

统治者搞上述活动，规模浩大，每次都要动员大量人力，耗费大量资财。据统计，"东封[费]八百三十余万，祀汾阴、上宝册又增二十万"。②田况也谓："用事之官赏赉金钱几千万，近世以来未有也。"③与上述迷信活动相配合，宋廷大兴土木，先后建玉清昭应宫、会真宫、泰山醴泉观、五岳(会灵)观、景灵宫、鸿庆宫、元符观、太极观、兖州景灵宫太极观、亳州明道宫、天净宫、祥源观等，大者千区以上，小者数百区。其中玉清昭应宫最为奢华，田况谓："其宏大瑰丽，不可名似。远而望之，但见碧瓦凌空，耸耀京国。每曦光上浮，翠彩照射，则不可正视。其中诸天殿外，二十八宿亦各一殿。梗柟杞梓，搜穷山谷。璇题金榜，不能殚纪。朱碧藻绣，工色巧绝。薨栱栾楹，全以金饰……所费钜亿万，虽用金之数，亦不能会计。天下珍树怪石，内府奇宝异物，充牣襞积，穷极侈大。"他认为玉清昭应宫比前代阿房、建章有过之而无不及，"议者以谓玉清之盛，开辟以来未之有也"。④ 官方诏敕也透露，为建此宫，曾于莱州、郑州采石，梓州采色，两浙、荆湖、陕西等路采石。⑤ 也证明工程之繁浩。此外，真宗还下令各路州军普建天庆观，对旧有宫观寺庙加以修治，命令京师和各地频繁地举行宗教仪式。史载："自祥符天书一出，斋醮糜费甚众，京城之内，一夕数处。"⑥真宗和上述活动的主要谋划者王钦若、丁谓等人如此不爱惜国财民力，遭到正直之士的谴责，大臣张咏几次上书，讲："近年虚国帑藏，竭生民膏血，以奉无用之土木，皆贼臣丁谓、王钦若启上侈心之为也。不诛死，无以谢天下。"⑦撰《宋史》者评论此段历史道："及澶渊既盟，封禅事

① 《儒林公议》卷上，另参见《长编》卷六七、《宋史》卷二九九《李溥传》等。
② 《长编》卷九七。
③ 《儒林公议》卷上，另参见《长编》卷六七、《宋史》卷二九九《李溥传》等。
④ 《儒林公议》卷上，另参见《长编》卷七一等。
⑤ 参见《宋大诏令集》卷一八〇《营缮玉清昭应宫成德音》。又见洪迈：《容斋三笔》卷一一《宫室土木》详载了修建此宫取材各路州郡详情。
⑥ 《宋史》卷一七九《食货志·会计》。
⑦ 《宋史》卷二九三《张咏传》，另参见《长编》卷八五。

作,祥瑞沓臻,天书屡降,导迎奠安,一国君臣,如病狂然。"①言真宗君臣如病狂然,可谓恰当。这样如癫似狂地胡折腾的结果,是政事废弛,国财耗竭。如苏辙所概括:"封泰山,祀汾阴,礼亳社,属车所至,费以巨万,而上清、昭应、崇禧、景灵之宫相继而起,累世之积,縻耗多矣。"②为了满足奢费需要,就多方聚敛,百姓负担随之增重。真宗末年,天灾流行,财政收支呈紧张状态,"食货之议,日盛一日"。③财政状况由咸平、景德间的最佳状态开始走下坡路了。

三、危机初现阶段

北宋仁宗、英宗统治时期,财政收支状况由于各种原因持续不佳,开始出现入不敷出的危机。仁宗即位之时,正值财政收支紧张,大臣们纷纷上奏,讲节减浮费势在必行。当时垂帘听政的章献后采纳众臣意见,对真宗后期淫祭滥祀、营造无度等事予以纠正。据《长编》卷一〇〇载,真宗时节日宫观设醮四十九,天圣初减为二十,各醮规模也相应缩小。《宋史》卷一七九《食货志·会计》也记:"自祥符天书一出,斋醮縻费甚众,京城之内,一夕数处,至是始大裁损。"又记为了削减营造支费,又下诏"自今营造所须,先下三司度功费然后给"。后玉清昭应宫火灾,特下诏告谕中外,不复缮修。"自是道家之奉有节,土木之费省矣。"这次裁减浮费刚见成效,明道、景祐之间,又遇到连年自然灾害,其中尤以明道二年(1033)最为严重。《宋史》卷一〇《仁宗纪》载:"是岁,畿内、京东西、河北、河东、陕西蝗,淮南、江东、两川饥,遣使安抚,除民租。"灾荒影响了财政,收支状况又趋紧张。据宝元元年(1038)初,监在京店宅务苏舜钦上疏讲,当时情况是:"府库匮竭,民鲜盖藏,诛敛科率,殆无虚日。三司计度空费,二十倍于祖宗时,此用度不足也。"④随之西夏入侵,战事骤起。

---

① 《宋史》卷八《真宗纪》。
② 《栾城后集》卷一五《元祐会计录序》,又见《宋朝事实》卷一五。
③ 《宋史》卷一七三《食货志·农田》。
④ 《长编》卷一二一。

据庆历三年（1043），权三司使王尧臣所上奏疏，陕西、河北、河东、京畿四处在西部战争爆发前的宝元元年和爆发后的庆历二年财赋收支变化情况，可列表表示如下。①

时间	入出	河北	河东	京畿	陕西	合计	两年比较
宝元元年	入	2014	1038	1950	1978	6980	合计入增 3260 两年合计数比 1：1.4
庆历二年		2745	1176	2929	3390	10240	
宝元元年	出	1823	859	2185	1551	6418	合计出增 3417 两年合计数比 1：1.5
庆历二年		2552	1303	2617	3363	9835	

从此表可以看出，由于西部战争，陕西、河北、河东、京畿四处财赋入出均大幅度增加，战时约为战前的一倍半。其中所谓入的增加，其途径不外宋廷从别路调拨或增加当地赋入以及动用库存。另外，宋廷庆历初年在陕西、河东发行、铸造大小铁钱和增设铜钱监，也是出于此种动机。稍后，庆历七年三司使张方平又上疏讲财政匮乏之状，详细分析了匮乏的原因，并具体讲了庆历二年至五年的收支情况：

> 三司勘会，陕西用兵以来，内外所增置禁军八百六十余指挥，约四十有余万人……自庆历三年以后，增添给送西北银绢，内外文武冗官日更增广，以此三司经用不赡。庆历二年六月，圣恩特赐内藏银一百万两，绢二百万匹，仍尽放免日前所贷内库钱帛。庆历三年八月，又蒙恩赐内藏绸绢三百万匹。据此银绢六百万匹两，为钱一千一百万缗支用。庆历五年，又将江南所铸到大铜钱一十万，当小钱一百一十万贯支使。乃今未满五年，相添费用已尽。乃是每年常将内藏银绢近三百万缗供助三司经费，仍复调发诸路钱物应副，方始得足，即日外州府库搜划亡余。不知内藏蓄积几何，可供今后支拨。②

张方平所言清楚地说明，由于增兵、增岁币及冗官等方面原因，不但三司

---

① 《长编》卷一四〇，又见《宋史》卷一七九《食货志·会计》，均未载所用单位，可能即是贯石匹两等。又宝元元年是郊祀之年，岁出大于常年。

② 《乐全集》卷二三《论国计出纳事》、《长编》卷一六一。

财计困难,而且地方积存也基本告罄,内藏储存所余无几。张方平自己概括这种情势谓:"迩来七年之间,民力大困,生民之膏泽竭矣,国家之府库空虚。"①财政收支上的危机局面出现了。又后,皇祐年中,江淮六路连年旱灾,他路也频有灾害,战争虽趋平缓,财政匮乏的局面却一时不能改观。这时,宋廷曾两次编制《会计录》,对财政收支作了统计,结果是一次当岁之入,"所出无余",②另一次是"财赋所入,多于景德,而岁之所出,又多于所入"。③ 为了摆脱财政危机,皇祐二年竟有大臣建议效法汉武帝行皮币发行"钱葆"。事虽不果行,却突出地反映了财计的困窘。④ 宋代理学家程颢这时曾上书仁宗,也讲"国家财用,常多不足","民无储蓄,官廪复空"。⑤ 可知此时期因财计状况不佳而造成的不安气氛,仍然笼罩着宋朝君臣上下。在大臣们的强烈要求下,皇祐年中裁减了军队数量,但财政收支上的被动局面此后仍迟迟不见和缓与改变。至和元年(1054),吕景初上言称,"今百姓困穷,国用虚竭,利源已尽"⑥。至和二年,范镇上奏也道,"今田甚旷,民甚稀,赋役甚重,国用甚不足"。⑦ 而据司马光记,至嘉祐年中情况仍是:"当天下无事之时,遑遑焉专救经费而不足","公私财用率皆穷窘,专奉目前经费犹汲汲不足"。⑧ 这表明仁宗统治期间,自从财政上受到西部战争军费开支的冲击之后,财计上几乎是一蹶不振了。苏辙概括仁宗统治时期财政状况道:

> 仁宗……清心省事,以幸天下,然而民物蕃庶,未复其旧,而夏贼窃发,边久无备,遂命益兵以应敌,急征以养兵,虽间出内藏之积,以求纾民,而四方骚然,民不安其居矣。其后西戎既平,而已益之兵,遂不复汰,加以宗子蕃衍,充牣官邸,官吏冗积,员溢于位,财之不赡,为

① 《乐全集》卷二三《论国计出纳事》、《长编》卷一六一。
② 《玉海》卷一八五《皇祐会计录》。
③ 《宋史》卷二九二《田况传》。
④ 参见《长编》卷一六九、章如愚:《山堂群书考索》(以下简称《群书考索》)后集卷六二《财用·楮币》。
⑤ 《河南程氏文集》卷五《上仁宗皇帝书(皇祐二年)》。
⑥ 《长编》卷一七六。
⑦ 《长编》卷一七九。
⑧ 《司马文正公传家集》卷二五《论财利疏》及卷二六《乞施行制国用疏上殿札子》。

日久矣。①

财政收支不佳之情势,到英宗治平年间似达到了高峰。据统计,治平元、二两年岁出数均大于岁入数。② 这种财政上持续的不景气和入不敷出的情况,乃是推动神宗时期王安石变法的主要动因。

叶适曾对北宋开国至英宗去世前的财政状况作了如下概括。

> 太祖之制诸镇,以执其财用之权为最急……至于太宗、真宗之初,用度自给,而犹不闻以财为患。及祥符、天禧以后,内之蓄藏稍已举尽。而仁宗景祐、明道,天灾流行,继而西事暴兴,五六年不能定。夫当仁宗四十二年,号为本朝至平极盛之世也,而财用始大乏,天下之论扰扰,皆以财为虑矣……极天下之大而无终岁之储,愁劳苦议乎盐茗榷货之间而求得也……盖财无乏于嘉祐、治平……③

这一概括是比较确切的。历史记载表明,宋初的百余年的财政收支是整个两宋历史时期中最好的,然而就在宋朝"至平极盛"之时,财政收支上却已渐为入不敷出危机的阴影所笼罩。南宋孝宗有一次对大臣言及理财之事,曾讲"祖宗勤俭,方全盛时,财赋亦自不足,至变更盐法,侵及富商"。④ 这位所谓"中兴圣主"对于其前辈君王的批评可算是一语中的了。

第三节　冗费局面基本形成

仁宗在位末年,年富力强而才华出众的司马光上疏提出了一个令人深思的问题,他写道:

> 昔太祖初得天下之时,止有一百一十一州耳。江南、两浙、西川富饶之土皆为异域,又承五代荒乱之余,府库空竭,豪杰棋布于海内,

---

① 《栾城后集》卷一五《元祐会计录·序》及《宋朝事实》卷一五。
② 参见本书所附两宋财政岁入岁出总表及有关附表。
③ 《水心别集》卷一一《财总论》,又载《通考》卷二四《国用考》。
④ 《皇宋中兴两朝圣政》(以下简称《中兴圣政》)卷六〇。

戎狄窥觎于边境，戎车岁驾，四方多虞。当是之时，内给百官，外奉军旅，诛除僭伪，赏赐巨万，未闻财用不足如今日之汲汲也。陛下承祖宗之业，奄有四百余州，天下一统，戎狄款塞，富饶之土，贡赋相属，承平积久，百姓阜安，是宜财用羡溢，百倍于前，奈何竭府库之所蓄，罄率土之所有，当天下无事之时，遑遑焉专救经费而不足。①

太祖起家于荒乱贫困的中原狭小之地，却越战越强，打败群雄，财政上并未显出不足之状；仁宗承业，地广物庶，承平积久，财政上却呈现出竭蹶困窘之状。这究竟是什么原因造成的呢？司马光自己作了明确回答：根本原因就在于"今入者日寡出者日滋"。② 这即是说，宋朝前期财政上由盈余到亏空的转变，最根本的原因不在于收入的减少——此时期收入基本上是持续增加的——而在于支出的增加。这种增加的速度大大超过了收入增加的速度，甚至超过了社会经济发展的速度，从而造成了国与民上下俱困的局面。造成支出迅速增长的主要原因是冗兵、冗官（包括宗室）、祭祀及皇室的冗费、僧侣的泛滥等。

一、冗费局面的逐步形成

司马光问题提得尖锐，回答得也正确。但是对冗费问题的批评及对冗费问题严重性的分析，却是早已有人做过的，并非始于司马光。可以说，人们对于冗费严重性的认识是随着冗费问题不断深化而深化的。

太宗统治后期，不注意控制财政开支，冗费问题初步显露。太宗去世前后，大臣王禹偁第一次比较系统地论述了冗费的存在及危害。他于至道三年上疏言五事，这五事是：一、"谨边防，通盟好，使辇运之民有所休息"；二、"减冗兵，并冗吏，使山泽之饶稍流于下"；三、"艰难选举，使入官不滥"；四、"沙汰僧尼，使民无耗"；五、"亲大臣，远小人……"。五事之中，前四事的中心就是冗费问题。特别是其中有这样一段话："伏以乾

① 《司马文正公传家集》卷二五《论财利疏》。
② 《司马文正公传家集》卷二五《论财利疏》。

德、开宝以来，国家之事，臣所目睹，当时东未得江、浙、漳、泉，南未得荆湖、交、广，朝廷财赋，可谓未丰。然而击河东，备北敌，国用亦足，兵威亦强，其义安在？……自后尽取东南数国，又平河东，土地财赋可谓广矣，而兵威不振，国用转急，其义安在？所蓄之兵冗而不尽锐，所用之将众而不自专故也。"①将此番言语与前引司马光的议论作比较，不难看出，司马光的有关看法乃是在王禹偁认识基础上的发展。稍后，一些大臣看到真宗即位后，对冗费问题并不真正重视，颇为忧虑。咸平五年，盐铁使王嗣宗与度支使梁鼎、户部使梁颢一起面见真宗，奏道："国家经费甚繁，赋入渐少，加以冗食者众，尤为耗蠹，所宜裁节。"力争之下，真宗也不得不表示："朕所忧者正此耳。"同意裁减开支。② 然而此后先是对辽作战，后是淫祭滥祀、大兴土木，冗费问题非但不得解决，反而变本加厉。仁宗即位之始，就动手裁节浮费。此次裁减虽有成效，却没有触及根本，造成冗费的主要弊端如冗兵、冗官等并没有解决。随后天灾频仍，冗费问题又显得十分突出。宝元初年，任权三司度支判官的宋祁写了《上三冗三费疏》系统地论述冗费的危害。他所谓"三冗"是："天下有定，官无限员，一冗也；天下厢军不任战而耗衣食，二冗也；僧尼道士日益多而无定数，三冗也。""三费"是："一曰道场斋醮"之费；"二曰京师寺观"之费；"三曰使相节度"之费。他进一步明确提出："承平如此，已自彫困，其故何哉？良由取之既殚而用之无度也"。③ 宋祁上此疏后不久，贾昌朝也上书讲冗费事，其中道："边陲虽宁而兵备不省，徭役虽简而农务不笃，外厚币聘而内丰廪给，自余虚用冗费，难以悉数"，"农所以困、国之储蓄所以不厚者，职此之由"。④此后西部战争持续多年，冗兵之事更加突出。战争中为筹集军费而卖官鬻爵，冗官之情也未得缓解。日复一日，冗费局面逐渐形成，且颇有相沿成习、难以回转之势。至神宗即位初年，苏辙又上《请去三冗疏》，所言当主要为英宗统治时之事，他把"三冗"的含义修定为"冗吏""冗兵""冗

① 均见《长编》卷四二。
② 《长编》卷五二，事又见《宋史》卷二八七《王嗣宗传》。
③ 《景文集》卷二六《上三冗三费疏》，又见《宋史》卷二八四《宋庠传附弟祁》。
④ 《长编》卷一二三。

费",较之宋祁似更为合理。他把当时"三冗"危害财计的形势比喻为"弊车羸马而引丘山之载",认为这一问题已到了非解决不可的地步。①

财政收支由盛转衰的历史变化,大臣们对这种变化的分析,清楚地说明了就在宋朝财政的全盛阶段,冗费的局面已经逐渐形成,而且变为危及宋王朝正常统治的重大问题。

二、冗费问题的第一要素——冗兵

宋朝是我国历史上第一个较全面地实行募兵制,而养兵基本上靠朝廷财政解决的朝代。这一新情况给财政上带来的巨大压力是难以想象的。真宗统治初年,京西路转运副使朱台符在奏疏中讲:

> 方今患在农少而粟不多,兵多而战未胜。农少则田或未垦,兵多则用常不足,故储蓄空虚而聚敛烦急矣。民利尽归于国,国用尽入于军,所以民困而国贫也。②

朱台符之言虽略有渲染,却并非没有道理。宋朝的冗兵,与军事上的消极防御策略有直接关系。宋、辽澶渊之盟后,宋朝惧怕辽朝再次入侵,于定州、雄州等地长年驻扎大批军队。由于宋朝对西夏政策的失误,西夏崛起,宋仁宗康定年间,西夏军大举入侵,宋军接连战败,损失惨重。面对这种情况,宋朝又采取了错误的国策,即在西线大量召募新兵,在各个战略据点增加驻军。这使西线驻军人数增至二三十万,宋朝军队总人数也随之激增。据《宋史》卷一八七《兵志》记载,宋朝前期常备军人数增长情况可粗列下表。

时间	开宝中	至道中	天禧中	庆历中	治平中
禁厢军总数/万人	37.8	66.6	91.2	125.9	116.2
禁军总数/万人	19.3	35.8	43.2	82.6	66.3

---

① 《栾城集》卷二一《上皇帝书》。
② 《长编》卷四四。

另据王铚《枢庭备检》，宋仁宗皇祐初军队总人数曾达一百四十万，若所记为常备军之数，则乃为北宋之最高数。上表说明，仁宗庆历以后，常备军数量达到宋初的三倍以上，其中禁军竟一度超过四倍。据时人估计，取其中数，大约禁军一卒之费岁七十贯，厢军一卒岁费三十七贯，禁、厢军平均计算每卒岁费约五十贯。[①] 以此计之，庆历中比开宝中增卒八十八万，每岁应增费约四千四百万贯。若以皇祐中常备军一百四十万计，则净增约五千万贯。如此巨大的增支，怎能不给财政上以沉重压力。

蔡襄在英宗治平初年任三司使，曾进行过较详细地计算和比较，当时用于军队的开支和财政岁入岁出的比例关系大体如下表。

岁出入项目	钱/贯	匹帛绢䌷/匹
岁出入总数	入 36820541 出 33170631	入 8745535 出 7235641
军队开支数	9941047 南郊赏给不在内	7422768
军队开支在总收支中所占比例	十分中三分有余	十分中十分有余

岁出入项目	粮/石	草/束
岁出入总数	入 26943575 出 30472708	入 29396113 出 29520469
军队开支数	23170223	24980464
军队开支在总收支中所占比例	八分	八分

蔡襄由此得出结论："一岁所用，养兵之费常居六七，国用无几矣。"[②]然而蔡襄在其《国论要目·强兵》中所讲似较此更为严重："臣约一岁总计，天下之入不过缗钱六千余万，而养兵之费约及五千，是天下六分之物，五分养兵，一分给郊庙之奉、国家之费，国何得不穷？民何得不困？"[③]蔡襄两

---

① 详见本书第二编军费开支部分。
② 《蔡忠惠公文集》卷一八《论兵十事疏》。
③ 此文见《蔡忠惠公文集》卷一八。

次所言，均为粗概之语，且写作的时间、出发点各异，故也无须深究。然无论哪种说法更为确切，军费开支已经大大超过封建国家财政开支的半数，这一点则是确定无疑的。上表所列蔡襄的统计尚为军兵数已经削减后的情况，时仅有禁、厢军共一百一十八万人，若另以最高数一百四十万或一百二十五万计，则支费数及在宋朝岁出中所占比重将更大。再者，蔡襄所计仅限于正规军，当时除正规军外还有土兵、蕃兵、乡兵、民兵等，也要耗费资财。据包拯记，仁宗时河北有乡兵十八万余人，①可知土兵、蕃兵、乡兵之总数也颇可观。土兵等每人岁耗费国家之财虽仅为正规军十几分之一，但合计起来也并不是小数目。

军费开支如此巨大，除了兵员冗多这一主要原因外，北宋同辽、夏对峙的前线——河北、河东、陕西——的经济地理因素也是不容忽视的。当时上述地区的经济发展特别是粮食、布帛的生产一般不如江浙地区，而却经常驻扎着几十万大军，军兵的衣食及兵械供应等就成了很大难题。据景祐元年三司使程琳奏："河北岁费刍粮千二十万，其赋入支十之三；陕西岁费千五百万，其赋入支十之五，自余悉仰京师。"②即是说河北军需的十分之七、陕西军需的十分之五，都要靠宋廷设法从别处运致。此时西部尚未大增兵，增兵之后，陕西依赖外路助给军需的情况更为严重。北宋的主要财源在江浙、川蜀，要把这些地区的钱、粮、帛运到西北二边，运费有时要超过所运物资价值的数倍。为了解决这个问题，宋朝采取了发放钞引、召人入中及发行便钱券等办法。然而召人（主要是商人和当地富豪）在沿边入中粮、帛等，就要给予优润，即加价补偿，商人等与当地官吏往往互相勾结，谎报时价、入少记多、入贱估贵，造成官府支费巨大，所获军需品却甚少。例如仁宗初年西部战争以前三司使李谘曾讲，商人"出钱十四文，坐得三司钱百文"。③换言之，官府花了一百文钱，却只在沿边地区买得十四文之物。这势必使军费相应成倍增加。仁宗时先后任过三司使的程琳及包拯都讲过，沿边地区一兵之费，可抵内地三兵之费。这样，宋

---

① 参见《包孝肃奏议》卷八《请挪移河北兵马事》。
② 《长编》卷一一四，又见《玉海》卷一八六《食货·天圣节浮费》。
③ 《宋史》卷二九二《李谘传》。

朝用于河北、河东、陕西三路驻军、民兵等的财政开支,每年都有数千万贯之多,战时则超过岁出的半数。这一特殊情况也是军费浩繁的重要原因。

周、秦、两汉兵源主要靠徭役,唐前期则靠府兵制,其巨大的优点在于寓兵于农,召之即来,挥之即去,战时军费虽多,事毕随之大减,对财政压力相对较小。宋朝行募兵制,战时总感数量不足,战后却不能大幅度裁减。数量众多的常备军,不但成为财政的极大负担,而且成为广大人民的巨大蠹害。

三、冗费问题的其他要素——冗官、祭祀等

军费之外,冗费中最突出的两个方面是冗官与祭祀支费。

北宋前期官吏人数的增加也是很惊人的。冗官现象早在太宗统治时期就已存在。太宗有意网罗天下英才,广开科举之路,形成官吏人数增加的第一个浪潮。对此,大臣们屡有奏谏,对此多有批评。如端拱二年,王禹偁上奏议五则,其中三则言及官冗吏猥。① 稍后,权御史中丞王化基上《澄清略》,所言五事中第四事专讲官冗。他以亲身经历,讲述了二十年中官吏人数增加的迅猛失当。② 太宗去世,真宗即位之始,王禹偁再上疏言五事,其中两事系讲冗吏入官者滥的弊害。其中讲到太宗在位二十年,仅以科举取士,"登第亦近万人"。③ 稍后咸平二年,京西路转运副使朱台符又上疏论冗官,文称:"今署置之过也,官吏森罗于郡邑;差命之烦也,使者旁午于道路。廪禄之费耗,驿券之供给,何可胜数?"④仁宗宝元二年,宋祁《上三冗三费疏》,开首即讲冗官,即"天下有定,官无限员"。其三费之中第三费,复又专门抨击宋朝滥设节度使,虚耗廪禄之事。⑤ 再后

---

① 《长编》卷三○。
② 《长编》卷三二及《宋史》卷二六六《王化基传》。
③ 《长编》卷四二。
④ 《长编》卷四四。
⑤ 《景文集》卷二六。

神宗初年,苏辙《上神宗乞去三冗》也把"冗吏"列居首位。① 大臣们的议论充分说明了冗官的严重性。仁宗时包拯、神宗时曾巩曾分别对入品官员的数量做过统计,有如下记述:

> 景德、祥符中,文武官总九千七百八十五员,今(皇祐元年)内外官属总一万七千三百余员,其未授差遣京官、使臣及守选人不在数内,较之先朝,才四十余年,已逾一倍多矣。②

> 景德官一万余员,皇祐二万余员,治平幕职州县官三千三百余员,总二万四千员。③

两段记载虽有差异,然小异大同,都说明仁宗皇祐以后较之真宗之时,官员数量增加了一倍。当然他们所统计的仅是入品官员之数,尚未计入不入品小吏之数,不入品小吏人数较之入品官员人数要多得多。据《长编》卷四九记,咸平四年三司统计,由于真宗即位后遣使减省天下冗吏,结果"诸路计省十九万五千八百二人"。被省者即有近二十万,存留者自也不在少数。官员数量增加,小吏数量势必也相应增加。数量巨大的官吏队伍,势必造成惊人的耗费。仁宗时大臣范镇讲:"夫官所以养民者也,兵所以卫民者也。今养民、卫民者反残民矣。"④他的话是有道理的。

客观地讲,宋朝官吏数量增加,有一部分是不必要的,即属"冗官",也有一部分是由于国家体制及实行募兵制造成的。国家常备军有一百多万,管理军队的武臣数量必然增加。军费增加,聚财敛财的人员不能不增加。但是,这种增加必须要有节制,宋朝的问题是时时失控,增加得过快。

宋朝用于祭祀的开支也是令人吃惊的。其中尤以郊赉最为突出。《通考》作者马端临评论说:"[国计]其所以疲弊者,曰养兵也,宗俸也,冗官也,郊赉也。而四者之中,则冗官、郊赉尤为无名。"⑤所谓郊赉,主要指

---

① 《宋朝诸臣奏议》卷一〇三《理财》、《栾城集》卷二一《上皇帝书》。
② 《长编》卷一六七、《包拯集》卷一《论冗官财用等》。
③ 《长编》卷三一〇、《元丰类稿》卷三〇《议经费》。
④ 《长编》卷一七七。
⑤ 《通考》卷二四《国用考》。

郊祀时为表示皇帝恩典,对官吏军兵所行的赏赐。

据记载,"景德中祀南郊,内外赏赍缗钱金帛总六百一万"①,可知此项开支之巨。除行赏赐外,还有举行仪式的各种支费。据曾巩《议经费》记,郊祀之费也是逐年增加的。"景德郊费六百万,皇祐一千二百万,治平一千三百万",治平时"郊之费亦一倍于景德"。② 郊祀三年一次,故等于每年为此支出银帛二百至四百余万匹两。除了郊祀以外,还有许多其他名目的祭祀活动,其中有些规模与郊祀接近,例如真宗时袷明堂,费用银帛也达数百万。淫祭滥祀以真宗时最盛,据大臣石普奏,每岁醮设用钱七十余万贯。③ 仁宗即位以后,对祭祀大加裁减,然而宝元年中宋祁《上三冗三费疏》,仍论及祭祀浪费:"道场斋醮无日不有,若七日,若一月,若四十九日,各挟主名,未始暂停。至于蜡蔬膏面酒稻钱帛,百司供亿,不可赀计。而主者旁缘,利于欺攘,奉行崇尚,峻于典法,皆以祝帝寿,奉先烈,祈民福为名,欲令臣下不得开说。"④宋朝自开国以来,大体对佛、道二教采取控制、利用的方针,而尤重利用。祭祀方面费用较多,与这一方针有直接联系。

冗费之中,供给皇室、宗室的费用数量巨大,或许不少于供给品官的费用。皇室奢费,历朝所同,且宋室竭力掩饰,故不甚引人注目。然宋朝对宗室采取厚养不用的方针,宗室人数不断增加,供养宗室的费用就有不断增加的趋势。自仁宗末年以后,渐引起非议,被视为一冗。真宗、仁宗时期先后与辽夏订约,输送岁币,也是财政上一笔不合理负担。这些都是构成冗费的因素。

冗费问题是宋朝积弱积贫的根本原因所在,而这一不治痼疾的根源却存在于宋初所制定的一系列重要制度(例如兵制、官制等)之中。冗费问题在北宋前期不仅已经暴露,而且其恶果也已经初步显露了。

---

① 《长编》卷一七九注文。
② 《长编》卷三一〇、《元丰类稿》卷三〇。
③ 参见《长编》卷八八。
④ 《景文集》卷二六。

第四节 用尽前朝敛财之术

为了满足愈益增加的支费需求,特别是供养数额巨大的常备军的需求,宋朝政府不得不越来越重视增加收入,为了敛财,宋朝政府把以前各个朝代增加收入的办法都加以改造利用,并且还创造了一些新的聚财敛财之法。在这方面,北宋前期已是粗具规模了。

一、唐末五代重额赋税的基本保留及变相增加

北宋初太祖、太宗时期,战事频繁,然而财计上却能略有盈余,除了官、兵数量较少这一主要原因外,还与搜刮被打败的割据者财赋同时保留割据者的重税有密切关系。搜刮割据者财赋,以灭后蜀后所为最为典型。杨仲良《通鉴长编纪事本末》卷一三《李顺之变》载:

> 蜀土富饶,丝帛所产,民织作冰纨绮绣等物,号为冠天下。孟氏割据,府库益以充溢。及王师取之,其重货铜布,即载自三峡而下,储于江陵,调发舟船,转运京师。轻货纹縠,即自京师至两川,设传置,发卒负担,每四十卒所荷为一纲,号为日进。不数年,孟氏所储之物,悉归于内府矣。而言事者竞起功利,以惑人主,成都除常赋外,更置博买务……日进上供,又倍其常数。司计之利,皆析秋毫。

这样无休止地搜刮,固然大大增加了宋王朝财政收入,但却遭到广大人民的反抗,终于酿成王小波、李顺起义。宋朝兼并后蜀后的搜刮是特别厉害的,对其他被兼并者的统治区的搜刮虽不如后蜀严重,但也大体类似。其中有的割据者,如南唐,还在被灭之前,就已经被迫以进贡的方式,源源不断地把财赋输送宋廷了。这些财赋成为支撑当时宋朝财计的重要支柱。

宋朝平定诸割据国之后,也曾设想要轻徭薄赋,缓和一下阶级矛盾和社会矛盾。然而实际上,仅仅除去一些五代时期保留下来的最苛刻的税

目或税额，此后，财政上的紧张状况已不允许再作更进一步蠲减。这样，在赋税征收上不但沿用了中晚唐、五代相承的两税法，而且两税正额以外，中唐以后因战乱而加征的各种杂税，也有许多保留下来。例如史载：

> ［后唐李］煜用兵际，权宜调敛，［太平兴国年中，樊］若冰悉奏以为常赋，民颇怨怼。①

后咸平五年，江南转运使陈靖入奏，乃提出："江南自李氏横赋于民，凡十七事，号曰'沿纳'，国朝因之，而民困不能输。"②他极力要求罢废，结果却是"诏为罢其尤甚者数事"，即其余大部分还是保留了。保留下来的杂税名目除东南各路的身丁钱外，见于记载者还有农具钱、牛皮钱、盐钱、曲钱、鞋钱、脚钱、进际税、加耗等多种，其中有不少一直存留到宋亡。南宋朱熹谓："国家承五季之弊，祖宗创业之初，日不暇给，未及大为经制，故其所以取于民者，比之前代已为过厚重。"③即讲此情况。

宋仁宗康定年以后，宋、夏间战争爆发，军费骤增，财无从出，变相增加赋税的情况由此严重化。从地方看，变相增加赋税最流行的是支移、折变和科敛。所谓支移，就是要求百姓将税物运到新的指定地点。战争期间则往往是需要运到前线。如果百姓不愿亲自运，就须缴纳高额的运费，称"地里脚钱"。所谓折变，就是按规定依照官定价格，将税钱税物折算为官方指定的物品缴纳，官方所定价格往往高于市场价格，官方指定的物品又往往是当地稀缺的物品。地方官府从中谋求增收，以满足朝廷日益增高的要求。这种现象有日渐增多的趋势，故仁宗时包拯上奏对之加以抨击，言：

> 天下税籍有常数矣，今则岁入倍多者，何也？盖祖宗之世，所输之税只纳本色，自后以用度日广，所纳并从折变，重率暴敛，日甚一日，何穷之有。④

----

① 《长编》卷一八。按，同书卷二四载太宗自谓除五代苛征数百种，从文献记载看，实际多是五代后期战乱中临时增添者。

② 《长编》卷五一。

③ 《朱文公文集》卷一二《己酉拟封事》。

④ 《包拯集》卷一《论冗官财用等》。

支移、折变即成为在原有定额之外变相增加两税征收额的手段。

支移、折变之外，又有科敛。所谓科敛，就是官方强制性向百姓购买物品，或向百姓强制性摊派代购物品。通常称和买、和籴。宋代的和买、和籴多是有和之名，无和之实，带强制性的。北宋前期，河东地区驻军多，为了减少军费开支，鉴于本地出产粮米，就实行强制性和籴。此后随着财政吃紧，籴买价格越来越不合理。真宗时期河北等地区又创行预买绢布，春贷民钱，秋纳绸绢布，以解决军装等需求。开始取民自愿，官民两利。随着财计不敷，贷纳之间便生害民之事，于是自愿渐变为抑配。预买定额逐渐增加。仁宗初年，已有大臣论奏，谓：

> ……稻苗未立而和籴，桑叶未吐而和买，自荆湖、江、淮间，民愁无聊，转运使务刻剥以增其数，岁益一岁。又非时调率营造，一切费用皆出于民。是以物价益高，民力积困也。①

西部宋、夏战事爆发后，和籴、和买、科敛更加频繁，尤其是军需品如箭杆、胶漆、羽翎之类科敛于民，虽名曰官给价钱，实十不给一，官方转嫁负担，对人民危害很大。和预买绸绢更成为向百姓税外敛财的重要形式。治平年中，张方平讲，真宗景德中"诸路所买不及二百万匹，庆历中乃三百万匹，自尔时及今二十年，但闻比较督责，不闻有所宽减也"。② 假定官方和预买绸绢每三匹获利一贯，则庆历年间每年官方可获利一百万贯。这说明，在北宋前期和预买已演化为一种重赋。

二、禁榷收入的扩大

宋朝豢养的官吏、军兵数量越来越多，却没有立即造成财政危机；宋朝统治者虽已感到冗费是一个严重问题，却又迟迟不能下决心从根本上加以改变，其主要原因就在于，当时财政收支尚能大致上满足官吏、军兵及各种支费的需求。虽然日子有些紧巴巴的，却可以得过且过。财政开

---

① 《长编》卷一〇〇、《太平治迹统类》卷二九、《宋史》卷三〇〇《俞献卿传》引俞献卿语。
② 《长编》卷二〇九。

支如此之大,财计却能维持,这当中关键的一条就是禁榷收入的扩大为之保驾。

北宋前期承袭唐、五代之禁榷法,又有发展。禁榷项目已有盐、酒、茶、矾、香多种,禁榷条法之严密也超过前代。关于宋初以来增加禁榷收入,神宗时曾巩曾做如下概括:

> 自时[宋初]以来,兵薄既众,他费稍稍亦滋,锢利之法始急。于是言矾课则刘熙古,深茶禁则樊若水,峻酒榷则程能,变盐令则杨允恭,各骋其意,从而助之者浸广。自此山海之入,征榷之算,古禁之尚疏者皆密焉。①

由于急于求增课利,造成许多弊病。太宗太平兴国八年,大臣田锡曾上疏论列此事:

> 管榷货财,纲利太密……酒曲之利,但要增盈,商税之利,但求出剩。……然国家军兵数广,支用处多,课利不得不如此征收,管榷不得不如此比较。穷尽取财之路,莫甚于兹。②

尽管太宗对田锡的论奏颇为称许,太宗也曾作过放宽禁榷的尝试,然而由于兵、官等支费越来越大,禁榷非但不能放宽,而且反而越来越苛刻,越来越变得不能须臾离去了。到太宗去世时,王禹偁、朱台符等人的奏论在语气上几乎与田锡同出一辙:

> 冗吏耗于上,冗兵耗于下,此所以尽取山泽之利而不能足也。夫山泽之利,与民共之。自汉以来,取为国用,不可弃也。然亦不可尽也。方今可谓尽矣。③

> 廪禄之费耗、驿券之供给,何可胜数!无名之赏赐,不急之造作,亦无限量。土木穷其丽,工巧极其淫,他费百端,动计千万。故两税之外,悉取山海之货、酒榷之饶而用犹不足也。④

——————

① 刘熙古事见清徐松:《宋会要辑稿·食货》(《宋会要辑稿》以下一律简作《宋会要》)三四之一建隆三年三月,樊若水事见《长编》卷一八太平兴国二年春正月,程能事见同卷同年冬十月,杨允恭事见同书卷四〇至道二年十一月。曾巩此文见《元丰类稿》卷四九《管榷》。

② 《长编》卷二四。

③ 《长编》卷四二。

④ 《长编》卷四四。

太宗时王禹偁等人认为榷利已经取尽,真宗即位以后,却仍然继续设法增加禁榷收入。《宋史》卷一七九《食货志·会计》:"真宗嗣位,诏三司经度茶、盐、酒税以充岁用……是时条禁愈密,较课以祖额、前界,递年相参。"于是禁榷收入较前又有增加,据统计,景德四年榷货务岁课增入达八百余万贯。① 仁宗时西线作战,军费骤增,计无从出,又设法增加禁榷收入。治平四年(1067),张方平在一份奏疏中讲道,他于仁宗庆历五年三司使任上,曾把当时盐、酒、商税收入同真宗景德年间的相比较,大致情况如下表。②

表中数字说明仁宗时禁榷收入比真宗时又有成倍增加。

时间	项目/万贯		
	酒课	盐课	商税
景德年中	428	335	450
庆历五年	1710	715	1975

北宋前期禁榷收入不断增加,就造成财政收入构成发生深刻变化,即禁榷收入连同商税其总数逐渐赶上或超过田赋、户赋、丁赋之总收入数。例如,大中祥符八年(1015),"计入两税钱帛粮斛二千二百七十六万四千一百三十三,丝绵鞋草二千二百八十三万六千六百三十六,茶盐酒税榷利钱帛金银二千八百万二千"③。由于绵丝、鞋、草的单位一般是两、束,其折价仅相当贯石匹两的十分之一以下,故总计起来禁榷收入与商税收入比两税收入要多。又据蔡襄《论兵十事疏》所提供的数字,治平元年钱、粮、帛三项两税收入在宋朝总岁入中所占比例如下表所示。④

---

① 此据《宋会要·职官》——之六与《长编》卷六九文字互校。
② 奏文见《乐全集》卷二四《论国计事》及《长编》卷二○九,后者误写商税项之"景德"为"景祐",然前文既言"取诸路盐酒商税岁课比景德《会计录》皆增及三数倍以上",且《宋会要·食货》五六之七一、《玉海》卷一八五《庆历会计录》亦引作"景德",故"景祐"为"景德"之误无疑。《朝野杂记》甲集卷一四《景祐庆历绍兴盐酒税绢数》亦载景祐年间商税450万贯,其"景祐"亦应为"景德"之误。其致误原因,似受《长编》影响。
③ 《长编》卷八六。按,曾巩:《隆平集》卷三《户口》所载略同,惟"鞋"作"禾"。
④ 《蔡忠惠公文集》卷一八,另参见表1附专表(6)。

岁出入项目	项　目			
	钱/贯	匹帛绢䌷/匹	粮/石	合计/贯石匹
总岁入	36822541	8745535	26943575	72509651
两税	4932991	3763592	18073094	26769677
两税在总岁入中所占百分比/%	13	43	67	37

由于钱、帛、粮三项为当时岁入的主要部分,故大体可以说,当时两税收入仅占岁入总数约三分之一强,而其余则为禁榷、商税及坑冶铸钱等杂项收入,就中禁榷收入又为主要部分。可知禁榷收入在北宋前期财政中所占地位与两税收入已经是旗鼓相当了。

两税、杂敛、禁榷课利、商税之外,北宋前期统治者为了增加收入,还严密控制采矿(坑冶)铸钱,卖官鬻爵,卖度牒,出赁官有房屋等。铜铁铅锡均为铸币材料,收税之外,官府全部低价收买,且岁有定额,不管实际产量如何,必须按定额输送。官府又自造金属器具出卖,牟取利润。仁宗时军费不足,大量铸造成本低廉的当十铜、铁钱,造成钱法紊乱。卖官鬻爵此时期虽有控制,但作为应急措施也不时举行。出卖度牒始于仁宗末年。[①] 出卖度牒造成僧尼增多,影响后日赋入,乃是寅吃卯粮之法。宋朝又于都市设楼店务,负责出赁官房。总之,北宋前期由于支费越来越大,各级官府唯利是图的倾向越来越严重了。

三、赋税政策上的竭泽而渔的倾向

前述史实说明,北宋前期由于支费过甚,财政上多方增加收入,除了那些过于苛急、会立即引起严重后果的一些手段之外,前朝在较为正常的条件下所实行过的聚财、敛财之术,宋朝在其前百余年中几乎都陆续采用过了。因而在理财方针上,已是表现出一定程度上的竭泽而渔的倾向。

---

① 此据陈均:《九朝编年备要》。鬻度牒具体事见于记载最早者,乃是神宗即位初期治平四年十月、熙宁元年七月两次,见李心传:《旧闻证误》卷二。故有学者认为此事始于神宗时期。

太宗看到当时支费之广,已经叹息"费用若此,民力久何以堪!"而当太宗责怪三司使陈恕聚财无术时,陈恕居然敢当面顶撞道,今天"国用军须,所费浩瀚","纵使耿寿昌、桑弘羊复生,亦所不逮"。① 可见太宗时君臣上下已感到支费过甚,取于民者过多了。无奈势不获已,此后支费越来越巨,敛财之术也就不能不越来越深刻。真宗天禧年中,宰相王旦曾对即将赴任的江淮发运使薛奎感慨地嘱咐道:"东南民力竭矣。"后张士逊赴江西转运使之任,王旦又嘱咐说:"朝廷榷利至矣。"②忧虑之情形于言色。仁宗时军费浩大,敛财难免不择手段,竭泽而渔的倾向尤为明显。仁、英两朝,较有见识的大臣们的议论几乎众口一词,其言语之激烈实使人不能不为之动情。以下仅摘引数段:

> 今百姓困穷,国用虚竭,利源已尽,惟有减用度尔。③

> 冗兵耗于上,冗吏耗于下,欲救其弊,当治其源,治其源者,在乎减冗杂而节用度。冗杂不减,用度不节,虽善为计者亦不能救也。方今山泽之利竭矣,征赋之入尽矣……若不锐意而改图,但务因循,必恐贻患将来有不可救之过矣。④

> 如此朘取,天下岂复有遗利! 自古有国者货利之入无若是之多,其费亦无若是之广也。⑤

这些士大夫的议论说明人民的赋税负担确实是过重了,封建王朝的财源的挖掘利用,已经接近最高限度了。时人欧阳修的一段议论对此作了较为深刻的分析概括:

> 臣闻昔之画财利者易为工,今之言财利者难为术。昔者[取]之民赋税而已,故其不足,则铸山、煮海、榷酒与茶、征关市而算舟车,尚有可为之法,以苟一时之用。自汉、魏迄今,其法日增,其取益细,今取民之法尽矣。昔者赋外之征以备有事之用,今尽取民之法悉以冗

---

① 《长编》卷三七。
② 《长编》卷九〇,《九朝编年备要》卷八,《宋史》卷二八二《王旦传》,《历代名臣奏议》卷六二牟子才奏、卷一〇九牟溓奏等。
③ 《长编》卷一七六、《宋史》卷三〇二《吕景初传》记吕景初奏。
④ 《包拯集》卷一《论冗官财用等》,《长编》卷一六七引录。
⑤ 《乐全集》卷二四《论国计事》,《长编》卷二〇九引录。

费而縻之矣。①

取民既有竭泽而渔倾向,必然使社会经济和社会生产力的发展受到不利影响。太宗末年,陈靖上疏言:"京畿之地,南北东西环绕三二十州,连接三数千里,其田之耕稼者十才二三。"②其原因就在于税役繁重。至仁宗时仍无改观。康定年中,欧阳修讲:"今天下之土不耕者多矣,臣未能悉言。请举其近者,自京以西,土之不辟者不知其数,非以土之瘠而弃之也,盖人不勤农与夫役重而逃尔。"③仁宗末年,苏辙进策又言:"当今自楚之北,至于唐、邓、汝、颍、陈、蔡、许、洛之间,平田万里,农夫逃散,不生五谷,荆棘布野而地至肥壤。"④可知京畿、京西一带在北宋前期百余年中经济恢复迟缓。其他地区情况也不甚佳。如大中祥符年中,王曾言"关辅之地流亡素多",⑤而吕陶言川蜀经济北宋仁宗时反不如五代之末,范仲淹讲江浙农业北宋仁宗时反不如五代吴唐,⑥所言或不精确,却足以说明川蜀与江浙入宋后经济发展之缓慢。重赋厚敛之下,百姓的贫困是严重的问题。时士大夫对此多有议论。如庆历五年田况言:"累年以来,刻剥不已,民间泉货皆以匮竭。其他百色科调、峻法争利不可胜言。传闻东南之民大率中产以下往住乏食。"⑦此前后李觏也言:"今赋敛之烦,数倍常法,旱灾之作,绝异曩时,民力罢赢,众心愁怨。"⑧英宗治平年中,程颐上书言:"百姓穷蹙日以加甚,而重敛繁赋,消削之不息,天下户口虽众,而自足者益寡……保民之道,以食为本……以万室之邑观之,有厚畜者百无二三,困衣食者十居六七,统而较之,天下虚竭可知矣。"⑨百姓贫困程度的日益加深,引起有识者的严重不安,如宝元二年,贾昌朝言:"西夏不足

---

① 《欧阳文忠公文集》卷四五《通进司上书》。
② 《宋朝诸臣奏议》卷一〇五《乞从京东西起首劝课疏》。
③ 《欧阳文忠公文集》卷四五《通进司上书》。
④ 《栾城应诏集》卷一〇《进策》。
⑤ 《长编》卷七一。
⑥ 参见《净德集》卷三三《送张景元序》和《范文正公奏议》卷上《答手诏条陈十事》。
⑦ 《长编》卷一五四。
⑧ 《李觏集》卷二八《寄上富枢密书》。按,富弼庆历年中任枢密副使、治平元年任枢密使,此文系年待考。
⑨ 《河南程氏文集》卷五《为家君应诏上英宗皇帝书》。

虑,而民困为可忧。"①庆历四年,富弼言:"天下民人恩信不及,配率重大,攘肌及骨,悲愁怨恨,莫不思乱。近年凡有盗贼,应者如云,足见人心多叛。"②同年,蔡襄也上言:"汹汹生民,若在风涛之上;嗷嗷四海,偷为旦暮之安。"③到至和年中,范镇上书又讲:"臣恐朝廷之忧不在边陲,而在冗兵与穷民也。"④他们的忧虑反映了当时社会潜伏的危机的萌发与延展。

四、王安石变法以前的改革努力

仁宗即位后,在理财方面实行改革的呼声越来越高,改革的建议固然很多,真正付诸实施的却不甚多。真宗以冗费大失人心,仁宗统治时期接受教训,比较注意裁节冗费,曾多次组织大臣议论,有时还特设裁节冗费的专门机构。如天圣元年,"命三司及中丞刘筠等取景德一岁用度较天禧所出,省其不急者。宝元中,贾昌朝言省不急用度,命密学张若谷、谏议任中师、司谏韩琦议省冗费"。⑤ 庆历二年,"诏内侍以先帝时及天圣初籍较近岁禁中用度增损。外则命中丞贾昌朝,谏官田况、张方平同三司议省冗费。内出诏书减皇后及宗室妇郊祀所赐之半,著为式。公卿近臣以次减"。"嘉祐三年,枢密副使张昇请罢民间科率及营造不急之物,于是置减省司于三司,命学士韩绛、陈升之、御史吕景初总其事,多所裁省"。⑥然而,仁宗裁节冗费却大体是抓了芝麻、丢了西瓜,对于在财政开支中居举足轻重地位的冗兵、冗官支费,未能有效地裁减,特别是对于官员、军兵的数量没能有效地加以控制,使得裁节冗费事倍功半。自然,对于冗兵、冗官,仁宗至神宗初期也不是全无举措,有些针对此事的举措也不是全无效果。如苏辙讲:"仁宗末年,任子之法自宰相以下无不减损;英宗之初,

---

① 吕祖谦:《类编皇朝大事记讲义》卷一一《省财费·崇节俭》。
② 《长编》卷一五三。
③ 《端明集》卷二六《论财用札子》、《宋朝诸臣奏议》卷一〇一《上仁宗论民不可不恤》。
④ 《长编》卷一七七。
⑤ 《玉海》卷一八六《食货·理财·天圣节浮费》,参见《长编》卷一〇〇、卷一二三所载。
⑥ 《玉海》卷一八六《食货·理财·天圣节浮费》,参见《长编》卷一三六、卷一八八所载。

三载考绩增以四岁；神宗之始，宗室祖免之外不复推恩，祖免之内以试出仕。"①宋夏关系和缓后，宋朝几次裁减军员。其中皇祐年中枢密使庞籍等力排众议，一次裁放三万五千余人，②尤为人称道。但是，这些举措都不是全局性、根本性的改革，对于冗兵冗官均未能从根本上加以触动。

庆历初年，当宋朝内外交困之际，仁宗也为要求改革的浪潮所推动，有了除旧布新的愿望，于是起用范仲淹等，拟有更张之举。范仲淹等随即提出改革十项纲领，这是北宋前期少有的一份全面改革的纲领。从理财的角度分析这一纲领，它包括了三方面重要内容：一是以府兵制取代募兵制。范仲淹在提出"减省冗兵，量入为出"③主张的同时，又在"修武备"的名义下提出："先于畿内并近辅州府召募强壮之人充京畿卫士"，"三时务农，大省给赡之费，一时教战，自可防虞外患"，"候京畿近辅召募卫兵已成次第，然后诸道效此，渐可施行"，最终达到"强兵节财"④之目的。二是"革滥赏，省冗官"。他提出"抑侥幸"一项，旨在减少因门荫而入仕者的数量。他纲领中明黜陟、精贡举二项，虽主旨在改革官吏的考课、选拔制度，但也有革除官吏选拔不严和升迁过滥弊病的意义，对于抑制冗官支费也有积极作用。三是减轻百姓负担，发展农业生产。在这方面范仲淹考虑较多，十项纲领中至少有五项与此有关。其中减徭役一项专讲减轻百姓徭役负担，且有具体办法："省县邑少者为镇，并使、州两院为一"⑤，用厢兵给地方官署当差，以此裁减服职役者的人数。他提出的覃恩信一项，主要针对如下情况：当时每次朝廷发布蠲减赋税命令后，地方官并不认真贯彻，往往事隔一二月，地方官"督责如旧，桎梏老幼，籍没家产。至于宽赋敛、减徭役、存恤孤贫、振举滞淹之事，未尝举行"。他主张对这样的官吏要严厉制裁，以使百姓得到实惠。他请求减少东南地区上供财赋

---

① 《栾城后集》卷一五《元祐会计录收支叙》。
② 参见司马光：《涑水记闻》卷四、《长编》卷一六七等。
③ 《范文正公政府奏议》卷上《答手诏五事》。
④ 《范文正公政府奏议》卷上《答手语条陈十事》。按，下文凡言十条纲领引文不另注出处者，一律见此文及同书同卷《再进前所陈十事》。
⑤ 《宋史》卷三一四《范仲淹传》。

数额,将仁宗即位以前各地百姓欠负官府钱财一律蠲除。另外,纲领中均公田、择长官二项的提出,也含有"去疾苦救生民"的动机。纲领中又有厚农桑一项,专讲发展农业生产。内容包括鼓励人们提出兴修水利的具体规划和建议,制定地方官在促进农业生产方面所作成绩的考核标准等。

范仲淹主持的所谓庆历新政,刚刚开始推行,就因范仲淹等人被排斥出京师而宣告结束。他提出的十项改革纲领也未能很好贯彻,其中变革兵制一项,更于刚一提出即遭否决。北宋前期最著名的一次改革努力就这样夭折了。

除此之外,仁宗、英宗时还曾试图对田赋等方面实行整顿改革,也未成功。

取民之法穷尽了,财政上仍有不足之患,改革的尝试屡受挫折,积贫积弱的趋势一直无法扭转,朝野上下为此忧虑不安。思想家李觏讲:"弱甚矣,忧至矣,非立大奇不足以救。"[1]颇代表了一部分士大夫的要求彻底变革的情绪。然而究竟怎样改革才能扭转被动局面呢。一时又找不到一致的看法。这就是王安石变法前夕宋朝财政形势的主要特点。

综前所述,北宋前期在财政上尽管存在种种问题,有些问题实际是导致后来财政恶化的根源所在,然而相对地讲,与两宋其他时期相比较,这一时期的财政还是处于最佳状态的。尤其是在聚财敛财的方法上,一般使用的多是前代已有的方法,在财务管理上,一般还比较正常和有秩序,等等。

---

① 《李觏集》卷二八《寄上孙安抚书》。

第 二 章

熙丰改革时期的财政

第一节 王安石新法及其所造成的财政增收

治平年间的财政危机,使得举朝上下以财计为忧。"神宗嗣位,尤先理财"。[①] 当时对于如何扭转财政上的被动局面,司马光与王安石提出了彼此不同的两种方案:司马光坚持传统的必须大刀阔斧裁减经费的意见,他的方案着意于怎样克服和改变冗费局面;王安石则提出了一套颇有些新内容的另一方案。神宗终于被王安石的新方案所吸引,下决心加以采用。他破格起用王安石,自熙宁二年(1069)始,全面推行新法。新法的核心,便是理财。这里须加说明的是,自宋朝立国到熙宁二年,时间过去了 109 年,在北宋 167 年中,几乎已度过了三分之二。我们将此前的时段立为一章,而将此后的 58 年时段分为两章论述,是由于王安石变法一事在整个宋代的特殊重要性,是由于王安石变法在宋代财政史上的特殊重要性。这使我们不得不突破时间框框,采取这种不寻常的分章办法。

---

① 《宋史》卷一七九《食货志・会计》。

一、王安石理财新法

宋初以来,财政上增加收入,主要靠增加禁榷收入。然而禁榷收入的增加,也不是没有限度的。仁宗后期,靠增加禁榷收入来改善财政的办法已经显示出了弊病:不少企图通过改变禁榷方法来增加收入的尝试都失败了,有时竟出现越改越减少收入的情况。禁榷方法的苛刻,也造成商业的萎缩和商税的减少。这种情况导致嘉祐年间对茶货实行了"通商法"。宋初以来多次裁减经费,以求控制冗费的增长。仁宗自即位之始就下诏裁减经费,此后每隔数年就举行一次,并曾设立专门机构。然而直至仁宗去世,也未见大的成效。雄心勃勃而又目睹仁宗、英宗两朝理财失利结局的王安石,力求独辟新径。他认为,财政之所以出现困难,不只是"费出之无节",而更重要的是"失所以生财之道也"①。他提出,要"因天下之力以生天下之财,取天下之财以供天下之费"②,"欲富天下则资之天地"。③ 他的思想中包含了要通过发展生产来改善财政状况的因素。他的这些观点在充满保守气氛的封建社会颇有不同凡响之处。根据王安石的理财方针,他和其他变法派官员一起制定和推行了以下一些理财新法。

甲、均输法。这是施行最早的一项新法,其内容是:"宜假[发运使]以钱货,继其用之不给,使周知六路财赋之有无而移用之。凡籴买税敛上供之物,皆得徙贵就贱,用近易远。令预知在京库藏年支见在之定数,所当供办者,得以从便变易蓄买,以待上令。"④均输法的主旨在于,在不增加税赋的条件下,增加向朝廷输送财赋的数量和效用。均输法是汉代旧有的理财办法,宋初以来在赋税征收方面也在一些措施中有所贯彻。王安石新法与前不同之处主要在于规模的扩大、制度的细化和把行均输法

① 《王临川文集》卷七五《与马运判书》。
② 《王临川文集》卷三九《上仁宗皇帝书》。
③ 《王临川文集》卷七五《与马运判书》。
④ 《宋会要·职官》五之二;又见《宋史》卷一八六《食货志·均输》,文字稍有差异。

之权下放给发运司。推行均输法后,发运司结合漕运上的转般法,设置数百万贯籴本,根据各地丰歉及漕运进度籴进粮食,将某些特定地区的税粮折征现钱或其他物品,从而在减低成本的情况下保证运送京师物资的数量与质量。

乙、青苗法。青苗法是将原来常平、广惠仓敛散法加以改造和扩大而成的。原来常平、广惠仓仅用于赈灾,平时并不散敛,行青苗法后改为每年春秋两次散敛,散俵时常平、广惠粮钱不足,还可挪借各种系省钱谷补助。按照王安石的主观意愿,散放青苗钱谷,"非惟足以待凶荒之患,又民既受贷,则于田作之时不患阙食,因可选官劝诱,令兴水土之利,则四方田事自加修"。再则,"人之困乏,常在新陈不接之际,兼并之家乘其急以邀倍息,而贷者常苦于不得"。① 故行青苗法又有抑兼并的意图。这说明青苗法乃是王安石"欲富天下则资之天地","理财以农事为急,农以去其疾苦、抑兼并、便趣农为急"②思想的一个具体体现。

丙、农田水利法。鼓励人们提出有关适宜的种植方法、修整陂湖河港、兴建水利设施、开垦荒废田地等方面的建议,凡行之有效者予以奖励。兴修农田水利,工程大者根据规模分别由各级官府组织兴办,支费由当地官府及受利人户集资解决,民力不足者,许受利人户于常平、广惠仓及系官钱谷内连状借支,依青苗法分期偿还。仍不足,也可由官府动员富户出钱财,官府负责向受利人户追还本息。

丁、免役法。唐行两税法后,徭役本已并入两税,但后来又衍生出职役,即由百姓分担官府抄写文字、采办物资、管仓库、运物资等杂差及乡村催税等事。由于宋朝财政上仁宗以后日渐困乏,对于担任职役的人敲诈勒索也就越来越严重,地方官府往往以之作为弥补地方财计不足的手段,担任职役者多受坑害,因而破家荡产的事越来越多,成为仁宗、英宗时期的一大社会问题。免役法正是在这一背景下产生的。其主要内容是:各种职役由官府花钱召募,百姓出钱免役。原来市镇较大的酒坊和商税税

---

① 《宋会要·食货》四之一六、一七。
② 《长编》卷二三○。

场,除官府自己经营者外,召人买扑,村落间较小的酒坊、墟集、河渡收入则用来作为担任职役者的一种补偿,现在一律由官府收回,用实封投状的办法召人请买,以其收入添助募役。百姓纳免役钱各时期、各地区摊派办法有所不同,大致有按户等、税钱、产钱或综合几项分摊等数种。凡五等农户所出,名"免役钱";坊郭等第户、未及丁、单丁、女户、寺观、品官之家旧无职役,现在按一定比例纳钱,名"助役钱",又称"六色钱"。凡摊派役钱,先计算本地区募雇实用数,然后额外增敛十分之二,称为"免役宽剩钱",以备水旱灾害蠲免赋税之时用。

免役法的推行是各项新法中比较困难的一项,也是收入数额较为巨大的一项。它牵扯户等、税籍、职役的清理整顿等方面的事,也牵扯官户等的既得利益。因此虽熙宁二年即已提出,至熙宁四年冬才开始全面推行。王安石主持制定免役法,就其动机中积极方面讲,是要免除职役给农村中上等农户造成的骚扰和摧残,使其安心于农业生产。

戊、方田均税法。宋朝开国以来,没有进行全国范围的清查土地。各地税籍错漏颇多,致使出现了田赋不均、收纳岁减的情况。仁宗时即有人提出方田均税法,宋廷曾几度试行,终被搁置。王安石下决心推行方田均税法,对田赋进行一次彻底清查。熙宁五年八月,诏令将重新修订的《方田均税条约并式》颁布于各路,逐步推行。其法:把耕地划分为边长千步的方,以方为单位确定各民户的田亩数,再按肥瘠、土质、地形划分土地等级,然后汇总计算,确定各户土地数及各州县土地数,复将各州县赋税不增旧额均摊到各户,据此填发庄帐、户帖给民户以为凭。

方田均税法实行得当,自然有避免产去税存及抑制兼并的作用。

以上各法多着眼于发展农业,增加赋入;而理财除了增收之外,还有节支一面。王安石也知节支不能忽视,并曾讲:"天地之生财也有时,人之为力也有限,而日夜之费无穷。以有时之财,有限之力,以给无穷之费,若不为制,所谓积之涓涓而泄之浩浩,如之何使斯民不贫且滥也?"[1]王安石的节支之术主要反映在保甲、保马、将兵等新法中。

---

[1] 《王临川文集》卷六九《风俗》。

己、保甲、保马、将兵法。宋朝支费最巨的,就是军费。前述治平年间三司使蔡襄曾讲军费开支在宋朝岁出中占十分之六七以上。这一点王安石自然也是了解的,因而当神宗问节财之术时,"安石对以减兵最急"。①当时不少人都认识到,军费开支过大是根源于宋朝的兵制,因而设想恢复宋以前的徭役制或府兵制。王安石的保甲法的提出和制定便含有这种倾向。王安石曾对神宗讲:"臣以谓倘不能理兵,稍复古制,则中国无富强之理。"②保甲法的主要内容是:民户按居住相近排为保、甲,凡民户家有二丁以上者抽一人为保丁,保正、保长、保丁要担负巡逻本土、维持治安及定期集训、演习武艺的义务。推行保甲法的目的,即是"民兵成,则募兵当减矣"。③

宋朝每年用于买马、养马的支费,不下几百万贯。宋与唐相比,北失幽燕,西无灵夏,养殖马匹之地多已丧失。与宋对峙的辽、夏等,境内又多是产马之地。宋与辽、夏对阵,每每因骑兵弱寡而败北。宋朝虽沿黄河两岸设马监多处,集中不少人力、物力养殖马匹,然而耗费大、增殖少,成为宋朝统治者面前的一个难题。仁宗初年即有人感到封建国家自己经营养马有许多弊病,建议鼓励民间养马,战时临时调用。宋廷据之颁布了一些鼓励养马的法令,但缺乏切实措施,且仅作为一般性提倡没有附带强制性规定,因而成效不大。王安石认为用民间养马取代官府养马是解决军马来源的正确途径,于是组织制定了户马法和保马法,予以推行。其内容是:人户或保甲愿养马者,以官马给之,或者官予价钱自买。养马者可免沿纳等税赋,每年官府派人检查马的肥瘠,有战事则官府征用,平时养马者可自用。马死,由养马户和同保甲人户出资赔偿。因养马有按户和按保甲为单位两种形式,因时地而不同,故有"户马""保马"之别。养马原规定不加强制,因推行困难,后实际上变成强制摊派。在发展百姓养马事业的同时,宋朝削减了官马监,把马监的土地出租。保马法旨在增加军事实力的同时减少军费开支。

---

① 《宋史》卷一九二《兵志·保甲》。
② 《宋史》卷一九二《兵志·保甲》。
③ 《宋史》卷一九二《兵志·保甲》。

将兵法是仁宗时范仲淹所始行,意在整顿军队,加强战斗力,然未及大行。王安石将此法在全宋推行,全国共设九十余将,每将所统兵有定数,各将有相对固定的驻所,平时组织训练,战时率部出征。王安石变法时,对厢军也进行了精简。经过"并军蒐卒",实际上削减了兵额,淘汰了一部分老弱官兵,减少了军员的流动,军费也因之暂时地稍有减少。

庚、市易法。市易法是根据王安石"制商贾者恶其盛,盛则人去本者众;恶其衰,衰则货不通"[1]的原则制订的。主要内容是:支借内藏库钱帛及榷货务钱钞为本,选官在京师(后又在各地)设市易务(后将榷货务、市易务一度合并)。商旅有货一时卖不出去者,官为收买,转交市易务所属商号变卖,卖后向市易务输纳本息。或则市易务自行收蓄,待时机转卖。商人可以用地契、金银等为抵当或结保立状,向市易务借钱,每年付十分之二的利息。宋初以来商业、服务业按种类官府备有簿籍,详载从业人户的资产等,官府有置办物品事,往往令有关行业的人户轮流代办,类似农户的职役,称为"行户祗应"。随着财政状况的恶化,行户受坑害的现象也多起来。新法规定商户等按资产多少纳免行钱,免除"行户祗应"。显然,王安石行市易法不单是为了加强封建国家对商业的控制,同时也是想一举两得,从中获取市易息钱以补助财政。

王安石曾讲:"善理财者民不加赋而国用饶。"[2]各项新法虽然体现了王安石朝此方向的努力,但是新法的实行却使王安石"民不加赋而国用饶"的幻想破灭。

二、新法造成的增收与节支

王安石理财新法是否有促进生产发展的效果暂且不论,它们却的确

---

[1] 《王临川文集》卷七二《答韩求仁书》。

[2] 《长编纪事本末》卷五七《宰相辞郊赏》;又见《司马文正公传家集》卷四二《迩英奏对》。

在财政上有一定增收节支的效果。以下我们分别简略地进行分析。

甲、青苗法。据王安石估计，散敛青苗钱每年得息钱约三百万贯。[①]朝廷曾取某三年之中数立为祖额，结果确定为熙宁六年的散一千一百零三万七千七百七十二、敛一千三百九十六万五千四百五十九（单位是贯匹石两等），据此，则息钱约为二百九十二万，[②]与王安石所计相近。但这只是前数年的息钱额，由于熙宁七年诏令扣留半数常平钱物备灾不许出放，息钱额也就因本钱减少而减半。据毕仲衍《中书备对》记，熙宁九年府界诸路常平司所管钱物达到三千七百三十九万余贯石匹两斤束道件（其中有丝绵柴草等四百多万两束，价值较低）。[③]我们将此数与行青苗法之初的一千六百余万贯石比较，大致可知八年中共得息钱（物）一千七百余万贯石（将丝绵柴草等计价折算），平均每年二百余贯石。熙宁九年至元丰七年的平均收入当更低于此数。

乙、免役法。此法给财政带来的增收是各项新法中最大的。其主要表现为免役宽剩钱。现存记载中只有熙宁九年的免役收支情况，《永乐大典》卷七五〇七及《宋会要·食货》六五之一七载，此年共收免役财赋一千四十一万四千五百五十三贯硕匹两，支用六百四十八万七千六百八十八贯硕匹两，则宽剩应为三百九十二万六千八百六十五贯硕匹两。原书又载此年"元敷年额"收一千二百三十四万三千六百七十贯，年支九百二十五万八千五百八十五贯，宽剩三百八万五千二十一贯。此或为前此某年的免役收支宽剩数。据此，免役宽剩每年约为三百至四百万贯。免役钱总征收额在元丰年中又有增加，元丰七年竟达一千八百七十二万九千三百缗，[④]如按规定取十分之二为宽剩，则为三百七十余万缗，如按熙宁九年总收与宽剩的比例，则宽剩将达六百多万缗。免役宽剩按定要用以补助灾年，此项支出不见记载，当也不多，宽剩部分大约多被常平司就

---

① 参见《长编》卷二五〇。

② 此数根据《长编》卷三三二、《长编纪事本末》卷六九《青苗法》及《宋会要·食货》五三之一三、《宋史》卷一七六《食货志·常平》记载。

③ 参见《永乐大典》七五〇七《仓·常平仓》。

④ 参见《长编》卷三五〇及《宋史》卷一七六《食货志·常平》。

地封存了。① 随着保甲法的推行,保长、保丁担当起了某些服职役人的职务,熙宁五年罢去户长,熙宁七年罢去壮丁,熙宁八年罢去耆长,原来雇募户长、耆长、壮丁的钱被封存,这也给朝廷节省了一笔数量可观的钱,等于增加了收入。②

丙、市易法。它造成的封建国家财政收入主要表现为市易息钱和免行钱。关于熙、丰时期市易息钱(包括市利钱)收入的记载,可以归纳为如下简表。

时间	市易息钱数	根据文献
熙宁七年八月以前的二年中	共收九十六万缗(不包括市利钱)平均每年四十八万缗	《长编》卷二五五
熙宁七年四月至八年十月共一年半时间	共收一百万二千六百七十余缗(包括市利钱),平均一年六十七万缗	《长编》卷二六九
熙宁八年十月(?)至九年九月(?)一年	共收一百三十三万二千余缗(包括市利钱),即一年收入数	《长编》卷二七七、《通考》卷二〇。原文未讲起止年月,系假定为一年之数,待考
熙宁九年、十年二年中	共收一百四十万缗(不包括市利钱),平均每年七十万缗(按,《宋会要·食货》三七之三六,误将二年合数记为一年数,不取)	《长编》卷二八五
元丰元年八月至二年七月一年	共收一百三十三万余缗(包括市利钱),即一年收入数	《长编》卷三〇一

备注:此统计不包括陕西各路市易务息钱,因其隶属于经略司、经制司,直接用于边费。又其中"市利钱"收入系分为三份支用:上缴市易司、本务留用、官吏提成均分。

根据此表可以看出,市易息钱每年收入仅为五十至七十万缗,连同市利钱

---

① 以上记述系假定坊场收入已计入免役总收数之内。关于坊场收入的支出办法,史籍不载。坊场钱收入颇多,据《通考》卷一九《征榷考》记,元丰七年"坊场钱岁收六百九十八万六千缗,谷帛九十七万六千六百石匹有奇",《长编》卷三五〇、《太平治迹统类》卷二九则记此年"场务钱五百五万九千,谷帛石匹九十七万六千六百五十七"。元祐初,苏辙估计坊场收入一岁可得四百二十余万贯(《宋会要·食货》六五之四三、《栾城集》卷三七《乞令户部役法所会议状》)。这项收入原来规定是用于助役的,故本书假定为已计入总收数内。如果未计入,则宽剩之外又有坊场收入,则每年额外增收即达近千万贯了。

② 参见陈傅良:《止斋集》卷二一《转对论役法札子》。

在内,也不过百万缗上下。从为封建国家生财的角度看,大不如青苗、免役法。关于每年免行钱收入总数,未见有统计数字,或许当时根本就没有做过这种统计,因为免行钱除支出采买雇人等杂费外,其余全部用于增添吏禄,并未进入国库。王安石为了防止不入品的小吏弄私舞弊,妨碍新法的贯彻,决心改变这些人以受贿补足生计的旧习,采取增加吏禄而绳以重法的措施。吏禄开支骤增,每年不下百余万缗。这项额外开支即由免行钱、市利钱、坊场河渡钱以及后来的茶磨、堆垛场收入中抽一部分解决。[①]例如京师一处计有免行钱收入四万三千三百余缗,除雇人采买等支用二万六千九百缗以外,所余一万六千四百缗即用于支付吏禄。[②] 由于有入有出,故封建国家财政并未能从免行钱收入中得到实际裨益。

丁、农田水利法、方田均税法。这两项新法所造成的财政收入增加本应当主要表现在田赋增收上,但是从现在仅存的熙、丰时期唯一的田赋岁入数字即熙宁十年的田赋收入数字来看,此年的田赋收入较之行新法以前并没有增加的迹象。以下将有关数据绘成下表。

北宋四个年度田赋收入比较

时间	田赋收入/贯石匹两束……	根据文献
至道三年	70893000	《宋史》卷一七四《食货志·赋税》
至道三年	70570000	《长编》卷四二
天禧五年	74366000	据《通考》卷四《田赋考》计出
天禧五年	64530000	《宋史》卷一七四《食货志·赋税》
治平年中	67767929	《宋史》卷一七四《食货志·赋税》
熙宁十年	52011029	《通考》卷四《田赋考》引《中书备对》

北宋四个年度田赋收入分类比较

时间	粮/万石	钱/万贯	绢帛/万匹	粮、钱、绢帛合计/万石贯匹
至道三年	3170.7	456.6	218	3845.3

① 参见《长编》卷二四八、卷二一四注文等。
② 参见《长编》卷三五九。

续表

时间	粮/万石	钱/万贯	绢帛/万匹	粮、钱、绢帛合计/万石贯匹
天禧五年	3278.2	736.4	213.4	4228
治平二年	1807.3	493.3	376.4	2677
熙宁十年	1788.7	558.6	267.3	2614.6

备注:至道三年、天禧五年、熙宁十年数据《通考》卷四《田赋考》,治平二年数据《蔡忠惠公集》卷一八
《论兵十事疏》。

以上两表说明,行新法后的熙宁十年,田赋收入较之行新法以前非但没有增加,反而略有减少。另外从其他文献资料上,我们也找不到熙、丰时期行新法后田赋收入增加的记载。可见,农田水利法、方田均税法实行后对财政收支的影响是不显著的。

戊、保甲、保马、将兵法。这三项新法对财政的影响是很难确切用数字表示的,但史籍也提供了一些有关情况。据《长编》卷二四七、卷二五四等处记载,"销并军营,计减军校十将以下三千余,除二节赐予及傔从廪给外,计一岁所省为钱四十五万缗,米四十万石,紬绢二十万匹,布三万端,马藁三百万束"。这是截至熙宁六年的数字,可知行将兵法减少财政开支至少有一百多万贯石匹。然而裁减数千军兵对总数百万以上的军队简直是微不足道的。实行保马法后,撤销了一些官牧监,减少了开支。而官府又将牧地出租于民,据《宋史》载,"熙宁中,罢诸监以赋民,岁收缗钱至百余万","元丰三年,废监租钱遂至百一十六万"。[①] 只从直观现象看,保马法的实行不但有节支的作用而且还有增收的效果。行保甲法本为省正兵,然而神宗、王安石又急于恢复唐朝旧日版图,因此不愿过早削减军队,事实上军事行动很快开始,保甲法的省正兵以减军费的效果就看不到了。

己、均输法。此法实行后的财政效果,不见有关记载,唯《宋史》记"均输后迄不能成"[②],大约发运司的增收节支、调配钱物很难精确地计算出钱数,形诸文字,故不能引人注意。

---

① 《宋史》卷一九八《兵志·马政》。
② 《宋史》卷一八六《食货志·均输》。

　　从以上分析可以看出,在新法所造成的财政实际增收中,以免役、青苗两法最为突出。免役宽剩、青苗息钱等各路由常平司掌管,其收入不列入三司、户部财计,此时期除少数用于战争者外,大部分就地封存。其中坊场收入在元丰年中每年输送一百万缗到京师封存,成为元丰库的基底。据元祐二年户部尚书李常讲,此时"天下常平免役、坊场、积剩钱共五千六百余万贯,京师米盐钱及元丰库封桩钱及千万贯,总金银谷帛之数复又过半"①。可知自熙宁二年至此时的十八九年中,免役宽剩(包括坊场收入)、青苗息钱共积攒下八九千万贯,除去战争中的少量消耗外,平均每年约积攒五百万贯的财赋。如果将这些财赋用于改善收支状况,那自然是会起相当作用的。

第二节　战争及军事行动对财政的影响

　　在整个北宋,神宗统治时期是战争和军事行动比较频繁的一个时期,尤其是与真宗、仁宗时期相比,主动出击的情况明显增多。战争和军事行动对财政和王安石理财措施的效果都有不小的影响。

一、战争及军事行动情况

　　宋神宗即位不久,就谋划进攻西夏。宋神宗与真宗、仁宗不同,他年轻气盛,是个很想奋发有为的皇帝。他不甘于真、仁两朝屈服于辽、夏的可耻境况,他希望恢复盛唐的国威和辽阔的疆域。同时他也感到,在西北二边强敌压境的情况下要削减军费开支,从而使财政状况根本改观是很

---

　　①　《长编》卷四〇七。另毕仲游:《西台集》卷七《上门下侍郎司马温公书》称:"诸路常平、免役、坊场、河渡、户绝庄产之钱积于州县者无虑数十百巨万,如一扫地官,以为经费,可以支二十年之用。"所谓"数十百巨万"钱,即等于说数百千万贯钱,所谓"地官二十年经费",是指户部(时每年经费四百万贯)二十年总支费数,约相当于八千万贯。与所引李常语实义相近。

难办到的。因此,在他即位之初就在军事方面有所举措,几年之后就召集大臣谋划征服辽、夏的战略,并有计划地开始了军事行动。此后,宋朝先后与西夏、西蕃诸部、西南夷诸部及交阯作战,并加强了北部与辽交界之地的军备。

宋神宗时的西部战争可划为两个阶段:第一阶段的战事是由熙宁三年的宋与西夏战争作为开端的。在熙宁三、四两年中,两方互有胜负,比较而言,宋受挫的情况稍多些。故宋朝君臣决定改变策略,改为先向西蕃诸部进攻,切断西夏右臂,然后形成迂回包抄态势。从熙宁五年至六年冬,宋朝王韶等部先后攻占熙州、河州、洮州、岷州、叠州、宕州等,成功地实现了对西夏作战的战略准备。此后,经过六年多的准备,元丰三年秋开始了战争的第二阶段。宋军从鄜延、环庆、熙河、麟府等分五路,分派李宪、王中正、高遵裕、种谔、刘昌祚率兵攻西夏。同年冬,先后攻下米脂寨、银州、清远军、韦州、夏州等地。十一月中旬,几路大军合攻灵州,不克。因后勤供给匮乏,被迫撤退。撤退时,遭到夏军反击,宋军反胜为败,损失严重。元丰五年,宋、西夏复又大战,九月,夏军三十万众将宋军徐禧等部数万人围歼于永乐城。夏军乘胜进攻,宋军多有损失,后夏军攻兰州不克,又分兵攻宋沿边州镇,双方各有胜负。宋神宗图谋再攻西夏,此年秋冬至元丰七年,宋、西夏边谈判边战斗,到元丰七年底,宋神宗病危,战争暂告一段落。神宗征服西夏的计划遭到挫折。

神宗时,除西部战争外,在西南、南部边境也有战争。熙宁五年底,在王韶向熙河进军的同时,章惇也成功地实现了向西南梅山地区的进军,但这次军事行动规模不大,到第二年冬即基本结束了。熙宁八年十一月,宋朝南边的交阯入侵宋境,攻陷廉州。第二年又陷邕州。元丰九年,神宗令宋军分两路夹击入侵交阯军,并乘胜入交阯境,获其太子,交阯请降,宋得胜。但宋军中瘟疫流行,造成严重损失。此外,熙宁六年至元丰五年,宋军又与四川泸州夷族部落军队发生战斗,起初失利,宋神宗一气之下,将大将韩存宝处死。此后宋军增加军力,终于战败敌军,直至元丰五年二月战争才停止。

频繁的战争和军事行动,使得最初裁减军队人数、削减军费的设想完全落空,军兵人数先减后增,军费开支因战争而骤增。王安石想用新军制取代募兵制的谋划,没有机会实施,终成泡影。

二、西部战争支费

陕西、河东、河北三路,是宋与辽、夏交界边地,经常驻有许多军队,为了应付战争急需,宋朝每年还要输送一部分钱粮物资赴三路储存,因此,即便在平时,这三路的财计也时常是出大于入的。前述仁宗景祐年间程琳曾讲,无大战事之时,河北边费十分之七、陕西边费十分之五都要仰仗朝廷调拨。这种情况至神宗时基本未变。熙宁三年,权三司使吴充曾对宋廷调拨给河北、陕西、河东三路的财赋作过如下估计:"三路屯聚士马,费用不赀。河北缘边岁于榷货务给缗三二百万以供便籴,非次应副不在其数。陕西近年出左藏库及内帑钱银绸绢数百万计。河东岁支上京钞不少。当无事之时,常苦不足……"① 可知西部战争以前,陕西及河东、河北路财计支出已经相当巨大了。西部战争开始后,陕西的军费开支较平时又增,且神宗统治时期战争以西线为主,故西线的军费支出尤显突出。为了适应军事和财政的需要,陕西路先划为秦凤、永兴两路,继又设鄜延、泾原、环庆等六路经略司,随即在几个经略司所辖地区又权设转运司。② 财政管理上于是形成陕西有都转运司,各路又有转运司的复杂情况。再后为了适应熙河路前线供给的特殊需要,熙宁末年又特设经制熙河路边防财用司。财政机构的这种异常变化,反映了陕西在此时期军事上的特殊重要性,相应地,朝廷供给陕西的财赋也便较以往大大增加了。

神宗时西线战争有两个高潮,一是熙宁五、六两年王韶夺取熙、河等州的军事行动;二是元丰三至五年的宋夏交战。两次战争均未见有现成的统计数字,但据《长编》卷二三一载熙宁五年三月神宗与王安石的一段对话透露,王韶用兵熙河,半年有奇,共费钱、粮、银、绸绢一千二百余万贯

① 《长编》卷二一四。
② 参见《长编》卷三一八有关记载。

匹,其中缗钱一项计有七百余万。半年之费已是如此,使神宗颇为之忧虑。当时不少大臣反对出兵熙河,其理由主要就是当地赋入甚少,攻夺此地得不偿失。不少大臣攻击王韶,也是讲他耗费钱财过多,而于宋获益甚微。以后不见有军费概算数字,或与新党怕公开过于浩大的支费数字,易给旧党进行攻击的机会有关。王韶对西蕃作战所动用军队的数量,远不如宋朝对西夏作战时所动员的军队多。元丰中五路出兵进攻西夏,动员兵民数近百万,①其中运粮厢兵即有数十万之众。② 出动了大批民夫搬运军需,京西一路出民夫三万余人,河东一路更出民夫四万余人,③连同陕西民夫,总数不下二三十万。官府还令内地百姓为前线赶制干粮,数十万斤、数百万斤地运往沿边。这样规模宏大的军事行动,自然需要财政上的巨大开支。据载,仅元丰五年上半年,宋廷即向陕西都转运司支拨司农寺钱二百万缗,内藏库银三百万两,盐钞二百万缗,合计七百万贯两的财赋。④ 由此可见这次战争支费之一斑。神宗时期向陕西调配的财赋主要有如下几种。

甲、本路按规定应上缴京师的各项钱物。陕西财政上虽出大于入,但按规定仍要每年向京师输送一部分财赋,以表示陕西与朝廷的从属关系。战争一起,这部分财赋即截留备战,也算是朝廷调拨财赋的一部分。神宗时陕西钱监铸造量不小,不但有铁钱,也有铜钱,所铸之钱按旧例是要输送京师的,但陕西此时期每年铸钱二百万缗,绝大部分用于本路。此外,本路封桩禁军阙额钱、常平免役坊场宽剩以及坑冶收入等也多用充军备。大致上可以说,凡属陕西地方赋入,不再输往京师,留供军须。⑤

乙、解盐钞钱及买钞钱。解盐为北宋重要财源,仁宗以来,其收入全部用于西部边防。神宗时,每年定额出盐钞二百余万缗,于陕西沿边召人

---

① 参见《长编》卷三二七所载。
② 参见《长编》卷三二三所载。
③ 参见《长编》卷三二七所载。又《宋史》卷二八一《毕仲游传》载"陕西八十县,馈挽之夫三十万"。
④ 参见《长编》卷三二六所载。
⑤ 参见《长编》卷二三六、卷二六〇、卷二八三、卷三九〇等处有关记载。

入纳现钱,偿给盐钞,持钞可赴解池请盐回销于陕西各路或规定区域之内。这方法等于宋廷用飞钱变换方法,把二百余万缗现钱转移到了沿边。定额虽为二百万,实际却因军事需要大量额外印发盐钞。熙宁六年共印发盐钞九十万二千七百一十六席,折钱五百二十三万缗,而当时盐的需要量仅为四十二万余席。① 这样就造成相当数量的盐钞或则有钞无盐、或则得盐无处销售,成为"虚钞"。这就使盐钞价格下跌,从而造成既危害商人又威胁官府的局面。为此,官府在几处设买钞场以稳定钞价。但因出钞过多,买入之钞已不能再卖,所支买钞钱就成了宋廷用于陕西军备的又一项开支。这项开支数目也不少,例如,熙宁九年九月支拨内藏钱一百万缗买钞,同年十一月,复支内藏钱(后令三司偿还内藏)三百万缗买钞。三个月中,竟支四百万缗。② 又元丰二年正月,神宗曾对大臣说,由于出钞过多,"都内凡出钱五百万缗,卒不能救"。③ 可见买钞钱也是宋廷向陕西支拨的一大笔财赋。

丙、四川诸路地近陕西,神宗时大量地将四川赋入转移陕西以备军用。熙宁三年九月,宋廷诏令三司:

> 除在京合支用金帛外,应西川四路上供金帛及四路卖度僧牒钱所变转物,并截留决西转运司,令相度于永兴或凤翔府桩,以备边费。侯见数,可兑折充将来起发往陕西银、绢之数。④

据当年十一月三司奏报,熙宁元年四川经费所余财赋计钱七十四万缗、绢十九万匹、䌷五万匹、布十三万匹、丝六万两、绵四十六万两、银四千九百两全部发至陕西转运司,"充西盐钞场本钱外,封桩以备边费"。⑤ 此后各年运往陕西财赋未见确数,当与此不甚相远。然数量更为可观的,是四川各路输往陕西的常平司钱物。据元丰五年底户部统计,已运抵陕西的四川常平积剩财赋计有"金银物帛八百十六万一千七百八十四两,钱三百

---

① 参见《长编》卷二五四所载。
② 参见《长编》卷二五六、卷二五八所载。
③ 《长编》卷二九六。
④ 《长编》卷二一五。
⑤ 参见《长编》卷二一七所载。

四十六万二千余贯"。① 由于运输四川常平积剩财赋,需要事先把不适合运输的物资变为适合运输的物资,变转过程中官府竟获息钱二百三十二万缗,有关官吏因此得到奖赏。② 另外,熙宁七年底又规定,成都府路转运司每年要支发给熙河路交子十万贯。元丰年中,实行蜀茶禁榷,宋廷几次调拨茶场司钱赴陕西充军费,无疑也是宋廷调四川财赋入陕的一部分。

丁、内藏财赋和三司(户部)财赋。内藏每年支出一部分财赋用于军事,在宋朝已成惯例。北宋时河北边费除当地赋入外主要靠东南末盐钱,陕西除当地赋入外主要靠解盐钞钱,不够,再就要靠内藏补助。此时期内藏财赋支往陕西者未见时人现成统计数字,但从各处零散记载看,数量颇多。三司(户部)为全宋掌财机构,此时期它们实际掌管的范围内虽然收支紧张,却也不能不挪东凑西支援军事。除了各种临时性调拨外,尤引人注意的是熙宁三年议定,从熙宁四年始五年每年减东南六路漕运京师米二百万石,变转为钱二百万缗,以便条或便钱的方式转移到陕西及河东路,③这在北宋是较为罕见的举动。另外,元丰六年又规定每年漕运米一百万石赴西京下卸,当也与西线军备有关。④

戊、动用部分四川以外的别处封桩财赋。元丰改官制前,免役、青苗、坊场积剩归司农寺掌管,改制后归隶户部右曹。元丰六年十一月,曾将户部右曹钱一百万缗通过入便钱方式支拨给陕西鄜延路,当即是支用的输送至京的常平免役坊场积剩等钱。⑤ 又同年五月,又曾诏令"拨京西提举司钱二十五万缗应副兰州市粮草"。⑥ 这些事例说明,除四川外,别处封桩的常平免役坊场积剩等钱也有少量用于陕西军费。

己、赐度牒、官诰给陕西充军费。此时期宋廷颁赐度牒、官诰给陕西各路,令其出卖或预先令在京市易务代行出卖,以收入补充军费的事例也

---

① 《长编》卷三三一,另参见同书卷三一一、卷三一二及《宋史》卷一七五《食货志·赋税》等处有关记载。

② 《长编》卷三四九。

③ 参见《长编》卷二一四所载。

④ 参见《长编》卷三四一及《宋史》卷一七五《食货志·漕运》。

⑤ 参见《长编》卷三四一所载。

⑥ 参见《长编》卷三三五所载。

屡见记载,折计钱数总额不下数百万缗。

宋廷多方为陕西前线调集军备财赋,说明了陕西军费开支的浩大。

宋廷为解决西部前线军队供给,专门设立了经制熙河兰会路边防财用司,专门负责筹措熙州、河州附近驻扎宋军的军费。熙宁十年八月创立,设于熙州,以宋神宗最亲信的宦官入内副都知李宪主管,文臣权发遣秦凤等路转运副使赵济任同主管,起初属下有勾当公事文武官五员。其可支配的财赋有朝廷调入本地区的钱财、附近地区的朝廷封桩钱财、茶马司钱财及本地赋入。本司曾对本地区官田产、坑冶铸钱、市易、弓箭手等十四事提出处理意见,多被采纳。后以秦凤等路提点刑狱、驾部员外郎霍翔兼同管勾。诏令李宪衔内增"都大"二字,都大提举视转运使,同主管视转运判官。由于李宪的特殊身份,其实际权势远大于此。后李宪又改官名为西部数路都大经制、权经略制置使,仍兼管此司。李焘记:

> [元丰七年八月]辛丑,经制熙河兰会路边防财用司上岁计合用钱帛粮草。诏岁给钱二百万缗,以本司十案息钱、川路苗役积剩钱、续起常平积剩钱各二十万、榷茶司钱六十万、川路计置物帛赴凤翔府封桩坊场钱三十五万、陕西三铜钱监铜锡本脚钱二十四万八千、在京封桩券马钱十万、裁减汴纲钱十万二千充。自来年始,户部岁给公据关送,候元丰十年终,令经制司具支存数以闻。①

这是经过裁减的数字。但从其取财的范围,可以略知此司负责的军费的来源。元祐元年三月,裁撤此司,职事并入陕西转运司。

三、其他战争支费及军费、军备对财政的影响

西线之外,南线作战也有耗费。据熙宁十年权发遣湖北路转运副使徐禧等统计,安南行营军费开支计为钱帛金银粮草五百一十九万贯石匹两束。②　此后边境仍不平静,朝廷每年仍要数十万贯石匹两的财赋以为

---

① 《长编》卷三四八。
② 参见《长编》卷二八一所载。

军备。① 西南梅山之役、泸州之战,实费数未见记载,当也有相当数量。

神宗等令宋军进攻西夏的目的,乃是为北击辽朝收复幽燕做准备。这从神宗为内藏各库命名时所题两首诗即可看出,其一云:"五季失图,猾狁孔炽,艺祖造邦,思有惩艾,爰设内库,基以募士,曾孙保之,敢忘厥志。"其二云:"每虔夕惕心,妄意遵遗业,顾予不武姿,何日成戎捷。"② 显然,各地封桩财赋神宗坚持封存不用,正是想以此作为实现前辈遗愿的资本,作为对辽战争的军费。既然神宗志在北伐,北线的军备自也不会放松。宋廷此时期专设"河北籴便司",在瀛、定、大名等州扩建、新建粮仓,总容量为一千二百万石,储粮以为军备。据元丰七年二月河北转运使、措置河北籴便吴雍言,时所储人粮马料实为一千一百七十六万石,可知所建之仓已基本储满。③ 除粮料外,还在河北储存现钱,例如熙宁七年九月,即将内藏库钱一百万缗付河北转运司封桩。④ 这说明北线的军备正加紧进行。然而不幸的是,宋军对西夏的军事行动遭到严重挫折,军民伤亡二三十万,这一沉重的打击使神宗的宏图成为泡影,他本人也在忧伤中染病死去,对辽战争才得暂息。

除了直接调拨给西南北三边的财赋之外,还有一笔可观的军事开支,即是军器生产的费用。熙宁中,为加强军器制造,专门设立了军器监统管全宋军器制造之事。又"诏诸路置都作院,凡四十一所"。⑤ 对军器生产如此重视,动员如此多的人力物力,这在宋朝是前所未有的。

由于战争,军队的数量减而复增。据载,元丰七年,禁军总数已由熙

---

① 参见本书第三编中关于广西地方财政的叙述。

② 参见《长编》卷二九五、《宋史》卷一七九《食货志·会计》《九朝编年备要》卷二〇、《宋史全文》卷一二、《通考》卷二四《国用考》、陆佃《陶山集》卷一一《神宗皇帝实录叙论》、洪迈《容斋三笔》卷一三《元丰库》、《群书考索》后集卷六四《财赋·内库》。但宋神宗所拟库名是用于元丰库还是用于景福内库,上引记载有差异。《群书考索》在"景福库""元丰库铭"二小题下都引了这二首诗,且谓"元丰库或即崇政殿后库,当考。"即想调和两种说法,或也可成一说。

③ 参见《长编》卷三一一、卷三四三所载。

④ 参见《长编》卷二五六所载。

⑤ 罗濬:《宝庆四明志》卷七《叙兵》。另外,军器监所属之外,还有鞍子所、斩马刀所、御前生活所等也制造军器,直隶皇帝。详参见本书第二编军费开支部。

宁年中的五十六万余人增为六十一万余人，"而厢军视祖宗时数益众"。①军费开支如此浩大，还要每年强制地封存一部分财赋以备对辽作战，这给财政造成了难以克服的困难，这使王安石理财新法加速走向失败。通过各项新法封建国家获得的财赋几乎绝大部分都用于军备，而且军备需求的巨大又使各项新法都成了变相的新增赋税，人民的负担加重了。财政上的困难局势，导致元丰年间一些不顾后果的横征暴敛的出现。

第三节　王安石新法的失败和新法以外的增收措施

一、新法的问题与弊病

直观地看，王安石新法的推行，确给财政带来了一些增收，但从整个理财的高度看，却远远没有达到王安石所预期的目的。主要表现在：新法没有起到预期的促进生产发展的作用，财政收入的增加没有获得预期的幅度，更没有递增的效果。

生产没有得到预期的发展，是由于推行新法的结果，非但没有减轻农民负担和疾苦，反而增加了农民的负担和疾苦，故而往往危害了生产的发展。

以青苗法为例。青苗法的最大问题是难以保证青苗钱借给最需要的农户，难以保证借钱都是出于自愿。青苗钱要想维持长久，就必须做到有借有还，而要实现有借有还，就必须保证借钱者有偿还能力，这就势必使一些贫困户的借贷权力被剥夺。青苗借贷是个很麻烦的事，地方官吏要是没有硬指标是不积极的，而一旦规定了硬指标或变相规定了硬任务，则强迫摊派就不可避免。青苗钱散给富豪者，富豪往往复转贷给贫下百姓，

---

① 《长编》卷三五〇。

借贷者受二重压榨,对贫下百姓毫无益处。散给贫下百姓者,俵散和收纳青苗钱时,官吏从中作弊勒索势不可免。散敛之际"除头子钱,减克升合,量收出剩",①"以陈粟废麦代见钱支俵",②"仓官受入,又增斗面,百端侵扰,难以悉数"。③ 故而一般说,青苗钱"盖名则二分之息,而实有八分之息"。④ 甚者则也有纳倍息的,如司马光讲,陕西青苗钱"以一斗陈米散与饥民,却令纳小麦一斗八升七合五勺或纳粟三斗,所取利约近一倍"。⑤ 苏辙在诗文中也讲"吏缘为奸至倍息"。⑥

这说明,青苗法的实行根本不能达到"去其疾苦、抑兼并"的目的,相反,却往往有"助兼并"、增疾苦的效果。这是由于,许多贫民下户无力偿还青苗本息,逼督之下,"乃复举贷于兼并之家,出倍称之息以偿官逋"。⑦时人王岩叟对此有如下议论:

> 说者曰:[散青苗]所以抑兼并,曾兼并未必能抑也,一日期限之逼、督责之严,则不免复哀求于富家大族,增息而取之。名为抑兼并,乃所以助兼并也。⑧

时人陈舜俞也道:"官制既放钱取息,富室藏镪,坐待邻里逋欠之时,田宅、妻孥,随欲而得,是岂不为兼并利哉?"⑨青苗法无抑兼并之效,却有增加赋入之实。陈舜俞一针见血地指出:"[行青苗法],使吾民终身以及世世,每岁两输息钱,无有穷已,是别为一赋以敝海内。"⑩范镇也道:"至于言青苗则曰有见效者,岂非岁得缗钱数十百万,缗钱数十百万非出于天,天出于地,非出于建议者之家,一出于民。"⑪他们确实道出了问题的实质。

---

① 吕陶:《净德集》卷三《奏乞权罢俵散青苗一年以宽民力状》。
② 《宋朝诸臣奏议》卷一四九邢恕《上哲宗五事》。
③ 吕陶:《净德集》卷三《奏乞权罢俵散青苗一年以宽民力状》。
④ 晁说之:《嵩山文集》卷一《元符三年应诏封事》。
⑤ 《司马文正公传家集》卷四六《奏为乞不将米折青苗钱状》。
⑥ 《栾城三集》卷八《诗病五事》。
⑦ 《杨龟山集》卷六《神宗日录辨》。
⑧ 《长编》卷三七六。
⑨ 《都官集》卷五《奉行青苗新法自劾奏状》,另见《宋史》卷三三一《陈舜俞传》。
⑩ 《都官集》卷五《奉行青苗新法自劾奏状》,另见《宋史》卷三三一《陈舜俞传》。
⑪ 《长编》卷二一六。

至于免役法增加人民负担就更为明显了。每年宋朝要敛取免役钱一千二百万贯(熙宁九年数)至一千八百万贯(元丰七年数),与构成宋朝财政收入而名列前茅的主要项目盐课、商税、酒课可以并驾齐驱。对于人民来说,无疑等于又增加了一项直接取之于民的重赋。这项重赋的加征是有不少明显不合理之处的。例如,行差役法时规定下等户没有职役义务,行免役法后下户连同女户、单丁等都要纳钱助役。征收免役钱后,官府又命保甲组织担负某些职役事务,却不支发雇募钱。免役钱数量过多,这是因为各级官府财计窘迫,有意多敛,从中取利。免役二分宽剩被朝廷封桩留备军费自不待言,地方官府也往往乘机大捞油水。例如吕陶曾讲:"近制役钱宽剩不过二分……有司奉法太过,条目滋蔓。于雇役钱外,尚有数等。如耆户长不雇而敛则有桩留钱,桥道廨舍之类数年一修而逐年计费,知县簿尉三年一替而每岁计署中什物则有费用钱,非泛差出役人及起发雇人则有准备钱,此外方谓之宽剩钱。"[①]从所述各种宽剩之外宽剩的名目看,显系地方官府借敛免役钱以谋求收入补助财计的。故而,尽管宋廷几次下令精简官府所用职役数量,但成效不大,免役钱总征收数元丰七年竟比熙宁九年增加了三分之一。从表面上看,民户出钱,官代雇人,似乎有利于农民安心生产。实行免役法的结果,却是人民赋役负担增加过多,反而妨碍了农业生产的正常进行。

另外,青苗、免役等法官府向百姓一律敛取现钱,这对百姓也是一种灾祸。为纳现钱,帛成谷熟之际百姓一齐售枭,帛、谷之价立跌,农民须用较平时多几成的谷帛换得现钱,才能完纳青苗本息、免役等钱。这对农民是一种坑害。此外,敛钱又加重了"钱荒",妨碍了商业的发展和人民的正常经济生活。

青苗、免役之外,保甲、保马法也加重了人民负担。行保甲法,驱使数十万农民耽误生产去参加操练、巡逻等,农民负担因此加重,竟有人用断指自残的办法逃避充当保丁。行保马法,官府更赤裸裸地把财政困难转嫁于人民。据熙宁六年枢密院奏:"官养一马,岁为钱二十七千。民养一

_____

① 《净德集》卷一《奏为役钱乞桩二分准备支用状》。

马,才免折变缘纳钱六千五百,折米而输其直,为钱十四千四百,余皆出于民,决非所愿。"①可见行保马法的结果,养马之费的半数改由人民负担。

官府行农田水利法,本应是直接有利于农业生产的。无奈徒有一时轰轰烈烈的外观,并未取得实际效果。兴修农田水利成效不易衡量,不比青苗、市易有息钱可以查考,这给官吏弄虚作假提供了条件。林希《野史》云:"熙宁间,凡言水利或理财或更改利害者……不验虚实,便令兴役。其糜费官财、兴调民力,不问其数,微有效则除官赐金帛,无效者费调虽多,不问其罪。有司知其妄不诘难,诘难即直诉司农,以为嫉功避事,立加按劾。"林希还具体列举数例,大致结果都是"于水利实无损益,大抵以费官财劳民力者称职,上下欺蔽无敢言"②。官吏只求讨好上司,不顾实际效果的典型例子,就是熙宁年中侯叔献等引汴水淤田,结果破坏了堤防,"岁坏民田庐,而朝廷不知"。③近在畿内,尚可弄虚作假如此,别处可想而知。

新法推行后,人民负担的增加是巨大的,然而封建国家财政得到的裨益却是很有限的。

首先,百姓所输纳的钱财并没有全数流入封建国家的国库,而有相当部分无端被耗费甚至被贪官污吏所攫取。例如青苗法,人民所输者虽有八分或十分之息,朝廷实际所得者却仅有二分之息,其余多为贪官污吏中饱私囊或则为地方官府所挪用。归朝廷的二分之息甚至也不能尽得。这是因为,有些贫下百姓确实无力偿还,有些豪强与官吏互相勾结又故意拖欠,使得应得利息不能及时收回,有时竟出现散多敛少的反常现象。时间久了,拖欠的利息遇恩赦被蠲免,二分息钱又流失一部分。

再如免役法,前述宽剩外之宽剩,以及地方官府高估雇募用钱所得余额,敛得后官吏随即以各种名目自行支用,封建国家财政并未因此得到实惠。

---

① 《宋史》卷一九八《兵志·马政》。
② 引文见《长编》卷二四〇细文;另《宋会要·食货》六一之一〇一也有类似记载。
③ 《九朝编年备要》卷一八,事又见《宋史》卷九五《河渠志》、卷四六八《程昉传》,《通考》卷六《田赋考·水利田》。

从增加收入的角度看,新法中失败最甚的要算均输、市易两法。当初行均输法时苏轼就讲过:

> 昔汉武之世,财力匮竭,用贾人桑弘羊之说,买贱卖贵,谓之均输,于时商贾不行,盗贼滋炽,几至于乱。……不意今者此论复兴。立法之初,其说尚浅,徒言徙贵就贱,用近易远。然而广置官属,多出缗钱,豪商大贾,皆宜(疑)而不敢动,以为虽不明言贩卖,然既许之变易,变易既行,而不与商贾争利,未之闻也。夫商贾之事,曲折难行,其买也,先期而与之钱,其卖也,后期而取直,多方相济,委曲相通,倍称之息,由此而得。今官买是物,必先设官置吏,簿书廪禄,为费已厚,非良不售,非贿不行,是以官买之价比民必贵,及其卖也,弊复如前,商贾之利,何缘而得?①

市易法在官府自己经营买卖散敛这一点上与均输法是一样的,故而苏轼所言均输法中存在的问题市易法中也同样存在。均输法行后不久就无声无息了,自难知其究竟,市易息钱之少已见前文。据《宋史》卷三五五《吕嘉问传》记,市易本钱共千二百万贯,十五年后,"仅足本钱"。这里"仅足本钱"可作两解,一为全无息钱;二为息与本等,即便按后者解,平均每年得息八十万贯。变法派大臣曾布元符年中总结熙、丰年中行市易法道:"市易用千五百万本钱,得息钱九百万,失陷者乃七百八十万,徒作一大事,一无所得?"②元祐初,监察御史韩川亦言:"市易之设","所收不补所费"。③ 市易法之所以无生财之效,根本一点,还是苏轼所言,"商贾之事,曲折难行",这种事情是封建官僚机器无法承担的。

新法对改善财政状况未能产生预期效果,还表现在除与新法直接有关的增收外,在赋入的其他方面均未见明显自然增长。这自然与行新法后人民负担增加过多不利发展生产有关,另外也与均输、市易、坊场等侵损了某些正常收入有关。田赋前已作了比较,盐课未见记载,现存者仅有熙宁十年商税、榷酒收入数,与变法前相比,情况都不甚好。大致如下表。

---

① 《东坡奏议》卷一《上皇帝书》。
② 《长编》卷五〇六。
③ 《宋会要·食货》三七之三三。

时间	商税岁入数/万贯	根据文献	榷酒岁入数/万贯	根据文献
至道年中	400	《宋史》卷一八六《食货志·商税》	325.9	《长编》卷九七《太平治迹统类》卷二九
天禧末年	1204	《宋史》卷一八六《食货志·商税》	1158.6	《长编》卷九七《太平治迹统类》卷二九
庆历年中	1975	《乐全集》卷二四《论国计事》	1710	《乐全集》卷二四《论国计事》
治平年中	846	《宋史》卷一八六《食货志·商税》	1276.25(另有金帛刍粟等2032735石匹等)	《文献通考》卷一七《征榷》
熙宁十年	804.66	日人加藤繁据《宋会要·食货》一五至一六计出,见《中国经济史考证》	1293.27(另有金帛刍粟等29899石匹等)	据《宋会要·食货》一九所列各处课利数计出

另外,行保甲法后,保甲训练要支用财赋。行保马法后,民户所养之马习于农用,不合军用,马监又大部分撤销,买马支费有所增加。二者对财政均有不利影响。

二、新法以外的增敛措施

军费给财政造成巨大压力,数额不小的封桩财赋留备征辽,新法外的赋入又无增加,财政很快即又重陷泥潭。熙宁七年,神宗与王安石就冗官问题有过一段对话,神宗以"官多费广"为患,王安石则讲置官并不一定增费,神宗道:"即如此,何故财用不足? 若言兵多,则今日兵比庆历中为极少。"[1]言语中透露了财政收支状况不佳的内情。恰在此时,新党重要骨干吕惠卿、曾布之间发生矛盾。分歧之一,就是当时任权三司使的曾布,曾对治平、熙宁两时期财赋收支数进行统计比较,得出了"朝廷支费多于前日,致财用阙乏,收入之数不足为出"的结论。[2] 而吕惠卿指曾布

---

① 《长编》卷二五一。
② 参见《长编》卷二五三、卷二五五所载。

为居心不良，其统计数不可靠。他令中书户房另作统计，结果自与曾布不同。神宗令曾布说明原委，曾布讲后神宗点头称是。① 可见曾布的结论是基本正确的，当时财政收支状况确实不佳。时隔不久，熙宁十年八月，权发遣三司使李承之又奏：“三司近岁以来，财货匮乏为甚，计月支给犹惧不足”，“国用如此，可不深虑”。② 财政的匮乏，成了旧党抨击的目标。司马光此年写信给宰相吴充，内讲：“今府库之实，耗费殆竭，仓廪之储，仅支数月……而用度日广，掊敛日急，河北、京东、淮南，蜂起之盗攻劀城邑，杀掠官吏，官军已不能制矣。”③张方平托苏轼代写奏疏也讲：“数年以来，公私窘乏，内府累世之积扫地无余，州郡征税之储上供殆尽，百官廪俸仅而能继，南郊赏给久而未办……”④可见财政上的困难已是君臣上下所共知了。朝廷强制性地不许支用封桩财赋，为了维持财计的平衡，掌财之臣不得不于新法之外再找生财之路，这些生财手段主要是如下几项。

甲、出卖度牒。出卖度牒，唐已有之。宋初不行。仁宗时始见于记载，然极罕见。神宗时此事明显地经常化、制度化了。现将此时期出卖度牒情况列表如下。

时间	度牒出卖道数	折计钱数/贯	根据文献
熙宁初至八年九月	89000	11570000	《长编》卷二六八、《九朝编年备要》卷一八《群书考索》后集卷六三《财用·鬻僧》
元丰元年	9360	1216800	《长编》卷三〇一、《宋会要·职官》一三之二一
元丰二年	10942+	1422460+	《长编》卷三〇一、《宋会要·职官》一三之二一
元丰三年	6396	831480	《长编》卷三三五
元丰四年	4196	545480	《长编》卷三三五
元丰五年	9897	1286610	《长编》卷三三五
元丰六年	10127+	1316510+	《长编》卷三四一

---

① 参见《长编》卷二五三、卷二五五所载。

② 《长编》卷二八四。

③ 《长编》卷二八六。

④ 《长编》卷二八六。

由上表可知,此时期出卖度牒,每年给财政带来约一百万贯的收入。然这实际近于寅吃卯粮,数以万计的人出家为僧,不但使赋入及服役人减少,而且造成一系列社会问题。

乙、变钱楮之法。铸钱在我国秦汉以来一直由官府控制,是封建国家的一条生财之路。宋朝仁宗以后,广大地区存在着"钱荒",即缺乏流通用的铸币(主要是铜钱)。宋廷在熙、丰时期大力增设铸钱监,尽可能多铸钱。元丰二年,共铸铜钱五百零六万贯、铁钱八十八万九千余贯,达到宋初以来最高额。为了降低成本,熙宁四年以后普遍推行折二钱。为了加强军备,此时期新增的钱监有许多设在陕西,陕西各钱监每年铸造总额达到约二百万贯,①即接近全宋总数的三分之一。在增铸钱币的同时,四川又增加了交子的实际发行量。原来交子流行民间只有一界、一百二十五万余贯,熙宁五年改为两界相沓而行,流行在民间的即是两界、二百五十万余贯,发行量增加一倍。另外,宋廷还几次试图在陕西、河东地区推行交子,终因与盐钞抵触而失败。宋廷增印交子主要出于财政的需要,这从神宗熙宁四年的一段话中可以得到验证:

> [文]彦博又言:"行交子不便。"上曰:"行交子诚非得已,若素有法制,财用既足,则自不须此。今未能然,是以急难不能无有不得已之事。"②

发行交子与财政的关系神宗在此是直言不讳的。

丙、变茶法。茶自仁宗嘉祐四年变法,对除福建以外的地区实行征纳茶租后任其通商的"通商法"。熙宁年中,西线作战,经费缺乏,宋廷发现蜀茶有利可图,始设场买卖。熙宁末年,进而实行禁榷。据元丰六年同提举成都府等路茶场司陆师闵讲,从熙宁十年至元丰五年,李稷总领茶事,"于五年间,除百费外收获净利四百二十八万余贯"。③ 又《长编》在记述此事的文字后附有细文,引证了《食货志》如下记载:

---

① 参见《长编》卷三四四范纯粹语。
② 《长编》卷二二一。
③ 《长编》卷三三四。

自熙宁七年至元丰八年,增广茶法。蜀道茶场四十一,京西路金
州为场六,陕西卖茶为场三百三十二,熙宁七年税息钱四十万缗
(按,前此蜀茶仅有茶租钱二十九万缗收入),元丰五年五十万缗,七
年增羡至一百六十万缗。诏定以百万缗为岁额,除充他官经费外,并
储陕西,以待诏用。

这里将榷蜀茶对财政旳影响记述得比较详细,文中所谓"充他官经费"
者,当包括以茶叶易西蕃马的部分。

福建茶在宋代最为名贵,故嘉祐弛禁,独建茶仍旧禁榷。熙宁三年一
度通商,但元丰七年又复禁榷,且强行规定园户纳茶数额,全路总征三百
余万斤,比仁宗初年官买四十五万斤之额超过数倍,引起园户强烈不满。
但未及久行,神宗去世,即得罢废。

丁、变盐法。神宗时解盐几次变法,通商与官卖的区域多次变更,盐
课未见显著增加。其原因主要是解盐收入受到解盐区人口和西夏、西蕃
池盐价格两方面的制约,不能随意增加。元丰三年至六年,京东路李察、
吴居厚等相继变盐法,在征收盐税钱的同时官府经营卖盐,三年共收息钱
三十六万缗,随后宋廷又将此法推行于河北。元丰四年至五年,塞周辅先
后受命变江西路和湖南路盐法。在原来每年运淮盐出卖定额不变的基础
上,又运广盐入境,大大增加了官盐销售总量。然而淮盐、广盐总数超过
实际需要量,官府即采取抑配的办法,引起普遍反对。熙宁十年和元丰七
年,宋廷曾两次试图对河北盐实行禁榷。榷河北盐是既无道理又难于实
行的。河北在五代时曾榷过盐,周世宗时把榷盐课利均摊入两税,作为一
项特别的附加税的形式征收,在此基础上允准通商。在不取消两税盐钱
的条件下又行禁榷,这显然于情理是说不通的。河北人民多煮碱为盐,刮
碱之地分散,煮碱之事人人可作,故禁榷实不易实行。河北地近辽朝,辽
的靠近河北的地区也产盐,禁榷后盐价提高,辽地之盐的流入就难以禁
止,于宋尤为不利。然而事理昭昭宋廷却仍要禁榷,无非是为财计上的窘
困所驱迫,急难之中做不得已之事。

戊、增矾课。据载:"自熙宁初始变矾法,岁课所入,元年为钱三万
千四百缗有奇,并增者五岁,乃取熙宁六年中数,定以一十八万三千一百

缗有奇为新额。至元丰六年,课增至三十三万七千九百缗。"①

己、征免夫钱。熙宁十年,正逢财计困难之际,黄河于澶州曹村决口,造成水患。为了应急修补河堤,宋廷向沿河百姓征调人夫,离曹村较远不愿赴役者纳免夫钱。宋初以来,无此先例。② 此例一开,以后凡有修河之事,往往征收免夫钱,成为一种额外不定期税赋。

此外,由于朝廷和地方财计都感紧张,便各自想了一些生财办法,如卖官鬻爵,开堆垛场,置水磨磨茶,开当铺,增加和预买数量,增加科敛物品,卖熟药,卖历日,卖斗秤等,很是细碎,却对财计补助不大,不便赘述。

总之,由于军备、军费等方面的需要给财政带来巨大压力,也由于机械地实行部分财赋的封存制度,使得熙、丰时期财政上仍然没有摆脱困难境地。为了增加收入,宋廷做了多方面努力,有时竟到了不顾后果的地步,所得效果却是很有限的。

第四节 财政制度上的重大变更

神宗时期财政制度上发生了重大变更,变动之深广,是有宋以来前所未有的。变动主要反映在两个大方面:一是三司权力的削弱和三司被户部所取代;二是财政的进一步集权以及相应的地方财权的缩小。

一、三司、户部之变

神宗统治时期在国家体制上实行了重大变革。这一变革最重要的标志,就是省部寺监体制的恢复及宰相权力的扩大。宋初以来宰相主民、枢密主兵、三司主财,各自直接对皇帝负责的体制,被尚书省二十四司以及

---

① 《长编》卷三四一。又据同书卷二一六记,变矾法乃在熙宁三年。

② 《范忠宣公奏议》卷上《条列陕西利害》载范纯仁于熙宁二年建议许采治河梢木役夫出钱免役,未见实行。即使实行了,也局限于少数人,与此次情况不同。

九寺四监的体制所代替,宰相处于兼管政、军、①财三方面事务的中枢地位,权力较宋初大为加强了。这一变革反映在财制上,就是三司权力的逐步削弱和三司被尚书省户部取代。

反映三司权力削弱的第一件事就是制置三司条例司的设置。熙宁二年二月,设制置三司条例司,"以尚书左丞知枢密院事陈升之、参知政事王安石同制置三司条例"。② 这件事具有特殊意义,制置三司条例,本是理财大事,将三司使排斥于外,而令枢密使、参知政事统之,这显然是异乎寻常的。③ 次年,诏罢制置三司条例司归中书,不久,王安石以"同中书门下平章事"衔入相,入相后又受命"提举编修三司令式并敕"。④ 这当是宰相干预理财之事的开端。熙宁二年,朝廷差官提举诸路常平、广惠仓兼管勾农田水利差役事。这样,各路于转运司之外又多了一种与财计有涉的"监司",而提举常平司所理之事上隶于司农寺而不隶于三司。与此同时,青苗、免役、方田均税,农田水利等新法相继颁布,其推行也主要由制置三司条例司、司农寺、各路提举常平司负责。司农寺在制置三司条例司被罢归中书后,成为推行新法的主要执行机构。各项新法与财计关系密切,其推行却主要由司农寺而不由三司来承担,是削弱三司权力的又一步骤。继司农寺权力扩大之后,将作监、军器监的设置进一步削弱了三司权力。史载:

> [熙宁六年六月戊戌]置军器监,总内外军器之政。其所统摄,并依将作监。……军器旧领于三司胄案,三司事丛,判案者又数易,至是始案唐令置监,而废胄案焉。⑤

---

① 改官制后枢密院虽保留,权力却有所削弱,宰相常常干预军事,尚书省兵部也分走了部分军权。

② 《宋会要·职官》五之一,另参见《通考》卷五二《职官考》及《宋史》卷一六一《职官志》。

③ 前此,极少有二府大臣涉足财计事,据徐自明《宋宰辅编年录》卷四载,天圣初年令两府大臣经度军储,此已为非常之举。嘉祐七年,仁宗令王安石、王陶置局经度国计,因不隶三司,遭到大臣李参反对,他说:"官各有职,臣若不任事,当从废黜。不然,乞罢此局。"仁宗竟从其议。见《宋史》卷三三〇《李参传》后司马光反对置条例司,也讲:"三司使掌天下财,不才而黜可也,不可使两府侵其事。"见《宋朝事实类苑》卷一五《顾问奏对》。

④ 《长编》卷二一八。

⑤ 《长编》卷二四五。

设监之余，"凡产材州，置都作院"，①上隶于监。上引记载中，称"其所统摄，并依将作监"，可知将作监复理营造职事，乃在军器监设置之前，究竟系于何时，未见记载。然熙宁八年大臣蔡承禧言称："自昔军器惟莅三司胄案一局，近岁遂立军器监以专之。自昔修造之局，惟莅三司案，而近岁以将作监专之。故三司之财用固已多为工局所糜。"②这说明将作监复理修造之事，确在元丰改官制以前。将作监、军器监所理之土木营造、军器制作等事，是宋朝支用钱财较多的事务，这些事务从三司管下分出，三司的权力再次被削弱。南宋人章如愚讲："[王]安石为相，以《周礼》行新法，特蒙'宰掌邦计'之说，谓宰相当主财计，遂与三司分权。""三司之职不待改官制而不受权，自熙宁变更法度之时已坏矣。"③他的议论是基本符合实际的。当然，三司体制如何评价、宰相该不该理财，这又是难以评说的另一问题了。

元丰四、五年间大改官制，随着省部寺监体制的恢复，三司就被尚书省户部取代了。户部取代三司以后，财政体制上表现出与宋初有很大不同：首先，原来三司与宰相之间虽有尊卑之别，却无隶属关系；户部尚书却是宰相直接下属。凡属财计方面的较为重大的事务，户部尚书都不能径奏皇帝或自行裁定，而须征得宰相同意。其次，尚书省户部以外的五部二十司以及九寺四监所掌事务中，有许多过去都归三司主掌，与财计有直接关系，改制后，因它们与户部无隶属关系，故而户部无权直接加以干涉。其中尤其是工部、都水监、军器监、将作监等所掌，支费财赋巨大，户部既不能直接干预，就削弱了对支用财赋的节制能力。最后，户部本身又分左右两曹，左曹隶于户部尚书，右曹不隶于户部尚书，直隶宰相（都司），等于实际上存在着两个并立的户部。这样，户部的财权较之昔日的三司大大减少了，它已不具备原来三司那种于财计无所不统的理财权力中心的地位了。故元祐初司马光上奏讲：

祖宗之制，天下钱谷自非常平仓隶司农寺外，其余皆总于三司。

① 《宋史》卷一九七《兵志·器甲之制》。
② 《长编》卷二六四。
③ 《群书考索》后集卷四《官制·祖宗旧制》。

一文一勺以上悉申帐籍,非条例有定数者,不敢擅支……自改官制以来,备置尚书省六曹二十四司及九寺三监,各有职事,将旧日三司所掌事务,散在六曹及诸寺监,户部不得总天下财赋。既[不]相统摄,帐籍不尽申户部,户部不能尽知天下钱谷之数。五曹各得支用钱物,有司见符不敢不应副,户部不能制。户部既不能知天下钱谷出纳见在之数,无由量入为出。五曹及内百司各自建白理财之法,申奏施行,户部不得一一关预,无由尽公共利害。今之户部尚书,旧三司使之任也,左曹隶尚书,右曹不隶尚书,天下之财分而为二,视彼有余,视此不足,不得移用……①

司马光把三司变为户部之后权力削弱在财政上的弊病讲得十分具体、深透。元丰改官制后,户部名义上仍是宋朝的理财首脑机构,名义上仍有与旧日三司类似的掌握财计事务的职权,实际上户部真正有效的管理范围却是很狭小的。南宋章如愚谓:

　　自元丰改官制,户部尚书全无计相之权,职在行朝廷之文移,仅能经略在京官吏诸军俸禄而已。②

而北宋末人蔡絛的《国史补》更记:

　　元丰官制行,既无三司而为户部,户部岁入之额凡四百万缗,是独昔日三司之一事而已。③

这些记载都说明,宰相的财权扩大了,户部的财权被挤压了。户部权力的弱小,户部理财能力的降低,对于克服财政困难是很不利的。

二、财制上更进一步的集权

神宗在位的十几年,三司和户部的权力虽削弱了,然而财制上却同时

---

　　① 《长编》卷三六八、《宋史》卷一七九《食货志·会计》、《宋朝诸臣奏议》卷五八《上哲宗论户部钱谷宜归一》、《传家集》卷五一《上哲宗论户部钱谷宜归一》。
　　② 《群书考索》后集卷四《官制·祖宗旧制》,另《朝野杂记》甲集卷一七《三司户部沿革》,也记"元丰官制","版曹但能经画中都百宜诸军廪给而止"。
　　③ 转引自《群书考索》后集卷六四《财用·续国朝内藏库》。

又出现了进一步集权的趋向,主要表现在上供和就地封存(封桩)的财赋的增多,以及对地方财政控制得更加严密。

宋初虽规定财政收入除经费外要统统输送京师,但是受到运输条件、储存条件等方面的限制,实际上有相当数量的财赋仍存留于地方。据南宋学者陈傅良讲:"自建隆至景德四十五年间……金银钱帛粮草杂物,七千一百四十八万,计在州县不会,古所谓富藏天下者也。诸道上供,随所输送,初无定额。留州钱物,虽尽曰系省,而不尽取。"①此后虽有上供定额,但上供之余,存留于地方的仍不少。根据记载看,神宗即位以前,对地方财计控制得远不如后来那样严密,转运司以至各州郡调剂余缺的能力尚较好。神宗时,一方面上供财赋的数额比真宗祥符年间增加一倍,②另一方面又实行了所谓朝廷封桩制度。南宋林駉《古今源流至论》续集卷二引《蔡官制》记载:

> 王安石为相,与三司分权,凡赋税常贡征榷之利方归三司,摘山、煮海、坑冶、榷货、户绝、没纳之财悉归朝廷,与常平、免役、坊场、河渡、禁军阙额、地利之资皆号朝廷封桩。又有岁课上供数,尽入京师,别创库以贮之,三司不与。

地方上的朝廷封桩钱物和新法(免役法等)的创收归常平司掌管,不隶转运司。北宋末官员王襄上奏讲:

> 神宗皇帝……始分天下之财以为二司:转运司独用民常赋与州县酒、税之课,其余财利悉收于常平司,掌其发敛,储之以待非常之用。
> 罢三司而为户部,转运之财则左曹隶焉,常平之财则右曹隶焉。③

常平司虽有朝廷封桩财赋的管理权,却没有自行支用封桩财赋的权力,除了青苗散敛之外,其余封桩财赋的使用一概要申奏朝廷,由皇帝和宰臣共同裁决。加之常平司又无支发地方经费的责任,因此,朝廷封桩制度的实

---

① 此话引自楼钥:《攻媿集》卷九五《陈傅良神道碑》,参见《止斋集》卷一九《赴桂阳军拟奏事札子第二》。

② 参见《宋史》卷四三四《儒林·陈傅良传》及《通考》卷二三《国用考》所载陈傅良语。

③ 《宋朝诸臣奏议》卷四五王襄《上钦宗论彗星》;《玉海》卷一八六《食货·理财》转录此言。

行,严重地削弱了地方特别是各路转运司的理财能力,减少了总赋入中归地方自行支配的财赋的比例。财制上的这种变化使地方财计的困难大为增加。元祐初苏辙对此加以抨击道:

> 唐制,天下赋税,其一上供,其一送使,其一留州。比之于今,上供之数,可谓少矣……祖宗以来,法制虽异,而诸道蓄藏之计犹极丰厚……自熙宁以来,言利之臣,不知本末之术,欲求富国,先困转运司,转运司既困,则上供不继;上供不继,而户部亦愈矣……盖禁军阙额与差出衣粮,清、汴水脚与外江纲船之类,一经擘画,例皆封桩。夫阙额禁军,寻当以例物招置,而出军之费罢此给彼,初无封桩之理,至于清、汴水脚虽损于旧,而洛口费用实倍于前。外江纲船虽不打造,而雇船运粮,其费特甚,重复刻剥,何以能堪。①

稍后元祐六年九月,刑部侍郎王觌(前任发运使)上言论:

> 伏见东南诸路,曩岁财用最为足,故自祖宗以来,军国之费多出于东南……今东南财用,窘耗日甚,郡县鲜有兼岁之储。两浙今岁苏、湖、秀三州水灾,本路转运司及常平之物,不足以充赈粜,近取于江淮,远籴于荆湖,然后仅能苏三州之民,则无备可谓甚矣。淮南去岁皆无大灾伤,而转运使以军粮急阙诉于朝廷,每年冬借发运司米二十万以充军粮……臣所见者仅东南诸路,传闻其他路分亦多类此。臣亦尝询访转运司财用日耗之因,虽不能尽究其本末,然有灼然易见者,逐路用度浸广而朝廷封桩浸多也。且以数事言之,选人添俸、逐路添将兵、诸州添公使、物务监官添员外、置准备差遣大使臣,凡此虽……不得不尔,然若计其费,则皆祖宗时所未有也。用度浸广既如此,又所谓封桩者浸多,若卖盐宽剩钱、阙额禁军请受、减省造船钱之类,名目甚多,本皆转运司之物,而一切封桩,归于朝廷者浸多,则转运司安得而不窘乎……臣伏望熟讲而深图之,凡上供、封桩之物,前日祖宗所不取者,皆付之转运司,使诸路转运司稍得自足,乃天下万

---

① 《栾城集》卷四一《转对状》;又见《长编》卷四一○。

民之幸也。①

苏辙、王觌都明确地讲,由于上供、封桩增加,转运司陷入困难境地。与之同时,陈次升更论及,地方财计困难,势必导致苛捐杂敛的增加,他讲:

> 熙宁以前,上供钱物无额外之求,州县无非法之敛。自后献利之臣不原此意,唯务刻削,以为己功。若减一事一件,则据其所减色额,责令转运封桩上供,别有增置,合用之物又合自办,上供名件岁益加多,有司财用日惟不足。既无家资之可助,又无邻粟之可贷,必至多方以取于民。非法之征,其来乃自乎是。②

前引记载中已言及,朝廷封桩财赋每年也要按定额输送一部分至京师,这自然就增加了上供财赋的总量。除此而外,元丰五年,又创立无额上供一项,也增加了上供财赋数量。南宋学者朱熹讲:

> 所谓无额钱者,元无一定窠名可以桩办,其多少不可得而预知,故创立之初,直以无额名之。③

《文献通考》卷二三《国用考》引陈傅良语:

> 元丰五年,又以上供年额外,凡琐细钱定为无额上供(原注:谓坊场税钱、增添盐酒钱、卖香矾钱、卖秤斗钱、卖铜锡钱、披剃钱、封赠钱、淘寻野料钱、额外铸到钱、铜铅木脚钱、竹木税钱、误支请受钱、代支失陷赏钱、赃罚钱、户绝物帛钱)。④

可知无额上供钱来源之细碎。这也反映了宋廷对地方赋入管理的严密控制。

反映朝廷对地方财政进一步严密控制的财制上的另一变动,是公使钱的全面定额管理办法。《通考》卷二三《国用考》记:

> 自[熙宁五年]专置[帐]司,继以旁通目子,而天下无遗利,而公使钱始立定额。自二百贯至三千贯止。州郡所入,才醋息、房园、祠

---

① 《长编》卷四六六。
② 《谠论集》卷一《上哲宗论理财》。
③ 《朱文公文集》卷一九《乞蠲减漳州上供经总制额等钱状》。
④ 《止斋文集》卷一九《赴桂阳军拟奏事札子》所述相似,除上述各种"钱"之外,尚有"披剃钱",且言类似者"凡十数色"。

庙之利,谓之收簇。守臣窘束,屡有陈奏(原注:谓如本州额定公使钱一千贯,则先计其州之收坊场、园地等项课利钱若干,却以不系省钱贴足额数。然诸项课钱逐年所收不等,或亏折不及元数,而所支不系省钱贴足之钱更不增添,则比额定数有不及一半者,此其所以窘束也)。

这项财政措施反映了宋朝财政的进一步集权。

财政的进一步集权,赋入中归朝廷直接调用的部分增加,造成了地方财政的巨大困难。过分地集权于封建国家中央,弦绷得太紧,就要出问题,更何况此时封建国家中央理财机构又处于软弱无力的地位呢!元丰年间吕大忠即忧心忡忡地谈到这一点:

> 古者理财,视天下犹一家。朝廷者家,外计者兄弟,居虽异而财无不同。今有司惟知出纳之名,有余不足,未尝以实告上。故有余则取,不足莫之与,甚大患也。[1]

朝廷逼得地方无措,地方官吏一则想方设法巧立名目从百姓处搜刮,另则以虚假数字欺瞒朝廷。财政秩序受到损害,确是"甚大患"啊。

熙、丰时期虽仅仅有十七八年,却在宋朝财政史上占有重要地位。它不但表现出与其他时期不同的许多特点,而且它还是重要的变革时期和转折时期,此后财政各方面的发展走向都可以从此时期的变动中找到初因。

---

[1] 《宋史》卷三四〇《吕大防传附大忠》。

第 三 章
北宋衰亡时期的财政

　　北宋在神宗去世以后,日益显示出衰落的趋向。新、旧党之争,在统治阶级内部造成了深刻的裂痕。愈益腐败的政治、愈益腐化的统治阶级的生活,又激化了阶级矛盾和社会矛盾。在宋朝内部矛盾空前尖锐的时候,金兵乘虚而入,结束了北宋王朝的统治。

　　此时期在财政上也与国势的盛衰相呼应,表现出日益困窘和混乱的趋势。特别是徽宗崇、观以后,由于统治集团的挥霍无度,使得财政危机成为导致社会危机的直接成因。

第一节　新法的否定之否定

　　神宗去世以后,王安石的理财新法,经历了一个否定之否定的曲折过程。各项新法的废复从时间上看大致如下。

　　免役法:元丰八年(1085)至元祐二年(1087)逐步废罢,改行差役法。绍圣二年(1095),复行免役法,凡条约悉用元丰八年之制。

　　青苗法:元祐元年八月正式罢废,绍圣二年复起行。

　　市易法:元祐初罢,绍圣四年初复置市易务,当年十一月正式复行市易法。

免行钱：元祐初罢，绍圣元年八月复敛，后一度又罢，宣和七年复敛。罢免行钱时，即行行户祇应法。

方田均税法：元丰八年罢，崇宁三年复行。

保甲法：元丰八年罢保甲集训，绍圣二年二月诏令复行原法。

保马法：元祐初，收回已佃之田，兴复洛阳等处废官监，收户马回监。绍圣年中改行给地牧马法。

与各项新法的废立相对应，在财制上也有若干反复。其中最突出的是户部权限的变动。元祐元年，从司马光等人之请，令户部尚书兼领右曹事，各部、寺监等涉及财赋出入之事，须经户部同意才许施行。绍圣元年，诏令户部职责依元丰官制。绍圣三年，复明定户部右曹不隶户部尚书。地方上各路常平司也随新法废立而废立："元祐初罢之，并其职于提点刑狱司。绍圣初复置，元符以后因之。"①其他还有一些相应的财制上的改变。

一、新法的废而复用

王安石理财新法多有弊端，为什么能废而复用呢？新党内部矛盾重重，为什么能遭贬而复起呢？这当中固然有其各方面的原因，例如，实际上的最高统治者的变更及新旧党各自的斗争策略等，但是最为基本的原因似还是此时期财政的状况。早在神宗去世、新党失势、旧党登台之初，旧党中一位有识之士毕仲游就有一番颇有见地的议论：

> 昔王荆公（安石）以兴作之说动先帝，先帝信之，而患财之不足
> 也。乃散青苗、置市易、敛役钱、变盐法，凡政之可以得民财者无不
> 用。盖荆公散青苗、置市易、敛役钱、变盐法者，事也；而欲兴作而患
> 不足者，情也。……曩者王荆公并军蒐卒，而封桩其钱粮，又惧兵之

---

① 《宋史》卷一六七《职官志·提举常平司》，另参见《群书考索》后集卷一三《官制·提举》。

> 少也,故行保甲之法,籍民为兵。数年以来,农夫去南亩者大半,盗贼公行,守令不得为治,则保甲之利害无可言者。而保甲之名至今未除,岂非患兵之不足耶? 以兵不足而存保甲,故知财不足则新法可以复兴。①

毕仲游把道理讲得比较透彻。宋神宗本想大有作为,而苦于封建国家财力不足,故起用王安石,推行新法。新法无论有多少弊端,毕竟能解决一些睫下乏财之急。要想废弃新法,使其永远不复行用,必须一方面暂时平息帝王征服辽、夏之心,另一方面解决好财政问题,使国力逐渐强盛。不然,就如同明知保甲法有弊病而仍行用一样,可能造成促使别项新法卷土重来的客观形势。毕氏此番话虽讲得颇有预见性,但是他却没有提出切实可行的防止新法重来的具体办法。他主张将封存的常平、免役、坊场等钱财全部拨给户部,供封建国家经费支用,他认为现有封存财赋足够户部二十年之用,设想把二十年中户部收入储存起来即可以扭转财政上的被动局面。他的这个想法却未免失之于天真疏阔。事实上,宋朝此时期除了户部每年约四百万贯的支费外,其他方面的支出还多得很。尤其是边费,仅靠内藏的有限收入,是往往不能满足需要的,历来靠多方拼凑方能维持。至于战争,那也不是想停即能停的。哲宗初年,宋朝不再主动进攻夏国了,但是西夏却转而不断骚扰宋朝边境,并提出要宋朝交还被占取的土地。因而边境仍不太平,军费开支仍然较大,加之元丰末年宋夏战争中陕西储备物资耗散殆尽,急需补充,所以封桩财赋被源源不断地输往陕西,毕仲游的设想根本无法成为现实。不只是毕仲游没有提出切实可行的办法,司马光、吕公著这些经多识广的旧党老臣,也没有想出在废除新法后,如何使财政避免入不敷出危机的有效办法。元丰末年,旧党执政之初,财政上正面临对夏战争失败后遗留下的种种难题。因此,在讨论是否立即废除青苗法的时候,大臣范纯仁等就"以国用不足,建请复散青苗钱",他的意见连司马光也同意了,只是由于苏轼等人的坚持,青苗法才

---

① 《西台集》卷七《上门下侍郎司马温公书》,另见洪迈:《容斋四笔》卷一《毕仲游二书》。

被废罢。①

旧党匆忙地把王安石各项新法罢废了,常平、免役等收入就没有了,朝廷封桩财赋的来源大为缩小,这就给旧党大臣提出了一个问题:现存的朝廷封桩财赋支用完了,边费来源如何解决? 元祐年间苏辙任尚书右丞时,亲眼看到每年将青苗、免役,坊场积剩钱源源输往陕西,不禁担心地问下属封存财赋用尽以后,陕西边费靠什么补充,下属答称别无他法,只好靠内藏支拨。② 边费全部仰仗内藏支拨,势必侵损皇室利益,这自然不是小问题。元祐二年,宋任命苏辙等人编定《元祐会计录》,至元祐三年始成。结果发现:"大抵一岁天下所收钱谷金银币帛等物,未足以支一岁之出。今左藏库见钱费用已尽,去年借朝廷封桩米盐钱一百万贯以助月给,举此一事,则其余可以类推矣。"③造成这种局面的原因,一方面如前章所述,元丰末年军队人数和军费开支的增加;另一方面,又由于神宗统治时对控制官吏数量重视不够,以致到此时,"文武百官宗室之蕃,一倍皇祐,四倍景德,班行、选人、胥吏之众,率皆广增。而两税、征商、榷酒、山泽之利,比旧无以大相过也"。④ 于是下诏裁减浮费。但是这次裁减并未见到明显效果。直到旧党政治后台宣仁皇太后去世以前,八九年时间中,旧党虽然在减轻百姓负担方面做了不少事情,但是却始终未能扭转财政上的被动局面。至元祐六年,大臣贾易上疏论"天下大势可畏者五",其三即是"经费不充而生财不得其道","一切用度皆匮乏,而敛散屈伸无及时预备之计,人情易摇而根本有微弱之虞"。⑤ 元祐七年,大臣苏轼也谓当时"帑廪日益困,农民日益贫,商贾不行,水旱相继"。⑥ 旧党在理财上的软弱无力,财政上的不佳状况,给了新党以进行攻击的机会。绍圣元年,哲宗亲政,新党大臣李清臣给参加廷试的进士出题道:"今复词赋之选而士

① 参见《太平治迹统类》卷二二及《宋史》卷一七六《食货志·常平》。
② 参见《长编》卷四一九。又《宋史》卷九二《河渠志》载此年王存言:"今公私财力困匮,惟朝廷未甚知者,赖先帝时封桩钱物可用耳。外路往往空乏。"
③ 《龙川略志》卷八《陕西粮草般运告竭可拨内藏继之》。
④ 《长编》卷四一九,另参见《栾城后集》卷一五《元祐会计录·收支叙》。
⑤ 《宋朝诸臣奏议》卷一四九贾易《上哲宗论天下太势可畏者五》;又见《长编》卷四六一。
⑥ 《长编》卷四七三。

不知劝,罢常平之官而农不加富,可差可募之说杂而役法病,或东或北之论异而河患滋,赐土以柔远也而羌夷之患未弭,弛利以便民也而商贾之路不通。"简直是一篇全面攻击旧党政策的政治纲领。在他的号召带动之下,"绍述之论大兴,国是遂变"。① 当年十一月,户部申报诸路上供财赋不足额数,另一新党大臣章惇乘机向哲宗讲:"自元祐以来司马光等务散府库以姑息小民,以致财用匮乏。"②新党的积极活动加之哲宗对旧党的疑忌,使得哲宗感到只有重新推行神宗时的理财方略才是出路。于是新党得势,旧党下野,理财方针随之发生了根本的变化。《宋史》卷一七九《食货志·会计》概括旧党上台复又下野的这段历史道:

> 先是,既罢导洛、堆垛等局,又罢熙河熙会经制财用司,减放市易欠负及积欠租输,选官体量茶盐之法。使者之刻剥害民,如吴居厚、吕孝廉、王子京、李琮,内臣之生事敛怨,如李宪、宋用臣等,皆相继正其罪。既而稍复讲修财利。李清臣因白帝,今中外钱谷艰窘,户部给百官奉,常无数月之备。章惇遂以财用匮乏,专指为司马光、吕公著、吕大防、苏辙诸人之罪。左司谏翟思亦奏疏诋:"元祐以理财为讳,利入名额类多废罢,督责之法不加于在职之臣,财利既多散失,且借贷百出,而熙、丰余积,用之几尽。方今内外财用,月计岁会,所入不足给所出。愿下诸路会元祐以前所储金谷及异时财利名额、岁入经数,著为成式。"③

于是,王安石理财新法重新得到肯定和推行,短暂的旧党"元祐更化"就此结束,新党的"绍述神宗圣政"宣告开始。

二、新法推行在度过危机后走向极端

绍圣以后虽然重新推行新法,可是元祐年中遭贬复起的新党大臣毕

---

① 《宋史》卷三二八《李清臣传》。

② 《太平治迹统类》卷二九。按,早于他吕温卿奏言,元祐初所用转运使"多昏老疲懦,吏事瞬废,财用窘乏",并举齐州一州为例,说明理财不当。

③ 按,文中所述导洛、堆垛等事乃是元丰年中官府旨在赢利的事业。

竟亲身体验到了广大人民对新法过分苛敛的不满情绪,并深知正是这种不满情绪成为元祐初新党下台的主要推动力,故而他们在重新推行新法时即难免有种种顾虑。为了避免"聚敛民财"之类的指责,他们重行免役法时,把宽剩由原先的二分减为一分,相应地,把青苗息、市易息等也由二分减为一分。再则,方田均税暂未推行,元丰年中过于苛刻的敛财之法也多未见复行。这大大减少了重新推行新法的阻力,却也减少了改变理财方针后财政上新增的收益。

要绍述神宗之志,征服西夏乃是不可缺少的一个方面。绍圣以后"陕西诸路又连岁兴师,及进筑鄯、湟等州,费资粮不可胜计"。① 陕西各路军备费用之巨是颇为惊人的。《长编》卷五〇〇所载一段文字可为例证:

> [元符元年秋七月]永兴军路提点刑狱孙贲言:"鄜延、环庆两路去年各费籴本一千万,今延安又乞籴本五七百万,环庆乞七十万,应副夏籴,乞更降金帛数百万,以助收买。"曾布因为上言:"两路一岁各费千万,六路之费可知,而民力又不在数,如此何以枝梧?边事不早为收敛之计,则公私之力恐无以继。"上深然之,仍谕三省。

时隔半年,又因"麟延、泾原、熙河、环庆路见管军赏银绢不多,虑缓急阙用",又诏"特于内藏库支发银绢共二百万匹两赴逐路经略司封桩"。动用内藏财赋,哲宗颇为不爽,曾对曾布讲:"内藏绢才百万,已辍其半矣。"曾布再次劝哲宗对西部战争要有所收敛。② 西部战争支费巨大,不但给朝廷财政造成巨大压力,更给陕西地方财计以破坏性影响,使广大人民遭受极大痛苦。据元符二年十一月泾原路经略使章楶奏称:

> 今来自关以西以至沿边鄜延、环庆、泾原、秦凤路,连值夏秋不熟,斛斗不收,价比旧日三四倍高贵。人民饥饿,不免流移,渐有遗弃儿女,道路之间往往有之……伏见兴师以来,陕西府库仓廪储蓄,内外一空,前后那(挪)内藏库金帛不知几千万数,而陕西目今处处无

----

① 《宋史》卷一七五《食货志·和籴》。
② 《长编》卷五〇五。

> 不阙乏粮草，转运司计亦无所出，惟是行移公文，指空画空，郡县差衙
> 前往指定处般运，多是空回。①

章楶身在边地，所言当是实情。尽管宋廷往陕西数千万贯、数百万贯地输送财赋，然而陕西却仍是"处处无不阙乏粮草"，转运司技穷无措，人民流离失所，一派危机景象。面对此种情况，执政大臣曾布哀呼："若更经营诛灭夏国，如此即忧在中国，不在四夷也。"②到哲宗去世时，财政不但未能好转，反而陷入新的危机。徽宗即位之初，老臣安焘上疏道：

> 绍圣以还，倾竭以供边费，使军无见粮，吏无月俸，公私虚耗，未
> 有甚于此时，而反谓绍述，岂不为厚诬哉！③

另一大臣陈次升也在上奏时讲：

> 臣窃以为国家内外府库之财……近年朝廷知用之而不知节之，
> 知出之而不知所以藏之。户部不独左曹财用空匮，而右曹亦无余。
> 诸路不独漕司空匮，而常平司亦不足。④

新党取代旧党之际，曾主要攻击旧党理财无方，新党执政数年，财政状况仍如此不佳，这导致新党执政的一次巨大危机。

徽宗初即位时，向太后实掌政权。她罢免新党大臣章惇、蔡京等，任用旧党大臣韩琦之子韩忠彦为宰相，准备再次罢废新法。但事未及行，向太后突然去世，徽宗亲政，新党东山再起，重又执政，此次危机即告结束。

新党重得政权之后，其执政大臣蔡京等为了防止旧党的再次被起用，对旧党大臣进行了穷追猛打式的残酷打击迫害。他们置立元祐、元符（指元符末年上书攻击新党者）党人籍，入籍者六百余人全被贬责。进而规定入籍者本人及其子弟不经特许不得进入京城。他们还焚毁苏轼、苏辙、张耒、秦观、黄庭坚等人的文集及范祖禹、范镇等人的著作，禁止传播所谓"元祐学术"，又刻石立碑将"元祐元符党人"姓名刊于其上，以为惩戒。对所谓元祐、元符党人的迫害到崇宁二年前后达到最高潮，连原本属

---

① 《长编》卷五一八。
② 《长编》卷五一七。
③ 《宋史》卷三二八《安焘传》。
④ 《谠论集》卷二《上徽宗奏论常平司钱物》。

于新党而仅与旧党有过这种或那种联系的王珪、章惇、张商英等人,也被列入党籍加以贬逐。对所谓元祐、元符党人的这种疯狂迫害,造成了极恶劣的后果,这使得士大夫不但不再敢批评新法,而且对任何聚财敛财之术不管其得当与否也不敢轻易批评,甚至连裁节浮费也不大敢讲,否则就有可能被指为"党人""邪术"而飞来横祸。至于科举取士,也严密控制,"一言一字,稍涉疑忌,必暗黜之"。例如文章中若有"休兵以息民,节用以丰财,罢不急之役,清入仕之流"等语,即被"悉绌之"。① 正是在这个意义上,崇宁以后新法的实行走向极端,即聚敛不择手段,支费不计国力,新法完全蜕变为害国害民之法。

在新法完成了否定之否定,并且度过了短暂的危机之后,新法的内涵实际上也发生了变化,即由王安石的理财法变成了蔡京的理财法,两者虽有密切联系,却也有深刻的差别。

第二节　蔡京的理财新法

徽宗亲政以后,蔡京为相的时间最长,几乎与徽宗统治相始终,中间虽几度被罢,然很快即又复位,直至宣和七年四月才最后被罢。故徽宗在位时期的财政,实与蔡京有极大关系。蔡京于崇宁元年七月入相,随即按他的意愿在都省置讲议司,讲议司之设,大致是仿照王安石设置制置三司条例司之义。《宋史》卷四七二《奸臣传·蔡京》记:

　　[蔡]京阴托绍述之柄,箝制天子,用条例司故事,即都省置讲议司,自为提举,以其党吴居厚、王汉之十余人为僚属,取政事之大者,

____

① 《容斋三笔》卷一四《政和文忌》引《四朝志》;按,对元祐党人的迫害与排斥大体持续到徽宗退位。文中所引证科举事系在政和年中,此前后又有官员因诋毁元丰法度、绍圣法度而遭贬的记载(见《宋会要·职官》六八之三三、《皇宋十朝纲要》卷一七至一八)。再如大观元年五月,诏:"自今凡总一路及监司之任,勿以元祐学术及异意人充选。"宣和元年冬十月甲戌"以《绍述熙丰政事书》布告天下"。次年六月辛巳,诏:"自今请改元丰法制,论以大不恭。"至于累次遭贬的元祐党大臣,更极少有被重新起用的情况。

> 如宗室、冗官、国用、商旅、盐泽、赋调、牧尹,每一事以三人主之。凡
> 所设施,皆由是出。

另崇宁元年七月十一日的诏书,反映了讲议司设立的原因以及为什么有
如上述的内部结构:

> ……宗室蕃衍而无官者众,吏员冗滥而注拟者甚艰,委积不厚于
> 里闾,商旅未通于道路,廉耻盖寡,奔竞实繁,风俗浇漓,荐举私弊,盐
> 泽未复,赋调未平,浮费犹多,贤鄙难辨,岁稍饥歉,民辄流离。然制
> 之必有原,行之必有序,设施必有方,举措必有术。是故……宜如熙
> 宁置条例司,都省设讲议司,以宰臣蔡京提举,仍柬乃寮,共议因
> 革……①

可知徽宗对于讲议司所寄希望是很大的,讲议司所"讲议"的问题,比制
置三司条例司要更广泛,然而经济与财政仍然居核心位置。在蔡京及其
讲议司的推动下,理财举措主要表现在以下几方面:继续推行熙、丰时期
的各项新法及聚财敛财办法,变更盐茶法,变更钱币法。

一、继续推行熙、丰新法

熙、丰新法在绍圣以后大部分已经恢复。建中靖国年中,向太后企图
废罢新法未及施行,只是罢废了平推务(前此元符三年,改市易务为平准
务)。蔡京除了坚持绍圣以来已行新法外,主要是恢复了平准务(后一度
改称平货务),并将一度消沉的市易活动重新展开,将元丰年中即已停罢
的方田均税法重新加以推行。蔡京当政,市易活动较熙、丰时期范围要
广,史载:

> 自崇宁以来,言利之臣殆析秋毫……官卖石炭增二十余场,而天
> 下市易务,炭皆官自卖。名品琐碎,则有四脚铺床、榨磨、水磨、庙图、
> 淘沙金等钱,不得而尽记也。②

---

① 《宋会要·职官》五之一二。
② 《宋史》卷一七九《食货志·会计》。

崇宁以后,京师之外,各路州县也普遍开展市易活动,"凡岁收息,官吏用度之余及千缗以上置官监,五百缗以上令场务兼领"①。但是,市易所造成的财政收入究竟有多少,却不见记载。②

方田均税法的重新推行,始于崇宁三年,五年暂罢,大观二年复行,四年又暂罢,政和二年又行,宣和二年最终罢废。在方田均税法断断续续地推行中,全宋大部分土地都经过了方量。方田均税之所以阻力很大,绝不仅仅是由于豪强的破坏,更多似是由于官府暗增税额,贪官污吏营私舞弊所导致的广大人民的反感和不满。大观四年十一月,宋廷的诏文中也承认:

> 方田官吏多不体朝廷之意,骚扰良民,靡所不至,非特方田以增税赋,又且兼不食之山而方之,俾出刍草之直,上户或增数百缗,下户亦不下数十缗,民户因此废业失所,饥莩者有之。③

又据大观三年六月大臣上奏,京西南路方田,"于额外增添[赋税]多至数倍,至今民间词诉不绝,渐至逃移"。④ 另《通考》卷五《田赋考》也记大观年中方田,"辄于旧管税额之外,增出税数,号为蠃剩,其多有一邑之间及数万者"。官府暗增税额之外,方田法实行中另一弊害就是"贿赂公行,高下失实,下户受弊"。⑤ "豪右形势之家,类蠲赋役而移于下户,不特困弊民力致使流徙,常赋所入因此坐亏岁额至多"。⑥ 据宣和元年大臣奏,由于贪官污吏作弊,"有二百余亩方为二十亩者,有二顷九十六亩方为一十七亩者,虔之瑞金县是也。有租税十有三钱而增至二贯二百者,有租税二十七钱则增至一贯四百五十者,虔之会昌县者是也"。⑦ 虔州的情况或许过于突出,但方田既要靠乡村地主缙绅协助,而贫下百姓则处于软弱可

---

① 《宋史》卷一八六《食货志·市易》。
② 据《宋朝诸臣奏议》卷一五〇余应求《上钦宗条画利害》称:"市易抵当与民争利,所得不偿所费。"
③ 《长编纪事本末》卷一三八《方田》,又见《宋史》卷一七四《食货志·方田》。
④ 《长编纪事本末》卷一三八《方田》。
⑤ 《宋会要·食货》七〇之一一七。
⑥ 《宋会要·食货》四之一四、二〇之一二二。
⑦ 《宋会要·食货》七〇之一二一、《宋史》卷一七四《食货志·方田》。

欺之地位,要想真正做到田清税均是很困难的。方田法的推行时断时续,各地先后及推行情况也有不同,史籍不载此时期田赋总数,故难以确切掌握方田法推行对财政的影响。从推行中几次诏令田赋输纳改依未方以前旧额的情况看,方田法的推行对田赋收入的影响是有限的,只是局部地区、某段时间有所增加。

二、盐茶新法

北宋哲宗元符年以后,盐法上遇到一大问题,即解池因水涝池坏不能产盐,至崇宁四年修复,共约有八年之久。解盐废阙,盐课骤减,给财政上带来巨大压力。改变旧时盐法,弥补解盐损失,这是当时势所必行的财政措施。蔡京采取的第一个措施,即是扩大河北、京东末盐(即"东北盐")的流行范围及销售量,设法让东北盐大量进入解盐区,用增加东北盐课入的办法来弥补解盐的部分损失。解盐既无出产,商人等所持解盐钞便无处请盐,于是于榷货务设买钞所,以东南末盐钞、乳香、茶钞、官告、度牒等兑换。西线战事自绍圣以后始终不断,既无解盐钞作为飞钱边境的工具,军备也大成问题。为了在西部沿边筹集粮草,就不得不发行粮草钞、钱关子等,代解盐钞行其飞钱于边的职能。粮草钞、钱关子至京,官府也往往用东南末盐钞兑支,这样,东南末盐钞的需要量就增加了。蔡京于是就设想废罢东南各路末盐的官般官卖,全面地推行钞盐法,这样既可以满足对末盐钞增加了的需求,又可以借机增加末盐课利,进而在解盐停产的情况下,使全宋盐课收入反而能有所增加。① 大观四年,官员毛注上奏言及盐法之变道:

> 崇宁以来,盐法顿易元丰旧制,不许诸路以官船回载为转运司之利,许人任便用钞请盐,般载于所指州县贩易,而出卖州县用以为课额。②

---

① 废官般官卖法或与漕运变转般法行直达纲有关,这一变化使漕船回载制度遭到破坏。
② 《宋史》卷一八二《食货志·盐》。

南宋人罗濬《宝庆四明志》卷六《叙赋·盐》也记：

> 崇宁三年，始行钞法，罢两浙淮南官般官卖盐，听客人铺户任便
> 兴贩。先于榷货务入纳钞引钱二十四贯省，别于主管司纳窠名钱，请
> 盐一袋三百斤。

不但东南各路广行钞法，后来连河北地区也行了钞法。河北自宋初以来
不榷盐而纳盐钱，熙、丰间两度榷而又罢，元丰以后官府自般盐出卖，然并
不禁商贩。到了宣和三年，不但行了榷法，而且行了盐钞法。至此，钞盐
法基本通行于全宋。

在推行钞盐法的同时，蔡京等又实行钞引的贴纳、对带、循环等法，经
常变换。其法虽极复杂，然基本内容却为两条：一为强迫持钞者再贴纳
钱；二为强迫已得旧钞者复买新钞方能使新旧钞有效。这两种情况都是
坑害商人的。宋人记其事谓：

> ［钞盐］使见行之法售给，才通，辄复变易，欺商贾以夺民利，名
> 对带法。客负钞请盐，扼不即畀，必对元数，再买新钞，方许带给旧钞
> 之半。季年又变对带为循环法，循环者，已买钞未授盐，复更钞，更钞
> 盐未给，复贴纳钱，然后给盐，凡三输钱始获一直之货。民无资更钞，
> 已纳钱悉干没。数十万券一昔败楮无所用。富商巨贾，朝为猗顿，夕
> 至殍丐。①

后来大臣奏论蔡京之恶，又讲其盐法变更使得商人们"家财荡尽，赴水自
缢，客死异乡，孤儿寡妇，号泣吁天者，不知其几千万人，闻者为之伤心，见
者为之流涕"。②

为了增加出卖钞盐的数量，宋廷规定各路州县实行比较赏罚，卖钞盐
数量成为官吏考绩之标准，于是强制卖盐之风便盛行起来。《宋史》卷一
八二《食货志·盐》记：

> 提举盐事司苛责郡县，以卖盐多寡为官吏殿最，一有循职养民不
> 忍侵克，则指为沮法，必重奏劾谴黜，州县孰不望风畏威，竞为刻虐？

---

① 翟汝文：《忠惠集》附录翟氏公巽《埋铭》。
② 王明清：《挥麈后录》卷三载方轸《论列蔡京疏》。

由是东南诸州每县三等以上户，俱以物产高下，勒认盐数之多寡。上户岁限有至千缗，第三等末户不下三五十贯，籍为定数，使依数贩易，以足岁额，稍或愆期，鞭挞随之。一县岁额有三五万缗，今用为常额，实为害之大者。

大观末、政和初，蔡京一度下台，其盐法暂被废止。然政和二年蔡京复执政，变本加厉推行其钞盐法，至政和五、六两年，京师榷货务盐课收入达到四千万贯，这是有宋以来岁课最高数字。政和七年主管盐事官"又以课羡第赏"。于是，蔡京的亲信们庆贺变盐法成功，"乞以通收四千万贯之数，宣付史馆，以示富国裕民之政"。① 然而徽宗这个昏君哪里知道，这一最高数额的盐课，乃是欺诈商贾、掠夺百姓所取得的呢？蔡京盐法不但损害了商贾利益，损害了贫下百姓的利益，而且由于按户等抑配，也损害了一部分乡村地主的利益，引起社会许多阶层的不满，埋下了北宋王朝覆灭的重要祸根。

在变更盐法的同时，茶法也有很大改变。北宋自仁宗嘉祐年中，除建茶外改行征收茶租基础上的通商法。神宗熙宁末年又榷蜀茶，其余仍行通商法。蔡京执政，重新实行全面禁榷。《宋会要·食货》三〇之三一、三二载：

崇宁元年十二月八日，尚书右仆射蔡京等言：荆湖南北、江南东西、淮南、两浙、福建七路产茶，自乾德二年立法禁榷……嘉祐初，遂罢禁榷，行便商之法，客人园户，私相贸易，公私不给，利源寝销……元丰中，先帝尝命有司讲求……议未及行……今欲将荆湖、江淮、两浙、福建七路州军所产茶依旧禁榷，选官置司，提举措置，并于产茶州县随处置场，官为收买，更不于人户税上科纳，禁客人与园户私相交易。所置场处，委官籍记园户姓名。所有置场茶本钱，欲降度牒二千道、末盐钞二百万贯，更特于逐路朝廷诸色封桩钱并坊场、常平剩钱内共借四十万贯，共三百万贯，令逐路分擘，充买茶本钱……所有复行禁榷条法，检会大中祥符所行旧法并庆历后来私贩害公之弊，取今

---

① 《宋史》卷一八二《食货志·盐》。

日可行者酌中修立,接续为法,颁降施行。从之。

此后崇宁四年又罢官置场,令商人即所在州县或京师请买长短引,自买茶于园户。茶贮以笼篰,官为抽盘,按次序办好手续,批引出贩。这即是后来被称为"合同引法"者。

茶与盐相似,也立有州县比较法,引法也不断变更,其对商贾与百姓的危害也与盐法相类。朱彧《萍洲可谈》卷二记:

> 自崇宁复榷茶,法制日严,私贩者因以抵罪,而商贾官券,请纳有限,道路有程,纤悉不如令,则被系断罪,或没货出告缗,愚者往往不免。其侪乃目茶笼为"草大虫",言其伤人如虎也。

当时大臣杨时又有《论时政札子》,其中讲到新茶法对人民的危害:

> 今茶租钱输之如故而榷法愈密,是榷之又榷也……二浙穷荒之民,有经岁不食盐者,茶则不可一日无也,一日无之则病矣。昔时晚春采造,谓之黄茶,每斤不过二三十钱,故细民得以厌食。今买引之直已过数倍矣,未有茶也。民间例食贵茶,而细民均受其害。行法之初,哀刻之吏以配买引数为功,苟冒恩赏,今以岁课最高为额,上户有數及十数引者,一引赔费无虑十数千,则人不易供矣。①

据杨时此札,则东南茶行榷法后,未如原来制法时所言免征茶租,而是在征收茶租的同时又行榷法。这是很不合理的。

榷茶之后,每年约增得课利一百多万贯(东南地区),蔡京令每年以一百万贯充供奉。课利收入最高之年东南茶利连同水磨茶场息钱曾达四百余万贯。②

变盐法、茶变法之外,政和年中又仿效盐、茶之法禁榷铁货,榷铁在当时已难实行,史书未载具体课利收入数,当是对财计影响不大。

---

① 杨时:《龟山集》卷四。

② 《宋史》卷一八四《食货志·茶》记大观三年七路茶息一百二十五万余贯,榷货务两岁收入一百一十余万贯。可知岁入约为一百八十余万贯。又记"自茶法更张,至政和六年,收息一千万缗"。自崇宁二年至政和六年共十余年,平均每岁约为百万贯。又据《长编纪事本末》卷一三七载政和三年茶务岁收钱四百万贯以上,此数《宋史》误为水磨茶息。

三、变钱币法

钱币法变更,实又可分为铜铁钱法变更与楮币法变更两方面。

铜铁钱法之变,最突出的是行当十钱与夹锡钱。仁宗时西线作战、财政吃紧时,本曾在陕西行过当十钱,后来物价浮动,私铸盛行,人心大乱,不得不停用。熙、丰时期只行折二,未敢行折十。蔡京上台,正逢财政困窘之际,他急于立见理财之效而巩固自己地位,在百无他计的情况下,铤而走险,崇宁二年,又作出了发行当十(初称折十)钱的决定。至崇宁四年已是盗铸横行、物价浮动,于是命福建,两广等地停用当十钱,荆湖南北、江南东西、两浙、淮南等先次将当十钱改作当五行使。崇宁五年,又命荆湖南北、江南东西、两浙、淮南当十钱改作当三行使,在京、京畿、京东西、河东、河北、陕西、熙河当十钱仍作当十行用。同时用小钞纳换民间私铸当十钱及福建、两广等地民间现存当十钱。此后,宋廷所规定的当十钱行使区域以及在行使区域内各地不同的与小平钱折算比例不断变更,造成了钱法的混乱。私铸钱币已成泛滥不可禁绝之势。大观年初,发生了章縡被指控盗铸的事件。章縡被告私铸钱千万贯,事连千百人,事虽诬妄,却可说明当时私铸的严重性。大钱危害如此大,却迟迟没有全面废止,政和年中尚在行用。

除当十铜钱外,蔡京又于原行使铁钱地区推行夹锡钱,并强行规定夹锡钱与铜钱折算的比例。夹锡钱后被推行于非铁钱区两广,一度又曾推行于东南各路。夹锡钱之发行,宋廷原声称是为了防止铁钱流往敌国为造兵器之资,然而推行之后,实也成为宋廷以小本造劣币的生财之术。夹锡钱较当十钱发行量略少,且大部分时间仅限铁钱区行用,故影响、危害均次于当十铜钱。

铸当十钱在行用之初能给宋廷财计带来多大好处呢?固然难以计出确切的数字。但崇宁三年四月户部的一份奏疏或可使我们知其大概:

户部言:舒、衡、睦、鄂、韶、梧州六监,岁铸小钱共额一百五十万,内韶州从来专充岑水买铜本钱,余五监以给本路常用。今欲并行改铸当十钱,除一切费用外,可得见钱四百八十万五千余贯,以助本部经费,仍自崇宁四年为始。诏从所乞。①

同样的原料,同样的工本,原只可铸一百五十三万,现可铸四百八十万,即一变而可得三百三十万贯补助户部财计,这是相当可观的。蔡絛《国史补》也算了类似的一笔帐,其谓:

> 盖昔者鼓冶,凡物料火工之费铸一钱凡十得息者一二,而赡官吏、运铜铁悉在外也。苟稍加工,则费一钱之用始能成一钱。而当十钱者其重三钱,加以铸三钱之费,则制作极精妙,乃得大钱一,是十得息四矣。②

蔡絛为蔡京之子,他所记尤可使我们得知蔡京变钱法之本意。然而朝廷初行当十钱尽管捞取许多好处,但随后恶果接踵而来,私铸难禁、物价上涨,不光是百姓怨声载道,封建国家的财赋收支也受到不利影响。故而政和年以后,当十钱逐渐被废弃了。

楮币自仁宗天圣年始由官府发行,然局限于四川一隅,神宗时几度想扩大其行用区域,均未获成功,只是将楮币发行改为两界相沓而行,等于增加了一倍发行量。哲宗绍圣年中西线作战,经费不足,每界发行量始有增加,然而所增有限。至蔡京执政,楮币发行量剧增。特别是崇宁二年以后,交子渐被推行于四川以外各路,交子改称钱引,发行量增加更为迅猛。元朝费著《楮币谱》转录南宋人语谓:

> 崇宁间用兵陕西,开拓境土,通行[钱]引法,以助兵费。元年增二百万,二年增一千二百四十三万五千,四年增五百七万五千,大观元年增五百五十四万五千六百六十六。比至换界,以新引一当旧引四,引法大坏。寻有诏自四十一界至四十三界更不许换,四十四界止依天圣旧额。③

据此,大观初年楮币发行量增至约二千五百万贯,为天圣初额二十倍。宋廷看到引法大坏,竟下令四十一至四十三界更不收换,民间楮币顿成废

---

① 《长编纪事本末》卷一三六《当十钱》。
② 据《通考》卷九《钱币考》。
③ 据《蜀中广记》卷六六《交子》。

纸,其对百姓的坑害几同强取豪夺。①

蔡京的理财之法,不顾长远,只求速效,激起了社会各阶层的反对。大观末年,张商英取代蔡京执政,曾对其危害最明显者有所纠正。然不久蔡京重又执政,有些弊法重又实行。

第三节　弱外以实内的财赋分配

宋人习惯上将归封建国家中央直接调用的财赋称为"在内"财赋,而称归各路州县支配的财赋为"在外"财赋。宋朝在财计出现困难以后,在财赋分配上重中央轻地方的倾向越来越严重。尤其是蔡京执政以后,弱外以实内的倾向更为明显和极端化。

一、弱外以实内的财赋分配走向极端

神宗统治时期,由于财制上的改变,特别是上供数额的增加和封桩财赋制度的推行,已经明显地表现出了弱外以实内的倾向。哲宗即位以后,由于财计状况不佳,一直没能对有关制度做必要的调整,以致地方财计困窘的现象愈加普遍和严重。元祐年中,大臣们多次建议废除封桩制度,以使地方财计有所好转。其中元祐六年九月,职任发运使的王觌言及地方财计的困窘,所讲情况较为具体:

> 今东南财用窘耗……臣近者备员发运使,在职岁余,所领六路上供钱粮不应期限,而转运司官吏该勘劾者凡四路。非独今岁也,前此逐路欠数亦多,彼转运司官吏岂不以失期冒法为惧哉! 盖力既不足,虽重得罪,无所避也。缘此诸路但务为逃责浅近之计,而不暇及生财

---

① 按,《三朝北盟会编》卷一引封有功《编年》记蔡京行香茶盐矾比较法,事又见《宋史》卷三六三《许景衡传》等。

长久之道,深可叹惜。臣所见者虽止于东南诸路,传闻其他路分亦多类此。臣亦尝询访转运司财用消耗之因,虽不尽能究其本末,然有灼然易见者,逐路用度浸广而朝廷封桩浸多也。且以数事言之,选人添俸,逐路添将兵,诸路指使、场务监官添员,外置准备差遣大使臣……若计其费,则皆祖宗时所未有也。用度浸广既如此,又所谓封桩者浸多,若卖盐宽剩钱、阙额禁军请受、减省造船钱之类,名目甚多。本皆转运司之物,而一切封桩,归于朝廷者浸多,则转运司安得不窘乎?①转运司财计既窘,难免"但务为逃责浅近之计"。元祐七年,知扬州苏轼言:"转运司窘于财用,例不肯放税,纵放亦不尽实。虽无明文指挥而以喜怒风晓官吏,孰敢违者。"②至哲宗去世、徽宗即位之时,仍是"转运司匮乏迫窘异于平时"。转运司计穷无措乞贷于朝廷,"朝廷于其所请,例皆峻拒"。③ 转运使不肯受"无名之谪",只好多方括取于民。蔡京执政以后,非但不使此种情况有丝毫缓和,反而变本加厉,继续增加上供财赋数额,从而使各路转运司及、州县财计处于更加困难的境地。据南宋学者陈傅良讲:"崇宁重修上供格,颁之天下,[诸路上供岁额较之真宗祥符年]率增至十数倍。"④与蔡京同时的另一大臣曾孝序,也曾当面指责他"取民膏血以聚京师"。⑤ 崇宁上供格今已不可详考,但有关上供财赋增加的记载却颇多。例如《宋会要·食货》六四之六一载:"福建、广南自崇宁以来,岁收买上供银数浩翰,陪备骚扰,民力不堪。"又王明清《挥麈余话》卷二载:"婺州上供罗供数不过一万匹,崇宁以后积渐增添,几至五倍。"类似记载颇多,散见各处,都说明崇宁以后上供财赋数额增长迅猛。

蔡京不顾地方财计困难,竭力设法增加上供财赋数额,是有其不可告人之用意的。因为上供财赋充足,就可以使京师之内库满仓盈,又可以使皇帝支用方便,这样他就可以蒙蔽徽宗,宣扬其虚假的理财成效。同时,

① 《宋朝诸臣奏议》卷一〇七王觌《上哲宗乞以封桩钱赐户部及诸路转运司》。
② 《长编》卷四七三。
③ 《宋朝诸臣奏议》卷一〇三陈瓘《上徽宗进国用须知》。
④ 《宋史》卷四三四《儒林传·陈傅良传》,又楼钥《攻媿集》卷九五《陈傅良神道碑》引此语"十数倍"作"数倍",疑是。
⑤ 《宋史》卷四五三《忠义传·曾孝序》。

上供财赋充足又可以之供应西部边界军费,用开拓境土炫耀武功的办法,来进一步巩固自己的地位。

蔡京如何能使上供中央的财赋数量增加得如此之多呢? 这与在他主持下对财制的变更有直接的关系。在与之相关的财制的变动中,最重要的是盐法的改变。

二、盐法改变使榷盐收入归属朝廷的部分增加

南宋著名历史学家李心传记:

> 东南盐者,通、泰煎盐也。旧为江湖六路漕计。蔡京为政,始行钞法,取其钱以赡中都。自是淮、浙之盐则官给亭户本钱,诸州置仓,许商人买钞算请。闽、广盐则官般官卖,以助岁计。其后亦行钞法,然罢复不常。①

所谓"漕计",即指转运司财计。蔡京行钞盐法后,取盐利之钱以赡中都,不入转运司财计,自然使直接归朝廷调用的财赋数量大为增加。李心传此处只讲了江淮闽广,未及其他。生活在南北宋之交的胡安国所言较为全面:

> 姑以盐法论之,[祖宗时]行于西者与商贾共其利,行于北者与编户共其利,行于东南者与漕司共其利。大计所资,均及中外……崇宁首变此法,利出自然者禁而不得行(按,解盐崇宁五年恢复生产后止限在陕西销售,不得越界),则解池是也;利在编户者皆入于官府,则河朔是也(按,指河北行榷法);利通外计者悉归于朝廷,则六路是也。②

河北地区先行榷法,后又行钞法,也增加了直接归朝廷调用的财赋数量。文中所言"外计",也是指各路转运司及州县财计。为了具体地加以说明,胡安国还特别举了湖南路的例子,谓:

> 略以湖南一路言之,昔日岁课一百万缗,本路得自用者居其半,

---

① 《朝野杂记》甲集卷一四《总论国朝盐策》。
② 胡寅:《斐然集》卷二五《先公(胡安国)行状》。

故敛不及民而上下足。变法以来,既尽归之朝廷,则本路诸色支费皆出横敛。至如上供,旧资盐息者犹不蠲除,民所以益困也。①

再后他又依次分析了道州一郡、耒阳一县的情况:"道州……岁认上供钱二万缗,往时本州岁卖盐息常倍此数,故敛不及民而上下足。今上供仍旧,而盐息不复有矣。乃至以曲引均科,此民所以益困也。……耒阳一邑……有未变法前官所自运盐,有既变法后客所拘纳盐,封桩日久,既缘军期支用,而盐司必欲追索,朝旨亦令拨还,不知何所从出。岂得不取于民,此民所以益困也。"②他的分析,使我们看到盐法变更,怎样使封建国家中央与地方财赋分配的比例发生改变:盐行官卖,本路实得一半利息;既行钞法,盐利全归朝廷。然而本路原先靠盐息凑足的上供数额,却照旧不减。这等于大大增加了转运司上供财赋的数额。北宋后期另一大臣张根,也曾以他管下的江西路为例,言及盐法变更对地方财计的恶劣影响:

> [本路]旧以盐利三十余万缗和籴,故凶岁不乏。自更法以来,州县重取百姓耗米以给……[臣以为当]尽以盐额还漕司。③

当然,胡安国讲盐利"尽归之朝廷",乃是粗概之语,实则地方也分取一些,不过所得极微少罢了。据南宋学者陈傅良记:

> 崇宁元年二月敕,盐钞每一百贯于在京入纳九十五贯[余?]于请盐处纳充盐本,其绍圣三年五分指挥不行(五分朝廷封桩,五分转运司)。自二年十二月行法,至三年十一月,在京已及一千二百余万贯,遂尽罢诸路官[卖?]以盐钞每百贯拨一贯与转运司。于是东南官卖与西北折博之利尽归京师,而州县之横敛起矣。

这些记载都说明盐法变更造成财制上的很大变化,其结果,榷盐收入中归封建国家中央——"朝廷"的部分大为增加,而归地方——转运司及州县的部分相应减少。④

---

① 胡寅:《斐然集》卷二五《先公(胡安国)行状》。
② 胡寅:《斐然集》卷二五《先公(胡安国)行状》。
③ 汪藻:《浮溪集》卷二四《朝散大夫直龙图阁张公(根)行状》。
④ 李纲:《梁溪全集》卷一四四《理财论》,"异时……郡县之用所以足者,以茶盐之利在郡县也,比年走商贾,实中都,朝廷之用所以足者,以茶盐之利在朝廷也"。

三、御前钱物数量的增加

所谓御前钱物,乃是指直接由皇帝本人支配的钱物。它大致是由北宋前期中期的内藏钱物扩展而来的。《通考》卷二四《国用考》记:

> 靖康元年,言者论:天下财用,岁入有常,须会其数,宜量入为出。比年以来,有御前钱物、朝廷钱物、户部钱物,其措置裒敛取索支用,各不相知,天下常赋多为禁中私财……

这说明北宋后期御前钱物的数量有很大增加。御前钱物增加,是由于徽宗是一个花花公子式的人物,他在蔡京等人的怂恿和蒙蔽下,挥霍无度,这样供他支配的财赋数量必然大大多于往常。

东南实行榷茶,大观三年,东南共得茶息约一百八十万贯,"自是岁以百万缗输京师所供私奉"。① 这显然是御前钱物增加的一个重要来源。另外,此时期由于大搞土木建筑、搜罗古玩草木等,宦官四出活动,往往调用地方常赋收入以充支费,故如前引,"天下常赋多为禁中私财"。此外,宦官还搞了一些刮取钱财的名堂,最突出者即是征收所谓"公田钱"。

京西路等黄河、长江之间的一部分地区,入宋以后一直有大量土地荒芜。仁宗以后采取少征收田赋的办法召人耕种。政和年中,宦官杨戬始在汝州设"稻田务",后改名"公田务"。"南暨襄唐,西及渑池,北逾大河,民田有溢于初券步亩者,辄使输公田钱。"②政和末年,又增置营缮所公田。再后各处公田合并,置西城所总管其事。"尽山东、河朔天荒逃田与河堤退滩租税举入焉,皆内侍主其事。所括为田三万四千三百余顷,民输公田钱外,正税不复能输。"③此外浙西也有"督御前租课"的官田,④情况似也相类。

---

① 《宋史》卷一八四《食货志·茶》。另同书卷一八六《食货志·商税》载宣和中以商税收入供买应奉物支费。

② 《宋史》卷一七四《食货志·赋税》。

③ 《宋史》卷一七四《食货志·赋税》,事又见同书卷四六八《宦者传·杨戬》及《宋会要·食货》七及王明清《挥麈后录》卷二。

④ 《宋史》卷一七四《食货志·赋税》。

北宋末年进献"羡余"的风气有所滋长。所谓"羡余",乃是指经费结余。根据宋初以来财赋经费之余入内藏的惯例,地方官可以将其献给皇帝,作为御前钱物,以讨皇帝的欢心。大臣梁子美,徽宗即位后出任河北都转运使,"倾漕计以奉上,至捐缗钱三百万市北珠以进。崇宁间,诸路漕臣进羡余,自子美始"。① 又有蔡京亲信胡师文,也以进献羡余加官晋爵。他任发运使,"以籴本数百万缗充贡,入为户部侍郎。来者效尤,时有进献,而本钱竭矣"。② 地方官争进羡余,也增加了御前钱物的数量。御前钱物的增加,尽管取之多门,归根结底还是加重了地方和广大人民的财政负担。

四、因地方财计困窘而造成的横征暴敛

赋入中归朝廷者继续增加,归地方者不断减少,"诸路转送司类以乏告",③"诸道随一月所须,旋为衰会,汲汲然不能终日"。④ 于是转运司及州县计无所出,只好苛征杂敛以求维持财计。此时期转运司及州县苛取于民的手段中,较引人注目的是非理支移、辗转折变,以及和预买绸绢不按时按数支发价钱等。

非理支移、征收脚费以京西路最为突出,史载:

> 京西旧不支移,崇宁中,将漕者忽令民曰:"支移所宜同,今特免;若地里脚费,则宜输。"自是岁以为常。脚费,斗为钱五十六,比元丰既当正税之数,而反覆纽折,数倍于昔。民至鬻牛易产犹不能继,转运司乃用是以取办理之誉,言者极论其害。⑤

后虽下诏调整,实则仅减去畸零细数,脚费之额基本上仍被保存下来。重和元年,大臣上奏又论及非理支移之害,说明此种现象不只京西路存在。

---

① 《宋史》卷二八五《梁适传附子美》。
② 《宋史》卷一七五《食货志·漕运》。
③ 《宋史》卷一七九《食货志·会计》。
④ 《宋史》卷三五五《虞策传》,又见周辉《清波别志》。
⑤ 《宋史》卷一七四《食货志·赋税》。

辗转折变现象的存在就更有普遍性。宣和三年,有人奏论西蜀折变之弊,言道:

> 西蜀初税钱三百折绢一匹,草十围计钱二十。今本路绢不用本色,匹折草百五十围,围估钱百五十,税钱三百输至二十三千。东蜀如之。……民破产者众。①

由于辗转折变,税钱三百竟变成了二十三千,增加了约七十倍,可谓触目惊心了。当然,增至此数,也非一日之功,似也不是崇宁以后一下子增加的。但此时此数,不能不说明横敛之厉害。宣和七年,又有大臣言及别路辗转折变之事,道:

> 访闻夏秋税赋巧立名目,非法折变,如绢一匹折纳钱若干,钱又折麦若干,以绢较钱,钱倍于绢,以钱较麦,麦又倍于钱,殆与白著无异。前日东北诸郡寇盗蜂起劫掠居民,盖监司官吏有以致之。②

辗转折变现象的流行,说明了由于赋入分配不合理,已造成了财政管理上的极大混乱。

由于地方财计困窘,和预买绸绢加速了向正式赋税的转化。和预买绸绢,自仁宗后期已成为一种变相赋税,数量也逐渐增加,各地按定额强行分配。但大体上还能按时预支绸绢等的价钱。崇宁以后,盐行钞法,原来预支的价钱按比例有一部分是以盐折算代支的,转运司既无官盐可支,宋廷即令转运司全部支钱。转运司困窘无钱可支,于是便拖欠、克扣多方敷衍。例如:"江西和买绸绢岁五十万匹,旧以钱、盐三七分预给。自盐钞法行,不复给盐,令转运司尽给以钱,而卒无有,逮今五年,循以为常,民重伤困。大观初,诏假本路诸司封桩钱及邻路所掌封桩盐各十万缗给之。"③然而,"钱特空名",本路提举常平官张根"乃大发常平米,计直予民,犹不能半"。④ 又例如,当时大臣杨时上奏札讲:"今江浙虽云预买,而

---

① 《宋史》卷一七四《食货志·赋税》。
② 《宋会要·食货》七〇之二八。
③ 《宋史》卷一七五《食货志·布帛》。
④ 汪藻:《浮溪集》卷二四《朝散大夫直龙图阁张公(根)行状》。

钱不时得,郡县盖有白取之者。"①另外,"诸路绅绢布帛比价高数倍,而给直犹用旧法",②给直之时,"或量支杂物,或但给虚券,其害甚多"。③ 最终渐成"官不给直,而赋取益甚",④真正成为一种新增赋税。和预买绅绢的这种变化,突出地说明了地方财计的竭蹶和北宋末年财政上的混乱。

第四节　挥霍无度导致灭亡

元祐年中,旧党大臣理财虽乏良策,却较注意控制财政开支,且确有成效。绍圣以后至徽宗即位初,虽胡支滥用之事尚不多见,但军费开支过天,已是失于筹划。崇宁以后,蔡京等媚上求宠,以衰世之情强作盛世之态,铺张挥霍,使财政开支失去控制。早在崇宁三年前后,身负理财之责的户部尚书曾孝广、侍郎许几等看到财政开支急速增加的趋势,就向徽宗提出忠告:"县官用度无艺……日增一日,岁增一岁,天下之财岂能给哉?"⑤蔡京认为曾孝广等碍事,随后便以理财不力"钱帛皆阙"为名,将他罢职。⑥ 此后,对主张节省开支者如许几、张根等也先后加以罢黜,从而为其胡作非为扫除了障碍。《通考》卷二四《国用考》记:

　　徽宗崇宁后,蔡京为相,增修财利之政,务以侈靡惑人主,动以《周官》"惟王不会"为说。每及前朝爱惜财赋减省者,必以为陋。至于土木营造,率欲度前规而侈后观……京又专用"丰亨豫大"之说诔悦帝意……? 于是费用浸广……用度日繁。左藏库异时月费缗钱三十六万,至是衍为百二十万缗。

---

① 《龟山集》卷四《论时事札子》。
② 《宋史》卷一七五《食货志·布帛》。
③ 佚名《靖康要录》卷七所载靖康元年五月十二日诏。
④ 《宋史》卷一七五《食货志·布帛》。
⑤ 《宋史》卷三四七《孙鰲传》。
⑥ 《宋史》卷二〇《徽宗纪》系此事于崇宁四年七月。

"丰亨"为《易》卦名,被古人用来形容富足隆昌之太平盛世景象。真宗时有人用他阿谀时世,为真宗谢辞;神宗时有人请以它为年号,神宗将其改为元丰而不全用;蔡京又加"豫大",献之徽宗,徽宗却不辨奸心,受之不疑,足见比他的前辈要更昏庸。① 据《宋史》卷三四〇《黄葆光传》、卷四七二《奸臣传·蔡京》载,政和六年,左司谏黄葆光请裁减冗员,节省开支。"蔡京密白帝请降御笔云:'当丰亨豫大之时,为衰乱减损之计。'"王称《东都事略》卷一一《徽宗纪》记此御笔为政和六年七月颁下。黄葆光随被远贬宜州。此后,臣下再也不敢言节省开支之事。② 又《宋史》卷四七二《奸臣传·蔡京》记:

> [蔡]京每为帝言,今帛币所积赢五千万(按,疑指崇宁、大观、元丰各库封桩钱帛),和足以广乐,富足以备礼。于是铸九鼎、建明堂、修方泽、立道观,作大晟乐,制定命宝……凿大伾三山,创天成、圣功二桥,大兴工役,无虑四十万……而延福宫、景龙江之役起,浸淫及于艮岳矣。

南宋人章如愚也论此时期支费无节,谓:

> 崇宁后,蔡京制礼作乐,种种蠹国。劝上以奢费,内兴营缮,外拓境土,而又宦官专局应奉,及淫巧缮修与夫除戎器边患之费凡百端,皆不先关户部,但各作佚,科次请于朝廷,或兼取于户部者。③

蔡京等制造盛世假象,吹嘘富足,蒙蔽昏君,不顾国力,肆意挥霍,其中蠹害最深者是皇室支费、冗官支费与战争支费。

一、大兴土木、花石纲之费与崇奉道教之费

土木建筑及花石纲主要是为了满足皇室的奢侈享受。皇室开支剧增,蔡京是以王安石某些失当言论为依据的。据自神宗至徽宗一直在朝

---

① 《易下·经·丰》:"丰亨王假之","至丰亨乃得勿忧"。同书《泰》:"象曰:盱豫有悔,位不当也。九四,由豫大有得,勿疑朋盍。""由豫大有得也"。丰,富饶;亨,通畅顺利;豫,安乐。"丰亨豫大"意为繁荣昌盛。

② 参见《朱子语类》卷七三、卷一二七,《麈史》卷上等。

③ 《群书考索》后集卷五四《财赋·财赋总论》。

为臣的杨时讲,王安石曾对神宗讲过:"陛下若能以尧舜之道治天下,虽竭天下以自奉不为过,守财之言非正理。"又于著作中写道"泰而不为骄,费而不为侈"等,①这就成了蔡京怂恿徽宗挥霍浪费的借口。蔡京又自撰"惟王不会""多言不足畏"等谬论,于是土木之役和花石纲便随之而起。徽宗自幼酷爱琴棋书画、花鸟鱼虫山水奇石等,他即位之初,向太后听政,蔡京被贬于杭州。蔡京乃暗地以花石纲等讨好徽宗。向太后一去世,徽宗亲政,蔡京很快被提升为宰相。蔡京由切身经历越发感到投皇帝所好的重要。徽宗酷爱、蔡京迎合,花石纲应运而生。崇宁元年三月,命宦者童贯于苏杭设造作局,崇宁四年十一月,派朱勔领苏杭应奉局及花石纲。与此同时,皇宫内土木兴造又逐步展开,新旧宫殿园池台岗都要花石装饰,于是花石纲也就源源不断,规模越来越大。

所谓花石纲,是指每年到苏杭等地采买征集奇花异石,若干数量组成一纲,长途运输至京师。采买征集花石,花费巨大,"一竹之费,无虑五十缗",②"一花费数千缗,一石费数万缗"。③ 花石纲"至政和中始极盛,舳舻相衔于淮、汴"。④ 朱勔等收买花石,"指内帑为囊中物,每一发取,辄数十百万。外计所蓄,虽封桩禁钱,无问名色悉取之"。当地转运等司,"空竭县官经常以为应奉,类以亿巨万计"。⑤ "托应奉而买珍异奇宝,欠民积者一路至数十万计;假上供而织文绣锦绮,役工女者一郡至百余人。"⑥如此,"不以是何官司钱物,皆许支用"。⑦ 后征集的范围又超出两浙路。据载,"时东南监司郡守、二广市舶,率有应奉,又有不待旨、但进物至都计会宦者以献者。大率灵壁、太湖、慈溪、武康诸石、二浙奇竹异花海错、登莱文石、湖湘文竹、四川佳果异木之属,皆越海渡江,毁桥梁,凿城郭而至"。⑧ 可

① 并见《宋史》卷四二八《道学传·杨时》。
② 汪藻:《浮溪集》卷二四《朝散大夫直龙图阁张公(根)行状》。
③ 赵彦卫:《云麓漫钞》卷一。
④ 《宋史》卷四七〇《佞幸传·朱勔》。
⑤ 并见《东都事略》卷一〇六《朱勔传》。
⑥ 《宋史》卷一七九《食货志·会计》。
⑦ 《长编纪事本末》卷一二八《花石纲》。
⑧ 《九朝编年备要》卷二八、《通考》卷二二《土贡考》、《说郛》卷六八上引宋张淏《艮岳记》。

知京东、湖湘、西蜀都被波及。宣和二年，蔡京致仕，王黼当政，非但不纠正应奉与花石纲的错误，反而变本加厉，公开于京师也置应奉局，亲兼提领。"中外名钱皆许擅用，竭天下财力以供费。官吏承望风旨，凡四方水土珍异之物悉苛取于民，进帝所者不能什一，余皆入其家。"①西城所此时也将强敛之财"发物供奉，大抵类[朱]勔，而又有甚焉者"。②"凡竹数竿用一大车、牛驴数十头"，"龙鳞薜荔一本，辇致之费逾百万"。③ 花石纲的采买办集，严重破坏了正常的财政秩序，使"诸局务、应奉等司截拨上供，而繁富路分一岁所入，亦不敷额……妄耗百出，不可胜数"。④ 花石纲不但支费巨大，而且占用了大批的船只和河道，以致漕运受到阻碍，造成许多额外损失。至于征调民夫、强取暴敛、借端勒索，更是骚扰万端。这是导致方腊起义等农民斗争爆发的直接原因。

土木建筑最突出者是延福宫和艮岳。洪迈记："国朝祥符中，奸臣导谀，为玉清昭应、会灵、祥源诸宫……然未有若政和蔡京所为也。京既固位，窃国政，招大珰(指宦官)童贯、杨戬、贾详、蓝从熙、何䜣五人分任其事。于是始作延福宫。有穆清……七殿，东边有蕙馥……十五阁，西边有繁英……亦十五阁。又叠石为山，建明春阁，其高十一丈，宴春阁广十二丈。凿圆池为海，横四百尺，纵二百六十七尺。鹤庄、鹿砦、孔翠诸栅，蹄尾以数千计……其后复营万岁山艮岳，山周十余里，最高一峰九十尺，亭堂楼馆不可殚纪。"⑤他随又补述，靖康遭变，曾将山禽水鸟十余万投诸汴渠，大鹿数千头杀死作士兵食物，足见延福宫、艮岳规模之宏大，耗资之浩巨。后周密又追记："万岁山大洞数十，其洞中皆筑以雄黄及卢甘石，雄黄则辟蛇虺，卢甘石则天阴能致云雾，滃郁如深山穷谷。"⑥遭变后将其拍卖，买者"凡得雄黄数千斤，卢甘石数万斤"。⑦ 此事虽属细微，却也可说

---

① 《宋史》卷四七〇《佞幸传·王黼》。

② 洪迈:《容斋续笔》卷一五《紫阁山村诗》。

③ 《宋史》卷四六八《宦者传·杨戬》。

④ 《宋史》卷一七九《食货志·会计》。

⑤ 《容斋三笔》卷一三《政和宫室》。

⑥ 周密:《癸辛杂识》前集。

⑦ 周密:《癸辛杂识》前集。

明万岁山(即艮岳)铺张浪费。延福宫、艮岳之外,其他土木建筮工程也不少。例如"政和四年,有旨修西内……凡宫城广袤十六里,创立御廊四百四十间,殿宇丹漆之饰猥多"。[1] 大搞应奉、花石纲,大兴土木,后果严重。正如徽宗禅位于钦宗时大臣李光所言:"东南财用尽于朱勔,西北财用困于李彦,天下根本之财,竭于蔡京、王黼。名为应奉,实入私室,公家无半岁之储,百姓无旬日之积。"[2]财耗民怨,伤及国本。

徽宗政和、重和、宣和年间的崇奉道教,也助长了奢费。政和三年、七年,徽宗两次编造天神降世谎言,随后他又说自己是上帝元子神霄玉清王长生大帝君下凡,自称教主道君皇帝。政和、重和间,宋廷改变学校科举制度,官学及科举中专设道学一科,入选者委以道官、道职。道官、道职比照文官官阶及帖职立品级,给俸禄。为了崇道,京师先后建玉清和阳(后改称玉清神霄)宫、上清宝箓宫、西太一宫、通真宫等宫观,规模宏大。又令各地创建,修饰宫观,拨赐田土。京师经常举行道教活动,其中有数千道徒参加的"千道会"即有多次。据时人蔡絛记:"道士有俸,而斋施动获千万,每一宫观给田亦不下数百十顷……衣玉石者几二万人。[千道会]一会殆费数万缗,贫下之人多买青布幅巾以赴之,日得一饫餐,而衬施钱三百。"[3]可见崇奉道教造成了无端的浪费。

徽宗偶尔清醒时,曾讲,蔡京"于财用未尝以不足告","作事无法",并激愤地说:"与其有聚敛之臣,宁有盗臣。"[4]然而曾几何时,他又把自己的话忘在脑后,继续听信蔡京一伙人的胡作非为了。

二、官吏冗滥禄赐无节之费

支费剧增的又一方面是冗官。冗官本是宋朝自真宗以后一大患,到徽宗时则发展到高峰。《宋史》卷一七九《食货志·会计》记:

---

[1] 洪迈:《夷坚乙志》卷七《西内骨灰狱》。
[2] 《宋史》卷三六三《李光传》。
[3] 《宋史全文》卷一四引。
[4] 《九朝编年备要》卷二七、《长编纪事本末》卷一三六《当十钱》记宋徽宗与詹丕远对话。

> 于时天下久平,吏员冗溢,节度使至八十余员,留后、观察下及遥
> 郡刺史多至数千员,学士、待制中外百五十员。

又宣和元年有大臣上疏言官吏冗滥,谓:

> 今吏部两选朝奉大夫至朝请大夫六百五十五员,横行、右武大夫
> 至通侍二百二十九员,修武郎至武功大夫六千九百九十一员,小使臣
> 二万三千七百余员,选人一万六千五百余员。吏员猥冗,差注
> 不行。①

据此,选人、小使臣以上官吏已接近五万人,这较之真宗、仁宗时官吏数,
确有成倍增加。② 据南宋洪迈记,神宗时仅有医官止四员,宣和年中竟增
至千员,此例突出地说明了官吏增加的迅猛。官吏不但人数增多,而且俸
禄等也较以前更加优厚。史载:

> 元丰改官制,在京官司供给之数,皆并为职钱,视嘉祐、治平时赋
> 禄优矣。[蔡]京更增供给、食料等钱,于是宰执皆然。……初,宰执
> 堂食亦皆有常数。至是,品目猥多,有公使、泛支之别,台、省、寺、监
> 又增厨钱。③

此时期又行兼职兼俸制度,这使得俸禄制度趋于混乱。《宋史》卷一七九
《食货志·会计》载:

> 又三省、密院吏员猥杂,有官至中大夫,一身而兼十余奉,故当时
> 议者有"奉入超越从班,品秩几于执政"之言。又增置兼局,礼制、明
> 堂,详定《国朝会要》《九域图志》《一司敕令》之类,职秩繁委,廪给
> 无度。……吏禄泛冒已极,以史院言之,供检吏三省几千人。

官吏俸禄雀费增多之外,此时期又多滥赏横赐。政和年中,大臣张根上奏
讲赏赐事,称:"天下之费,莫大于土木之功。其次如人臣赐第,一第无虑
数十万缗,稍增雄丽,非百万不可。佐命如赵普,定策如韩琦,不闻峻宇雕

---

① 《容斋续笔》卷四《宣和冗官》。又见韩淲《涧泉日记》。
② 《长编纪事本末》卷一二五《官制》记政和二年官吏共四万三千余人,卷一三二《讲议
司》载朱胜非言宣和时官吏三万五千余人。据《宋史》卷一七九《食货志·会计》载真宗时"宗
室、吏员受禄者九千七百八十五"。仁宗皇祐中"宗室、吏员受禄者万五千四百四十三"。
③ 《宋史》卷一七九《食货志·会计》。按,同书卷四七二《奸臣传·蔡京》载政和中"省
吏不复立额,至五品阶以百数,有身兼十余奉者"。

墙,僭拟宫省,奈何剥民肤髓,为厮役之奉乎？其次如田产、房廊,虽大若赐第之多,然日削月朘,所在无几。又如金帛以供一时之好赐,有不可已者,而亦不可不节。至如赐带,其直虽不过数百缗,然天下金宝糜费日久,夫岂易得？"①蔡京擅权,培植党羽,"动以笔帖于榷货务支赏给,有一纸至万缗者"。② 在各种赏赐中,尤以赐第耗蠹最甚。据北宋末年大臣余应求讲:"近年以来,赐第之家,相望于京师。"③可见受赐者之多。大观三年,大臣翁彦国上疏专谏赐第,文称:

> 伏见比年以来,臣僚有被眷异者,不惟官职之超躐、锡赉之便蕃,多遂赐第者。臣闻蒙赐之家,则必宛转计会,踏逐官屋,以空闲为名,或请酬价允买百姓物业,实皆起遣居民。大者亘坊巷,小者不下拆数十家,一时驱迫,扶老携幼,暴露怨咨,殊非盛世所宜有。……既而鸠工市材,一出公上,请托营缮,务极壮丽,糜费不赀。……臣僚所得月俸,以其终身计之几何哉？至于赏格最厚者,不过数百匹两,使岁月之中比比受赐,亦几何哉？奈何嚬笑之顷,顿损十百万为一第之费……天下之财……入之有经,用之无艺,江河之流不能实漏卮矣。④

可见一次赐第支费,相当于一中等官吏终身之俸禄,较之别种赏赐支费要高出十倍百倍。大臣张根曾讲:"臣所部二十州,一岁上供财三十万缗耳,曾不足给一第之用。"⑤这样的滥赏横赐,真可谓"江河之流不能实漏卮"了。

三、有增无已的战争支费

蔡京等人既要制造国家富强的假象,免不了要扩大对西蕃、夏、辽等

---

① 《宋史》卷一七九《食货志·会计》。
② 《宋史》卷一七九《食货志·会计》。
③ 《宋朝诸臣奏议》卷一五〇余应求《上钦宗条画利害》。
④ 《宋朝诸臣奏议》卷一〇〇翁彦国《上徽宗乞今后非有大勋业者不赐第》。
⑤ 《宋史》卷三五六《张根传》。

的战争。战争夺得了一些土地,却耗费了大量资财。哲宗末年,由于对夏作战耗费了大量资财,边备空虚。徽宗即位之初,宋廷即连下五敕,将诸路封桩钱物的大部都调往西部边境补充军费,即所谓"天下诸路三十年蓄藏之物皆已运之于西边"。① 蔡京并不以此为教训,反而扩大西部战争的规模,史载:

> 蔡京用事,复务拓土,劝徽宗招纳青唐(按,相当今西宁市一带),用王厚经置,费钱亿万,用大兵凡再,始克之,而湟州戍兵费钱一千二十四万九千余缗。……自夏人叛命,诸路皆谋进筑,陕以西保甲皆运粮。后童贯又自将兵筑靖夏、制戎、伏羌等城,穷讨深入,凡六七年。至宣和末,馈饷空乏,鄜延至不能支旬月。②

宋攻占西夏之地,在财计上讲是有损无益,成为巨大负担。神宗以来,多有大臣论及此事。徽宗崇宁末年,职任知凤翔府的冯澥上书道:

> 臣窃以湟、廓、西宁三州,本不毛小聚,大河之外,天所限隔。陛下空数路、耗内帑,竭生灵膏血而取之。复获以来,何尝得一金一缕入府库,一甲一马备行阵?而三州岁用以亿万计。仰之官也而帑藏已空,取之民也而膏血已竭,有司束手,莫知为计。塞下无十日之积,战士饥馁,人有菜色……③

这样,每新攻占西夏一地,即给财政上增加一些负担,占地越多,负担越重。边地军民需要近里州军输送粮食。官府为了减少籴买支费,广泛推行俵籴、结籴、劝籴、均籴等带强制性的方法,低价收买,严重伤害了百姓利益。《宋史》卷四五三《忠义传·曾孝序》记:

> 时[蔡]京方行结籴、俵籴之法,尽括民财充数,孝序上疏曰:"民力殚矣。民为邦本,一有逃移,谁与守邦。"

曾孝序所讲确是个实际问题,官府只顾拓地,不顾人民死活,严重增加了人民对宋王朝的失望不满情绪。宋朝此时期不但对夏作战不止,还同时向别路出击。《宋史》卷一七五《食货志·和籴》记:

---

① 《宋朝诸臣奏议》卷一○三陈瓘《上徽宗进国用须知》。
② 《宋史》卷一七五《食货志·和籴》。
③ 《长编纪事本末》卷一四○《收复鄯廓州》。

> 时边臣争务开边，夔、峡、岭南不毛之地，草创郡邑，调取于民，费
> 出于县官，不可胜计。

即所谓"南复渠阳，西收郧、鄜，建石泉于成都，置珍、播于巴峡，开古平于
五岭，筑振武于河外，馈运艰险，劳民费财，积怨连祸，实基于此"。① 这些
战争本来已使百姓疲惫不堪，宣和年中，宋朝又乘辽朝危弱之机，开始了
对辽战争。史载：

> 最后有燕山之役，雄、霸等州仓廪皆竭，兵士饥忿，有掷瓦石击守
> 贰、刃将官者。燕山郭药师所将常胜一军，计口给钱廪，月费米三十
> 万石，钱一百万缗。河北之民力不能给，于是，免夫之议兴。②

此所述燕山之役即宋金合力灭辽之役。辽朝此时已极虚弱，然宋朝在与
其作战中却屡受挫折，燕京终为金兵攻占。宋朝只好与金谈判，以很高的
代价赎回空城。这样一次近乎没有成果的战争，却耗费了巨大的人力、财
力、物力。宋廷于是征免夫钱以补财计之亏欠。免夫钱以前是向负担河
役的百姓征收的代役钱，这次竟因战争变成按丁口征收的临时性赋税。
《宋史》卷二二《徽宗纪》载：

> ［宣和六年］六月壬子，诏以收复燕云以来，京东、两河之民困于
> 调度，令京西、淮、浙、江、湖、四川、闽、广并纳免夫钱，期以两月纳足，
> 违者从军法。

又徐梦莘《三朝北盟会编》卷三一引《北征纪实》载：

> 王黼以谓燕山之役天下应起夫，今免其调发，独令计口多寡尽出
> 免夫钱，违期限者斩。所得免夫钱，大凡六千二百余万缗，以二千万
> 应副燕山，二千万桩管。然朝廷时时借用，及宣和七年春正月，惟六
> 百万见在，余二千二百万有零，则莫知为何用，此实充应奉矣。③

免夫钱征收的数量，略相当北宋末年总岁入数的十分之六七，已经被苛捐
杂税压得抬不起头的广大人民，又为这项巨量额外负担所困扰，已经到了

---

① 胡寅：《斐然集》卷二五《先公（胡安国）行状》。
② 《宋史》卷一七五《食货志·和籴》。
③ 据曾敏行《独醒杂志》卷五记，免夫钱输送中已逢战乱，多有散失，未知属实否。又上
引文中数字彼此不协，疑有差误。

民不聊生的地步。

南宋学者叶适对徽宗亲政以后的财政作了如下的概括：

> 崇观以来,蔡京专国柄,托以为其策出于王安石、曾布、吕惠卿之所未工。故变钞法,走商贾,穷地之宝以佐上用。自谓其蓄藏至五千万,富足以备礼,和足以广乐,百侈并斗,竭力相奉……而王黼又欲出于蔡京策画所未及者。加以平方腊则加敛于东南,①取燕山则重困于北方,而西师凡二十年,关陕尤病。然后靖康之难作矣。②

北宋宣和年中,西北地区百姓困于战争骚扰,东南地区百姓困于盐茶苛法、钱法及花石纲、经制钱,整个宋朝统治区内百姓已是不得安生。于是,财政危机与社会危机同时并起,宋江、方腊等农民起义相继暴发,统治集团内部四分五裂,宋王朝的统治已是处于风雨飘摇之中。正逢此时,金朝已看出宋朝虚弱本质,乘机挥兵南下,北宋王朝就此覆灭。

---

① 镇压方腊起义后,东南始征经制钱,详见下章所述。
② 《水心文集》卷一一《财总论》。

第 四 章

南宋"中兴"时期的财政

南宋"中兴"时期,是指自南宋立国,至开禧北伐以前的历史时期。尽管南宋开禧北伐以后的财政衰败,与所谓"中兴"时期的各种财政措施有不少联系,但是仅就南宋立国至开禧北伐以前这一段财政状况看,还是从无到有、从危到安、有某种好转迹象的。故我们将南宋开禧北伐以前与此之后,分别为两个时期加以叙述。

第一节　重建财政时采取的各种措施

金兵占领开封,俘虏了北宋的徽、钦二帝,康王赵构即皇帝位(即高宗)于南京(今河南商丘),宣告了北宋的灭亡和南宋的开始。高宗在位初期,金兵正继续南下,高宗被迫南逃,飘游不定,直到绍兴二年才在杭州立住脚跟。宋朝的领土除最南的两广、西部的川蜀等地外,大部分地区都曾遭受金人铁骑的蹂躏、战乱的破坏。时人庄绰(季裕)在其《鸡肋编》描绘了宋朝统治区广大地域在战乱之中的惨景:

> 建炎元年秋,余自襄下由许昌以趋宋城,几千里无复鸡犬,井皆积尸,莫可饮。……金狄乱华,六七年间,山东、京西、淮南等路,荆榛

千里，斗米至数十千，且不可得。盗贼、官兵以至居民，更互相食。庄氏所言为长江以北各路惨状。江北各路尤以淮南受害最重，其地在北宋本为最富庶地区之一，故很可惜，宋人议论也最多。建炎四年十一月，官员汪藻曾于奏文讲："淮南洊罹金人蹂践，且群盗继之，民去本业，十室而九，其不耕之田，千里相望。"①后绍兴五年，陈桷又言："濒淮之地，久经兵火，官私废田，一目千里。"②淮南地区随即变成宋、金对峙的前线，数十年后经济也未得恢复。孝宗时仲并在奏札中言淮南谓其"自顷罢兵革今四十年余……今视之，田莱之荆榛未尽辟，闾里之创残未尽苏，兵息既久而疮痍或存，年丰虽屡而啼号或未免，锄耰耘耨皆侨寄之农夫，介胄兵戈皆乌合之士卒。市井号为繁富者才一二郡，大概如江浙一中下县尔。县邑至为萧条者仅有四五十家，大概如江浙一小小聚落尔"。③京西、湖北入南宋也成为前线，经济上也受到很大破坏。绍兴年中权知岳州刘愿申报，本州"昨累经金人巨寇蹂践，民户所存，百分之一。州城烧毁殆尽，商贾不通，税赋无入，在州只有些小彫残贫民，四围并无城壁，钱粮储积无分文颗粒"。④绍兴十五年，知襄阳府陈桷言本州兵火之余，民物凋瘵"以今之户数，视承平时才二十之一"。⑤直至孝宗乾道年中，"京湖之民结茅而庐，筑土而坊，佣牛而犁，粢种而殖"，"田多荒芜，赋亏十八"。⑥萧条破败之状仍未得改观。南宋初金兵南下，一度渡江入江西、湖南、浙西等处。另外，农民不堪压迫之苦，揭竿而起，江西有李敦仁，湖北有杨么，福建有范汝为，河南有马友。溃兵或也自成一伙，不从宋朝命令，如江西有赵进、湖南有曹成等。造反百姓和溃军反抗宋王朝虽未可一概否定，但客观上对经济也有不小破坏作用。南宋初"江浙等路连年失耕，又苦水旱，米价翔踊，每斗一贯至二贯"。⑦福建上四州，经数年动乱，"存者十

① 《浮溪集》卷二《论淮南屯田》。
② 《建炎以来系年要录》（以下简称《系年要录》）卷八七。
③ 《浮山集》卷四《蕲州任满陛对札子》，另参见虞俦《尊白堂集》卷六《使北回上殿札子》。
④ 《金佗续编》卷五《再据刘愿申杨么贼徒结连作过省札》。
⑤ 《宋史》卷三七七《陈桷传》。
⑥ 《宋史》卷三八八《李椿传》。
⑦ 《（景定）建康志》卷四八《吕颐浩传》。

无二三,乡下无牛无人,田皆荒废","斗米犹不下八九百钱"。① 又绍兴初年,大臣朱胜非言其赴知江州任沿途所见:"自入衡州界,有屋无人;入潭州界,有屋无壁;入袁州界,则人屋俱无。"②可见湖南、江西两路当时惨状。一方面是广大地区因战乱而使经济生活遭到严重破坏,社会生产近乎处于停顿状态;另一方面,则是封建国家旧有积蓄全部荡尽,或没入金人之手。据《靖康要录》《大金吊伐录》《大金国志》及《系年要录》等书记载,金兵占领开封前后,迫使北宋皇帝下诏征集金银等物,先次被金人掠走金数百万两,银数千万两、其他铜钱、绢帛等财物更是不计其数。

积蓄丧失了,各地因召募"勤王"军等支费巨大,赋入又因百姓废业而减少,即难以向南宋朝廷输送必要的财赋。即便有余力可输,尚有道路常被阻隔,高宗小朝廷行踪不定,难知该输往何处等问题。于此危难之际,盐茶钞确实救了南宋朝廷的命。熊克《中兴小纪》卷一记:

> [建炎元年]时在京榷货务(原文误"务"为"物")鬻盐钞茶引而道途未通,发运使梁扬祖请权于真州置司,诏扬祖兼领其事。于是岁入六百万缗(原注:岁入六百万,据《扬祖行述》)。③

此后靠卖盐钞所获钱财也颇不少,且屡见记载。故《宋史》卷一八二《食货志·盐》谓"南渡立国,专仰盐钞",单从财政角度看,是大体不错的。

战争在激烈地进行,新建的南宋王朝必须紧急筹集大量资财,以供应战争需要,仅靠卖盐茶钞得来的钱财,是远远不能满足需求的。如何筹集资金以满足战争需要,进而击退金兵、自保生存,这自然就成了南宋初期财政上的核心问题。战争的需要是刻不容缓的,它迫使南宋王朝在较短的时间内,相继采取了一系列重大财政措施。

---

① 杨时:《龟山集》卷二二《与廖用中书》。
② 《三朝北盟会编》卷一四七。
③ 事又见《系年要录》卷二及留正等《皇宋中兴两朝圣政》(以下简称《中兴圣政》)卷一。又《宋史》卷三六三《张悫传》记,高宗初为兵马大元帅时,也多靠发行盐钞以济不足。

一、征调折帛钱、月桩钱、经制钱、总制钱

调集军队首先要筹集粮饷,即要有钱、粮两种物资。在战争环境中,运输粮食十分困难,而有钱则一般地可以就近籴粮,还可以就近购买布帛、木料和其他军用物资,因而当时对钱的需求尤显突出。然而当时朝廷除出卖盐茶钞引所得之钱外,其他现钱收入来源很少。为了保证按时支发官俸、军饷及便利调配财赋。宋廷决定打破惯例,强制性地向地方征调几笔财赋,几种不同名目的现钱。

首先,是征调折帛钱和月桩钱。折帛钱起征的直接原因是由于行都周围聚集了大批军队,加上百官的俸禄等,原有的现钱收入不敷支出。建炎三年三月,两浙转运副使王琮提出:"本路上供和买绸绢岁为一百一十七万匹有奇,请每匹折纳钱两千,计三百五十万缗省,以助国用。"①他的请求被允准。然而起初只是临时性措施,以后由于现钱缺乏,每年都沿用此策,即成惯例。绍兴二年以后,又推广于别路,且渐成明文制度。折帛初意是为了应急,并不含增加赋税的目的,故而折价不高。后因财政拮据,折价逐渐不合理,特别是绢帛市价增高时官府折价随之增高,市价降低时却不相应调低,使得官价超过市价数倍,借以增取民财,成为危害百姓的祸害。由于原先和买绸绢并不全部用于上供朝廷,故而折帛钱的征调也含有封建国家中央向地方增调财赋的意义。

月桩钱始征于绍兴二年,史载:

> 所谓月桩钱者,始于绍兴二年。韩世忠驻军建康,宰相吕颐浩、朱胜非议,令江东漕臣月桩发大军钱十万缗,以朝廷上供、经制及漕司移用等钱供亿。当时漕司不量州军之力,一例均科,既有偏重之弊,于是郡县横敛,铢积丝累,江东西之害尤甚。②

---

① 《中兴圣政》卷四,引文中数字与《宋会要·食货》六四之三五、《朝野杂记》甲集卷一四《东南折帛钱》进行了互校修正。

② 《宋史》卷一七九《食货志·会计》。

这里只讲了江东西,实则两浙、湖南也有月桩钱。① 引文所记欠详,致使旧时有人把月桩钱误认为系一项新创赋税,这是不确切的。南宋大臣赵汝愚曾专门上疏讲论月桩钱问题,他对月桩钱的起始有如下具体记述:

> 其时(按,指创始时)降到旁通式内犹许先取无额经制钱,不足方取上供钱,又不足则取诸司封桩钱。其后又增置赡军七分酒息钱,其余不以有无拘碍钱物皆许移用,甚至急阙则朝廷以特支降茶引、度牒之类以济之。是时兵火之初,所在皆有余积,公私未告病也。②

南宋人章如愚在记述月桩钱始末时也道:"江东运使马承家奏请置月桩钱,时参政孟庾主其议,将系省不系省钱、有额上供、无额上供等五十余件不以有无拘碍……每月先次收桩。"③这些记载都说明,月桩钱原本乃是地方按月桩存支发、供朝廷军备调用的财赋窠名。最初只是将本应归朝廷调用支配的上供钱等,连同各级官府封存于地方的财赋按月桩发,稍后又增加赡军七分酒息等税入补助不足。这清楚地说明月桩钱就其本身含义讲,并不是一种新增赋税。不过,后来情况有所变化。储存于地方的各种财赋很快即桩发殆尽,原来规定可充作月桩钱的各种名目的赋入,"诸司往往全额夺去,而县道独留其名"。④ "诸司封桩固不得用,而无额、经制钱州县皆有定额,不尽分隶月桩,此外所存名目,惟上供钱及七分酒息钱二种而已"。⑤ 结果"所桩窠名,曾不能给其额之什二三,其余则一切出于州县之吏临时措画"。⑥ 于是许多名目繁杂的苛捐杂税便由此而生,如"曲引钱、白纳醋钱、卖纸钱、户长甲帖钱、保正牌限钱、折纳牛皮筋角钱,两讼不胜则有罚钱,既胜则令纳欢喜钱,殊名异目,在处非一"。"类多违法,最为一方细民之害"。⑦ 故而月桩钱虽不是一项新增之税,却给人民

---

① 《朝野杂记》甲集卷一五《月桩钱》。
② 《历代名臣奏议》卷一〇八江东转运判官赵汝愚奏。
③ 《群书考索》后集卷三《财用·月桩》。
④ 《群书考索》后集卷六三《财用·月桩》。
⑤ 《历代名臣奏议》卷一〇八江东转运判官赵汝愚奏。
⑥ 《朝野杂记》甲集卷一五《月桩钱》。
⑦ 《历代名臣奏议》卷一〇八江东转运判官赵汝愚奏。

带来了与新增一项税赋相同的负担。据载,月桩钱每年额征四百万缗上下。①

四川的折估钱也系供军之用,与月桩钱性质相近。稍不同者,四川折估钱有新增盐酒等课利充用,比月桩钱主要靠非法杂敛对人民的危害要轻一些。

宋廷又下令征调经制钱与总制钱。经制钱、总制钱得名于经制司和总制司。经制司首见于宋神宗熙宁十年八月,时任用宦官入内副都知李宪、文臣权发遣秦凤等路转运副使赵济共同经制熙河路边防财利,设经制熙河路边防财利司(简称"经制司"),负责调度筹措熙河路供军财计。②后来,为了提高其地位,在长官头衔和官署名称内各加"都大"二字。北宋后期,陕西境内时有经制司负责供军财计。

经制钱始行于北宋宣和年中。时方腊起义被镇压,东南残破,赋入大减。朝廷委陈遘为发运使、经制东南七路财赋,设经制司。他立法令卖酒卖槽增价、增收头子钱等共十余项,且命州军单另立帐收存,听朝廷调用,称经制钱。后曾推行于京东西、河北等路。靖康初年罢。南宋建炎二年,因财计困难,始令征收其中钞旁定帖钱一项。三年冬,另增五项。绍兴元年,将无额上供钱二项附入,合前共七项。从其所含细目看,除征用原属地方支用钱物外,大部分收入来源都属提高原有税项税率性质。

总制钱始征于绍兴五年。当时参知政事孟庾提领措置财用,设总制司,奏请令州军再增收头子钱,此后又先次征收耆户长佣钱等二十余项,合称总制钱。总制钱取财的各项细目,比经制钱情况要更复杂,其中有些属于朝廷征调地方财赋性质,如转运司移用钱、出卖系官田舍钱、免役一分宽剩钱等,有些则属于增加税率、扩大征税范围,其中也多属附加税,如官户不减半民户增三分役钱、增收头子钱等,未见到因征总制钱而创立的新税项,故也不能把总制钱看成是一种杂税或几种杂税的总称。

经总制钱每年的定额及实际收入额前后不一、各年都有变化。大致

---

① 《朝野杂记》甲集卷一五《月桩钱》。
② 《长编》卷二八四、叶适:《水心集》卷四《财总论》。

说来,东南各路每年额征约一千四五百万缗,四川额征约五百万缗,合计约近二千万缗。由于其收入来源复杂而不稳定,又与归地方支配的赋入项目常有矛盾,故实际收入往往达不到定额。经总制钱不由各路转运司而由提刑司掌管,征收后一部分输往各总领所,一部分输往行在,州军得以留用者很少。由于归提刑司掌管而不隶转运司,其收入又大部分用于户部经费和供军,故遇灾朝廷下蠲免赋税之令时,经总制钱往往得不到蠲减。

征调折帛钱、月桩钱、经制钱、总制钱,原本都是紧急情况下的临时性举措,但后来朝廷却对它们产生了依赖性,难以去除,于是成为常制,沿行至南宋末年,这是当初创立这些制度的人也不曾料到的。折帛钱、月桩钱、经制钱、总制钱都以货币形态存在,它们的征调,增大了财政收入中货币所占比重。

二、推行经界法

绍兴十二年,左司员外郎李椿年以孟子"仁政必自经界始"为根据,首倡实行经界。所谓经界法,与北宋时期推行的方田均税法本质上较为接近,都是要解决田赋大量流失的问题,都是要清查农户田产和其他资产,均衡税、役负担,只是具体操作方式、方法有所不同罢了(如经界法不再以"方"为单位等)。

绍兴十二年年底,朝廷命李椿年为两浙转运副使,就转运司设措置经界所,先试行于平江府。其法主要内容是:一、按地块画图,召集都保长、田主及佃客确认各田主占有土地的疆界、亩数、地色等,报申措置所,由措置所差官注图核实。二、各保排定十户一甲,互相监督,不得隐瞒田亩等情况。凡隐瞒者罚钱三百贯,田没收归官,有告发者则以此钱、田赏之。以往田亩不实及漏欠赋税等不予追究。三、各乡、各户田产造砧基簿,后附地形图,且按新的田亩等数均定赋役。绍兴十四年推广于各路,至二十八年为止,南宋大部分地区都先后实行了经界。经界法实施主要是针对严重的赋税流失情况。赋税流失,是北宋长期以来不能根本解决的难题,而且随着时间延续,有越来越严重的趋势。方田均税法的推行,最终也未能解决这一问题。南宋初,战乱之后,赋税籍帐大批散失,现存者漏洞百出,不但普遍地存在官吏乘机弄私舞弊和田赋严重不均的现象,而且也严重存在田赋收入、役源流失、不能如额向朝廷输送财赋的情况。据李椿年奏称,平江府赋入岁额原定七十万斛,经界前实收只有二十余万斛,即失收者约为总额三分之二。同时,还存在严重的赋役不均的情况。通过实行经界,清查整顿,各地重新修立了赋税籍帐,封建国家的赋税收入、各项摊派得到了保障。① 在实行经界之初,宋廷曾声称经界的目的在于均摊赋役、清查隐陷,绝不增加税额。可是在经界过程中,当时任宰相的秦桧还是背地下令让各地暗增税额"十分之七八",②结果有些地方竟出现"自经界之后,税重田轻,终岁所入,且不足以供两税"③的反常现象。可见经界法实行后,不但封建国家追回了原来流失的田赋,而且田赋收入在原有定额基础上可能还有增加。

三、搜刮川蜀财赋以供支用

金兵南侵后,不但黄河、淮河流域广大地区遭受破坏,就连长江中下游的湖北、江东西、两浙及福建等地也曾被金兵烧掠或受到战乱的较大冲击。相比之下,四川受到的破坏是较轻的。随着中原广大地区连同陕西大部的丧失,四川的战略地位也明显提高了。剑外抗金前线的大批军队的供给绝大部分要仰仗于四川,四川境内驻军的数量也增加了,也要依靠当地解决供给问题。当时有些大臣更提出了恢复中原应当从川陕出击的主张,由此产生的军备问题自然也主要须就地解决。这时的情况如南宋人袁燮所讲:"[南宋初]既失五路,力不足以养[剑外]兵,乃以五路财赋

① 有关经界法实施的记述,系根据《宋会要·食货》六、七〇,《朝野杂记》甲集卷五《经界法》,《通考》卷四《田赋考》,《宋史》卷一七三《食货志·农田》及《中兴小纪》等文献记载综合而成,为了简洁,不引证原文,特此说明。
② 《通考》卷四《田赋考》及《宋史》卷一七四《食货志·赋税》。
③ 《系年要录》卷一八〇。

均之西蜀,增立名色,谓之折估,蜀人由是重困。"①所谓"折估",乃是供应川陕大军的财赋名,因其多折为货币而得名。李心传谓:"盖诸军月支正色米之外,又有折支估钱者,故以此名之。其后衣赐、犒赏、供给、刍豢之属,通以折估为名,而其数浸广矣。盐折估者,取三路盐引税钱而供此折色也。酒折估者,取四路场务坊店酒息钱而供此折色也……大抵蜀中之折估,与江浙之月桩,皆以赡军得名,其事相类。"②他又推计南宋前期川陕大军所需折估钱、籴买粮绢支费及诸杂支费,每年共约二千二百万缗。如此巨额的军费开支,四川原有的赋入是远远不能满足需要的,而宋廷又根本不能从其他地区调拨钱财物资供应、支援川陕,这样,就只有通过增加四川人民的赋税负担来解决此难题了。其具体办法主要是:增加盐、茶、酒榷利收入,增发钱引,增加地方性杂税。

　　建炎元年,宋廷任命熟悉四川经济等情况的赵开为同主管川陕茶马。第二年,赵开到任即先变茶法,罢官买(向园户买)官卖(向消费者和零售商卖)法,行合同引法,蜀茶课利因此大增。建炎四年冬,"买马乃逾二万匹,茶引收息钱凡一百七十余万缗"。③ 以后茶利又超过了北宋最高额二百万贯。南宋初期,组织领导抗金战争的重要大臣张浚在川陕督战,得知赵开熟悉四川情况又长于理财,便于建炎三年承制以赵开兼宣抚司随军转运使、专一总领四川财赋。于是赵开又变酒法,罢官造官卖,行隔槽法。榷酒岁课也由原来的一百四十万贯,迅即增至六百九十余万贯。此后绍兴二年,赵开又变盐法,仿北宋大观年中的东南,东北钞盐法行合同场法,岁课由八十万贯增至四百余万贯。④ 茶、酒、盐增收榷利之外,四川还增科激赏绢、科对籴米、增收税米脚钱(运费)、征收钱引称提钱等,增加了苛敛杂税多种。钱引发行额的增巨也是一种变相赋敛。继赵开之后掌四川财计、任四川都转运使的李迨在奏疏中说:"自来遇岁计有阙,即添支钱引补助支遣。绍兴四年添印五百七十六万道,五年添印二百万道,六年

---

①　《絜斋集》卷四《论蜀札子》。
②　《朝野杂记》甲集卷一五《折估钱》。
③　《名臣碑传琬琰集》卷三二李焘《赵待制开墓志铭》。
④　酒课、盐课增加数据《朝野杂记》甲集卷一四《蜀盐》《四川酒课》。

添印六百万道。"①这样,钱引发行额建炎初年仅为二百五十余万贯,到乾道年中已增为四千余万贯,嘉泰年中(临近开禧北伐)进而达到八千余万贯。② 四川一隅之地,竟有八千余万贯楮币在流通,这是多么惊人的发行量。

赵开初任四川总领财赋时曾对张浚说:"蜀之民力尽矣,锱铢不可加。"认为迫于抗金需要,事不得已,可以通过变茶酒盐法等以应付一时财计之需,事后即应减罢,否则会有后患。③ 赵开后因与川陕宋军主帅不协而离职,继之者迫于军费开支的压力,非但不能减已增之赋,反而又有增添。当赵开临死之时,仍然念念不忘削减经他之手增加的川蜀赋税和榷利,并讲:"若因循不恢复,蜀将大困,而我为祸首也。"④然而赵开的愿望落空了,他卸任以后,"茶、盐、榷酤、奇零绢布之征,自是为蜀之常赋,虽屡经蠲减而害不去,议者不能无咎开之作俑焉"。赵开所顾虑者最终可悲地成为现实,这是时代给这位封建社会出色理财家安排的不幸结局。

周必大《周益国文忠公集·玉堂类稿》卷二〇《试赴召胡晋臣》一篇中有一段文字,记述了南宋前期与北宋神宗时期相比四川财政岁出岁入的变化情况,原文如下:

> 在熙、丰时,总益、利、梓、夔四路税苗、茶盐之入与夫场务正课之输,计以贯石匹两之属,不过八百三十余万,而其费止于七百四十余万,是一岁可得百万之赢矣。中兴以来,上供经总制之额乃为钱六百九万四千,视异时全入之数已不相远,则夫常赋、杂征当不翅乎三倍,而其支费抑又夥矣。凡供军之钱留于蜀下、于武昌盖二千万,而刍粮、布帛不与焉。其他郡邑经常之费、水旱盗贼之备犹未论也。然则民力其可不裕乎?

南宋历史学家李心传对四川地区在此时期的财计状况也曾作过深入的分析,他描述四川地区在南宋前期财政负担不断加重的演化历史道:

---

① 《系年要录》卷一一一。
② 钱引发行额增加情况详参见本书第二编钱引部。
③ 参见《宋史》卷三七四《赵开传》。
④ 王质:《雪山集》卷一《上皇帝书》。

祖宗时,蜀中上供,正赋之外,惟有三路绢纲三十万匹、布纲七十万匹,每匹为直三百文,而茶盐酒皆未有管榷,是上供之外,一岁供于地方仅三十万缗也。自元丰榷茶,岁为百万,市马以赴中都,而所出已三倍于祖宗之世矣。[建]炎、[绍]兴以后,关陕之兵转而入蜀,岁用率二千万缗,则民力大屈……而养兵之外又有竭泽者焉。楼仲晖(炤)宣谕陕西,于四川无预也,乃取蜀中金四千两、银二十一万五千两、绢八千匹、钱九千缗、钱引一百万。其归也,遂以为激赏库之献,此其一也。郑亨仲(刚中)之罢宣抚也,诸库之储近五千万,制置司仅留二十万缗,余分拨赴行在者不知其数,此其二也。王瞻叔(之望)之括白契也,得钱凡四百余万缗,而蜀中大扰……又拨一百五十余万缗赴[左藏]南库。乾道三年又拨五十万缗并赴湖广。最后曾钦道(怀)又乞拨所余二百六十五万余缗赴[左藏]西库,而蜀中不复得一钱矣,此其三也。①

这一记载说明,南宋前期四川地区的财政负担较之北宋增加了许多倍,它不但要负责川陕大军的供给,还要负担朝廷各种临时性调拨。除此之外,上引周必大文章中已提及,四川在此期间,每年还要向湖广总领所输送一部分财赋(其基本部分称为"田四厢钱")。再者,四川还要向行在输送包括给皇帝本人的上贡等少量财赋。四川地区实对南宋王朝的巩固、对南宋军民的抗金斗争、对南宋财政的重建作出了十分重大的贡献。

除了上述聚财、敛财的措施外,南宋朝廷还采取了令各级官府广泛回易取利、出卖官告度牒、括卖官田产等临时应急性财政措施,并多方面加强了对禁榷收入、市舶收入等的管理,终于渡过了财政危机的难关,基本上满足了军需供给,保住了半壁江山,实现了财政上的暂时的、表面上的收支平衡。

---

① 《朝野杂记》乙集卷一六《四川桩管钱物》。

第二节　御前、朝廷财赋的新体制及
总领所的建立

南宋前期在财政管理体制上最令人瞩目的变化,就是御前、朝廷财赋的新的收支办法、机构设置以及四川、淮东、淮西、湖广四总领所的建立。

一、御前、朝廷财赋的新管理体制

所谓御前财赋,即指由皇帝亲自掌握的财赋,它往往被认为是皇帝的私人财赋。自北宋建国以后不久即已存在,它表现为内藏、奉宸等库所掌之财。所谓朝廷财赋,是指由尚书都省掌握(尚书都省未恢复前由中书政事堂掌握)而不隶三司或户部管辖的财赋,它的支用原则上由宰臣召集有关人员议决后报皇帝批准,而事实上皇帝不待申报,而径下诏令支用的情况也不少。这种财赋的典型表现是北宋神宗时各地的封桩财赋和京师的元丰库财赋。南宋立国后,在财政管理体制上也有封建国家中央和地方的区分,在直接归属中央的财赋的管理方面,则逐渐恢复了北宋中后期的御前、朝廷、户部三条并行的管理渠道,财赋入出彼此相别。然而由于朝廷财赋与御前财赋的决定权都在皇帝手中,两种财赋又历来同有相当部分用于军事,而动乱之中加强皇权又是必须的和容易得到谅解的,故此时期朝廷财赋与御前财赋的区别愈加不明显。皇帝常常下令调朝廷财赋入内藏或供皇室支用,而当时大臣也有时将朝廷财赋与御前财赋混称为内帑或内库财赋。此时期御前财赋的主要体现者为内藏库和御前激赏库财赋,朝廷财赋的主要体现者为左藏南库、左藏封桩库等。

甲、御前激赏库与左藏南库:御前激赏库与左藏南库大体为同一库在两个不同时期的两个名称。孝宗即位以前称御前激赏库,其财赋隶属御前。因当时御前财赋比重过大,受到大臣们的抨击,孝宗即位之初将此库改属朝廷财赋,更名为左藏南库。① 御前激赏库所受纳者有一部分是常赋,据李心传记:"绍兴休兵(按,指绍兴十二年宋金和议成)后,秦桧取户部窠名之可必者尽入此库,户部告乏,则予之。桧将死,属之御前,由是金币山积,士大夫指为琼林、大盈之比。"② 此外,还有一部分财赋来自臣僚的"献助"、"羡余"或节日奉礼。李心传又记称:"高宗渡江,但有内藏及激赏二库,秦丞相(桧)用事,每三宫生辰及春秋内教、每年寒食节及诸局所进书,皆献金币,由是内帑山积。"③ 此言内帑,显然也包括御前激赏库。淳熙十年,又将左藏南库从朝廷管下分出,改隶户部,然而"都省令户部管认南库钱二百九万余缗"。④ 同时,又将原左藏南库管下的一少部分财赋分隶"左藏封桩库"。据记载,淳熙八年,左藏南库"收总计一百九十八万一千六百四十一贯"。⑤ 将此数与都省令户部管认之数对照,可知淳熙年中左藏南库岁入数约为二百万贯上下。然而这以前或许岁入数曾较此略多,因为据李心传记,绍兴末年,有诏令削减各处直接向皇帝御前进献钱财,则这之前,每年入激赏库的金帛数量必定更多些。⑥ 又时大臣葛邲上奏曾讲:"虞允文制国用,南库之积日以厚,户部之入日以削,故近年以来,常有不足之忧。"⑦ 虞允文制国用,当系乾道年中他做宰相时。南宋学者陈傅良也于乾道年中讲过"比岁经赋日耗,而南库之积日滋"。⑧ 南库之入此时既对户部经费有如此大的影响,或其岁入数不仅只有一二百万贯。这些情况说明了左藏南库在当时财政中占有较为重要的地位。

乙、左藏封桩库。左藏封桩库不详创始于何年。据李心传记,其乃为孝宗所创,"其法非奉亲、非军需不支"。⑨ 又据记载,淳熙十年八月,左藏

---

① 《朝野杂记》甲集卷一七《左藏南库》。
② 《朝野杂记》甲集卷一七《左藏南库》。
③ 《朝野杂记》甲集卷一七《内藏库》。
④ 《朝野杂记》甲集卷一七《左藏南库》。
⑤ 《宋会要·食货》五六之六一。
⑥ 参见《朝野杂记》甲集卷一七《左藏南库》所载。
⑦ 《宋史》卷三八五《葛邲传》。
⑧ 《止斋集》卷二九《壬辰廷对》。
⑨ 《朝野杂记》甲集卷一七《左藏封桩库》。

封桩库储存额已超过三千万缗(当包括楮币、钞引等在内),①又据统计,淳熙十三年"库中所储黄金至八十万两、银一百八十六万余两,下库见缗常五六百万"。② 可知左藏封桩库存储的财赋数量颇不少。又《宋史》卷三九八《倪思传》载:

> 初,孝宗以户部经费之余,则于三省置封桩库以待军用,至绍熙移用始频。会有诏发缗钱十五万入内帑备犒军,思谓实给他费,请毋发。且曰:"往岁所入,约四百六十四万缗,所出之钱不及二万。非痛加撙节,则封桩自此无储。"遂定议犒军岁以四十万缗为额,由是费用有节。

倪思所言出入之数,不知系指何年,只知是绍熙以前的岁出入数。上引记载说明左藏封桩库每年也有入有出,然而直至倪思上奏前后的绍熙年止,大体是入多出少的。左藏封桩库为朝廷财赋的主要储存之地。

丙、内藏。南宋前期内藏库在收支制度方面未见较大变化,但如前所述,财赋收入数量尤其是在岁入中所占比例却有所增加。特别是内藏时时从左藏南库、封桩库及总领所大军库等处以各种借口调进财赋,更使得内藏储积较别处丰盈。为了防止大臣们议论,绍兴十三年,高宗改变了元丰以来将内藏形式上隶属于户部、太府寺的做法,"诏内库不隶户部、太府,有司辄敢会问,与供报者皆坐之"。③ 这项规定给皇帝扩大其御前财赋提供了方便。南宋王朝草创之时,皇室既无像样的宫殿、陈设可供享用,也无丰厚的私储供其随意支费,战争趋缓以后,营建宫宇、修备礼器等事难免暗暗举行,还要聚集一部分财赋作为皇室自身的储备,此外,皇帝本人也需用相当数量的财赋作为特别赏赐,以布个人恩泽、笼络人心。这些情况都使得内藏财赋的收支较以往有所增加。因此,对于皇帝展转将规定之外的财赋调入内藏,此时期虽大臣们常有奏谏,然而这种现象还是不断发生。由于被征调入内藏的一般多是朝廷财赋,故而此时期御前财赋、朝廷财藏在实际支用上就有难分彼此的情况,这就是当时有些人把二

---

① 《中兴圣政》卷六、《玉海》卷一八五。
② 《中兴圣政》卷六、《玉海》卷一八五。
③ 汪应辰:《文定集》卷二《应诏陈言兵食事宜》。

者混为一谈的原因所在。

此时期的朝廷封桩财赋在管理上不仅归隶的库名与以往有不同,在其他各方面也同过去有较明显区别。此时期由于调发月桩等钱及地方财计的虚乏,封存于地方的财赋大为减少了。前述淳熙十年左藏封桩库的储存额达三千万缗以上,随后又得报"内外"封存财赋的总数为四千七百余万缗,可见此时期封桩财赋的主要部分已集中在行都,这是与北宋特别是神宗时期有很大区别的。再者,南宋初有诏取消了户部右曹在户部内部的独立性,[①]这就使得北宋时作为朝廷封桩财赋的重要来源的免役坊场等收入原则上归隶户部管理了。从记载上看,此时期的朝廷封桩财赋似是有了新的收入来源。[②]

二、四总领所建立对财制的重大影响

南宋前期财制上的另一重大变化就是总领所的建立。总领所,全称总领诸路财赋军马钱粮所,这是北宋所没有的。它是介于朝廷户部与诸路转运司之间的一级专门的理财机构。其负责官员虽带"专一报发御前军马文字"衔,实并不干预军务,只负责监察军将、军队动向。它的主要职责,是供应某一地区驻扎的御前军需要的钱粮帛绵等,换言之,它是负责某一地区驻军的军费筹集和开支的。北宋时期陕西、河北、河东三路转运使之所以高于其他各路转运使,就是因为他们要负责驻于本地区的军队的供给,其财赋数量是相当大的。南宋专门设立了总领所,也是因为这些地区驻军是宋军的主力,其军需财赋数量约占全国财政支出的一半,确保这些军队的供给,关系着国家的安全。

总领所最早出现于四川,张浚承制以赵开总领四川财用,于是创置总领所。后来李迨继任,改称四川都转运使,总领所为都转运使司取代。此间,东南各路宣抚等司常因军需调配与转运司发生矛盾,为了协调管理,

---

① 参见《宋会要·食货》五六之四一所载,事又见《系年要录》卷六等处。
② 参见本书第三编"朝廷财赋"部。

同时为了加强对军队的控制,朝廷派遣朝臣专门负责某一部分军队粮饷钱财等的供给,临时授予"总领财赋"头衔,但不常设,事过即废。绍兴十一年,宋金和议之后,南宋高宗设法加强对中兴各大将的控制,削弱其兵权,"乃收诸帅之兵以为御前军,屯驻诸处,皆置总领,以朝臣为之","叙位在转运副、使之上。镇江诸军钱粮,淮东总领掌之;建康、池州诸军钱粮,淮西总领掌之;鄂州、荆南、湖南诸军钱粮,湖广总领掌之;兴元、兴州、金州诸军钱粮,四川总领掌之"。① 淮东总领置司镇江(初曾驻楚州,因太近边界,内迁于此),淮西总领置司建康,湖广总领置司鄂州,四川总领置司利州。总领通常由司农寺、太府寺卿、少卿及户、度、金、仓部郎中担任。四总领所的建立,在财制上引起重大变化。各路州军供军赋入等,根据朝廷规定的窠名和定额拨隶总领所支配,这样,除行都附近以外的御前军即所谓四屯驻大军的供给,便分别由四总领所负责,从而简化了供军财赋调配上的繁复程序。但是,总领所的建立却进一步缩减了户部的财权。总领所表面上隶属于户部,然其岁入岁出却不入户部财计,自己有支配管理上的机动权,而户部却无权随意调动按规定归隶于总领所的财赋。户部在财计上的支配调节能力,因此进一步被削弱。总领所必须保证军队供给,但对相关地区民政却没有责任,故而每当遇到灾荒,总领所对减税救灾的事往往表现消极。为了对付灾荒,总领所往往私下储存部分财赋以备急需。这也削弱了户部的调节能力。四总领所中尤其四川总领所的独立性较大,这是由于四川地处长江上游,入川道路多险阻,朝廷在四川出现紧急情况时,很难将别处财赋输送入川。而四川在钱法(铁钱、钱引等)等方面也与东南多有不同。故而平时朝廷令四川总领所稍有积蓄以备不测,也允许总领所同宣抚、制置等使司共同制定和施行与内地东南有所不同的财政制度。以下简表说明四总领所财赋收支概况:

---

① 《通考》卷六二《职官考·总领》。按,据《朝野杂记》甲集卷一一《总领诸路财赋》载,四川复置总领所实于绍兴十五年。

项目	总领所				
	淮西	淮东	湖广	四川	合计
	岁费财赋				
钱/万缗	700	700	960	2665	5025
米/万石	70	70	90	（按,用上项钱内支 830 万缗籴买）	230(不含四川)

备注:此表数字根据《朝野杂记》甲集卷一七《四川总领所》、《淮东西湖广总领所》载绍兴休兵后情况。实仅为约数,他书记各年度各总领所支费数较此有所增减,在此不录。

从表中数据可以得知,南宋前期四总领所每年收支数为钱五千余万缗、米二百余万石。时人学者叶适称:"略计四总领之所给,岁为钱六千余万缗,而米绢犹不预。"①则与上表所列大体相符。这说明,此时期南宋财政岁入的半数,都在四总领所的掌握之中,总领所在财政中的重要地位自不待言。绍熙元年十月,大臣何澹、赵彦逾、林大中在上奏时讲了当时南宋赋入分配的整体概况,可以简略地表示如下:

内藏收支与四川钱引一千六百一十余万道除外,共收入 6800 万贯。

  其中:四总领所 2900.6 万贯

    户   部 1872.3 万贯

    地方截留 1062 万贯

    朝廷封桩 951.1 万贯②

就上列分配赋入的情况看,总领所同户部、地方截留、朝廷封桩三方面相比,乃是份额最大的一个方面。然而上述被除外未计的四川钱引,实际也主要是四川总领所支用,另外内藏及朝廷封桩财赋也常常被用以临时补助各总领所非常支费。故而分配给总领所支用的财赋在总岁出财赋中所占比重,实际比上面开列的情况还要大。户部实际支配的财赋与四总领所相比较,则显得十分可怜,如果不是供应行都百官的廪给,它实际支配的财赋就将与一个总领所相差无几了。

  总领所支用财赋如此之多,仅凭向所属各路州军调集二税收入是远

---

① 《水心别集》卷一六《后总》。

② 参见《宋会要·食货》五六之六五、六六所载。

远不够的,供其支用的财赋的合成是相当复杂的。据《朝野杂记》甲集卷一七《四川总领所》,四川总领所财赋来源情况大略如下表所示:

四川总领所绍兴休兵后岁总收入 2665 万缗,其中:					
酒课	556 万缗	茶司钱	144 万缗	称提钱	24 万缗
盐课	375 万缗	经总制司钱	231 万缗	西和州盐钱	10 万缗
籴本(二税上科)	400 万缗	钱引兑界贴头钱	90 万缗	其他	约 875 万缗

淮东、淮西两总领所分别经管建康、镇江两处榷货务都茶场,[①]榷货务都茶场的榷利收入自然也要按比例(可能甚至是大部分)归总领所支用。乾道六年宋廷曾立定三榷货务都茶场岁入之额:行在八百万贯,建康一千二百万贯,镇江四百万贯。[②] 建康、镇江两处收入占总数三分之二。只是不见关于两处收入中朝廷、总领所各得多少的记载。不过仍可肯定的是,四川、淮东、淮西三总领所将南宋禁榷收入分占了相当一部分。湖广总领所属下既无榷货务都茶场,又无四川那种自己立法括取茶盐酒榷利的权力,它的财赋来源怎样呢?请看淳熙十四年户部按朝廷指令拨付湖广总领所的财赋组成情况:

舒、蕲州铁钱监铁钱共四十万贯;

诸路州军纲运钱四百八十二万余贯;

朝廷贴降钱共二百余万贯,其中包括:

四川总领所拘桩纲运钱十五万贯,

拘截四川合起行在寨名纲运钱三十万贯,

朝廷应副四川免起三年钱六十万贯,

京西提举司见桩钱、盐钱三十万贯,

江西茶短引十五万贯,

江西茶长引二十万贯,

---

① 参见《通考》卷六二《职官考·总领所》及《宋会要·职官》四一之四四等处所载。

② 参见《中兴圣政》卷四八、《宋会要·食货》五五之二七所载。

榷货务都茶场乳香套二十万贯；

此外尚有本总领所大军库现桩管卖茶引钱二十七万五千贯,江西、湖南北茶长短引一百二万五千余贯。①

此年度调拨湖广总领所财赋的如上构成,说明湖广总领所历年耗用封建国家盐、茶、香等榷利收入也不少。除宋廷拨归四总领所的赋入之外,四川、湖广两总领所还分别掌握钱引、湖广会子的发行权,这也可从中获得相当的利入。

从对四总领所支用财赋构成的粗略分析可以看出,总领所不但使所辖各路州军的绝大部分财赋不再输送南宋行都,而且还分取了禁榷收入的很大一部分。

由于供给总领所的财赋构成复杂,涉及多种赋入窠名,故而使户部对各路州县财政收支的管理进一步增加了困难。总领所财计名义上须经户部核准,实际上户部只有按朝廷规定之额调拨财赋的义务,却没有稽察监管总领所支用细目的权力。总领所官吏往往外结军将,内联皇帝亲近侍臣,不但户部官吏对其无可奈何,就连执政大臣也要惧怕三分。据记载,淳熙年中执政大臣龚茂良(字实之)因财计出现困难,又觉察到各总领所财赋收支存在问题,便奏准派人清查各总领所财赋收支等帐目。结果,发现了某些总领所私自挪用财赋他用、以公财贿赂近臣等情况,侵盗钱粮以数十万计。然而此事最终并未得到根究和有效处理,而却成了导致龚茂良很快下台的一个重要原因。执政大臣尚不能根究总领所财赋出入中的问题,户部官吏更是没有正视的勇气了。从这些方面看,总领所的设置在一定意义上进一步加重了南宋财政管理上的混乱。

此时期财制上的重要变动除了上述两个方面之外,还有总制使、国用司等的设罢,有发运、经制司等的兴废,以及户部内部机构的变动等,这些情况拟在本书第三编中另加叙述。

---

① 上引数字系根据《宋会要·职官》四一之六一所载整理而成。

第三节 财政上表面的、暂时的缓和

一、财政上表面的、暂时的好转与调整的开展

经过抗金军民的英勇作战,特别是经过朱仙镇等几次大捷,金人妄图吞灭宋朝的计划遭到挫折。绍兴十一年底,宋金议和,从而南宋王朝获得了喘息和调整内务的机会。后绍兴三十二年金兵再次南侵,宋军民奋起抵抗,张浚等抗战派大臣主张乘机北伐的建议被采纳,双方大战,至隆兴元年停战议和。此后至宋开禧北伐之前,四十年间宋金双方无大战争,南宋统治区人民得到了一段恢复生产、发展社会经济的时间。战争减少,军费开支也随之下降,财政上的危机局面也就相应有所缓和。战争非常时期南宋统治者拼命地为筹集军费而增加税赋、聚敛民财,广大人民在宋金民族矛盾突出的情况下,不得不忍受过重的剥削压榨。战争平息之后,人民负担过重及战争中仓促加赋而造成的税赋不均的问题亟待解决。南宋学者李心传曾这样记述东南地区在南宋前期财政负担的增加概况:

> 渡江之初,东南岁入犹不满千万,上供才二百万缗,此祖宗正赋也。吕颐浩在户部,始创经制钱六百六十余万缗。孟庚为执政,又增总制钱七百八十余万缗。朱胜非当国,又增月桩钱四百余万缗。绍兴末年,合茶盐酒算、坑冶、榷货、籴本、和买("买"原文误为"置")之钱,凡六千余万缗。①

李心传此处所言之"赋"乃特指归封建国宗中央直接调用的财赋,且仅指缗钱一项。但仅从这个角度看,东南地区财政负担,绍兴末年较之南渡之初已增加五倍之多。人民的赋税负担增加之迅猛是惊人的。引文中未言及四川,如果我们把东南与四川此时期每年各种赋税(包括禁榷)收入加

---

① 《系年要录》卷一九三。

在一起,可以粗略计得,绍兴末年前后南宋总岁入缗钱约为九千万缗至一亿缗,另有税粮约五百万石和其他金、银等。① 隆兴和议后,缗钱收入数稍减,其他变化不大。单就缗钱收入数看,此时较北宋大为增加,若就岁入总数字看,此时也和北宋最盛时接近。在领土大为缩减了的情况下,赋税的增加幅度是巨大的。

不过应当特别指出,我们必须注意北、南宋之间的物价变化。南宋时期的物价,比北宋中期的物价,普遍地上涨了一倍以上。而南宋许多赋税实物折征货币,赋入中实物部分大大减少。物价既普遍上涨,钱数虽多,若以所值实物计量,实际赋税增加幅度,远不如缗钱数字反映的那样大。尽管如此,对于饱受战争动乱之苦的南宋人民来说,赋税负担毕竟是过于沉重了。更何况赋税负担不合理的现象广泛存在,赋税负担特别偏重的地区人民,简直已是忍无可忍了,因而,在军费开支减少的情况下,南宋王朝开始着手对一些最不合理的赋税项目、征收办法等加以调整,以求续和日益尖锐化的官民之间的矛盾,以平息越来越激化的某些不满情绪。时人赵汝愚上奏言其所亲历:

> [孝宗]即位之六年,减福建盐课为缗钱数十万。七年,减折帛之半,为缗钱三百余万。十四年,减四川酒课重额,为缗钱四十七万,以至减饶之天申金、徽之上供绢,臣所不知者又不知其几千万也。②

赵汝愚对孝宗不免有所恭维,但所言孝宗时期的调整举措应非虚构。这种调整实际在绍兴和议以后就逐渐进行了。四川地区赋税负担增加幅度最大,减放得也较早较多。绍兴和议之后,四川每岁赋税收入总额很快即削减了四百六十二万余缗,绍兴二十五年,在此基础上又"减两川绢估钱二十八万缗,潼川府秋税脚钱四万缗,利路科斛脚钱十二万缗,两川米脚

----

① 岁入缗钱数系以绍兴末年东南岁入估算七千万缗、四川岁入估算三千万缗合计而得。东南岁入数系根据上引《系年要录》记载,四川岁入数,系根据本章第一节所引有关四川财计的各项记载推算而出。税粮数据《系年要录》卷一八三载绍兴二十九年东南上供粮实发四百五十三万石及《宋史》卷一七六《食货志·常平》载乾道八年"诸路州县岁收苗米六百余万石"等记载推算出。各处数字均取保守计法,实际岁入数可能比估算数更高些。
② 《历代名臣奏议》卷一〇八《仁民》[赵]汝愚为江西转运判官上疏曰。

钱四十万缗,盐酒重额钱七十四万缗,激赏绢九千匹,合一百六十余万缗"。①

此外,还蠲免了相当数量的各路州县历年积欠赋税。由于削减幅度稍大,绍兴末年金人背盟、战事又起之时,四川总领所官吏又有不足之忧,故而临时立法括取白契钱,以备不测。隆兴和议后,又继续蠲减了一部分赋税和朝廷向四川征调的财赋。② 其中较值得重视的是,淳熙年中减免了四川每年调拨给湖广总领所的财赋。③ 经过蠲减,四川人民的赋税负担稍有减轻,但是所蠲减的数量同南宋立国以后所增加的赋税数量相比,仍是微不足道的。沉重的财政负担,使四川地区的经济发展受到恶劣影响,百姓贫困化的程度逐渐加深。如南宋人袁燮所讲:"蜀本富饶之地。自折估之法严,财益匮,民益贫,重以金人之扰,穷悴无聊,何所赴诉。"④ 曾经是北宋经济最发达地区之一的四川,在南宋日见凋残、渐有衰败之象,这是南宋统治者不能有效地减轻人民负担的恶果。人民的负担未能得到合理减轻,四川总领所在和议后日子却好过多了。军队不打仗,支费减少了。军队整顿,淘汰了一些资格老、粮饷多的老兵(安置离军官兵的费用改由地方州军财政开支,不再由总领所财计负担),军费减少的幅度远较赋税蠲减的幅度大,故而总领所财计很快就扭亏为盈了。据载,绍兴十八年,四川宣抚司、总领所蓄存钱财共五千余万缗,"蜀中号为优裕"。⑤ 乾道年中虞允文整顿川陕军队,"至淳熙间军籍视武安(吴玠谥)时增三之一,岁用视武安时减三之一焉。盖自乾道再和,军中大请受人益少,由是计司(按指总领所)稍有羡财。每遇减放盆酒绢布激赏之属,计司所抱多至数千缗,少亦不下二十万缗,实此钱也。"⑥

东南诸路,南宋立国后造成赋税增加的财政措施中,尤以征调折帛

---

① 《宋史》卷一七四《食货志·赋税》。
② 如《宋史》卷三六《光宗纪》载绍熙三年曾蠲畸零绢钱四十七万缗,激赏绢六万六千匹。
③ 参见《朝野杂记》乙集卷一六《四川桩管钱物》及《中兴圣政》卷五四所载。
④ 《絜斋集》卷四《论蜀札子第二札》。
⑤ 《朝野杂记》甲集卷一七《四川总领所》。
⑥ 《朝野杂记》甲集卷一七《四川总领所》。

钱、月桩钱害民最甚,故和议后对这两项财赋征调作了稍大的调整。折帛钱由绍兴年中岁收一千七百余万贯逐渐降到淳熙十二年的一千余万贯。① 每匹绢的折价也由较高时的八贯以上降为六贯或七贯。② 折征夏税、和买绸绢的比例也由较高的绸全折、绢半折改为绸折十分之八,绢折十分之三。③ 相应地,广西折布也由每匹折征二贯降为一贯。④

宋廷对月桩钱也作了调整和削减。李心传记:

[绍兴]十七年,朝廷既罢兵,又命监司郡守将宽剩钱充月桩,以宽民力,其后遂减江东西月桩钱二十七万七千缗有奇。十八年冬,上又谕秦会之曰:昨已减月桩钱,要当尽罢……卒不罢。乾道中始减广德军月桩钱千八百缗,淳熙初又减桂阳军万二千缗。光宗登极,以月桩钱有敷额太重去处……用吏部尚书颜师鲁等奏,再减江浙诸郡月桩钱十六万五千缗有奇。⑤

如所记不误不漏,则月桩钱此间共削减约四十五万余缗,相当总额八九分之一。调集的办法也有所改善,设法减少了法外横取的部分。

此外,经制钱、总制钱、身丁钱及商税等征收数额也略有蠲减。各种临时性蠲减也不少,例如乾道五年一次即蠲免两浙、江南东西路折帛钱三百余万缗。⑥ 和议之后还蠲免了数量颇多的历年各地百姓积欠的赋税等。如绍兴二十九年,一次便蠲免积欠三百九十七万余缗。⑦ 隆兴再次和议之后,蠲减次数更多,数量也较大。蠲免欠负官府显得大方,主要因为欠税者多为贫下户,年年增添,以致根本无力偿还。官府若追索过急,难免激成事变。蠲免后官府实质损失不大,却可借以收人心,因此官府时蠲欠负比减税额更积极些。蠲免赋税的同时,宋廷还颁布了一些限制地

---

① 前数见《朝野杂记》甲集卷一四《东南折帛钱》,后者见《水心别集》卷一〇《实谋》。

② 参见《朝野杂记》甲集卷一四《东南折帛钱》及《宋会要·食货》六四所载。

③ 参见《朝野杂记》甲集卷一四《东南折帛钱》及《宋会要·食货》六四所载。

④ 参见《系年要录》卷一六一所载。

⑤ 《朝野杂记》甲集卷一五《月桩钱》。按,《宋史》卷三六《光宗纪》记前此又"减两浙月桩等钱岁二十五万五千缗"。

⑥ 参见《宋史》卷三四《孝宗纪》。

⑦ 参见《宋史》卷一七四《食货志·赋税》。

方官吏苛扰百姓的法令,如禁止秋苗多收加耗等,①对于减轻人民痛苦,也多少有些作用。

显然,东南税赋的蠲减不如四川幅度大。尤其应当说明的,由于宋廷虽感到不做些必要的蠲减,就难以平息人民的不满情绪,可是又惧怕蠲减多了,会影响军备以及日益增加的皇室、官吏等方面支费的满足,会影响财政收支状况的改善。故而宋廷往往采取一面蠲减,另一面设法从别处增收,以补回蠲减之数的办法,用以欺骗舆论、蒙蔽百姓。例如经界增税,适在绍兴和议之后,蠲减月桩钱等的同时暗地进行。吕中《大事记》载:"[秦]桧虽谕江、浙监司暗增民税几倍,而上则减诸路月桩钱、四川杂征,弛夔路酒税,除永、道等州身丁钱,出内帑绢帛代输丁钱,减江浙折帛钱……"②另又如孝宗乾道年中,也在蠲兴化军"犹剩米"、临安府"进际税"等的同时,又下令增收加调"州用一半牙契钱、买银收回头子钱、官户不减半役钱、减下水脚钱""添收头子钱、增收勘合钱、增添盐袋钱之类",总共五百余万贯。③ 这当中虽有些属于朝廷向地方征调财赋的性质,但另外一些则属于向百姓加征杂税,而且无论哪种情况,归根结底总要增加百姓赋税负担。这样,一方面通过蠲减敷布了"皇恩",另一方面蠲减的赋入,又往往通过其他渠道以别种名义流回官府。结果,尽管蠲减之诏无岁不有,然而战争期间加给东南地区人民肩上的赋税负担额,仍然基本上保留了下来。其根本原因就在于,东南地区除要负担行都皇室享乐的大部分支费外,还要供养行都的众多官吏,供养淮东、淮西、湖广及行都附近四处几十万御前军及厢禁军等,其负担较之四川,按人口均摊或许还要沉重些。

和议之后,东南地区各种楮币的发行,在财政上也带有增收补缺的意义。东南各种楮币,大部分都是和议以后始大量发行的。发行量最大的

---

① 《宋史》卷一七四《食货志·赋税》载,乾道七年曾让敕令所修订《输苗乞取法》。按,《宋史》卷三四《孝宗纪》淳熙二年底,"议放天下苗税三之一,大臣言国用不足,乃止"。也表示了孝宗减税的意向。

② 《系年要录》卷一五六注文。

③ 参见《宋会要·食货》五六之六五、六六所载。

东南会子,创始于绍兴三十年,却是在乾道四年正式立界广泛推行,从而完成由便钱券到楮币的转化的。湖北会子(因系湖广总领所发行,故又称湖广会子,实只行于湖北)创行于隆兴元年,淮交创行于乾道初年。到绍熙三年八月,据李心传记:"行在、湖北、两淮创行交会总为四千九百六十余万缗,已敌蜀中[钱引]之数矣。"①此后嘉泰年中东南会子发行量进而增至八千万贯,连同湖北会子、淮交等,东南地区楮币发行总量已超过亿贯,于是贬值现象日趋严重。巨额楮币在准备金不足的情况下强制发行,成为强加给广大人民的一项变相税赋。②

和议之后,战争大为减少,军费随之减少,赋入却基本上维持战时数额,于是财计状况较之和议前有明显好转,其状况最佳阶段大约是在乾道、淳熙年中。乾道四年度支赵不敌讲,当时"一岁内外支用之数,大概五千五百万缗有奇,又以一岁所入计之,若使诸路供亿以时,别无蠲减拖欠,场务入纳无亏,则足以支一岁之用不阙"。③ 他的话说明当时财政收支上已大体能维持平衡。从他所讲的数字及上下文字来看,他所讲的乃是户部和四总领所财赋的收支,内藏收支及地方收支未计在内,但已基本上能代表南宋当时财计概况。财政状况的好转,也反映在朝廷封桩钱物的数量上。淳熙十年至十五年这段时间,朝廷封桩缗钱已达四千七百余万缗以上,④蓄积粮米近七百万石。⑤ 这是有关南宋封桩财赋的记载中的最高数字。

二、财政上紧张状况的持续与危机的潜伏

财政状况在和议后较之战争时期是明显好转了,但是并没有解决那些造成财政困难的根本性问题,理财部门仍然承受着沉重的压力,财政收

---

① 《朝野杂记》甲集卷一六《两淮会子》。
② 此时期楮币发行量详参见本书第二编楮币部。
③ 《中兴圣政》卷四七。
④ 此数据《玉海》卷一八五、《中兴圣政》卷六〇所载。
⑤ 此数据周必大《周益国文忠公集·奉昭录》卷六《桩积米数文字回奏》。

支上的紧张状态仍在持续。淳熙二年大臣龚茂良的上奏把此种情况讲得颇具体,谓:

> 朝廷所急者财用,数十年来,讲究措置,靡有遗余,而有司乃以窘匮不给为言。臣因取其籍,披寻本末源流,具见积年出入之概。大抵支费日广,所入不足以当所出之数。至绍兴十七年所积尽绝,每岁告阙不过二百万缗;至二十四年以后,阙至三百万缗;而乾道二年阙六百余万缗尔。后却有增收醝钱色目粗可支吾。有司失职,无以为计,专指南库兑贷给遣。臣复讲求南库起置之因,其间经常赋入盖亦无几,而属者支费浩瀚,约计仅可备二三年之用。若继今撙节调度,可无仓卒不给之患。①

龚茂良所讲,主要是户部财赋收支情况,前已述及,他讲此话之时正是封桩财赋数达到南宋最高额的时期,可知当时财政上一方面是户部财计困窘不堪,地区上预借赋税时有发生;另一方面朝廷又积存了相当数量的财赋。综合二者,可知财政上紧张状况并未完全解除。另据大儒朱熹记,淳熙元年,孝宗手书遣使问老臣黄中"以天下利害朝政阙失",黄中答曰:"天下之利害多矣,其尤害民者官吏贪墨、赋敛烦重、财用匮竭,盗贼多有。"②又时学者叶适在其淳熙年中写的《财总论》里也道:"言财之急,自古以来,莫今为甚,而财之乏少不继,亦莫今为甚也。"③淳熙末年大臣范成大于奏札中也讲:"方今国计未足,民力未裕,求所以足国裕民,则无其说。欲储蓄赢羡以足国,而所入不支所出;欲缓催科除耗剩以裕民,而上煎下迫实惠难行。若只如此趣了目前无复余力,万一敌人真有机会,亦恐无以应之。天下事莫有大于此者。"④所言与叶适略同。这些时人议论都说明,即便是南宋财政状况比较最好、被以后士大夫称颂备至的孝宗"乾、淳"年间,财政上的紧张状态也并没有得到根本性的缓解。

---

① 《中兴圣政》卷五四。
② 《朱文公文集》卷九一《黄中墓志铭》。按,淳熙七年李焘也上言孝宗:"陛下即位二十余年,志在富强,而兵弱财匮。"见《宋史》卷三八八《李焘传》。
③ 文载《水心别集》卷一。
④ 《永乐大典》卷一○八七六引《范石湖大全集·延和殿又论二事札子》。

　　财计上紧张状况持续的原因何在呢？主要就在于，皇室、冗官支费增加，军费削减不力以及封桩财赋数量偏多。

　　战争时期，南宋统治者为了加强皇权，采取了优先保证内藏库和御前激赏库的收入的措施，每年赋入总数近半数输入内帑。① 和议之后，御前财赋与朝廷财赋分立，但是皇帝时时直接下令支用朝廷封桩财赋或将其一部分移入内藏，这样，归皇帝直接调用的财赋数量一直是比较多的。这之中固然用于加强军备、犒赏军队的不在少数，另还有用于赈济灾民等支用，然而皇帝支用这些财赋既不受执政大臣及户部制约，则用于皇室自身支费方面即难免有挥霍浪费之处。对于皇室及内藏财赋的浪费，朱熹曾于淳熙末年作过激烈的抨击，他道："其为说曰，内帑之积将以备他日用兵进取不时之须，而版曹目今经费已自不失岁入之数。听其言诚甘且美矣。然自是以来二十余年，内帑岁入不知几何，而认为私贮、典以私人，宰相不得以式贡均节其出入，版曹不得以簿书勾考其在亡，其日销月耗以奉燕私之费者，盖不知其几何矣。曷尝闻其能用此钱以易胡人之首，如太祖皇帝之言哉，徒使版曹经费阙乏日甚，督趣日峻……"②时其他大臣、文人的类似议论颇多，说明当时赋入经由内库而被皇室浪费者数量颇多。尤其遭到当时比较正直的大臣的反对的，是皇帝随意调用朝廷封桩财赋，前述大臣倪思的进谏就是一例。据大臣周必大奏文透露，淳熙某年仅从正月二十二日至二月二十三日一个月时间，皇室就先后从封桩库调支银七万两、会子十五万贯。③ 又据载，高宗禅位后，闲居德寿宫，从淳熙二年至十四年病故，先次支用过黄金二万二千余两，银四十六万余两，钱二十五万贯，会子三百五十万贯以上，上等绢三万匹，度牒一百七十余道。④ 他死后用于丧葬的费用更是不计其数。

　　战争停止了，宋廷着意建立和恢复正常的统治秩序，需要健全机构，同时战争中出钱出力建有功勋者应加官晋爵以示劝赏，于是官吏人数大

---

　　①　参见《系年要录》卷一九三所载。

　　②　《朱文公文集》卷一一《戊申封事》。

　　③　参见《周益国文忠公集·奉诏录》卷七《封桩库支银回奏》所载。

　　④　参见《宋会要·职官》二七之五四、五五所载。

为增加。战争中对不参战官员的薪饷曾减半支发,和议后也不得不适当
增加。这使得冗官支费又渐成财政上的一大负担。关于官吏人数的增
加,李心传曾作过统计,大致情况是:隆兴和议后至乾道年中,仅有官员一
万二千人左右,绍熙二年增为三万三千余人,至庆元二年竟增至四万二千
有奇,与北宋后期官员最高数接近。① 不入选的小吏自然也会随之增加。
《宋会要·食货》五六之七二、七三载有几种食禄者人数及支费增长情
况,可以从一个侧面反映冗官问题的严重,以下将其记载简化为一表。

比较类别	局所库务官	内侍官	医官	官禁字号夫人	合计
淳熙元年人数/人	349	174	25	20	568
绍熙元年人数/人	434	205	48	49	736
淳熙元年支费数/万贯	26	10.7	1.3	1.3	39.3
绍熙元年支费数/万贯	38.6	14.6	2.1	2.8	58.1

从此表可以看出,这几种食禄者在十几年中无论人数还是支费,大约都增
加了半数。官吏支费既增,相应的户部月支数即"中都吏禄兵廪"数即随
之增加。战争中的绍兴三年,户部月支仅为一百一十万缗,而战后的绍熙
元年,已达一百五十万缗,②即增加了约三分之一、四十万缗,全年合计增
支约五百万缗。

和议之后,军费开支未能及时大幅度削减,是造成财政收支张而不弛
状况的更为重要的原因。据统计,和议及整顿军队之后,乾道二年,行在
及四屯驻御前军共有四十一万余人,平均每人每年约耗费资财二百缗,每
年共需支费约八千万缗。③ 到淳熙十二年,学者叶适估计,行在及四屯驻
大军、诸州军厢禁军土兵及他零散军兵,合计"亦且百万"。④ 军队人数如
此多,耗费如此大,虽无大战争,而"国用十分","养兵费财"乃占十分之

① 所引数字参见《容斋四笔》卷四《今日官冗》及《朝野杂记》甲集卷一二《天圣至嘉泰四
选人数》。
② 参见《宋会要·食货》五六之六一所载。
③ 参见《朝野杂记》甲集卷一八《乾道内外大军数》及《续宋编年资治通鉴》卷八所载。
④ 《水心别集》卷一〇《实谋》。

八以上。① 军费开支削减不力,是财政紧张状况持续的主要原因。

南宋和议后,将赋入中相当比例的部分用于封桩备战,对财政也造成了不小压力。入内藏的财赋,宋朝统治者历来就标榜其主要是用以备战的,内藏之外,左藏封桩库、左藏南库也储存财赋用以备战。宋廷还建粮仓多处,存储大批粮食。这些财赋积而不用,却也等于增加了每年财政开支的数量。这对当时并无盈余的财计来说只是增加了混乱而已。正如时大臣李椿所言:"所谓积者、桩者,本非有余,移东就西,夺此与彼尔。"②为了补回封桩所占用的财赋,户部和其他理财机构不得不设法多敛,从而影响了财政上调整的正常进行。

由于"赋入不及祖宗全盛之日,而用度不减祖宗全盛之时",③南宋在与金和议后,尽管财政上大致能维持收支表面平衡,且粗有秩序,就当时的君臣来说,在这些方面也确不无成功之处,然而长远地看,许多危机及财计的隐患并没有被去除,这为以后的财政状况恶化埋下了祸根。

第四节　地方财政的困窘与人民赋税负担的空前沉重

一、地方财政的困窘

由于军队、官吏、皇室等支费和北宋相比都相差不远,而南宋的领土却较北宋减少了许多,这势必造成具体的一路一州向封建国家中央输送的财赋量增加。换言之,封建国家中央必须向地方加征调财赋,才能补回原由已丧失的各路州军输送的财赋,以满足较之北宋并无大削减的需求。

---

① 参见《中兴圣政》卷六〇、《续宋编年资治通鉴》卷一〇及《中兴圣政》卷六四所载。
② 《历代名臣奏议》卷二七一载李椿奏。另时人项安世也有类似议论,参见《宋史》卷三九七《项安世传》。
③ 王十朋:《宋王忠文公集》卷一《御试策》。

经总制钱、月桩钱、折帛钱等的调发即含有此种意义。同时,封建国家中央为了减轻自己的财计负担,往往把一些开支项目设法转移于地方。另外,随着各总领所的建立,各路州军又都确定了输送供军财赋的数额。这些情况的出现使得地方留用财赋减少,地方对于财赋的通融调剂的机动能力降低,财政上的困难问题日益加多。以下先对几路财政状况作一些具体分析。

两浙路是行都所在,也是当时较为富庶的路。淳熙二年,周必大曾在上奏中言及它的财计:

> 臣窃观近世理财之术殆无余蕴……然中外廪廪尚以阙乏为忧……且如两浙所部,旧皆富州,故转运司最号财赋之渊薮。比闻储蓄颇罄,不免遣官假贷于诸郡……漕臣近在毂下,非敢妄费,直以用度浸广,无所从出耳。两浙尚尔,外路可知。①

此处所谓"用度浸广"乃包括朝廷征调者多及原由朝廷开支而现转由地方开支两个主要方面。李心传曾具体记述了两浙路输送封建国家中央的财赋增加情况,道:

> 祖宗盛时,两浙岁入钱三百三十余万缗,而盐、茶、酒、税十居其八,郡国支计,皆在其间。时以为承钱氏横敛之政,故赋入视他路已厚。淳熙末,两浙岁输左、内藏库钱至千二百万缗,而茶盐之利隶于朝廷者不与焉。②

则淳熙末两浙输送中央的财赋,较之所谓"祖宗盛时"竟增加了五倍以上。南宋文人章如愚分析宋廷向两浙路增调财赋如此之多的原因道:"[南宋]版图视古(按,指北宋)为减,而财赋(按指征调财赋)视古为增。从今事势论之,合吴越楚蜀之地,东西掎角视昔版图所有,殆不能半,而两淮、湖广、四川之赋分隶于四总所,不属于上供,而上供所入特不过闽、浙数路。夫以闽、浙数路之所出,而资东南七八十年军国之需,无非殚竭民力以赡经费。"③即是说,两浙路和福建路,此时乃是行都吏禄兵廪及皇室

---

① 《周益国文忠公集·奏议》卷四《论任官理财训兵三事》。
② 《朝野杂记》甲集卷一四《两浙岁入数》。
③ 《群书考索》续集卷四五《财用·两淮湖广四川财赋》。

支费的主要承担者,宋廷向其征调的财赋不能不增多。

广南西路与两浙路不同,在宋代为经济较落后的地区。南宋周去非于淳熙年中撰文言及其财计,道:

> 祖宗时,以广右事力绵薄而边防急切,故岁赐钱一百一十余万缗,而诸郡税赋以之养兵积威……南渡以来,岁赐已绝,又岁取广西盐钞钱四十万缗、经总制钱数十万缗,历年滋久,故诸郡销兵以自足尔。①

广西路在北宋时朝廷每年调拨贴补,南宋时贴补无有,而反向其征调近百万缗钱财,州郡无以为供,致暗销兵籍以求自足,可见财计之窘。

四川各路财计前已述及。而福建路钞盐钱由十六万贯增为三十万贯。② 诸如此类,许多记载,都说明南宋前期较之北宋,各路财计都要困难得多了。尤其是淳熙三年,朝廷又下诏令诸路转运司根据前三年岁入数定立祖额,进行比较赏罚,更使战争时期向朝廷输送高额财赋的情况制度化、长久化了。③ 由于当时路级财政上的多元化,除转运司常以财计为忧外,提举司、提刑司也常以财事为虑。学者叶适讥讽道:"今转运司则以划刷州郡之财赋、候伺其余羡、襄杂其逋欠,为一司岁计之常。提举司则督责茶盐,用法苛惨,至常平义仓、水利农田则置而不顾。提刑司则以催趣经总制钱、印给僧道免丁由子为职,而刑狱冤滥、词诉繁滞则或莫之省。"④这些情况也是各路财政状况不佳的表现。

朝廷将财政负担加于各路,各路则又转加于各州军,州军则转加于县道,最感困窘的还是州县。除了征调月桩钱、经总制钱给州军财计造成极大威胁之外,朝廷规定的州军财政管理办法,也给州军造成了严重困难。李心传专门议论此事道:

> 旧制,每道(路)有计度转运司,岁终则会诸郡邑之出入,盈者取之,亏者补之,故郡邑无不足之患。自军兴,计司常患不给,凡郡邑皆以定额窠名予之,加赋增员,悉所不问,由是州县始困。近岁离军添

---

① 《岭外代答》卷三《沿边兵》。
② 参见韩元吉:《南涧甲乙稿》卷一〇《上周侍御札子》所载。
③ 参见《宋会要·职官》四二之五九所载。
④ 《水心别集》卷一四《外稿·监司》。

差大为州郡之患〔原注:绍兴十一年四月己未,初用张循王(张俊)奏,离军将佐并与添差……二十七年六月丙辰,兵部奏大郡毋过百人、次郡半之、小郡三十人为额。从之〕……而宗室、戚里、归明、归正甚至于乐艺、贱工、胥吏杂流,亦皆添差。庆元一郡而添差四十员,尽本府七场务所入,不足以给四员总管之俸……扬州会府也,岁输朝廷钱不满七八万,而本州支费乃至百二十万缗,民力安得不困……今之为郡者,但能撙节用度,讥察渗漏,使岁计无乏,已号令人,无复及民之政矣。①

宋廷一方面规定郡邑财计收入的定额窠名,另一方面却不顾可能地增加州郡的财政开支项目,使得州郡长官将绝大部分精力集中于维持平衡财计之上,这种"减之于内而增之于外"②的向地方转嫁财政困难的做法,将州郡置于很艰难的境地。据时大臣汪应辰、周必大记,由于添差等使州郡支费增剧,州郡"窘迫益甚,远方州县至有公行科敛于民,名为养老添差钱者"。"掊克如此,而官员请给有三四月或半年不支者"。③ 官吏及添差人请给既不能按时支给,就难免生事,至有"通衢之中,扯裂〔郡守〕车帷"者,有"相率拦轿,丑诋"郡守者。④ 这些现象突出地反映了州郡财计的困窘之甚。

州郡财计难持,其属下的县邑日子也不会好过。淳熙六年,官员潘纬上奏描绘州郡强行刮取县邑财赋的情形道:

大率守臣到官,首请属邑责认财赋,数足还邑,谓之献助。委僚佐下邑点检责认解发,抑无为有,谓之划刷。州纳二税,既倍收耗、重价折科,又刷具合零就整,谓之畸零。酒、税不用祖额,逐年增加,谓之递年课利钱。拘催钱物,钞状既到,先填旧欠,别令催发,谓之改钞。春冬衣赐,别定数目抛降拘催,谓之军衣。又有曰无额经总制,

---

① 《朝野杂记》甲集卷一七《诸州军资库》,按,此文又见于郑兴裔《郑忠肃奏议遗集》卷上《请宽民力疏》。据《宋史》卷四六五《外戚传·郑兴裔》,郑兴裔死于宁宗即位初年,早于李心传,或此文乃郑兴裔所作。

② 《朝野杂记》甲集卷一七《国用司》。

③ 《文定集》卷三《论添差员缺》。

④ 《周益国文忠公集·玉堂类稿》卷一〇《缴进诏草札子》。

曰补亏,曰州用,曰版帐,曰纲目,曰格目,曰月桩,曰青册子之类,名各不同,科取于民。①

这里所讲繁多的名目,都是州科于县,县再科于民的。州郡所科数目往往过大,县邑以应办为难。绍兴二十六年,曾任知宜兴县的鲁冲上书讲县邑财计难为,谓:

> [宜兴县]漕计合收窠名,有丁盐、坊场课利钱、租地钱、租丝租纻钱,岁入不过一万五千余缗。其发纳之数,有大军钱、上供钱、籴本钱、造船钱、军器物料钱、天申节银绢钱之类,岁支不啻三万四千余缗。又有见任、寄居官诸奉、过往官兵批券与非泛州郡督索拖欠,略无虚日……是使为令者惴惴惟财赋是念,朝不谋夕。②

由于县邑财计难理,易被罪责,致使在一段时间内知县、县令出阙二百余处而无人愿意就任,由此可见事情的严重性。

二、预借赋税现象的流行

南宋前期,出现了预借赋税情况,这是财政匮乏的典型表现,是财政管理混乱的表现,也是地方财政匮乏的突出表现。

预借赋税,首见于五代后唐庄宗时,③但北宋绝大部分时间里都未见发生。据记载:

> 高宗建炎元年五月一日,赦:"应经劫所在坊场,住罢月日净课利钱,特与约计除放。又近年以来,州县用度窘迫,至有前期探借坊场课利等钱,显是违法。自今须管依条限催纳,不得预借。"④

这表明,北宋末年即已存在预借坊场钱的情况。南宋立国之初的赦令对此加以禁止。数年后,建炎四年五月,"朝奉郎刘蒙为浙西江东制置司随

---

① 《宋会要·职官》四二之六〇。
② 《宋史》卷一七四《食货志·赋税》。
③ 《旧五代史》卷三四《后唐庄宗纪》、《新五代史》卷一四《唐纪》:同光四年十二月戊午,"诏河南府预借今年夏秋租税"。又《旧五代史》卷四六《后唐末帝纪》:"又诏预借居民五个月房课,不问士庶,一概施行。"
④ 《宋会要·食货》二一之一二。

军转运使。蒙建议于浙西民间预借秋料苗米,许之"①。此事据说后被谏止。但此前后,还是出现了预借的事。绍兴二年五月,右文殿修撰季陵应诏言:"……一遇军兴,事事责办,有不足者预借来年之赋。又不足者预借后年之赋。虽名曰和,乃强取之,虽名曰借,其实夺之……"②据季陵所讲,已有借二年赋税的事了。又据马端临记:"绍兴五年,诏预借民户和买䌷绢二分,止输见缯,毋得抑纳金银,每千除头子钱外,糜费毋过十文。"③而《会要》记:绍兴六年正月二十二日,"殿中侍御史王缙言乞将预借坊场钱先还一半不便事。上曰:'既预借,当悉还之,朝廷号令贵于守信而已。倘或失信,何以使民服从? 宜如缙所奏。'"④则此前又有预借坊场钱事。李心传记,绍兴六年八月己未,"户部乞依四年例,预借江、浙民户来年夏税䌷绢之半,尽令折纳米斛,约可得二百余万,庶几储蓄稍丰。诏本部勘当。于是两浙䌷绢各折七千,江南六千有半,以米斛价例纽折,每匹折米二石。"⑤据此,似绍兴四年已有预借事,故此称"依四年例"。此次不但预借,还要求折征米,大约是军粮急需。以上所述,多是朝廷统一下令预借,这大概给后来的地方预借开了个头。又据载,绍兴十六年十二月十六日,"进士章公奎言:'向缘军兴,财赋缺乏,乃于民间预借其税,以济军用。今偃兵息民,固已有年,而豫借之税,今尚未免。况豫借之弊,折纳太重,近于重敛。'上谕辅臣曰:'此事有否? 朕与邻国通和,正为百姓。若豫借以扰民,失朕本意。令户部取索,措置以闻。'"⑥章公奎讲得有理有据,战争中情况紧急,搞些预借情有可原,眼下议和了,战争停止了,预借也该停止了。宋高宗采纳了他和建议。然而,预借并没有立即停止。

---

① 《系年要录》卷三三、《文献通考》卷五《田赋考》。后书又载"壬子,御史沈与求奏罢之"。

② 《系年要录》卷五四、《宋史》卷三七七《季陵传》。

③ 《文献通考》卷五《田赋考》。

④ 《宋会要·食货》二一之一三。《宋史》卷二八《高宗纪》:绍兴六年春正月"庚寅,还预借坊场钱"。

⑤ 《系年要录》卷一〇四。另参见《宋史》卷二八《高宗纪》、《宋史》卷一七四《食货志·赋税》。

⑥ 《宋会要·食货》九之三〇又七〇之四一、《系年要录》卷一五五、《宋史》卷三〇《高宗纪》。

绍兴十九年七月二十四日，"上宣谕辅臣曰：昨日巫伋论镇江府预借人户苗米极为搔扰，不知何故如此缺乏？可令监司理会，先将守臣放罢。"①绍兴二十二年三月二十八日，大理寺主簿丁仲京言："州县预借人户税租，有借及一二年者，其间复以本色纽折见钱，价又倍之，输纳稍缓，加以严刑。欲望申严法禁，如有违戾，令监司按劾以闻。"宋高宗表态："此多是州郡妄用，若撙节，不至如此。可令户部申严条法行下，如有违戾，令监司按劾，御史台弹奏。"②绍兴二十六年二月三日，"右司员外郎、兼权户部侍郎锺世明言：'欲望朝廷行下四川转运司，取见预借税赋县分。若借及一年者，即令分作二年四料理折；借及二年者，即令分作四年八料理折，出给公据，付人户执照。仍将逐年理折之数分明批凿簿书及人户公据，自后辄敢预借及不与人户理折，并不为批凿簿书公据，官吏从转运司按劾，重作施行，仍许人户越许。或他路有似此预借去处，亦乞依此施行。'从之。"③绍兴二十九年，知和州俞毕预借来年税钱被罢。④绍兴三十一年，战事又起，为筹措军费，宋廷又下令预借坊场钱。此十月十四日，户部言："诸路州县人户买扑坊场，并系豪右有力之家，其两浙、江东西、湖南北总计一界合纳净利钱三百八十万余贯，今来军兴，调发官兵合用激赏钱物万数至广。今相度，欲除认发内藏库年额钱外，余数乞令浙东西、江东西、湖南北路常平司依例预借一界净利钱，以助军兴支用。仍责令限半月先次先(输?)纳，计纲起发。内两浙赴左藏库，江东、西赴建康总领所，湖南、北赴鄂州总领所下卸桩备，合用水脚，于所起发钱内支破，其不通水路州县，许轻买卖(买轻赍?)发纳。""从之。"⑤次年春夏间，着手理还。⑥ 大概是因为战争，地方上预借赋税的事又有流行。宋孝宗乾道元年正月一日，南郊赦文中言及："应夏秋二税催科……或先期预借……"⑦乾道二年三

① 《宋会要·食货》九之三一。
② 《宋会要·食货》一〇之二，《系年要录》卷一六三。
③ 《宋会要·食货》一之三至四，《系年要录》卷一七一。
④ 《系年要录》卷一八二。
⑤ 《宋会要·食货》二一之一四、《朝野杂记》甲集卷一七《三司户部沿革》。
⑥ 参见《宋会要·食货》二一之一四、《系年要录》卷一九九所载。
⑦ 《宋会要·食货》九之一〇。

— 143 —

月]，"李信父上书，大略谓:守令不得人，且举其所见闽之一方者言之，如蚕未成丝已催夏税，禾未登场已催冬苗，陛下固申加禁止矣。今盖有今年而追来年之租，谓之预借者，荒郡僻邑有先二年而使之输者……"①"乾道三年，知常州钱建入对奏:县今佐税役乡胥陪贴钱物，至借贷税户暗销官物，洎监司州郡催督又贴大胥以缓之。所以版曹财赋每每不足，其患起于细微，而所侵蠹甚大。上然之。"②乾道三年，时任知湖州的王十朋上奏说:"昔之监司好聚敛者，取诸州积年酒税诸色无名科敛之数，以一年最多者立为定额。其后酒税诸色之数不登，而有名无实之额常存。为总司者以有名无实之数督漕司，而不得其实，漕司亦以有名无实之数督州郡，州郡迫总、漕之威而无钱以输，遂预借民间常赋以充之，后之郡守到官欲催常赋，闻已预借矣，于预借之外又借焉，有借及二三年者。"③四川地区早在绍兴末年宋、金开战前就存在预借赋税情况。绍兴二十六年二月乙亥，宋廷"命四川州县，凡预借民赋税分限理析"④。战后，宋廷下决心解决四川地区预借问题。乾道元年六月五日，有臣僚上言:"四川诸县二税积欠，其弊在吏。如来岁夏料已预借于今岁之秋，秋料已预借于去年之夏，岂容有一钱之逋?……"⑤大臣汪应辰出任四川制置使，后又兼理宣抚司事，上奏讲:"虚额去则州县宽，尚有两事，曰预借，曰对籴。预借乃州县累岁相仍，对籴则以补州县阙乏……陛下近捐百万除预借之弊……"⑥另有官员向新上任的虞允文建议:"成都路预借之弊，朝廷非不申敕，而迄不能止。盖以诸郡例空乏，无以塞责，则巧为之计。今不若尽考其用度出入之实上闻，而有以宽恤之，则预借可蠲，民受实惠矣。"⑦乾道四年六月，"诏四川宣抚司增印钱引一百万，对偿民间预借钱"。当年九

---

① 《宋史全文》卷二四。

② 《文献通考》卷五《田赋考》。

③ 王十朋:《梅溪集·奏议》卷三《除知湖州上殿札子三首》(乾道三年前后，七年去世)、(明)杨士奇等:《历代名臣奏议》卷五一《治道》王十朋除知湖州上奏。

④ 《宋史》卷三一《高宗纪》。

⑤ 《宋会要·食货》一〇之二〇又七〇之五六。

⑥ 《宋史》卷三八七《汪应辰传》。

⑦ 张栻:《南轩集》卷三九《夔州路提点刑狱张君(栻)墓志铭》。

月十二日,四川宣抚使虞允文言:"被旨:州县尚有预借人户赋税,令于总领所桩管添造钱引三百万贯内取拨一百万贯,委制置、总领、本路漕臣考核预借实数,与州县补填。自今更不许预借。已施行外,缘未有立定专法,县道略无忌惮。今欲将预借县分令佐以违制论,仍不以去官自首赦降原减。任满,批书印纸。公吏依上条从准盗论断配,不在自首赦原之限。若有入己,自从本法。""从之。"①此后四川地区的预借赋税现象较少出现。至淳熙四年十一月二十二日,"诏前知崇庆府新津县姜如晦、见任知县路由古并特降两官,路由古放罢。以成都帅臣劾其违法预借故也。"②或属个别情况。

随着战争停止,局势转好,预借赋税的事也有所减少,但却未能根绝。淳熙五年二月三日,有官员上言:"郡县之政,其最为民害者,莫甚于预借。盖一年税赋支遣不足,而又预借,终无还期。乞戒州县勿复循例。如有违戾,监司常切觉察。""从之。"③此时期成书的《袁氏世范》中讲:"县道有非理横科及预借官物者,必相率而次第陈讼……于是有横科预借之患,及有拖欠州郡之数。及将任满,请讬关节以求脱去,而州郡遂将积欠勒令后政补偿。夫前政以一年财赋不足一年支解,后政者岂能以一年财赋补足数年财赋,故于前政预借钱物多不认理。或别设巧计阴夺民财以求备足旧欠,其祸可胜言哉。"④淳熙九年六月十四日,"诏四川制置司及转运司严切禁约所部州县,不得预借。尚或违戾,按劾以闻。逐司奉行灭裂,亦坐失觉察之罪。"以中书舍人宇文价言:"蜀中四路犹有预借之弊,乞行约束。自今若知县罢任,批书亦乞保明批不曾预借一项。""故有是诏。"⑤淳熙十二年十一月二十二日,南郊敕:"勘会催科自有省限,州县往往不遵条法,先期预借,重叠催纳,以致多出文引,非理追扰,或勒令保长代纳……仰监司严加觉察,如有违戾,按劾闻奏,仍许输纳民户赴监司陈

---

① 《宋会要·食货》一〇之二四至二五又七〇之六〇、《文献通考》卷五《田赋考》。

② 《宋会要·食货》七〇之七〇。

③ 《宋会要·食货》七〇之七一、《宋史全文》卷二六,后书又有"前官既借,后官必不肯承"一句。

④ 袁采:《袁氏世范》卷中《处己》(书内有绍熙元年自序、淳熙五年刘某序)。

⑤ 《宋会要·食货》七〇之七三。

诉。""十五年明堂赦同。"①淳熙十六年,两浙转运使耿秉奏:"宜兴县预借今年明年折帛钱共三万一千二百余贯,望与除豁。""诏令封桩库照数支还会子,付本县理还。今后再有预借,并知通坐之。又诏令南库支还户部所借江山县折帛钱。其诸县预借并令各州措置补还,庶绝其弊。"②这些记载表明,直到宋孝宗在位末年,预借赋税的事仍有存在,同时朝廷立法不许预借,且为禁绝预借做了许多努力。③

三、人民赋税负担空前沉重

地方财计困窘,官吏必然要设法加敛于民,遭殃的还是广大人民。当时儒臣朱熹曾论及此,他讲:

> 版曹经费阙乏日甚,督趣日峻,以至废去祖宗以来破分良法,而必以十分登足为限。以为未足,则又造为比较监司郡守殿最之法以诱胁之。不复问其政教设施之得失,而一以其能剥民奉上者为贤。于是中外承风,竞为苛急,监司明谕州郡,郡守明谕属邑,不必留心民事,惟务催督财赋,此民力之所以重困之本。④

朱熹此言固多从儒者立场出发,提倡儒家政教,但他指出百姓赋税负担过重、州县搜刮太苛是民力"重困之本",却是正确的。文人章如愚对朱熹所讲的问题作了更为细致生动的剖析:

> 今天下郡县皆为计司理财之地,承流宣化字民之职皆为计司理财之官。常赋办矣,虽溪壑其诛求不恤也;上供输矣,虽鹰虎其苛刻不责也。不然则息争虞芮无益善责之烦,遍野农桑莫赎催科之拙。世无卢坦,孰肯违租赋以受罚?人非何易于,孰肯却榷茶之请以贾祸乎?夫财赋办则陟升矣,虽朘削生民、剥及肌体无所考也;期会失则

① 《宋会要·食货》七〇之七五。
② 《文献通考》卷五《田赋考》。
③ 《宋史》卷二四七《宗室传》记载,宋孝宗时宗室赵善誉任知临川县、赵彦俶摄宜兴县,都遇到前政预借赋税的事,他们的善政之一就是设法理偿预借。
④ 《朱文公文集》卷一一《戊申封事》。

贬黜矣,虽抚字心劳、爱养备至无所见也。建章奏上分画再三,得罪而去者,非茶盐酒税之不登,则上供总司之不办也。非户部常额之过期,则转运需求之不至也。诏下褒美,增秩赐金,其躐等而进者,非额外聚敛之有余,则经费衍用之俱足也。非坑冶鼓铸之余数,则必密进留州之两尽也。财不办则病官,财必办则病民……①

在上司的威逼利诱之下,能爱惜百姓而不"病民"的官史是不多的,故而百姓的处境日趋恶化。这种上下惟财是急不顾百姓疾苦的现象具有相当的普遍性,连绍熙二年皇帝的诏书中也讲:"今采之人言,乃闻科敛先期竞务必集,而民之虚实不问;追呼相继,敢为椎剥,而民之安否不恤。财计之外,治理蔑闻。"②对此,叶适也曾加以抨击:"昔固有以乏财为患矣,未有皇皇汲汲,取之无度如今日之甚者也。"③

椎剥百姓,取之无度,突出表现之一,就是正赋以外的各种名目额外征敛泛滥成灾。既然征纳财赋的数额是上司摊派的,而规定之内的正赋又远不能足额,故而不违法科敛就难以办集。这样当上司看到下属做种种违法之事时,就只好听之任之、佯作不知了。这如同当时抗金名臣辛弃疾所言:"州以趣办财赋为急,县有残民害物之政而州不敢问;县以并缘科敛为急,吏有残民害物之政而县不敢问。"④与之同时的哲学家陆九渊,在其与友人的书信里也道:"[州郡法外苛敛]民甚苦之,或诉之使家(按,指转运使),使家以问州家,则州家之辞曰:二税之初,有留州,有送使,有上供。州家、使家有以供用,故不必多取于民。今两税悉为上供,州家有军粮,有州用,有官吏廪稍,不取于民,则何所取之?……,使家无以处此,遂亦纵而弗问。由是取之无艺,而暗合、斛面等名目,不可胜穷。"⑤常赋以外的苛捐杂税、法外横敛既多,又受到上级官府的纵容,就造成地方财攻管理的混乱,又给贪官污吏中饱私囊提供了机会。陆九渊在其另一封

---

① 《群书考索》续集卷三七《官制・不应以财赋责守令》。
② 《宋史》卷一七四《食货志・赋税》。
③ 《水心别集》卷一五《上殿札子》。
④ 《历代名臣奏议》卷三一九湖南安抚辛弃疾上疏。辛启泰:《稼轩诗文钞存》系此文于淳熙六年。
⑤ 《陆九洲集》卷八《与张春卿书》。

书信中又写道：

> 比年民力日竭，国计日匮，郡县日窘，独吏胥属厌耳。郡县积负，日加岁增，版曹、监司督之州郡，郡督之县，县督之民，吏胥睨盱其间，转相并缘以济其私。吏欲日饱而积负自若。文移之烦，追逮之频，贿谢之厚，敛取之苛，皆此其故也。①

据辛弃疾嘉泰年中讲，竟有一"大吏"任知州四年中贪污百余万缗之事。②可见当时贪官污吏渔取百姓的问题是很严重的。

由于旧赋税之外，又增加了与经总制钱、月桩钱等相联系的新赋税，赋税之外又有科籴、科买，赋税科敛之上又加征斛面、加耗、头子等，又辗转折变，人民的赋税负担空前沉重。宋人对此多有论列，其中尤以蔡戡、李心传概括较为全面。蔡戡道：

> 二税，古也。今二税之内有所谓暗耗，有所谓漕计，有所谓州用，有所谓斛面。二税之外，有所谓和买，有所谓折帛，有所谓义仓，有所谓役钱，有所谓身丁布子钱，此上下通知也。于二者之中，又有折变，又有水脚，又有糜费。有隔年而预借者，有重价而折钱者。其赋敛繁重，可谓数倍于古矣。然犹未也。有所谓月桩，有所谓盐产，有所谓茶租，有所谓上供银，有所谓乾酒钱，有所谓醋息钱，又冬所谓科罚钱。其色不一，其名不同，各随所在有之，不能尽举。③

李心传从另一角度议论道：

> 余尝谓唐之庸钱，杨炎已均入二税，而后世差役复不免焉，是力役之征既取其二也。本朝王安石令民输钱以免役，而绍兴之后所谓耆户长、保正雇钱复不给焉，是取其三也。合丁钱而论之，力役之征盖取其四也。而一有边事，则免夫之令又不得免焉，是取其五也……今布缕之征有折税、有和预买，川路有激赏，而东南有丁绢，是布缕之征三也。粟米之征有税米，有义仓，有和籴（原注：川路谓之劝籴），

---

① 《陆九渊集》卷八《与宋漕书》。
② 参见《通考》卷五《田赋考》所载，辛弃疾时任知绍兴府。
③ 《定斋集》卷五《奏议·论州县差科之扰札子》。另《水心文集》卷一八《蒋行简墓志铭》历数各地苛征暴敛颇详，可参见。

而斗面、加耗之输不与焉。是粟米之征亦三也。通力役之征而论之，盖用其十矣。民力安得不困乎？①

上述二人之外，时人杨万里对此揭露也颇深刻，且在当时引起较大反响。他说：

> 今之财赋，有地基茗课之征，有商贾关市之征，有鼓铸、榷酤之入，有鬻爵度僧之入，犹曰非取于农民也。而取于农民者亦不少矣。民之输粟于官者谓之苗，旧以一斛输一斛也，今则以二斛输一斛矣。民之输帛于官者谓之税，旧以正绢为税也，今则正绢之外又有和买矣……民之不役于官而输其傛直者谓之免役，旧以税为钱也，税亩一钱者输免役一钱也，今则岁增其额而不知所止矣……[赋税]不知几倍于祖宗之旧，又几倍于汉唐之制乎。②

过重的赋税负担，压得广大人民不得喘息，严重破坏了社会再生产的顺利进行，从而导致人民贫困化程度不断加深，这是南宋后期财源枯竭的最根本原因所在。广大人民在沉重的剥削压迫之下，斗争和起义时有爆发。当时学者陈傅良上奏谓："盖天命（按，指宋朝寿命）之永不永，在民力之宽不宽耳。"③他的话是很有道理很有预见的。

---

① 《朝野杂记》甲集卷一五《身丁钱》。
② 《诚斋集》卷六九《轮对札子》。
③ 《宋史》卷四三四《儒林传·陈傅良》。

第 五 章
南宋没落衰亡时期的财政

第一节 战争重起,军事、财政的 进一步恶化与崩溃

一、开禧北伐失败后军事形势的逐渐恶化

绍兴和议后,和平环境中社会生产得到恢复。战争减少,军费开支下降,而战争期间的高额赋税基本上保留未有大变动,使得庆元、嘉泰间封建王朝逐渐有些积蓄。这使得北伐收复失地的呼声又高涨起来。这时权臣韩侂胄正好又想借北伐巩固地位和提高威望,于是"开禧北伐"便发生了。开禧元年,宁宗密诏各处军队做好北伐准备,开禧二年五月,下诏伐金。同年十月,北伐失败。十二月,南宋镇蜀大将吴曦叛变,后为其手下忠于南宋的文臣武将设谋杀死,叛乱被平定。开禧北伐的失败,给南宋王朝一次严重的打击,对财政也有着极为恶劣的影响,这次挫折实成为由中兴转向衰亡的一个转折点。吴曦的叛乱,也成为南宋统治重要支柱之一的四川地区残破衰败的开端。嘉定元年三月,宋金和议,南宋不但要承受改金宋叔侄为伯侄之国的屈辱,而且要增加给金朝的岁币数量。此次和

议之后,未能有较长的和平时期,六年之后,宋金又发生了秦州之战。又四年,金南侵,宋下诏伐金,此后一直到金朝被蒙古灭亡为止,宋金战争不止。嘉定十三年,金兵攻破四川兴元、大安、洋州等处,旋为宋兵击败。因战争使人民负担加重,激起民变,爆发了红巾军起义,震动了整个四川,起义后被镇压。人民起义虽系统治者的压迫所造成,但客观上对社会经济也有不利影响。这次金兵的入侵及镇压红巾军,使得四川地区的社会经济遭到又一次大破坏。绍定三年,蒙军攻破南宋剑外西和州,四年,又攻破四川的兴元、沔州、饶风关。从此,南宋受到蒙古军的威胁。绍定六年,南宋与蒙古军联合攻金,金朝于第二年灭亡。南宋联蒙攻金,本图借此收复失地,却招致唇亡齿寒的军事威胁。强大的蒙古国从此代替了金朝,成为南宋的北邻,南宋所遭受的军事压力较之以往遭受金国的压力要大得多。强盛的蒙古国灭掉虚弱的南宋,只是个时间问题。

蒙古(后改称元朝)、南宋之间的战争大致可分为四个阶段。第一阶段,蒙古军灭金后,乘势南下,攻入四川,攻掠湖北、两淮等处,使南宋遭受巨大损失。端平二年,蒙古借口南宋失约入洛阳,举兵南下,攻破唐州、信阳、枣阳、沔州等处。端平三年,蒙古军又进攻均州、房州等,南宋襄阳北军主将王旻等叛降蒙古,史载:

> (端平三年三月)是月,襄阳北军主将王旻、李伯渊焚城郭仓库,相继降北。时城中官民兵四万七千有奇,其财粟三十万、军器二十四库皆亡,金银、盐钞不与焉。南军主将李虎乘火纵掠,襄阳为空。[1]

襄阳为南宋中路重镇,襄阳失守,造成随、郢、荆门等地接连失守。蒙古军又攻入四川,一度占领成都。嘉熙元年蒙古军攻占夔州,同时又对两淮地区发动进攻,占领光州等地。襄阳、夔州等处虽后于嘉熙三年为宋军收复,但在此阶段中,南宋遭受了开禧北伐失败后的又一次巨大挫折,国力大耗,国势更加萎靡不振。第二阶段:淳祐元年,蒙古军再次攻入成都,并占领四川西部、北部、中部大片土地。四川宣抚司、制置使司被迫由成都迁至重庆。宝祐元年后,蒙古军攻占云南,从西南开辟了进攻南宋的新战

---

① 《宋史》卷四二《理宗纪》。

线,从此,南宋遭受蒙古军北、西、西南的三面进攻。这阶段出现的变化,使得南宋的处境更加险恶。宝祐六年,蒙古军从三面攻入宋境,先后攻围合州、鄂州、宾州等,情势危机前所未有。第三阶段:开庆元年八月,蒙古蒙哥汗死,侵宋主帅忽必烈北返争位,与南宋暂时议和。蒙古军北撤,宋、蒙古划江为界。蒙古内战持续数年,且着意整顿内务,直至南宋咸淳初年为止无暇攻宋。此时期为暂时休战阶段。第四阶段:咸淳四年,蒙古军围襄阳,南宋与蒙古军在襄阳附近反复争战,至咸淳九年,南宋襄阳守将吕文焕等被围五年,终于绝望,举城降元(蒙古于咸淳七年改国号为元)。襄阳的失守使宋军形势急转直下,元兵长驱直入,终在南宋德祐二年攻占临安,南宋灭亡。

南宋开禧北伐以后,大部分时间都是在战争中度过的。战争形势发展虽有曲折反复,但大体是日趋恶化的,战争的失败与财政的衰落,又是互为因果互相推动的。

二、南宋后期财政的恶化和崩溃

南宋理宗淳祐年中任过右丞相的杜范曾讲,当时的急务是"治边、理财"二事,[①]这也可作为整个南宋王朝统治后期的两大"急务"。或者可以说,军事失利、理财无方,是导致南宋灭亡的两个直接原因。

开禧北伐为筹集军关增发楮币,会子改为三界并行,从而使楮币发行总量超过一亿四千万缗。战争停止后,楮币发行数量过大,造成严重社会问题,官府不得不动用仅有的财力,收回一部分楮币。然而战争之后,百费俱出,又增岁币,财无所从出,于是收回的楮币又渐复行。同时,朝廷接受大臣建议,没收主张北伐的权臣韩侂胄等人的家产,得钱三千余万缗,又所得地产每年可收入约七十万石、钱百三十余万缗。[②] 此钱后来主要用来补充北朝岁币增加之数。为了管理此项收入连同一部分白地钱等赋

① 《宋史》卷四○七《杜范传》。
② 《宋史》卷一七三《食货志·农田》。

入,嘉定元年专门成立了拘催安边钱物所和安边库。此事说明了财计的穷极无措。嘉定二年,驾部员外郎李鸣复曾上奏述当时的财政状况,其中讲到,开禧北伐之后,四川非但不能向朝廷输送财赋,反而要朝廷"岁降七百万缗以助其费"。司农寺"岁催之额米一百三十余万石,钱一百六十余万缗,以所入之钱籴未足之米,总约二百余万而后可敷岁支之数"。即是说"蜀之所产未足供一岁之用,农寺之所催,仅可为一岁之出"。然而"最可虑者,江西、湖广粒米狼戾,昔为乐土,今为盗区,赋输不入,纲运转亏,诸总以匮乏告,尝截大农之纲以周其急矣"。① 他的话从几个侧面反映了开禧北伐失败后财政上的困窘。稍后嘉定十一年,知成都府曹彦约又在上奏时讲到北伐失利后的南宋财政,谓:

> 今日财用之弊,不可不深致意也,问之朝廷,则窘于应办;问之州县,则窘于支遣。以为在总饷(即总领所)欤? 则今日之总饷非昔比也;以为在戎司欤? 则今日之戎司不一律也……是数年以来,不特州郡不可支遣,而为戎司者亦有穷陋至甚者矣。千里承流之地,日夜办财;万灶饱师之地,日夜虑财;牛酒日至之地,日夜乏财。使士大夫旁皇愕眙,以为天下事无一可为者,其故何也?②

又后绍定、端平之间,战事频繁,金朝衰灭,蒙国始与南宋直接对垒,财政状况恶化的步伐加快。用时人王迈的话说,即是:"广费兴于开禧之初,积坏见于宝(庆)、绍(定)之后。"③后来大臣吴昌裔曾上奏状,对端平收复三京战役失利后南宋财政恶化的情况有如下描述:

> 三京之役,边储一空;收楮之令,帑金尽耗……奈何事变错出,征费无穷。督视之行,缗以七百万计;襄阃之犒赏,以五百万计;沿江命帅,以三百万计;诸将招军,以二百万计;蜀中抚谕,亦以一百万计。一兵之遣,一锾之支,皆仰朝廷,不可枚数。而况三总经费科降非时,诸路和籴子本不继,行赍居送,在在枵然……④

① 《历代名臣奏议》卷二七二。
② 《历代名臣奏议》卷二七二。
③ 《臞轩集》卷一《乙未馆职策》。
④ 《历代名臣奏议》卷一〇〇吴昌裔《论今日病势六事状》。

由于军事形势紧张,军队人数又有增加,也给财政造成压力,大臣吴泳的对策文中讲到此事,道:

> 国初养兵仅有十一二万,太祖南征北伐,乃有百万之用。孝宗中兴,虽曾至四十万,然一年拣军兵,二年拣效用,三年拣使臣……今内而三衙,外而江上,远而蜀口,连营列灶,数夥于昔。而又创游击、增忠义,招刺北人,请益兵不已……今版曹所入,朝廷所储,四总领所分拨窠名色额,不减于旧,而增印楮(原文误为"诸")料,更易钞法,科敷仕牒、僧符,议生财不已。①

议生财不已,正是为了满足军费增加之需要。军费的增加,使已经入不敷出的财计更加难以维持。文人刘克庄端平元年九月上书讲:

> 窃惟财用不足,今日不可药之病也……前世或("世或"两字原文误倒)税于农,或榷于商贾;今税、榷俱重,不可复加,桑弘("弘"原文误为洪)羊、宇文融复生,其术穷矣。于是日造楮十六万以给调度,楮贱如粪土而造未已。士大夫献议盈廷,工于词病而拙于处方者,皆是也。②

同年,大臣李鸣复也在上奏中讲论财计道:

> 今日之财用匮矣,府库已竭而调度方殷,根本已空而耗蠹不止。庙堂之上不闻他策,惟添一撩纸局以为生财之地。穷日之力,增印楮币以为理财之术。楮日益多,价日益减,号令不足以起其信,继之以称提,称提不足以强其从,重以估籍,估籍之令行而民不聊生矣。③

宋初以来,大臣因财计而担忧焦虑,危言陈说者屡屡有之,然而如此时刘克庄、李鸣复等称为"不可药之病""民不聊生"等,言词之凄切、呼声之急迫却是前所罕见的。可知此时财政危机已经非常明朗化、严重化了。

可能是与金、蒙奸细潜入有关,南宋后期行都临安火灾不断,其中较

---

① 吴泳:《鹤林集》卷三三《召试馆职策》。
② 《后村先生大全集》卷五一《备对札子》。
③ 《历代名臣奏议》卷二七三。

大者如嘉熙元年一次"两日之间,京城煨烬者十之七矣"①。火灾的连续发生,自然对财政也有不利影响。"都城火后,营造繁兴而缗钱耗。"②

端平以后,财计似已无优裕之时,大臣们议论财计事时,大都是用哀痛悲凉之语。嘉熙二年,大臣吕午在奏疏中对财计状况的概括,大体与前述刘克庄等人相类。其中有"问之于上,则财计穷匮,而有国非其国之忧;问之于下,则田野萧条,而有人不聊生之叹"③等语,尤为激切。淳祐末年,南宋君臣已风闻蒙古军有分兵从云南入侵的意图,于是不得不着手在广西一线置兵设防,以备不测。此时大臣徐鹿卿又有奏札,其中述及财政时写道:

> 臣闻国之有财用,犹人之有气血。气血耗竭何以保身,财用空匮何以立国?版曹大计臣不得而知,以其关于朝廷者言之,一岁之出,常多于所入。善理财者理其入必理其出,今入固未易言,而出亦未尝理也。和籴最为重费,而连年所籴大抵以行赏为结局,而钱米之收支未有见底者。④

宝祐年中,蒙古军果然分兵入云南,四川、广西两处均向宋廷奏报此事,情势日急。此时大臣高斯得有奏札讲当时"三患交至","三患"之一,即是"国计有将败之虞",其中道:

> 国家版图日蹙,财力日耗,用度不给,尤莫甚于迩年。闻之主计之臣,岁入之数不过一万二千余万,而其所出,乃至二万五千余万,盖凿空取办者过半,而后仅给一岁之用。其取办之术,则亦不过增楮而已矣。呜呼,造币以立国,不计其末流剥烂糜灭之害,而苟焉以救目前之急,是饮鸩以止渴也,岂有为天下贻危者若是而上不惊者!……今也不惟理之无术,而反耗之日甚。大农经用,廪廪不继;额外创给,

---

① 徐鹿卿:《清正存稿》卷一《四年丁酉六月轮对第一札》。按,题中"四年丁酉"当即嘉熙元年,此年初为端平四年,后改元。又据史书记载,开禧元年、嘉定元年、嘉定十三年、绍定四年、嘉熙元年、淳祐十二年、宝祐五年、景定五年临安都曾发生火灾。

② 《鹤林集》卷一九《论今日未及于孝宗者六事札子》。

③ 《左史谏草·戊戌三月二十五日奏为财赋八事……》。

④ 《清正存稿》卷一《奏已见札子》。

日以益多;大兵之券,不询之有司,一日之间而顿增三十余万(按,当为广西设防事);淮蜀制臣,以科降为请,则一捐亦各于数百万,其他凡所馈给,视旧悉增,……国家用度日以不给,盖有如贾谊所谓"大命将倾,莫之振救"者……财用空竭犹之血气凋耗,亦足以毙人之国。①

大约在此前后,文天祥也在其对策中写道:"召募方新,调度转急,问之大农,大农无财;问之版曹,版曹无财;问之饷司,饷司无财;自岁币银绢外,未闻有画一策。"②正当财政已匮乏难撑之时,开庆元年,蒙古军果然由云南攻入广西,进击湖南,这对南宋无疑又是沉重一击。从《宋史》卷四四《理宗纪》等有关记载看,宋朝此时似动用了大部分积蓄,下面将有关记载简化为一表:

	时间					
	开庆元年二月乙酉	开庆元年九月壬戌	开庆元年九月癸亥	开庆元年十一月乙卯	开庆元年闰十一月甲戌	合计
	支发数量					
钱/万贯	3000	1500	700	500	5000	10700
银/万两	—	8	3	5	—	16
帛/万匹	—	8	3	—	—	11

备注:据原书记载,各项开支中除十一月乙卯一次未讲明是否支用内库财赋外,其余均支用内库财赋,可见主要是支用储存的财赋。

正当宋王朝在军事上面临巨大危险之时,蒙古内部发生皇位之争,蒙古兵仓促北撤,才使局势又转平缓。此时虽未被蒙古军所灭,疆土大致尚在,实则内里已空,气血已竭,"大命将倾",不过是苟延时日罢了。宋末大臣黄震于咸淳四年上奏,对南宋端平年以后的情况有如下概论:

太祖、太宗际天所覆之天下,至南渡仅有其半,高宗南渡之天下,至端平以后所能实有而籍焉者,又几止于半之半。而又缘此民日以

---

① 《耻堂存稿》卷一《转对奏札》。
② 《文山全集》卷三《御试策一道》。

穷,兵日以弱,财日以匮,士大夫日以无耻……财匮之极,至于州县皆已焦竭,大农犹苦之不支,骎骎至于坏烂不可收拾。①

民穷、兵弱、财匮、士大夫无耻,生动地描绘出南宋灭亡前的惨状,也反映了财政濒临崩溃的情景。

德祐年中,元朝几路大军攻宋。南宋王朝"于封桩库拨金十万两、银五十万两、关子一千万贯",②用于军费,这大约是把家底倾囊倒出了。然而大势已去,如此数量的财赋在此时已只是杯水车薪,无济于事了。

南宋后期有几个方面的问题是特别突出的,即财源枯竭、楮币成灾、公田回买等,以下将分别作专一的叙述。

第二节　财源的枯竭

财源的枯竭,是宋朝长期以来不断增加人民赋税负担,进行竭泽而渔地搜刮的直接后果,同时也与战争对社会经济的严重破坏有很大联系。

一、四川在南宋财政中地位的转变

四川在南宋后期,由财赋输出地区转变为需要宋廷调拨财赋补助的地区,对南宋财政有重大负面影响。前已述及,四川在南宋前期转危为安的过程中,曾起过重大作用。然而南宋开禧北伐失败,四川镇将吴曦叛变,使四川地区遭受一次严重破坏。南宋后期曾任过四川总领财赋的李曾伯曾讲,四川"自开禧以来,兵、民、财三者以俱困"。③ 这话是不错的。据嘉定初年大臣吴猎、李鸣复的奏疏记,开禧年兴兵以后,四川供养军兵之费,由二千万贯激增至五千万贯。为此,钱引发行也仿东南会子改为三

---

① 《黄氏日抄》卷六九《戊辰轮对札子》。
② 《宋季三朝政要》卷四。
③ 《可斋杂稿》卷二《代蜀总谢到任表》。

界并行，发行总量增至八千万贯以上。战争期间又加征免夫钱，此后财计上仍不敷支出，朝廷只好每年拨七百万贯以予贴助，始勉强应付局面。①为了增加收入，当地官府又发行当五钱，出榜卖官，并在部分地区进行察田增税，多方措画，财计才稍有好转。然而时隔不久，嘉定十年前后，金兵再度入侵，破赤丹、黄牛堡，入武休关，直捣梁州、洋州，兵至大安。宋朝军队所至溃败，散入巴山。官府加征增敛，苦难深重的四川农民这时举行了起义，建立红巾军，杀死四川总领财赋杨九鼎。官军与红巾军反复鏖战，不少城镇毁于战火之中，"四川大震，甚于［吴］曦之变"。②事定之后，财计更乏，为办财计，括营田，"告绝产、首白契、讦隐田、伺富民过失，纠盐酒户亏额"，③凡能敛财者，无所不用其极，受到广大人民和不少在朝大臣的激烈反对与指责。

宝庆、端平以后，蒙古军入川，相继陷成都等重镇，使得四川半非宋有。时大臣徐鹿卿曾哀叹："东南立国，倚蜀为重，而今之蜀则仅存其名而已。"④另一大臣李曾伯也叹道："惟是蜀力竭矣，事会难测，费用无穷，民不可重困，楮不可多抄，自此朝廷须以东南之力救蜀。"⑤四川在南宋财政中的地位，由倚以为重的台柱变为需要扶助的累赘，确实是令人叹息的。佚名《宋季三朝政要》卷二记述此种情形道：

> 自丁亥（按，即宝庆三年，此年夏国亡）失关外，丙申（按，即端平三年，此年蒙军破兴元、大安、文州、成都）残破之余，所存仅数州。蜀中财赋［旧］入户部五司者五百余万缗，入四总领所者二千五百余万缗，金银绫锦丝绵之类不与焉。既失蜀，国用愈窘……朝廷亦视蜀为堕甑矣。

理宗时淳祐年间，蜀人吴昌裔具体地描述了四川残破的惨状，谓：

---

① 参见《鹤山先生大全集》卷八九《敷文阁直学士赠通议大夫吴公（猎）行状》及《历代名臣奏议》卷九九、卷三三八载李鸣复奏。
② 《宋史》卷四〇二《安丙传》。
③ 《宋史》卷四〇二《安丙传》。
④ 《清正存稿》卷一《丁丑上殿奏事第一札》，又《宋史》卷四〇五《李宗勉传》记时"蜀之四路，已失其二"。
⑤ 《可斋续稿》后集卷三《照已拨科降付四川制总司奏》。

迫至去冬，其祸惨甚。盖自越三关，破三泉，摧利捣阆，窥文挠巴，而利路虚矣。毁潼、遂，残果、合，来道怀安，归击广安，而东州震矣。屠成都，焚眉州，蹂践邛、蜀、彭、汉、简、池、永康，而西州之人十丧七八矣。毒重庆，下涪陵，扫荡忠、万、云安、梁山、开、达，而夔峡之郡县仅存四五矣。又况敌所不到之地，悉遭迁溃之扰。民假为溃，溃假为敌，而真敌之兵往往借我军之衣装旗号，愚民耳目，而卒屠之。盖虽荒郊绝岛之间，无一处而不被燎原沸鼎之毒也。今幸敌兵自退，境土渐归，将士乘时皆以捷至。然昔之通都大邑，今为瓦砾之场，昔之沃壤奥区，今为膏血之野。青烟弥路，白骨成丘，哀恸贯心，疮痏满目，譬如人之一身，命脉垂绝，形神俱离，仅存一缕之气息而已……得之亲友书问，咸谓三边虔刘，遗黎歼尽而几于无民；诸郡残破，公私赤立而几于无财；军伍逃亡，率皆为敌向导而至于无兵；农业转徙，不得以时耕耨而至于无粮。以荡然虚空之事力，而当飘忽之敌兵。

他又具体地分析了绍定年以后四川财赋出入情况及困难局面，他说：

蜀中财用之困始于［建］炎［绍］兴……自是而后，调度转急。臣尝以绍定一岁之数计之，所收二千四百九十二万余缗，已减绍兴所入［三］之一，所支五千一十六万三千余引，乃过绍兴增支之半。前后总饷卒坐乏兴，每以二千五百二十四万之数仰给朝廷科降，不啻如赤子之仰哺，此蜀赋本末也……今自虏骑深入，根本尽竭，又非前日比矣。制、总两司之积荡于阆州，茗、漕、帅司之藏截于广郡，而公府之财帛空，富家中产之金帛席卷于敌，都鄙郊邑之窖藏焚弃于盗，而私室之民力空。最可痛者，沃野千里，荡然无民，离居四方，靡有定所。耕畴不辟，堰务不修，秋不得收，春不得种，不知兵食将何时办，军费将于何取给耶……蜀之所产者茶盐，今道殣相望，何有乎食用之家。蜀人所仰者酒税，今商旅不行，何有乎征榷之利。经常调度无一可以指拟，而况经理残破去处费用百出，欲以赤手取办抑亦难矣。①

----

① 《历代名臣奏议》卷一〇〇吴昌裔《论救蜀四事疏》。按，后至咸淳四年，四川仅存"二十余州，又皆荒残，或一州而存一县，或一县而存一乡"，见佚名《咸淳遗事》卷七。

他的分析及前引当时大臣们的议论,清楚地说明了四川残破给南宋财政带来的巨大压力。

二、东南地方财计的进一步困窘

东南地区地方财计自北宋熙、丰以后日益困窘,到南宋前期已是普遍地存在难以维持的问题了。地方官府为应付眼前急需免遭罪责,对百姓进行苛征暴敛,使得百姓贫困化加深,为后来的财计留下隐患。南宋后期,东南上百年来各种竭泽而渔的搜刮所带来的后果已经明朗化和表面化,财计更难维持,矛盾更加突出。大臣刘克庄于嘉熙四年向尚书省递交申状,讲饶州财计道:

> 窃饶州向来苗米一十八万为额,至嘉定间,史定之为守,修《鄱阳至(志)》,米额止十二万,比之旧额已失六万。定之有巨援(指史弥远、史嵩之相继任宰相),行霸政,然已失者不能复也,其后……名为有十万催额,端[平]、嘉[熙]以后,每岁仅催及八万。本州厢、禁、场监、铺舍军兵,每月合支七千余石,每岁合支七万余石。正米仅足以支遣本州军粮,而斛面、折价仅足以撑挂郡计,如岁贡金七百两之类皆取此。所有岁解淮西总所六万石、淮东总所三万石无所从来。①

此处秋税所入较之所应支,所亏将近半数,窘状毕露。然此种窘状却非饶州独有,大臣吴潜在端平年曾讲:"开禧、嘉定,相继用兵,州郡所蓄,扫地殆尽。"②吕午在嘉熙二年的奏疏中也讲:"臣闻国家之足在财用,财用之足在州县,今欲求财用之足而不知致察于州县,是犹欲谷粟之丰而不知致力于田亩也。夫天下之财不在国则在民,而比年以来不在民亦不在国……是宜州县之间必有丘山之积。……而所在州县仓库俱空,解发朝廷反有拖欠。"③可见州县的困窘乃是普遍现象。饶州或非富州,大臣吴泳曾任知隆兴府,隆兴府乃是较为富庶之地,然他在到任后给皇帝的谢表

---

① 《后村先生大全集》卷七九《与都大司联衔申省乞为饶州科降米状》。
② 《许国公奏议》卷一《应诏上封事条陈国家大体治道要务凡九事》。
③ 《左史谏草·戊戌三月二十五日奏方财赋八事……》。

中却称：

> 臣所领州在大江南界……向也物华民富，今焉地大国贫。苗催
> 一十五万，而所支尚欠一月之粮；税管五十七万钱，而所收不满终岁
> 之用。重以督府括财之峻，加之饷台追吏之苛。纲密而讼益繁，珥笔
> 之风未弭，民穷而盗滋起……?①

到任伊始，在谢恩表中即讲如此丧气之言，足见财计已是头等难事。宣州
时也属富庶之地，大臣孙梦观淳祐年中出守宣州，后在宝祐初年轮对时进
言理宗，述及宣州财计，谓：

> 臣近者出守于宣，尝考五年版籍。额二十五万余石，除灾伤检
> 放、运司寄纳、诸县截留、远年倚阁、人户拖欠之数，所入多则十万余
> 石，少则六七万石。若并以斛面而输之农寺、总制，所以以苦不足而
> 截上供以充府用者，止万余石，官兵请给，宗子孤遗归养济因粮杂支
> 乃至六万余石，移东补西，委难支吾。宣为藩府，犹且若此，其他小
> 垒，抑又可知。真宗皇帝朝大臣语漕臣谓东南榷利已尽，今总制、经
> 制、月桩等钱俱非国初之旧，牙契则夺于上司之拘榷，酒课则亏于歉
> 岁之频仍，上下煎熬，无复生意，于是宗姓请给缓于放行……兵籍单
> 虚惮于填补……臣愚欲望……申命大臣应自前主计之臣夺州县之利
> 而归版曹者，量其轻重，稍与退还，及有截数少不足以供一郡之用者，
> 量其多寡，更与支给。②

孙梦观所言虽是宣州一郡，所讲实则乃是一带普遍性的问题，故他于结尾
之处推而广之，要求改变当时朝廷与地方之间在财赋分配上的不合理制
度。然而此时的朝廷财计与北宋中后期相比已不可同日而语，其困窘情
态也不比地方好多少。州县需要多留，朝廷需要多取，朝廷与州县同样入
不敷出，矛盾无法解决。地方为敷衍度日，多方设法谋求财入，如时刘克
庄所言："夫财用窘迫，乃今世通患，居官者苟可取盈，无所不至。"③穷极
无法，预借赋税更加盛行。预借赋税，南宋前期已存在，但和议后宋廷几

---

① 《鹤林集》卷一六《知隆兴府到任谢表》。
② 《雪窗集》卷一《癸丑轮对第二札》。
③ 《后村先生大全集》卷七九《乞免循梅惠州卖盐申省状》。

申警戒,似稍有收敛。后期地方财计不支,上级官府面对地方财计困窘之状,只好对地方预借赋税之事采取睁一只眼闭一只眼的态度。

三、预借赋税现象再度泛滥

开禧北伐失利,嘉定五年二月,有官员上奏:"窃惟州县匮乏之由,未有不自预借始。夫预借,非法也,顽民豪户乐与官为市,于是易预借之名而以寄库为说。官司急于趣办,故未及省限而敷借于民,民幸官司之急,故不言名色而输于官,当催夏绢则曰有钱在官,及督秋苗则曰未曾倒折,所寄者才一半,而所逋者亦已半矣。加以吏胥之为奸,纽折之减价,头合等钱之欠折,渗漏之端,未易枚举。若是,则县道匮乏,夫复何怪? 是岂可不思所以革之乎? 厥今预借之弊,在在有之,而江西特甚。乞赐申严行下诸路监司严切禁止,凡诸县催科二税,须照省限,庶几在官无财赋失陷之弊,在民无交涉关望之奸,预借之弊除而输纳之名正。"他的建议被采纳。[1] 其中言及"预借之弊,在在有之",即是说预借赋税很普遍。而其又讲,由于预借,地方官府被顽民豪户所控制,给官方造成相当损失,留下后患。这是以前议论预借所未见言及的。嘉定八年五月一日,"礼部尚书兼给事中曾从龙等看详殿中侍御史兼侍讲应武奏:'……一、预借人户税赋,臣僚屡有奏请,朝廷屡行禁止,非不严切。访闻州县奉承不虔,多是循习。如役钱一项,或借及三两年,尽被官吏侵欺,故民间每受预借之苦。乞令诸路提举常平司行下诸州县照应施行。其余诸色税赋,亦合照已降指挥,不得先期预催。如有违戾,许人户越诉。'从龙等看详,欲下户部照累降指挥申严行下,约束施行。并从之。"[2]其中列举免役钱一项不但有预借者,而借二三年。又言及,朝廷虽屡行严切禁止,但下面并不遵守,仍是我行我素。嘉定九年七月四日,又有官员上言:"邑令之职,最为近民……二十年来,海内寝有不可为之县。未赴者有偿债之忧,已赴者有镬

---

① 《宋会要·食货》七〇之一〇五、《通考》卷五《田赋考·预借》。
② 《宋会要·刑法》二之一四〇。

汤之叹。臣知其故矣,敢略陈之,如零细窠名或岁纳苗米,旧来就县纳者,今乃取之于州。如批支驿券或寄居祠奉,旧来就州支者,今乃移之于县。赦文蠲放之赋,复令承认;民户逃阁之数,不与豁除。酒课无米曲之助,令自那融;起纲无般脚之资,令自措置。积年邑欠,前政已去而尚须带纳;征亭商税,差官监收而又令补解。官有修造而欲献助,郡有迎送而欲贴陪。以至一邑之内,有县官、吏胥之请给,县兵、递铺之衣粮,乃科以不可催之钱,畀以未尝有之米。此皆强其所无者,至如阖郡官属,诸司幕客,每于职事,皆有干涉。年例馈遗,但可增添;嘱托夫马,惟当应副。上官到县排办之数,多者或至千余缗;差人下县需索之费,少者不下数十千。如此之类,日甚一日。当此之际,强敏者无所用其力,才智者无所施其巧,不取于民,将焉取之? 于是因讼事而科罚,其初数十千,旋至于数百千;用岁额而豫借,其初一二年,旋至于五六年……"①这位官员对县级官府预借赋税的原因分析得相当透彻。据他讲,当时已有预借五六年的情况,这又是前未见的。朱熹的女婿兼得意弟子黄榦具体讲江西新淦县的情况,说:"照得江西诸县惟新淦最为难治,二十年间任知县者十政而九败,为人吏者朝补而夕配。推原其端,皆缘财赋窘乏,入少出多,通一年计之,常欠二万余缗。官吏无以为策,只有恳求上户,预借官物,县道之柄从此倒持,豪强之家得以控扼,请求关节,残害细民。"②他的话可能印证了前引议论中的两点,一是县官预借往往事出无奈;二是预借可以造成豪强把持地方官府的后果。

宋理宗宝庆三年,袁甫于知衢州任上上《便民五事状》,其中一事论预借赋税,其言:

> 臣契勘本州管下诸县内,西安、龙游、常山递年二税多行预借,积累浸深,遂成痼疾。臣始闻之,为之大惧,亟加询究,乃知前此县道催科无方,迫于期会,不划追挂欠之户,惟告急富强之家,此曹非有所利何肯与官交涉,全楮收受而坐折见镪,钱入吏手,而复多侵渔,亏损非

① 《宋会要·职官》四八之二三至二四。章如愚:《群书考索》续集卷三七《官制·县令》部分引录。
② 黄榦:《勉斋集》卷二九《新淦申临江军及诸司乞申朝廷给下卖过职田钱就人户取回》。

一，不可枚举，展转失陷，职此之由。臣检核簿籍，考究源委，见得此三邑递年拖下本州诸色官钱为数甚多，而又积压预借，如此虽有妙手，实无所施……于是立为二说，断在必行：一曰蠲欠，二曰代解……既与蠲阁旧欠，又与代解官钱，即此两项合八万二千余缗，凡前日积累预借皆可正营销豁，宿弊一洗而尽……臣愚欲望朝廷札下本州证应，庶几明白洞达行下三邑，常切遵守，勿复开预借之门，以贻后日之患。①

他是从知州的角度看县官预借，并且讲自己如何帮属县解决预借问题。其中也言及豪强借县官预借而损害官方利益事。与袁甫的情况类似，时人真德秀于知泉州任上也曾遇到属县预借事："绍定……五年，进徽猷阁、知泉州。迎者塞路……诸邑二税尝预借至六七年，德秀入境，首禁预借。诸邑有累月不解一钱者，郡计赤立不可为，或咎宽恤太骤，德秀谓民困如此，宁身代其苦。"②引文中也言及有的县预借有借五六年的。文献中还存有真德秀在公文中批写的如下文字：

前在任日曾约束，输纳二税自有省限，官司先期催纳，在法非轻。至于预借税租，法万不许。若公吏私借者，准盗论。今闻属县有未及省限而预先起催者，有四年而预借五年之税，五年而预借六、七年之税者，民间何以堪此。仰自今为始，须及省限方行起催，仍只催当年及递年未纳税赋，不许更行预借，所有公吏私借之弊，并委知县严行觉察，务令尽绝。③

这也是以知州的身份告诫属县不许预借的。④ 淳祐三年，大臣徐元杰为宋理宗进讲，有如下一番对话："上又问：州县间年来税赋难催如何？奏

---

① （明）杨士奇等：《历代名臣奏议》卷六〇《治道》袁甫知衢州事又奏《便民五事状》。

② 《宋史》卷四三七《儒林传·真德秀》，刘克庄《后村集》卷五〇《宋资政殿学士赠银青光禄大夫真公行状》。真德秀《西山文集》卷一七《对越乙稿·举刺申南安知县梁三聘札》也言及南安等县预借赋税事。

③ 佚名：《名公书判清明集》卷一《劝谕事件于后·平赋税》。

④ 赵汝鐩《野谷诗稿》卷一《翁妪叹》："……须臾冲夜捶门谁叫呼，后胥复持朱书急急符，预借明年一年租。"陈晦《行都纪事》："某邑宰因预借违旨遭按而归，其郡郡将乃宰公之故，因留连燕。有妓慧黠，得宰罢官之由，时方仲秋，遂讴《渔家傲·十月小春梅蕊绽》，宰云：何太早邪？答云：乃预借也。宰公大惭。"这些都表明预借赋税在当时社会影响深远。

云:东南民力竭矣。州县版籍不明,多起于州县贪虐,乐于去其籍以预借,而行其私。今有借至淳祐六年以后者。"①这表明宋理宗本人也了解预借事。淳祐五年,宋廷曾下诏禁止预借。② 至淳祐八年,监察御史兼崇政殿说书陈求鲁又上奏论预借之弊道:

> 今之两税,本大历之弊法也。常赋之入尚为病,况预借乎? 预借一岁未已也,至于再,至于三,预借三岁未已也,至于四,至于五。窃闻今之州县,有借淳祐十四年者矣。以百亩之家计之,罄其永业,岂足支数年之借乎?③

他又一次论及预借多年赋税的情况,预借一年税已是没有道理,预借多年税,百姓如何能承受? 国家信用如何维持? 此后,预借事仍时见记载。南宋末年刘克庄、王柏、黄震、方逢辰都曾论及预借赋税事,说明大抵到南宋灭亡前,此问题始终存在。④

预借之所以广泛流行而成为痼疾,是以南宋财政特别是县级财计不支为背景的。州县用寅吃卯粮和坑害百姓的办法解决财计问题,结果只能使财计困难更加深化而财计愈难维持。

四、榷盐收入难以复加

南宋后期,榷盐收入实成为财政最重要的支柱。当时大臣孙梦观即讲:"今日之急务,莫理财若也。生财之路穷,独倚办于楮、于盐耳。"⑤但是行楮币要有准备金,而当时准备金的来源主要靠榷盐收入。另一大臣徐鹿卿在阐述其"为治之纲领"时对此做过分析。他说:"其事之最急者,一曰和籴,二曰盐运,三曰楮币;目虽有三,而所以权衡之者一而已。"用

---

① 徐元杰:《楳埜集》卷一《进讲日记·四月十二日进讲》。

② 《宋史》卷四三《理宗纪》、《宋史全文》卷三四。

③ 《宋史》卷一七四《食货志·赋税》。

④ 参见《后村先生大全集》卷一九二《弋阳县民户诉本县预借事》、佚名《名公书判清明集》卷三《州县不当勒纳预借税色》、(宋)王柏《鲁斋集》卷一五《续杂著·述民志》、(宋)黄震《黄氏日抄》卷九六《知兴化军宫讲宗博汪公行状》、(宋)方逢辰《蛟峰文集》卷二《达严郡守》。

⑤ 《雪窗集》卷一《丙午轮对第二札》。

以权衡者即是榷盐收入,故而他又说:"粮也,楮也,皆视盐以为轻重者。一二年之籴本粗足者以盐也,一二年之造楮粗省者以盐也。"①他们的议论充分说明了榷盐收入在当时财计中举足轻重的地位。然而,南宋后期榷盐收入,也有不稳定以致下降的趋势。为了确保和增加榷盐收入,宋廷采取了多方面的措施,其主要有三点:一是几度在一些地区罢盐钞行官般官卖;二是收集浮盐,禁戢私贩;三是整顿钞法。

罢盐钞行官般官卖,是由于行钞法课入受商贾请买数量的制约,有时因各种情况造成商贾不愿请钞贩盐,造成课入减少。行官般官卖法与行钞盐法相比较,收入较为稳定,价钱也可以适当提高。例如嘉熙、淳祐之间,乔行简、史嵩之相继为相,乔行简任相,屡变钞法,史嵩之任相,则行官般官卖法。他们推行的盐法效果都不好。据载:

> [淳祐元年二月]壬子,乔行简薨,辍视朝。行简在相位,专以商贩为急务,温台盐商数百群。有士子为诗曰:"知君果是调羹手,傅说当年无许多。"(《宋文全文》卷三三)

> 理宗朝,史嵩之当国,往往以深刻得罪公论。醝之商运,自昔而然,嵩之悉从官鬻。价直低昂听贩官自定,其各州县别有提领,考其殿最,以办多为优。于是他盐尽绝,官擅其饶,每一千钱重有卖至三千足钱者。深山穷谷,数百里之钱无不辐辏。收到见钱,就充籴本,顺流而下,拨赴边州。庙堂会计籴运到边每一军斛止计本钱十七界会一道。时江西十七界百十五钱,可不谓之深刻乎!有无名子以诗嘲之曰:"万舸千艘满运河,人人尽道相公醝。相公虽是调羹手,傅说何曾用许多。"(《东南纪闻》卷一)

钞法屡变,坑害商人。推行官般官卖法之后,往往产生抑配现象,卖盐官吏作弊百端,敲诈勒索百姓,造成直接对官府的不满,成为一种社会问题。故而官般官卖不能久行。②

官府收集浮盐,是因为浮盐如果被贩运就会影响正盐课入。所谓浮

---

① 《清正存稿》卷一《上殿奏事第二札》。
② 淳祐初年行官般官卖法情况,参见佚名《东南纪闻》卷一、《宋史全文》卷三三《理宗》。

盐乃是指以往官府收购以外的盐。大致有两种情况:一种是亭户完成官府定额之外可以自行支配的少量盐,另一种是散于碱滩的锅户生产的少量的盐,因其产量少而分散,官府往往不予征收。有些盐商专门收购浮盐转销他处,这影响了官府的榷盐收入。为了扭转这种情况,宋廷曾于产盐地区设收集浮盐和禁止私售浮盐的机构,以求全面垄断盐的购售。然而收集浮盐一般比征收正额支费大得多,本来由于财政困难,用于支付亭户正盐的本钱就不足,现又分出一部分用于收集浮盐,使收买正盐的本钱更加缺乏。因此收集浮盐的制度也时行时废。无论官府怎样处理浮盐、严禁私贩,却并不能真正止绝走私贩运,这是由于官府要多得利入,就不能不使卖盐价提高,而盐价提高,走私贩运就可得暴利。即所谓"钞盐贵则私贩行,不免严追扑之令,利之所趋,何所顾藉,数十为群,易至生变"。①南宋后期,由于社会秩序的混乱和政治的动荡,被统治者称为"盐贼"的结伙贩私盐者"年丰而不绝",②地方官吏视而不敢管,榷盐收入因之大量流关。

官般官卖既不能久行,私盐又不能禁绝,于是官府便又在盐钞法上做文章,"对折、带发,更易不常"。③ 但是行钞盐法课利要通过商贾转售转销才能获取。商贾贩运盐货此时期受到多方面的威胁。"商贾之赢,上夺于朝廷之自鬻,下夺于都郡之拘留",④沿江"又有长江之盗贼,又有场务之淹留,幸而至于住卖之郡,则居官者又令之曰:朝廷盐未卖客盐不许发也"。其结果:"商贾往往积怨,已入纳者折阅无余,未入纳者遂巡改业。所贵乎盐笑之流通者,以商人入纳之数为赢亏也。今商贾之资用渐竭,既无以为贩卖之资,而朝廷之子本不继,又无以为斡旋之用,则是煮海无策可措而停塌者无货可居……其何以责盐笑之登衍哉?"⑤所以,在南宋后期,盐课常有减落不登之患。然而史载,淳祐末年和宝祐三年茶盐课

① 戴埴:《鼠璞·盐法》。
② 方大琮:《铁庵方公文集》卷二一《宋宪书》。
③ 《清正存稿》卷一《上殿奏事第二札》。
④ 《宋史》卷四一〇《范应铃传》。
⑤ 《历代名臣奏议》卷三一〇牟子才《太阳交食应诏陈十二事疏》。

入增加,淳祐十二年,行在榷货务都茶场"收趁到茶盐等钱一万一千八百一十五万"余贯,①其中自主要是盐课,许多官吏因而受奖赏。史文未说明增课的原因,疑含有宋廷为安定人心而故意夸大张扬的成分。即便确收此数,就当时财政岁出二三亿贯的情况而言,也不足以扭转被动局面。史文随即又载宝祐四年殿中侍御史朱熠奏,言盐课亏减:"近者[盐]课额顿亏,日甚一日,姑以真州分司言之,见亏二千余万,皆由台阃及诸军帅兴贩规利之由。"②次年,他又讲:"十数年来,钞法屡更,公私俱困,真扬通泰四州六十五万袋(按,乾道六年淮盐实卖六十七万袋)之正盐,视昔犹不及额……"③从他的话中可以得知,此时盐产量比南宋孝宗时有所减少,淳祐、宝祐间一时获得增课,不过是坑害商贾百姓所得,故不能久长,随即重又下落。时大臣徐鹿卿曾讲,即便产盐地"能办及租额,亦未有支发之策也。其故何哉? 一则境土日缩,食盐者少;二则淮浙之人家有私盐;三则场务苛征,客旅困滞;而其为害之大者,莫甚于诸司军人之私贩"。④ 境土缩、私盐行、场务苛、军人贩,这些妨碍盐课增收的因素都是近乎无法克服的。尽管执政者多次设法整顿盐政,调整盐法,付出了极大的努力,然而要使盐课比以往有实质性的增收,已是不可能了。

五、人民的贫困、生产的破坏

战争和其他各项财政开支,无论通过何种渠道,终归要取之于民。真正的财源是人民,是他们的生产活动。此时期百姓贫困化程度空前严重,生产遭到破坏。金兵蒙元兵几度入境,西起关陕、东到江淮,几千里广阔地域都变成战场。兵火所到,百姓惨死逃亡,村落化为废墟,农业生产无法进行,大片土地荒芜,一派残破景象。大臣袁甫端平年中讲其任地方官所亲见,谓:"比年以来,百物日渐衰耗,小民愁苦,大不聊生。臣滥叨麾

---

① 《宋史》卷一八二《食货志·盐》。
② 《宋史》卷一八二《食货志·盐》。
③ 《宋史》卷一八二《食货志·盐》。
④ 《清正存稿》卷一《奏己见札子第二札》。

节十有余年,其在江东也,既目击凋残穷悴之态,易守富沙,所见尤甚于江东。旋被奏事之命,道经三衢,视臣七八年前假守之时气象大异,犹可诿曰:寇实使然。及归抵四明,则萧条之状与三衢同。人人嗟咨,家家叹息,耆耄之人亦云前此未见。"①后大臣徐鹿卿于淳祐年中赴任建康,奏称:"自南康、池阳、太平以达于建康,凡历四郡……采听其病民之事固非一端,然最以岁事不登、粒直翔踊为大苦,岁入既亏,而淮民又聚食于江南,加之剽掠焚荡时时窃发,目下米一斛廉者六七十千,高者至百余千,流离殍死,气象萧然。"②袁、徐二人所言江浙等尚是讲长江以南较安定的地区。若言江北、四川与敌相邻之地,其情况更为糟糕。端平年中杜范曾于奏札中言:"自鞑虏南寇,破陷兴、沔,蹂躏均、房,泛荡枣、随,攻掠光、信,二三千里之地昼无炊烟,野多暴骨。至鞑虏暂还,而降卒继叛,襄阳重镇毁为焦土。"③另一大臣魏了翁也奏言:"湖变甫定,楚祸继之,历五六师而后定。湖之南、江之西、浙之东、闽之北,赤子弄兵,所过郡县几无噍类……至鞑人入蜀,溃卒乘之,所伤残者凡二十余郡。延及房、均、安、黄、襄、邓之境皆为寇区。叠此数端,民之死于兵、死于灾者不知几十万也。"④据淳祐年中牟子才讲,在几经蒙元入侵以后,人民大量流亡,"四蜀田亩尽入军屯"。⑤ 可见农业生产和社会经济遭受破坏之严重。

当然,战争、动乱对社会经济生活的影响是巨大的,而内政不修则是造成人民生活痛苦的更重要的原因。在张而不弛的竭泽厚敛之下,人民贫困化继续加深加广。还在宋金重新开战后不久,嘉定十三年,即有大臣奏言:"朝廷之根本在州县,州县之根本在田里。民生穷蹙日甚一日矣。衣食给足者祖居者无二三,父居无五六……一涉公门即落机阱,棰楚之下,顷刻破家。"⑥时大臣袁燮也于奏札中讲百姓贫苦状,言:

　　臣闻邦以民宁,民以财聚,培植加厚,则咸安其业,朘削不已,则

---

① 《蒙斋集》卷四《秘书少监上殿第二札》。
② 《清正存稿》卷一《奏乞科拨籴本赈济饥民札子》。
③ 《杜清献集》卷七《乞招用边头土豪札子》。
④ 《鹤山先生大全集》卷一九《被召除礼部尚书内引奏事第二札》。
⑤ 《历代名臣奏议》卷一〇〇牟子才《论救蜀急著六事疏》。
⑥ 《宋会要·职官》七九之二八。

不乐其生,今日吾民之困甚矣。征敛太繁,而已输纳者责其再纳,逋
负日积而已蠲者不免复催。有追胥之扰,有鞭箠之严,惟命是从,民
财安得而不匮?重以贪吏肆虐,政以贿成,监司牧守,更相馈遗;戎帅
所驻,交贿尤胅;而诸司最多之处,抑又甚焉。……于是乎昔日优裕
之郡,今皆凋敝矣;昔日欢乐之民,今皆愁叹矣。九重之邃,其亦尽知
之乎?①

语随情激,他居然质问起皇帝来了!接着袁燮又特别分析了京畿地区人
民贫困化的情况,谓之"生齿虽繁,衣食未裕"。"自楮币更新,而蓄财之
多者顿耗;自盐笑屡变,而藏钞之久者遽贫。比年水旱,民无余资,物货积
滞,商旅不行。故大家困竭而小民焦嗷,市井萧条而官府匮乏。"②可知由
于人民贫困化,使得社会经济各方面都表现出不景气状况。

由于封建王朝只顾聚敛,不注意民政,不注意保护农业生产,使得南
宋后期灾害频仍。嘉熙、淳祐间大臣杜范曾上疏道:

天灾旱暵,昔固有之。而仓廪匮竭,月支不继,升粟一千,其增未
已。富户沦落,十室九空。此又昔之所无也。甚而阖门饥死,相率投
江……浙西稻米所聚,而赤地千里;淮民流离,襁负相属,欲归无所,
奄奄待尽。③

沿边之民遭兵火之害,内地之民遭苛政、天灾之害,整个南宋统治区几乎
全无乐土。端平年以后,大臣们的奏疏反复言及百姓极端痛苦的生活,而
且所言已多不是一州一路。以下我们将不厌其烦地摘引数例,以说明这
个问题的严重性:

陛下自即位至今,民生多艰阅之熟矣。淮民死兵,浙民死岁,湖
广之民死盗。以京畿而言,则一间湫隘而数家居之,一夫经营而数口
仰之,皇皇乎一饱无期。以外郡而言,乐岁之禾场未筑而巨室并之,

---

① 《絜斋集》卷三《论国家宜明政刑札子》。
② 《絜斋集》卷三《论国家宜明政刑札子》。按,四川地区因战乱及远离京师,贪官污吏更
为猖獗,"田里有内故甚于外敌之谣",参见阳昉《字溪集》卷一《上余宣谕书》。
③ 《宋史》卷四〇七《杜范传》。

凶年之四壁赤立而横敛困之,凛凛乎朝夕之不相保。①

　　夫惨莫惨于兵也,而连年不戢,则甚于火矣;酷莫酷于吏也,而频发横征,则猛于火矣。闽之民困于盗,浙之民困于水,蜀之民困于兵。横敛之原既不澄于上,苟苴之根又不绝于下。譬彼坏木,疾用无枝,而内涸之形见矣。②

　　[民之生气]自用兵以来狋薙而斫,丧之者非可以一端矣。春冬钞袭而困三边之民,清野徙治而困两淮之民,浮盐和籴而困江浙之民,盐丁出没而困闽广之民,军用需索而困荆湖之民,敌溃迭作而困川蜀之民,盗贼横行而困沿海之民。加以贪夫暴吏……侵渔蠹蚀靡所不至,血其齿牙,以民为牺牲。增和籴之入以供羡余,取田租之赢以丰囊橐,假挨究之名以增赋敛,严榷酷之令以伐和气,长告讦之风以供估籍,派摊赖之目以偿逋欠……③

　　今内外诸事一切受病,惟有民气缕息尚存,然数年以来,斫而丧之者亦多矣。六月征伐而困两淮之民,连年科调而困四川之民,两州归附而困京西之民,十乘征行而困沿江之民,舟船结雇而困沿海之民,淳梁浚筑而困荆湖之民,税亩折纳而困江湖闽浙之民。朝廷政令不详审以遽行,州县奸贪又夤缘以为利,故有朘民之膏以进羡,剥下之肤以觊迁。苟苴之禁渐宽,宠赂之风复炽,自是牧养无良吏,而田里皆疲氓矣。呜呼……恐瓦解之祸立至,不特阽危而已,此所谓垂亡之证一也。④

上引四大臣之语,异口同辞,惊呼哀叹,把百姓穷困无聊、生产遭到破坏的惨状刻画得十分清楚。人民的极端贫困,使得统治阶级中一些稍有远见、稍有爱国之心的人深感不安,他们知道这样下去必然会导致社会动荡、南宋统治将难与维持,因此,他们在力所能及的范围内搞一些宽民之政。此时期慈善事业、荒政等都有所发展即包含了此种意向。有些地方官挪用别种款项代民纳税,于是"代输"成为财政上较为流行的现象。但是这些

---

① 王迈:《臞轩集》卷一《丁丑廷对策》。
② 《宋史》卷四二三《吴泳传》载吴泳应诏上封事。
③ 《历代名臣奏议》卷三一〇牟子才《太阳交食应诏陈十二事疏》。
④ 《历代名臣奏议》卷一〇〇吴昌裔《论今日病势六事状》。

小恩小惠并不能从根本上解决问题,人民贫困化问题对南宋统治的威胁越来越严重。四川残破以后,南宋财政更加依靠东南。然而,数百年来宋朝官府对东南人民的横征暴敛,已经使东南人民生活困苦难堪。端平初年大臣吴潜讲:

> [东南]自蔡京取发运之财,朱勔缘花石之奉,南方监司,率用豺虎。重以陈亨伯、翁彦国,乃于民穷盗起之后,更为刮毛刺骨之策。绍兴讲和,兵事少解,又以秦桧粉饰太平,费等宣靖,无由蠲减。开禧、嘉定,相继用兵,州郡所蓄,扫地殆尽。柄臣喜用才吏,白撰取盈。于是率以劫盗之威,行一切之政,夺民之食,剥民之衣,少应公家,多备苞苴,兼充私橐,又三纪于此矣。盖东南民力,几三百年,朘削日深,生息无几。直至近岁,殚穷见底,可为痛哭。①

在这种沉重的剥削压迫之下,处于痛苦的熬煎之中,农民的反抗斗争便时时爆发,"比年以来,绿林之风,遍于内地"。② 据今人何竹淇先生所辑《两宋农民战争史料汇编》统计,南宋后期见于记载的农民起义共约七十次,分布广阔。其中规模大的如李元砺、陈三枪等各有众数万人,驰骋于数路之地。尽管由于民族矛盾制约,没有酿成全宋规模的农民大起义,却也足以威胁宋王朝统治者而使其畏惧了。

广大人民的基本生活条件得不到保障,正常的生产条件不断遭到破坏,社会经济有某种萎缩倾向,封建王朝的各种赋入势力要受到不利影响,其财源枯竭的问题已经严峻地摆在统治者面前了。

第三节　楮币成灾

发行楮币已成为南宋后期弥补财政亏空的一个主要手段。大臣吴潜

---

① 《许国公奏议》卷一《应诏上封事条陈国家大体治道要务凡九事》。
② 《许国公奏议》卷一《应诏上封事条陈国家大体治道要务凡九事》。另参见幸元龙《松桓集》卷一《劾宰相史弥远疏》、徐元杰《梅野集》卷八《白二揆论时事书》等。

对此讲得颇深刻：

> 今日国用弹屈，和籴以楮，饷师以楮，一切用度皆以楮，万一有水
> 旱盗贼、师旅征行之费又未免以楮，则楮者，诚国家之命脉也。①

然而，过量楮币的发行泛滥，不但给广大人民带来苦难，而且也给财政带
来祸端。

一、楮币发行量的剧增

开禧北伐，为筹集军费，东南会子、四川钱引分别多发行一界，形成三
界并行，从而使东南会子的发行量达到一亿四千万贯，四川钱引的发行量
达到八千万贯，两者之和已逾二亿二千万贯。发行量增至此数，准备金却
并无增加，楮币币值随之猛跌，朝野为之震惊。和议之后，南宋朝廷立即
着手整顿楮币。首先是想方设法收回一界东南会子、四川钱引以减少楮
币发行数量，然后要收旧楮，需耗资财，大战之后，无所从出。动用仅存储
备财赋加上度牒、官告等仍不足，只好发行新楮，多方筹措，方能勉强将三
界并行改为两界沓行。然而新楮接续而出，加之战争重起，每界楮币数目
空前增加，两界之数很快复又超过往时三界之和。至绍定、端平之交，宋、
金、蒙混战之际，东南会子发行量已达约二亿五千万贯，四川钱引则约为
一亿七千万贯，二者之和已逾四亿贯。至淳祐六年，仅东南会子一种楮
币，发行量即达六亿四千万贯；宝祐初年，四川钱引发行量达二亿六千余
万贯。从开禧北伐至此时，楮币发行额，在原来已是巨额的基础上又增加
了约四倍，达到了接近十亿贯的惊人数量，真可谓是望而生畏了。②

二、楮币泛滥的严重后果

官府通过滥发楮币，固然把财政危机转嫁到了广大人民头上，然而随

---

① 《许国公奏议》卷一《应诏上封事条陈国家大体治道要务凡九事》。据《蒙斋集》卷五
《右史直前奏事第一札》，理宗也把楮币、边备说成是最重要的两件大事。
② 文中各种数据详见本书第二编"楮币"部及有关附表。

着投入流通的楮币数额迅猛增加,不可避免地造成楮币的不断贬值。楮币的贬值不但使人民遭殃,使社会的正常经济生活遭到破坏,而且持续下去对封建国家财政也有不利影响。时大臣徐鹿卿曾对此做过分析,他讲:

> 自轻楮以来,民间随其低昂,入以此直,则出以此直,初不为病(按,说民间完全不以为病显为不确),受其弊者独朝廷尔。二税之数无增也,祠牒、官告之直无增也,征商、牙契之入无增也;及其出也,市场之直增矣,戍兵之生券增矣,诸军衣粮虽如故,而非时之给犒增矣,官吏正俸虽如故,而添给之暗增者亦不少。①

简而言之,楮币贬值后,通过赋税等渠道回馈于官府,造成官府赋入实际上的减少,封建国家支发兵券官禄,购买各种物品,却必须按贬值程度适当增加。入出之间,财政上即有不小损失。为了弥补损失,官方只能再增加发行纸币的数量,由此造成恶性循环。为避免损失,官府还须对赋税折算办法、官员士兵的奉禄、津贴支出办法作出调整,对出卖钞引、度牒、官告等的价格等进行调整,引起了一系列麻烦,加剧了财政管理的混乱。

楮币印行量过大,质量不免得不到保证,楮币所用纸的供应遇到困难,防伪措施也跟不上,这导致伪币也随之泛滥。有官员注意到,某几界的会子兑换回收后,发现回收的会子总数超过了本界会子的总发行量,这就是说,回收到的会子中有相当数量的会子是伪币,同时也表明,由于伪钞泛滥,民间流行的会子的数量要大于发行数量。这无疑会加重会子的贬值,也会大大加重社会经济秩序的混乱。

楮币贬值太快,使军队士兵的生活受到严重影响,等于降低饷给,因而挫伤士气。据曾任镇蜀大臣的李曾伯讲,由于四川钱引、银交贬值,当地屯驻兵熟券每月只合十八界会子八百文,折计铜钱仅一百余文;屯戍兵生券每月只合十八界会子六贯,折计铜钱不足三百文。"军贫而怨,良以此。"②楮币贬值自然也要威胁到官吏的正常收入,据时人许应龙讲:"今之楮币,折阅已甚,以锱计之,不及[官吏]元俸三分之一,何以养廉!"③

---

① 《清正存稿》卷五《论待虏救楮二札上枢密院》。
② 《可斋续稿》后集卷三《救蜀密奏》。另参见方回《桐江集》卷六《乙亥前上书本末》。
③ 《东涧集》卷八《汰冗官札子》。

《通考》作者马端临称："民生憔悴,战士常有不饱之忧,州县小吏无以养廉为叹,皆楮之弊也。"①

人民的正常经济生活遭到破坏,造成了社会的恐慌情绪。官吏、军兵因收入减少而增加了不满情绪,对于封建国家来讲,这已经不仅仅是个财政问题了,它已经直接威胁到南宋王朝的统治了。南宋王朝对此不能不予以重视,统治者们千方百计地一次又一次对楮币进行"秤提",力图制止或减慢楮币的贬值,以安定人心。

三、封建国家秤提楮币的努力

南宋后期,封建国家大规模地秤提楮币的活动主要有三次,即嘉定和议后一次、端平入洛失利后一次、景定、咸淳年间一次。开禧北伐,东南会子和四川钱引各增一界。嘉定和议后,秤提楮价,即想把所增一界收回。东南收回第十一、十二两界会子,新行第十四界会子以代替收回的两界。四川收回第九十、九十一界钱引,代之以新行的九十三界。东南用来收换旧会的除第十四界新会之外,尚有如下九种钱财:

甲、打套乳香钱:即榷货务经各市舶司等抽买来的乳香打套出卖所得收入。

乙、出卖诸路没官田价钱:犯罪者田产没收入官后出卖所得收入。

丙、出卖告敕、绫纸、补帖钱:卖官爵收入。

丁、左右迁转官循资告:通过许可现任官纳钱财晋升级别所获收入。

戊、封赠冠帔敕告:通过卖给已故之人或阔妇人官爵名位所获收入。

己、紫衣师号帖钱:和尚之首领由朝廷给据承认,须纳钱入官,与卖度牒类似。

庚、副尉减年公据:出卖军官晋阶收入。

辛、拘催诸路已降末卖告敕钱:过去分配地方的卖官鬻爵收入。

① 《通考》卷九《钱币考》。

壬、臣僚奏荐绫纸钱:系向得官晋级者征收的一种钱财。①

从以上九项钱财之来源,可以体察到南宋财政基底之薄弱,就中与卖官鬻爵相关者竟占大半,捉襟见肘,想收楮币又拿不出本钱来,穷窘之状毕露。四川收兑钱引却没有如上的财路,除卖度牒外,不得不动用四川地方库藏金银,虽然兑收钱引时多方克扣金银斤两,毕竟还是用了金二万两、银九十七万两。② 为了减少新楮的数量,在用新楮兑收旧楮时,还规定新楮一贯兑换旧楮两贯。这种收换办法遭到社会各阶层特别是旧楮持有者的不满,时人吴泳记:以一兑二"新令一行,物情疑骇,怨嗟之声盈于道路,豪家大姓至有聚楮而焚于通衢者,其失人心如此"。③ 收兑之外,官府还采取了几项措施:首先是强行规定楮币与铜钱的兑换比价,凡交易中不按规定者,没收其家产。其次是强令百姓按家业钱数储藏楮币,官府检查,有不如数储藏者重罚。由于这两项规定遭到普遍的反对,事实上推行也有各种难以克服的困难,因此不久就被废弃了。

端平年中,东南会子总发行量达到约三亿贯,较之开禧年间又增一倍,楮币贬值更加严重。官府第二次大行楮币秤提。这次东南秤提会子,除出卖度牒、官告、乳香套等之外,动用内藏财赋不少。仅行都一处,即"共支过金九万一千八百三十余两,银二百一万六千九百余两。诸州品搭之数不与焉,如官诰、如度牒、如盐钞,印造换给,则又不知纪极矣"。④ 这次仓促收兑,结果把不少民间伪造的楮币也一并收兑回来,使得取还旧楮,"所入反多于所出"。⑤ 为了多回收楮币,端平元年朝廷还规定此年征纳赋税全部折收楮币,其结果如时人许应龙所言:"收纳用券,固救折阅也,而常赋所入,亏损过半,既乏现镪以应军旅之支,复窘财用以供经常之费。"⑥这次秤提,官府动用了较第一次秤提更多的财赋,这对后来的财政

---

① 参见《朝野杂记》乙集卷一六《东南收兑会子》及《两朝纲目备要》卷一二。
② 参见《朝野杂记》乙集卷一六《东南收兑会子》及《两朝纲目备要》卷一二。
③ 《鹤林集》卷二一《缴薛极赠官词头》。另参见《宋史》卷四三六《李道传传》。
④ 《鹤林集》卷二一《缴薛极赠官词头》。
⑤ 《蠹轩集》卷一《乙未馆职策》。
⑥ 《东涧集》卷八《二十五日面对札子》。

有不利影响。时人袁甫事后评论道："端平初元，因换会子，遂出累朝所积金银，弃之如泥沙，至今帑藏枵虚，言之可为哀痛"。故称此举为"端平之大失"。① 这次秤提除官府自耗资财外，宋廷还下令让百姓按田亩数向官府缴纳旧楮，每亩一贯，即所谓"履亩输楮"。这种变相取财于民的做法遭到强烈的反对。

上述两次大规模秤提楮币之后，嘉熙四年，用新行十八界会子一贯折兑十六、十七界会子五贯，也含有秤提楮价的意义，但南宋朝廷此时已无力再进行一次公开的大张旗鼓的秤提了。两次秤提尽管曾收到一时的效果，但随后楮币发行数量复又增多，很快超过秤提之前，这使得秤提效果不久便付之东流。楮币贬值日益向更加严重的方向发展，财政危机日益显出尖锐化的迹象，为了改变颓势，病笃乱投医，回买公田的建议被付诸实施。第三次大规模秤提楮币，是伴随着回买公田一起进行的，我们将在下一节中，与回买公田事一并叙述。回买公田是南宋王朝为挽救濒临崩溃的财政。而做的最后一次重大努力，在此基础上进行的秤提楮币，也是南宋灭亡前最后一次秤提举措了。

第四节　回买公田

回买公田，是南宋灭亡前财政上的一件大事，它对加速南宋的灭亡起了重要作用。旧时的史家往往把这件事的发生，完全归咎于权臣贾似道的专断胡行，而不注意分析造成此事发生的历史原因和历史条件，这就不能使人了解事情的原委和全貌。实际上，尽管回买公田的决策是完全错误的，然而这件事的提出绝不是贾似道凭空而起的邪念，它的实施又不单纯是个人的过失，这件事的出现是有着深刻的历史背景和历史原因的。

---

① 袁甫：《蒙斋集》卷七《论会子札子》。另参见魏了翁：《鹤山先生大全集》卷一九《被召除礼部尚书内引奏事》。

一、回买公田的起因

楮币发行量过大,贬值越来越厉害,引起了宋廷内外的惊恐不安。还在端平三年,大臣吴潜就忧心忡忡地讲金朝灭亡的教训道:

> 金人之毙,虽由于秘,亦以楮轻物贵,增创皮币。或一楮而为三缗,或一楮而为五缗,至于为十为百,然人终不以为重。其末也,百缗之楮,止可以易一面,而国毙矣。①

宋朝君臣深深感到,楮币贬值的问题若不能解或控制在一定限度内,宋朝就将重蹈金朝的覆辙。同时他们也清楚,楮币之所以发行过多,是由于财政开支过巨,而财政开支过巨,则是由于军费开支过大。南宋后期由于地方财计困难,地方军队数量大为减少。朝廷的御前军,则由于逃亡者众和各级军将吃空额,形成实有人数大大少于在籍人数的状况。宝祐年以后,蒙古大兵三面进攻,又正是用兵之时。在这种情况下,削减军员、缩减军费的事当权者简直连想也不敢想。那么,在军费不能削减的情况下,如何设法消除财政入出之间的巨额差距呢?于是有人便在军粮籴买问题上打主意了。

宋朝军粮需要量很大,田赋收入远远不能满足需要,自北宋始,军费开支的很大一部分即用于籴买军粮。入南宋,盛产粮食的河北、河东、京东丧失,两淮因变为宋、金交战的前线,农业生产遭到破坏,税收粮食的数量减少了不少。军粮供给越来越依赖籴买。南宋后期,籴买军粮的支费更为浩大,这是因为四川地区遭受战乱破坏,东南地区税籍管理混乱,田赋流失严重,水旱灾害频仍,战乱骚扰不断,蠲减赋税较多,故而封建国家通过赋税获取的粮食数量减少。官府几次试图整顿田赋,曾经在一些地区重新推行"经界"法,且一度推行"自实"法,又努力贯彻田赋制度上的推排、推割等法,目的都是试图找回隐落的田赋。但是阻力很大,收效并不明显。故而军粮筹集,仍然在很大程度上依赖籴买。封建国家财计窘

---

① 《许国公奏议》卷一《应诏上封事条陈国家大体治道要务凡九事》。

乏,籴买经常变换手法坑害百姓,以达到少花钱多籴粮的目的。因此所谓和籴,多数变为科籴,成为一大弊政。地方官府也往往借和籴之机取赢,以补助其财计,官员胥吏则乘机渔利自肥,故而每当和籴之际,害民之状层出不穷。时大臣吴潜言及此事谓:

> 盖秋苗者,内外之大庄课也;和籴者,边郡之大庄课也。惟其各有深利,如根株不可移,如胶漆不可脱……朝廷之斛,不过文思[院]所降而已;两淮乃有所谓市斛,或一斛而当文思之三,或一斛而当文思之二,州县散钱不过一斛之价,其量于民,则以市斛。……臣奉使总饷,目击此事。盖有淮乡人家出产之田仅二百四十亩,而县司明出给由子科以和籴百四十四石者。纳一石既当二石,而石数之外又有呈样、罚筹、堆尖、脚剩名目,若公吏而下诛求更不预焉。是以二百四十亩之田,而欲三四百石米输官也,然则人家无颗粒入口腹矣。①

淮乡地处沿边,二百四十亩田之家乃是中产之家,竟要负担和籴及其附纳粮米三四百石,确实要处于饥馁之地了。和籴既给人民造成如此的困苦,自然要遭到强烈地反对。吴潜称和籴为边郡之大庄课,也不尽然,因为和籴在南宋后期已远不是边郡才有的现象,更何况在三边临敌的情况下,边郡与内州很难加以区分。只不过时言者适在边郡任职,在此有感而发议论罢了。时另一大臣杜范在奏札中,即言及别数路和案之事,文称:

> 近日和籴、榷盐二事为当今至急之务,本以利国也,国未睹其利而民已受其害,削国本而离人心、鞠为乱阶,莫甚于此……仓廪空虚至今极矣,和籴之数乃一岁支用之不可省者。及时收籴,诚不可缓。然奉行之臣固当思国用之甚急,尤当量民力之所堪。闻之浙右自三百亩以上,每亩例科三斗,以今岁年谷不登,其得熟处仅半收而止矣,自输纳常赋之外,所余宁几何,而欲以三归之官也,是将空其家尽其老稚而饥之耶? 其大家素有厚蓄者多科之固不为虐,其余中等小户,专仰每岁田租以自给,稔岁仅仅不乏,凶年且无以自赡,其何以应官司之输? ……其余江东、江西诸郡科数亦重,每郡不下数十万,虽小

---

① 《许国公奏议》卷一《应诏上封事条陈国家大体治道要务凡九事》。

> 坌苗租不及一二万者亦科十余万。且行一切之令，不恤民户之有无，
> 至有行下诸郡，不容其纳正苗而先量和籴者。①

据杜范所讲可知，和籴乃是在很大范围内广泛实行的一种弊政，它不但损害了普通百姓的利益，而且侵犯了作为封建王朝统治基础的地主阶级的利益，这就不能不引起统治集团的重视和焦虑。宝庆三年，大臣汪刚中提出："和籴之弊，其来非一日矣，欲得其要而革之，非禁科抑不可。夫禁科抑，莫如增米价……"②他的话原是切中时弊的，然而要增米价就要多花钱，而当时的问题原本就产生于封建国家缺乏钱财。因而增加米价是不现实的。也有人主张干脆罢免和籴，如刘克庄提出"裕国宽民之要方"，其一即是"罢编户和籴之扰"。他讲，"计产抛数，非其乐；低估高量，几于豪（原文'豪'误为'毫'）夺；岁岁为民患苦，故曰罢之善"。③此话固然颇有道理，然而"国用边饷，皆仰和籴"，④罢废又怎么行呢？事实上，到景定回买公田以前数年止，籴买军粮的数量不但没有减少，反而有增加趋势。后来刘克庄在给理宗进"故事"时即讲到这种情况："昔也，通诸路止籴一百五万，今吴门一郡（原文'郡'误为'群'）而籴百万，通诸路不知其几倍矣。加以凶相当国，增额抑价，浙本巨产化为下户者十室而九。"⑤又据载，开庆元年，一年全宋共籴买粮食五百六十万石，超过了当时南宋田赋粮总额，且全部支发楮币为价。⑥这样，和籴作为一种越来越重的变相赋税，造成了社会不安定、民心离散等问题，严重威胁南宋王朝统治的根本。和籴的增加，也是楮币贬值的重要原因，和籴害民与楮币贬值成了两个互相关联且亟待解决的问题。与此同时，回买公田，便作为一举而消除两项弊政的措施提了出来。⑦

---

① 《杜清献公集》卷一一《论和籴榷盐札子》。另四川和籴事参见《可斋续稿》后集卷三《乞科四川制总司秋籴本钱奏》。

② 《宋史》卷一七五《食货志·和籴》。

③ 《后村先生大全集》卷五一《备对札子》。

④ 《宋史》卷一七三《食货志·农田》。

⑤ 《后村先生大全集》卷八七《进故事》。

⑥ 《宋史》卷一七五《食货志·和籴》。

⑦ 按，据周密《癸辛杂识》别集下卷二三《史宅之》述，淳祐中为"裨国饷"，将"一应天下沙田、围田、圩没官田等并行拨隶本所，名田事所"。应与和籴事有关，而此事后废不行。

　　回买公田，是作为解决楮币折阅、和籴害民的措施被提出来的，但与回买公田密切相关的还有一事，即是南宋后期土地兼并严重化的问题。回买公田又是以"摧兼并"为名而推行的，故对此也须作叙述。

　　南宋后期，随着战争不断、时局动乱，不少权臣武将、贪官污吏乘机发了国难财。开禧末籍没韩侂胄家产，居然有数千万贯之多，可为一例。而刘克庄所讲情况，则更能说明问题，他讲：

　　　　昔之所谓富贵者，不过聚象犀珠玉之好，穷声色耳目之奉，其尤鄙者则多积坞中之金而已，至于吞噬千家之膏腴，连亘数路之阡陌，岁入号百万斛，则自开辟以来未之有也。①

故每当封建国家财计出现严重困难时，常有大臣提出追查赃贪的问题。如大臣王迈即曾建言：

　　　　曩者，权门厮役婢妾之家金帛山积，有拥二三千万资者，何惮而不籍之官？台臣尝言权贵之夺民田，有至数千万亩，或绵亘数百里者，何疑而不没之官？②

刘克庄在其"裕国宽民之要方"里也提出要"追大吏干没之赃"，认为"颛阃之臣、尹京之臣、总饷之臣、握兵之臣、拥麾持节之臣，未有不暴富者"。③ 景定元年，权臣贾似道即曾以此为借口，行"打算法"，清查各处军将财务，乘机排斥异己。④ 一方面是权贵发财买地、仗势强夺，另一方面则有广大人民不堪忍受横征暴敛、敲诈勒索之苦，被迫投靠权贵门下献产求庇之事。大臣谢方叔淳祐六年上奏中言："小民百亩之田，频年差充保役，官吏诛求百端，不得已，则献其产于巨室，以规免役。"⑤即属于此类。土地兼并严重影响了封建国家的正常赋入。如谢方叔继前所引语之后，又讲："今百姓膏腴皆归贵势之家，租米有及百万石者……然权势多田之家，和籴不容以加之，保役不容以及之"，⑥给封建国家造成一定危害。加

---

①　《后村先生大全集》卷五一《备对札子》。
②　《臞轩集》卷一《乙未馆职策》。
③　《后村先生大全集》卷五一《备对札子》。
④　参见佚名《宋季三朝政要》卷三、翟颢《通俗编》卷八所载。
⑤　《宋史》卷一七三《食货志·农田》。
⑥　《宋史》卷一七三《食货志·农田》。

上地方官吏与权势勾结,更使赋税走失的问题普遍存在。为此,不少大臣要求重新修立汉唐以来的限田之制。例如上述谢方叔即是"限民名田"主张的提倡者。"限民名田"后来即成为回买公田的重要理论根据。

二、回买公田的实行与关会之变

回买公田的正式实行,是在景定年中。《宋史》卷一七三《食货志·农田》记:

> 景定四年,①殿中侍御史陈尧道、右正言曹孝庆、监察御史虞虐张晞颜等言廪兵、和籴、造楮之弊,"乞依祖宗限田议,自两浙、江东西官民户逾限之田,抽三分之一买充公田。得一千万亩之田,则岁有六七百万斛之入,可以饷军,可以免籴,可以重楮,可以平物[价]而安富[民],一举而五利具矣"。……朝士有异议者,丞相贾似道奏:"救楮之策莫切于住造楮,住造楮莫切于免和籴,免和籴莫切于买逾限田。"

表面看,贾似道一伙所提出的回买公田的理由,是比较充分的:所买者仅为豪富逾限之田,是买而不是夺,且对普通百姓无所伤害。得田之后可免和籴,可住造楮,一举数得而无一害。然而事情的实行,自觉不会如初议时这般美好。这种主张,前无古人,理宗不免犹豫。争执之后,决定先在南宋主要粮产地之一的浙西路试行,然后逐步推开。贾似道带头把自己在浙西的万亩田产交出,"嗣荣王(与理宗最亲近的宗室)继之,浙西帅机赵孟奎亦申省自陈投卖,自是朝野卷舌,噤不敢发一语",②于是回买公田付诸实施。回买公田实施以后,性质发生变化。首先,初议只买豪强逾限之田,而实施中变为不分对象地抑买。据时人周密记:"先是,议者以官品逾限田外回买立说,此犹有抑强嫉富之意。既而转为派买之说,除

---

① 按,回买公田始行之年各书记载不一,如周密《齐东野语》系此事于景定二年,《宋季三朝政要》系此事于景定三年,上引文却系于景定四年。

② 周密:《齐东野语》卷一七《景定行公田》。

二百亩已下免行派买外,余悉各买三分之一。及其后也,虽百亩之家亦不竟焉。"①在回买的酬价上,官府也坑害田主。初议租一石者支价二百贯,实则"以租一石者偿十八界四十楮,不及石者随价以减。买数少者则全支楮券,稍多者则银、券各半,又多,则副以度牒,至多则加以登仕、将仕、校尉、承信、承节、安人、孺人告身。准直以登仕三千楮、将仕千楮,许赴漕试;校尉万楮、承信万五千、承节二万,则理为进纳;安人四千,孺人二千,此则几于白没矣"。② 告、牒等物,"民持之而不得售,六郡骚然"。③ 买田之际,官吏"一时迎合,止欲买数之多,凡[租]六七斗者,皆作一石,及[官买后]收租之际,元额有亏,则取足于田主,以为无穷之害。或内有硗瘠……之处,又从而责换于田主,其祸尤惨"。④ 这样,回买公田施行之处,普通百姓和一般地主都遭受损害,怨声四起,使回买之事难以继续推广。

宋廷为管理买得的公田,按乡分设官庄,差置庄官,又在平江、嘉兴、安吉、镇江设四分司管理各官庄,总之以朝廷提领官田所。咸淳四年罢除庄官,改用包佃法,令民于分司自行承佃,按时纳租,分司置催租官。后又令提刑司兼领其事,撤销分司及催租官。⑤ 回买公田在浙西实施后,大臣们借星变之机,纷纷要求退还所买田以收人心,贾似道也颇惶恐,理宗于时曾讲:"今业已成矣,一岁之军饷仰给于此,若遽因人言而罢之……如国计何? 如军饷何?"⑥这说明回买公田虽为倒行逆施之举,却对维持南宋灭亡前的财计起了某些作用。德祐危难关头,大臣们又提出归还公田

① 周密:《齐东野语》卷一七《景定行公田》。
② 周密:《齐东野语》卷一七《景定行公田》。
③ 《宋史》卷一七三《食货志·农田》。
④ 佚名《宋季三朝政要》卷三。另见高斯得《耻堂存稿》卷一《彗星应诏封事》也记,回买公田之后,"米价大翔,饥死相望,有司尚谓田恶,日更月易,无有已时"。《南宋文范》外编(引《南宋文鉴》)杜仲贤《星变论劾贾似道》:"限买民田,图免和籴,欲公私之两便也。始之和买,给告牒而穷其价,民之怨已深。继之换易,取膏腴而抑其直,民之怨滋甚。管庄者利赢余而多取斛面,承佃者俱虑取而不免窜身,分司创置,吏卒旁午,不惟鬻田者被其害,佃田者被其扰,虽与公田了无相关者亦不得以安居,民怨至此而极……公田为害,甚于和籴。"
⑤ 参见前引各书及《(咸淳)玉峰续志·官租》所载。
⑥ 周密:《齐东野语》卷一七《景定行公田》。

于原主,乃降旨还田于民,然元兵已至,"还田之事,竟不及行"。① 浙西公田,入元朝后成为军饷重要来源,佃种公田之人,备受专制之苦。回买公田之害一直流毒于明朝。

回买公田实施后,贾似道等即着手整顿楮币。景定、咸淳之交,宋朝下令废十七界会子,行金银铜钱关子,规定关子一贯折十八界会子三贯,却一反以往各界楮币交替之际以新兑旧的惯例,拒不收兑十七界旧会。② 背信弃义,然而"自因颁行之后,诸行百市,物价涌贵"。③ 十七界会子废而不收,楮币威信大跌,"楮益贱"。④ 据时人方回记:"自更易关子以来,十八界二百不足以贸一草履,而以供战士一日之需。"⑤关子与十八界会子有固定比价,会子贬值如此,关子自也相应跌价。南宋最后一次秤提楮币就这样以失败告终。

回买公田、发行关子没有改变财计江河日下的局势,反而使南宋王朝上下离心离德,各种矛盾更趋尖锐。可算是毫无挽颓之功,适有加速灭亡之效了。

前人概括宋朝国势乃循积贫积弱之方向演化发展。所谓积贫,即主要是财计上的日渐匮乏之势;所谓积弱,也是以积贫为背景而与财计不支有着密切的联系。宋朝在财计状况方面仁宗以后发展虽有起伏反复,然大体是走下坡路的。财计之所以日渐不佳,最后趋于恶化,最根本的原因在于支出的过大:在于冗费局面的根深蒂固。为了满足冗费的需要,就不得不设法增加人民的赋税负担。财政上每一次大的危机出现之后,往往随之出现一次增赋加税的高潮。随着财计的恶化,财制上的集权越来越厉害,封建国家越来越着力严密控制地方财计入出,在财赋支配权的划分上中央与地方的比例越来越不合理,地方的财计比中央的财计更加困窘不堪,管理的混乱更加难以控制。封建国家增赋加税,地方各级官府的苛

---

① 周密:《齐东野语》卷一七《景定行公田》。
② 参见吕午《左史谏草》附录《监簿吕公家传》所载。
③ 吴自牧:《梦粱录》卷一三《都市钱会》。
④ 《宋史》卷四七四《奸臣传·贾似道》。
⑤ 《桐江集》卷六转录方回《上书诛贾似道》。

征杂敛,贪官污吏的敲诈勒索,使得广大人民的处境日益恶化。两宋广大人民贫困化过程之明显、贫困化程度之深,在我国封建社会各个朝代中是比较突出的,这与两宋统治者实行的竭泽而渔式的聚敛有最直接的联系。

两宋财政的历史兴衰,如果更深一步地根究其原因,就要了解宋朝与前代不同的财政收支情况和特殊的理财体制,这些内容就是以下两编所要专门讨论和具体分析的。

第 二 编
两宋财政的收入与支出

　　关于宋朝财政收支盈亏演化的发展历史,本书在上一编已作了介绍。我们又汇集两宋历年岁出、岁入的有关数据制成一表,附于书后以供参考(见表1)。本编拟对宋朝财政收支进行逐项分析,着重介绍宋朝财政收支的结构,以深化我们对宋朝财政发展过程的认识。

　　宋朝的财政收入主要,可分两大类,即赋税收入与课利收入。细致分析,名目繁多,互相交错,情况复杂。例如,习惯上列入田赋收入的食盐、蚕盐、曲引等钱,就其性质和起源讲,则应归入禁榷收入。园户缴纳的茶租钱,本因禁榷而起,却又按亩摊征。南宋的茶引钱,也由禁榷而来,却与商税形式相近。北宋和预买绸绢初行时性质接近官府的生产贷款,官民两利,随后即有科率性质,南宋时则演化为一项赋税,甚至在不少地方成为田赋的一部分。诸如此类,使得区分各种不同性质的赋入项目和搞清其相互关系极为困难,我们只能粗略地勾勒其轮廓。

第 一 章

田赋、代役税与人丁税

田赋、代役税和人丁税是宋代农民负担的较为经常和正规的赋税。所谓代役税是指因职役而起征的免役钱,它的摊派办法各地各时期很不一致,既不能简单地归为田赋,又不能归为财产税和户税,故另作一项。人丁税在宋代不是一种普遍性的赋税,而是暂时性或局部性的赋税。

第一节 田赋收入

宋朝的田赋收入主要是指两税及其附加税收入。宋朝的两税是由唐朝的两税发展演化而来的。其较为明显的不同点是:宋朝两税附加税种类、数量较唐朝更多。唐朝将百姓的"庸"即徭役并入两税,宋朝则明文规定,百姓除输纳两税外还要负担职役、河夫等。故一般地讲,宋朝农民的田赋负担较唐朝有加重的趋势。

宋朝因禁榷课利、代役税在财政收入中所占比重有上升趋势,故两税收入的地位有所下降。尽管如此,两税(包括各种附加税)收入仍然是财政收入中最重要的项目,其实物部分尤为宋朝财计所倚仗。请参见本书所附历年财政岁入岁出总表。

一、两税正税立额

唐朝初定两税法时,将赋税分为两部:居人之税即户税,"据旧征税数及人户土客定等第钱数多少,为夏秋两税",这一部分以钱立额。田亩之税即地税,"应科斛斗,请据大历十四年见佃青苗地额均税",这一部分以粟米立额。① 但计算百姓资产是件困难事,时人陆贽在其奏议中对此已有论及,至唐文宗以后,官方文书中多见"青苗两税,本系田土,地既属人,税合随去","据地出税,天下皆同"等说法,②说明居人之税、户税已逐渐转化为以钱立额的地税。有记载讲,宋初沿袭了唐朝以钱、米两项订立田赋正额的做法:

> 祖宗时,民户夏秋输钱、米而已,未以绢折也。咸平三年,度支计殿前诸军及府界诸色人春冬衣应用布帛数百万,始令诸路漕司于管下出产物帛诸州军,于夏秋税钱物力科折,辇运上京。自此始以夏秋钱米科折绵绢,而于夏科输之。③

> 国初,二税输纳钱、米而已。咸平三年,始令州军以税钱物力科折帛绢,而于夏科输之。此夏折帛之所从始也。④

据此,宋初两税沿唐制,只以钱、米两项立额,真宗初年,税钱部分多折科绢帛而并入夏税输纳。宋朝百姓户籍上虽有资产数(物力)一项,然多用于排列户等分摊职役,不见有以此作为确定税钱额的基础的,从现存记载看,宋时两税立额,也多是以田亩数量、质量等为基础的。北宋李昌龄讲,宋初两税立额,"亩税一斗,天下之通法",⑤张方平则讲北宋前期"大率中田亩收一石,输官一斗"。⑥ 这大约是此时期田赋的一般水平。实则客地区税额轻重多寡自唐以来即有差异,五代割据更加大了这一差

---

① 《通典》卷六《食货·赋税》、《唐会要》卷八四《租税》。

② 《唐会要》卷八四《租税》。

③ 《朝野杂记》甲集卷一四《东南折帛钱》。

④ 《宋会要·食货》六四之三五。

⑤ 《说郛》卷九八引《乐善录》。

⑥ 《乐全集》卷一四《食货论·税赋》。

异,宋初对田赋未作彻底整顿,故全宋并无统一的立额法则。每一地区之
内,又因土质、地形等原因,不能一例看待,不得不"以土色肥硗,别田之
美恶,定赋调之多寡"。① 神宗时人杨绘曾说:"天下之田,有一亩而税钱
数十者,有一亩而税数钱者,有善田而税轻者,有恶田而税重者。"②虽讲
的偏重于税钱部分,而苗米立额之不均也应如此。史籍中未能留下中原
地区北宋两税如何立额及其具体数字,现存者多为宋初新入版图的江、
浙、福建等路的情况记载,据以制成一表(表1)。

地区	夏税(每亩)	秋税(每亩)	根据文献
江东路徽州歙县、绩溪、休宁、祁门、黟县	钱:上等200文,中等150文,下等100文	米:上等2斗2升,中等1斗7升7合,下等1斗3升3合	《(淳熙)新安志》卷二、《宋会要·食货》七〇之三五
江东路徽州婺源县	钱:上等42文,中等40文,下等38文	米:上等4升2合,中等4升,下等3升8合	同上
江东路池州青阳县	—	米:上等3斗	《系年要录》卷一六五、《宋史》卷一七四《食货上二·赋税》
江东路池州贵池县	—	米:上等4升	同上
江东路池州建德县	—	米:上等4升7合	同上
江东路池州东流县	—	米:上等6升	同上
江东路宣州太平县	钱:9文至12文	米:1斗3升9合至一斗有半	《(淳熙)新安志》卷二
江东路饶州浮梁县	钱:14文至24文	米:3升3合至5升5合	同上
江东路宣州旌德县	钱:40文至60文	米:1斗4升至1斗8升8合	同上
江东路池州石埭县	钱:8文至12文	米:6升5合至1斗1升7合	同上
江东路饶州乐平县建节乡	钱:9文至13文	米:2升8合至3升8合	同上

① 《宋会要·食货》四之九。
② 《长编》卷二二四。

地区	夏税(每亩)	秋税(每亩)	根据文献
福建路福州	钱:无上等,中等4文4分(一作4文整),下等3文7分	米:无上等;中等8升;下等7升4勺	《(淳熙)三山志》卷一〇、《宋会要·食货》一之二三
两浙路苏州	钱:无上等,中等4文4分,下等3文3分	米:无上等;中等8升;下等7升4合	《琴川志》卷六
两浙路衢州开化县	钱:4文8分至7文	米:3升至4升4合	《(淳熙)新安志》卷二
两浙路杭州(临安府)新城县	钱数不详,实征绢3尺3寸	米:1斗5升2合	《宋会要·食货》七〇之五八

补注:按《(至顺)镇江志》卷六《赋税》引蔡逢《丹阳志》,谓宋时田赋"视田土之肥瘠分为四等","上等中等者田则夏有绵,秋有米四升五合或五升,地则夏有丝绵、大小麦。下等之田则夏无绵,秋有米四升五合,地则夏无丝绵大小麦也。不及等者田则夏税无几,秋米一升,地则夏税绢一分,盐钱一文而已"。

从记载看,表内所列定额多系沿袭唐、五代旧额或在旧额基础上略加调整而重立的,因此往往不尽合理。为了弥补这方面的缺陷,宋朝政府采取了通过定额以外的折科、科率等进行调剂补救的办法。沈括记:

> 五代方镇割据,多于旧赋之外重取于民。国初悉皆蠲止(按,此言失实,见下文)。税额一定,其间或有重轻未均处,随事均之。福、歙州税额太重,福州则令以钱二贯五百折纳绢一匹,歙州输官之绢止重数两,太原府输赋全除,乃以减价籴粜补之。后人往往疑福、歙折绢太贵,太原折米太贱,盖不见当时均赋之意也。[①]

文中只讲福州贵折绢价,实则歙州不但输官之绢比一般(十二两)要轻数两,而且"将绸绢绵布虚增高价,纽折税钱,谓之元估八折"。[②] 北、南宋之交时人冯康国也讲:"四川税色,祖宗以来,正税重者科折轻,正税轻者科折重,科折权衡与税平准,故无偏重。"[③]也可说明沈括所言确有其事。

北宋灭亡、宋室南迁后,田赋也有较大变动。主要表现为:一、两淮、

---

① 《梦溪笔谈》卷一一《征纳》,另参见楼钥《攻媿集》卷八九《陈居仁行状》。
② 《宋会要·食货》七〇之三五。
③ 《宋史》卷三七五《冯康国传》,又卷一七四《食货志·赋税》。

京湖等成为宋金对峙前沿,生产经常破坏,田赋不得不减;二、南宋行经界法,在力求保持或超出原总额的前提下,对某些地区的税则作了调整;三、对某些过于不合理的税额作了一些调整以笼络民心。

　　南宋王炎记,湖北路因南宋初战乱变得更加地旷人稀,官府对田亩实数也不细加追究,有占田"数十亩为一亩者",有"以数亩为一亩者",每亩"苗米以一斗为率"。① 这种状况至南宋中期仍无大变化。据鄂州地方官赵善括讲,本州此时耕地垦种面积与北宋相差无几,然而赋入"比之昔日税赋十分未及一分"。原因就在南宋绍兴初年后,"逐年唯欲措置招集给佃,垦辟荒田,不暇让其多寡,往往大指四至,小立亩步"。② 虽然仅从每亩立额数看不比北宋一般水平低多少,但因亩数不实,单位面积耕地的赋税负担量却减少了许多。淮南前沿往往不再征两税,改征课子。南宋前期宋廷曾规定,此地区战乱中流亡他处"还业之人""权纳课子二年","每亩不得过五升"。③ 其数额当也低于原二税数额。

　　南宋几次行经界法,经界之时,税则也有所变动。例如福州行经界法:"列邑之地各有高下肥硗,一乡之中,土色亦异,于是或厘九等,或七等,或六等,或三等;杂地则五等或三等。多者钱五文、米一斗五升,最少者钱一分,米仅合勺。"这明显不同于北宋初的税则,其中每亩摊征税额可能略有减少,这是由于"今垦田若园林山地等顷亩较之国初殆增十倍",故调整之后,全州总额"夏税比祥符后加一千余缗,苗米比庆历后加四千余石"。④ 又据袁甫记,端平初,嘉兴府华亭县行经界,"以北三乡上田赋重,则尽降而为中",⑤对田赋税则也有触动。

　　调整过于不合理的税额,北宋也有实行,但南宋立国不稳,更加注意。江东路池州青阳县原定赋额过重,绍兴年中诏令"减苗税二分半",于是

---

　　① 《双溪先生集》卷一《上林鄂州书》,另《历代名臣奏议》卷二五八载李椿奏称孝宗时鄂州召募垦荒"立定苗税,视田肥瘠为三等:上等每亩不过六升,中等四升,下等二升"。
　　② 《应斋杂著》卷一《上尚书省札子》。
　　③ 《宋会要·食货》七〇之三七、三八。按,《永乐大典》卷一一九〇七引《湟川志》载南宋广东连州二税全以旧夏布额及现田亩数为基础,计算各户二税额,但不是普遍情况。
　　④ 并见《(淳熙)三山志》卷一〇《版籍·垦田》。
　　⑤ 《蒙斋集》卷一四《华亭县修复经界记》。

上田每亩秋苗由原三斗减为一斗九升八合。① 又如乾道年中,对立额过高的徽州田赋,采取削减杂钱数的办法加以调整,对自五代相沿未改的临安府临安、新城两县虚增重额税加以削减等,②都属此类。

据宋元之间人方回记:"[南宋末]浙西、江西、湖广、川闽,大抵论物力若干科夏科[秋?]税若干,有增无减,州不恤县,县不恤民,其弊不可胜书。"③方氏之书错讹颇多,难以为据,如所记为实,则南宋后期在两税税则上又有变动,然而未见他书记载,只好付阙待考了。

二、两税附加税

在两税附加税中,最突出的是统归于"杂钱"名下的若干种以钱立额的杂税。它们多是由"杂变""沿纳"之赋转化来的。自唐以来,由于某种临时需要,于两税外增立名目征敛于民,或变动禁榷之法,将榷利分摊于田亩,年深历久,相仍不变,至宋初又大部分加以承袭。这些杂税即被称为"杂变""沿纳"。这些杂税中以钱为额者,即被统称为"杂钱"。杂钱之见于记载者,主要有如下数种:

甲、曲钱:因将榷酒课利摊入地亩而来。

乙、盐钱:因将榷盐课利摊入地亩而来。

丙、牛皮钱:将科配牛皮折钱摊入地亩。

丁、鞋钱:将应副军须科配军鞋折钱摊入地亩。

戊、蘑钱:将仓库所用苇席折钱摊征于地亩。

己、脚钱:由支移赋税转化而来。

此外还有蒿钱、农具钱、率分纸笔钱、析生望户钱、公用钱等多种名目。④

---

① 见《系年要录》卷一六五。

② 参见《(淳熙)新安志》卷二《贡赋·杂钱》、《宋会要·食货》七〇之一一〇及《宋史》卷一七四《食货志·赋税》。

③ 《续古今考》卷一九《附论杨炎两税》。

④ 参见《宋朝诸臣奏议》卷一〇四陈靖《上真宗论江南两税外沿征钱物》、《乐全集》卷二五《论免役钱札子》、《宋史》卷一七六《食货志·常平义仓》韩琦奏及《(淳熙)三山志》卷二《贡赋·杂钱》等。

杂钱虽为税外之税,其数量却是不少的。神宗时张方平将其任职的应天府田赋作过统计,夏秋正税米、麦、绢合计不足二十万石匹,杂钱竟有十一万贯以上。①他又曾统计过陈州的田赋,夏秋正税连同和预买绢共约十八万石匹,另有丝绵约五万两,而杂钱中仅盐钱一项即有一万五千余贯。②杂钱实征时并不敛钱,而是折征实物,折征比价有时高于正税,例如徽州上等田夏税钱二百文,折征绸四寸、绢一尺三寸、布一尺、绵三钱,杂钱七十九文,却折征绢四尺三寸、绵四钱五分、麦一升二合,几乎与正税数量相当。

杂变、沿纳之赋也有以实物为额的,如盐博绸绢、盐博斛斗、甲料丝、斛面、耗米、铺衬芦簾、蚕盐绢帛、蕨米等。

宋朝对某些杂变、沿纳之税赋虽有裁减,却又新创多种附于田赋的杂税,如钞旁定帖钱;有些旧有名目的杂税在数量上也颇有增加,如脚钱。特别是南宋战乱之时,这种情况更为普遍和严重。

北宋末以后,一部分田赋附加杂税隶于经总制钱名下,成为其组成部分。

三、折科、折变与支移

宋初是否各地均以钱、米两项立田赋之额,不无疑问,但现见于记载有田亩夏税钱的地区计有两浙、福建、江东西、广西、湖南等长江以南绝大部分地区,川蜀各路,河北、京西和淮南。另外田赋附加税中以钱为额的也有相当数量。正税与附加税中以钱为额的部分,实际征收时大部不征现钱而折征实物,称为折科。税钱的折科与一般折变不同。"其入有常物,而一时所须则变而取之,使其直轻重相当,谓之折变。""折变之法,以纳月初旬估中价准折,仍视岁之丰歉,以定物之低昂。"③税钱折科则既非应一时之须,其折科物品类、折价也多非依时须、时估而定。税钱一般多

① 《乐全集》卷二六《论率钱募役事》。
② 《乐全集》卷二五《论免役钱札子》。
③ 《宋史》卷一七四《食货志·赋税》。

折科绢、绸、丝绵、布、麦等,其折价往往数十或上百年不变。现将见于记载的一些地区折科物折价列表如下(表内数字以钱文为单位):

地区	时期	绢/匹	绸/匹	布/匹	丝绵/两	麦/石	根据文献
江西	太平兴国二年前	1000 上等	—	—	—	—	《长编》卷一八
江西	太平兴国二年后	1300 上等	—	—	—	—	同上
潼川（梓州）路遂宁（遂州）	康定年以后至南宋初	—	1100	—	—	—	《系年要录》卷九三
河北冀州	嘉祐年以前	500	—	—	—	—	《宋史》卷三四〇《刘挚传》
河北冀州	嘉祐年以后	1300	—	—	—	—	同上
福建路福州	宋初	2500	—	—	—	—	《梦溪笔谈》卷一一《征纳》
福建路福州	北宋时（起讫不详）	—	650	244	—	470	《(淳熙)三山志》卷一七《财赋·岁收》
广南西路	始皇祐年以前,不详所止	—	—	200	—	—	《长编》卷一七四
江东南康军都昌县	北宋时（起讫不详）	1050	—	—	—	—	《晦庵集》卷二〇《论木炭钱利害札子》
江东徽州	咸平三年后（仅用于杂钱）	770	731	350	62.5	—	《(淳熙)新安志》卷二《贡赋·杂钱》
利路阆州	五代至太宗末年	1800	—	—	—	—	《宋史》卷二六七《陈恕传》
利路果州	五代至太宗末年	600	—	—	—	—	同上
川峡四路	咸平年以后	300	320	—	10	—	《长编》卷三七七、《净德集》卷一《奏具置场买茶旋行出卖远方不便事状》

由于有这种品类、比价相对固定的折科,使得两税税钱额在实际征收时多不起作用,科折的税物色额反成为本色,即在实施这种制度化折科的地方,两税以钱为额的部分也变为以实物为额了。在这种情况下,税钱额即成为科率与派役的参照物。也由于有上述意义的折科,使得在宋朝物价几次上涨的条件下,宋朝政府得以基本保持赋入的原有水平。

折变,原本是为满足官府多方面临时需要,避免所收非所需、复行变换贸易所造成的麻烦而设置的变通性办法。然而随着财政收支状况的恶化及政治的逐渐腐败,折变也就成为变相增加税额的手段。通常的办法就是高估本色,低估折变物,从而增加实际税收量。北宋包拯于皇祐初年曾奏道:

> 天下税籍有常数矣,今则岁入倍多者何也? 盖祖宗之世,所输之税只纳本色,自后以用度日广,所纳并从折变,重率暴敛日甚一日,何穷之有。①

这之前他已曾奏论江淮两浙赋税折变事,谈到到官府折科小麦每斗折税三十四文省,而发运司命以麦折变而征现钱,每斗小麦却折九十四文,"比逐处见粜价例两倍已上"。② 如此不合理的折变使百姓增加了成倍的负担。他还曾讲到陈州的折变,此地当时遭灾,麦不收,于是将大小麦每斗折钱一百文,连同脚钱计一百四十文,"市上小麦每斗实价五十文,乃是于灾伤年分二倍诛剥贫民也"。③ 有时又出现二级官府重叠折变的情况,仁宗、英宗间李复圭为度支判官、知泾州,"始时二税之入,三司移折已重,转运使又复折之,复圭为奏免,民立生祠。"百姓为李复圭立生祠,说明了重叠折变害民之重。非理折变此后愈演愈烈。神宗时,江西路"米价每斗约四十五",而"所有人户合纳苗米却令纳一色见钱,每斗九十以来,比市价增及一倍"。④ 京西路"麦斗钱不过三十,转运司乃令税户折

---

① 《包拯集》卷一《论冗官财用事》,又见《长编》卷一六七。
② 《包拯集》卷七《请免江淮两浙折变》。
③ 《包拯集》卷七《请免陈州添折见钱》。
④ 《宋朝诸臣奏议》卷一〇四吕公著《上神宗论江西重折苗钱》。

纳钱六十以上"。① 南宋孝宗时,平江府"以绢折麦,每匹输麦四石五斗,以钱计之,五倍其数"。② 南宋后期财计窘迫之时,折变之苛自不在话下。北宋中后期至南宋,又有反复纽折的现象:即将本色税物折变,再将折变物折变。据时人邢恕讲,神宗末年,有些地区"法当出粟者,乃折令出麦,麦固加贵于粟。既已出麦,则又折令纳钱,钱固难得于麦矣,于是有斗当三四十金而所纳至于百钱者。转运使止以饮唾指麾坐获倍利,此所谓支移折变之苛也"。③ 徽宗时反复折变更加严重,有大臣奏道:"访闻夏秋税赋巧立名目,非法折变。如绢一匹折纳钱若干,钱又折麦若干,以绢较钱,钱倍于绢,以钱较麦,麦又倍于钱,殆与白著无异。"④对这种反复折变时人称为"一折、二折、三折"。⑤ 南宋时反复折变的现象也相当普遍,南宋初与南宋末战乱年代自不必言,即如战争较少、统治秩序较佳的孝宗、宁宗时期,也时见记载。例如乾道年中大臣鲁皆奏言:"今州县率为奸吏,估麦必损其直,以税钱一折金十,民已困矣。准绢为匹八贯有奇,折麦有至二石五斗,糜费耗折几麦五石,以去岁麦价纽计,十六七千而办一端之税。"⑥又如庆元年中有人上奏讲到所谓"折帛绵""折麦钱"均由有反复折变的性质。"夫折帛绵者,如折帛已敷定数,而又就其折帛数内分其余钱折而为绵,故名之曰折帛绵,反复纽计,比之输纳本色,三倍其数矣。"税绢除折帛外,又按比例折征麦,再由麦折变为征钱。"一斗之麦与糜费使用,其直不过三环(百文)而已,若论折钱,每斗非七八环(百文)不可也,是输纳折麦又不知几倍于折帛。"⑦嘉定年中,又有于秋苗米中折征糯米,由糯米折征价钱者,"其他名色不一而足,大抵皆展转变易以求赢再余,斯民安得不重困耶"。⑧ 苛价折变和反复折变是财政收支状况恶化和

① 《长编》卷三四八。
② 《宋会要·职官》七二之一三。
③ 《宋朝诸臣奏议》卷一四九邢恕《上哲宗五事》。
④ 《宋会要·食货》七〇之二八。
⑤ 《斐然集》卷二五《先公行状》。
⑥ 《宋会要·食货》一〇之二一。
⑦ 并见《宋会要·食货》七〇之一〇〇。
⑧ 《宋会要·食货》七〇之一〇九。

财政管理混乱的标志,给广大人民带来了很大的痛苦。

支移,即所谓"输有常处,而以有余补不足,则移此输彼,移近输远",①也即是无偿地把应纳税物输送到官府指定地点。支移一方面减少了官府的运输费用,另一方面则加重了百姓的实际赋税负担。从记载看,支移最重的是邻近边境的诸如北宋陕西、河北、河东和南宋的沿江、川蜀地区,尤其在战争期间,支移给人民带来的苦难尤为沉重。例如仁宗时对夏作战,陕西百姓支移赋税往延州和保安军,"比别路所贵三倍,比本处州县送纳所贵五倍"。② 河东路百姓也为支移赋税搞得"贫弊劳扰"。③ 哲宗元祐初,曾正式规定陕西民户支移赋税,"以税赋户籍在第一等、第二等者支移三百里,第三等、第四等二百里,第五等一百里"。④ 其负担之重是很明显的。南宋初江东建康溧阳县支移马草沿边,"每纳草一束,陪备有至八百文",⑤约为草价十倍以上。南宋嘉定年中,大臣王梦龙奏"三边移运之苦,谓如某州点夫、某州运米,又指某州出卸,涉历三州,所运不过八斗,计其资粮、扉履、点摘、诛求之费,常十倍于八斗之直。中产之家,雇替一夫,为钱四五十千,下户一夫受役,一家离散"。⑥ 神宗以后,担负赋税支移义务者多可纳钱代役,由是因支移派生出各种名目的脚钱,有些脚钱重又归入田赋,从而增加了附加于田赋的杂税种类及数额。

四、南宋时期两税税粮严重的法外多收

南宋时期,两税税粮征收出现了严重的法外多收的情况,使得两税税粮的定额、实际征收数及百姓实际负担数之间有着不小的差距,这是必须加以说明的。

---

① 《宋史》卷一七四《食货志·赋税》。
② 范仲淹:《范文正公政府奏议》卷下《奏乞免关中支移二税却于次边入中斛斗》。
③ 欧阳修:《欧阳文忠公文集》卷一一五《乞免诸州一年支移札子》。
④ 《文献通考》卷四《田赋考·历代田赋之制》,并见《宋会要·食货》七〇之一七。
⑤ 叶梦得:《石林奏议》卷九《申尚书省相度折纳转运司应副刘锜等军马草状》。
⑥ 刘克庄:《玉牒初草》卷一。

　　南宋立国不久,两税税粮就出现了严重的法外现象,这是与战乱失控相联系的。建炎二年二月,龙图阁直学士、知洪州胡直孺奏江西军民五害,就言及:"诸州受纳苗税加耗太重,有一斛而取五斗者。"①宰相李纲讲得比胡直孺更严重,他说:"夫自崇、观以来,增上供之数,而一路州县又有养兵、给官吏禄廪之费,用度百出,何自得之。于是常赋之外,加数以取于民。如江东西、湖南北,有至于纳加耗米四石仅能了常赋米一石者,猾胥黠吏又因缘为奸,欲民力之不困,何可得也。"②绍兴元年初,前宰相朱胜非受命宣抚江湖三路,"首访民瘼,皆云:正税之外,斜科繁重。乃令民间陈其色目。税米一斛有输及五六斛,税钱一千有输及七八千者。"③正如李纲所指出,除了贪官污吏乘机谋取私利之外,一定程度上也是因为战乱中州县谋财无路,有迫不得已的因素。

　　然而,宋、金议和以后,战争趋缓,南宋政权已趋稳固,两税税粮额外多取的事仍然存在,而且多取的比率大抵仍居高不下。据载,[宋高宗绍兴]二十一年闰四月二十二日,知桂阳监赵不易言:"湖南人户纳苗,往往州县高量斛面,一石正苗有至三石,少至一倍。故令户部措置,从本路转运司造一样斛斗降下,不得擅行置造,倍收耗数。""从之。"④宋孝宗"乾道七年六月二十七日,详定一司敕令所修立到条法:'诸受纳苗米官纵容公吏巧作名色乞取者,比犯人减一等罪,徒二年,仍许人户经监司越诉。州县长吏不觉察,与同罪。'以臣僚言:'人户率用米二石有余、钱一千文足以上,方能了纳正米一石,乞行禁止。'"⑤淳熙四年正月二十一日,户部侍郎韩彦古言:"……又缘朝廷不知取民实数,轻重无制,民间合输一石不止两石,合纳一匹不止两匹,多取之罪则隐而未言,乏兴之诛于立见……"⑥淳熙八年六月辛丑(二十七日),"知处州李士龙纳租多取加耗。诏降一官。元数止一万四千有奇,斛面出剩二万三千余。罚受纳官

---

① 《系年要录》卷一三。
② 李纲:《梁谿集》卷六三《乞减上供之数留州县养兵禁加耗以宽民力札子》。
③ 《系年要录》卷四二,《文献通考》卷五《田赋考》。
④ 《宋会要·食货》九之六又六八之五。
⑤ 《宋会要·食货》九之一一又六八之一一。
⑥ 《宋会要·食货》五八之五八。

赵汝楫追两官勒停"。①此数事例中,都是加倍征收,说明多收税米的情况依然严重。上二例是讲湖南、两浙的事,大儒陆九渊在与友人的信中又讲了江西抚州的情况:"辛巳、壬午间(绍兴末年),张安国为太守,有陈鼎者为临川知县,甚贤,安国使之领纳,于是尽取州之军粮、州用、俸米算数与漕司明会之数共会之,以民户苗数计之,每硕加五斗而有余,不问官民户与吏胥之家,一切令二斛输三斛,谓之加五。令官斗子上米民户自持斛橐,见请橐量不得更有斛面,百姓皆大欢呼,大为民户之利。张、陈既皆满罢,后来不能复守其法,于二斛输三斛之上又寖加斛面,民益以为困。乙未、丙申间(淳熙初),赵景明为太守,某与其兄景昭为同年进士,景昭极贤,舍姪又在郡斋为馆客,因与景明言输苗之害……景明……初亦难之,以为今日州县家之用又多于昔时,某与景昭舍姪共会州家一岁之用,景明……谓……今日用度益广,欲更于五斗上加五升耳。某与景昭商之,以为斛输一斛五斗五升,而使不得加斛面,民户自持橐,则五升之加在民户亦所不惮……民果大悦之……今景明之事既远,民户有不能记忆,闻今岁输苗者取之过者皆倍不啻。"②陆九渊记述了抚州税米不断加收的过程,是从一斛加五升开始,最后到"倍不啻"。与陆九渊差不多是同时人的崔敦诗,淳熙八年被任命为中书舍人,随后他上疏也论及此事,讲:"受纳之弊,今日已极,徒缘费用之广,须资赋入之赢,纵有宽容,宁无艺极。今乃年年增长,第第加添,不恤过多,悉期取足……且州既明取其赢以供州,县又明取其赢以供县……公私规图,上下克剥,合入米一石,今有至二石,而可输合用钱一文,或有至两文而未已。更迟以久,将又如何。"③大约与之时间接近,湖南安抚辛弃疾也上奏论及:"陛下不许多取百姓斗面米,今有一岁所取反数倍于前者。陛下不许将百姓租米折纳见钱,今有一石折纳至三倍者,并耗言之,横敛可知。"④宋光宗时,杨万里议论说:"民输粟于官谓之苗,旧以一斛输

① 《宋史全文》卷二七,事又见《宋会要·食货》六八之一二。
② 《象山集》卷八《书·与张春卿》,参同书卷五《与赵子直书》。
③ 《历代名臣奏议》卷一〇八《仁民》崔敦诗奏疏。
④ 《历代名臣奏议》卷三一九《弭盗》湖南安抚辛弃疾上疏。

— 201 —

一斛,今以二斛输一斛矣。"①洪迈也撰文议税米多收事,谓:"今时大不然,每当输一石而义仓省耗别为一斗二升,官仓明言十加六,复于其间用米之精粗为说,分若干甲,有至七八甲者,则数外之取亦如之。庾人执槩从而轻重其手,度二石二三斗乃可给。至于水脚、头子、市例之类其名不一,合为七八百钱,以中价计之,并傭船负担又须五斗,殆是一而取三。"②这些记载表明,即便是南宋情况最好的宋高宗后期、宋孝宗、光宗时期,税米多收的情况不但很普遍,而且严重程度比南宋初期也差不了多少。

宋宁宗开禧北伐失利以后,宋朝财政更加吃紧,税米多收的事也频见记载。请看下引三则记载:

> [嘉定五年闰九月]二十三日,臣僚言:"窃见州县受纳苗米,所用之斛,虽系文思院制造发下,访闻辄于斛缘铁叶之上增加板木,复以铁叶蔽之,分毫之间,其数辽绝。间有州县续置之斛,不依元降则样,所取之数尤为不恕。此其弊一也。斛面之外,又有加耗,岁复一岁,有增无减。其所取加耗,自合算计数目,并量以斛,今令项别用斗量,极其盈溢,几于倍蓰。此其弊二也。受纳之职,合选清强之吏,而州郡类择刻剥者为之,致于先期经营差委者,其意安在?被差之后,百端苛取,以出剩之数先饵州郡,然后利其赢余,公然打印虚钞,通同胥吏、揽户规利入已。此其弊三也。头脚钱之外,创为名色,乞觅钱数。加耗之外,又以呈样、修廒等为名,掠取米斛,置之厅事之前。受纳既毕,辄与合干人均受,略无愧色。此其弊四也……"③

> [嘉定]六年十一月四日,监察御史倪千里言:"臣窃惟常赋之外,诛求苛刻,其为名件,未易悉数,请择其尤为民害者为陛下言之:……五曰输纳过取……夏税、秋苗所纳本色纲解水脚,量取于民,自不能免。今州县所纳一缣,为钱四五百足,纳米一斗,为亦百金以

---

① 《诚斋集》卷六九《轮对札子》、《宋史》卷一七四《食货志·赋税》、《历代名臣奏议》卷二五九《赋役》宋光宗绍熙元年秘书监杨万里上奏。

② 洪迈:《容斋续笔》卷七《田租轻重》。按,《续笔》撰于绍熙年间。

③ 《宋会要·食货》六八之二一。

上,且闻又有倍于此者。收加斛面之外,多创名色,例外又加,与夫仓之内外,并缘攘取之人,不一而计。计其所纳,率几二斛有半,是输一斛之米,已计三斛以上之数矣。去岁米直所在低下,而抑纳折钱,每石有及六七千者,此输纳过取之弊也。"①

　　[嘉定十二年八月]二十八日,臣僚言:"伏睹朝廷申饬诸路漕司,戒约州县受纳秋苗增收斛面之弊。仰见请(清?)朝轸念黎元,爱养基本,德至渥也,命令之颁,大率视为故常,未见有及于民者。且多为名色,增衍任情,一斛之输,费几三斛,一倍之收,加至再倍,民则何以堪之! ……"②

以上所引均是泛泛而言,以下一则是专讲宁国府一处的:

　　嘉定九年,权府李提举道传以郡仓取民无艺,斛斗增多至二石六斗,于是造斛,每石除一省石起发纲解外,转运司耗米二升,本府得用米六斗三升……台判:文思院斛斗天下所同,朝廷颁降铜式,付之提举司,正欲责之以同量之事,而宁国府循习旧例,受纳人户苗米,不用文思斛斗……据下状人供,以为两石六斗之米,方可输纳苗米一石……则本府,见用受纳之斛,比之文思斛加一斗四升八合,本府见用受纳之斗,比之文思斗加八升。本府自来受纳苗米正耗一石上,加府耗又暗点押字扫卓等非法无名之耗共五斗四升,通计一石五斗四升,而皆以大斛大斗量之,积累其数,盖已过倍。而执概之人高下其手者,又不与焉。③

宁国府税米多收是公开的,除用大量器以外,还有多种名目,结果是一石税米实收二石六斗。书中还言及,税米多收的最初缘由,是本府额收苗米只有约十二万石,而本府要平衡财计,非二十五六万石不可,其中"府中自来支遣军粮斛与文思斛不同,若文思斛受纳,则支遣军粮未免有贴陪之数","照得本府军粮斛比文思斛每石系加一斗二升",于是,每年支出军粮一项本府要贴陪三万多石。这是税米多收的可以公开的理由。当然,

①　《宋会要·食货》七〇之一〇六至一〇八。
②　《宋会要·食货》六八之二四。
③　《永乐大典》卷七五一二《续宣城志·嘉定诸仓斛斗》。

本府官吏的私下需求是不便言说的。

宋理宗在位时期,已是南宋后期,税米多收已成年久顽疾,仍旧普遍存在。宋理宗在位前期,时人真德秀上奏弹劾知宁国府张忠恕,列其罪状之一就是税米多收:

> 本府受纳夏税秋苗不用文思斗斛,而用私制宽大斗斛。两岁以来,加增收耗尤甚,于前总而计之,不啻多量一倍以上。受纳官随印申府,乞委官般量,将加增收到之数为出剩以献。开场未几,所收出剩已可补足正数,便行出膀,责令人户重价输钱以归府用。①

端平初,大臣吴潜奏称:"臣闻五代乱世,苗米每石额外多取三斗,史犹讥之。今自江而南,二浙、江东西、湖南、福建诸郡,一石之苗,有量至二石五六者,有至二石三四者,少亦不下二石一二。折纳之价,有一石至二十千者,是曾五代不若也。"②吴潜所言讲了当时税米多收的普遍性。时人俞文豹论纳米五弊,也讲的是一般情况,其谓:

> 州县苛取之门非一,姑述纳米之弊。斗斛系文思院给下,乃于铁叶下增加板木,复以铁叶盖之,甚者辄自创置,所增尤不恕,其弊一也。斛面所带已六七升,又有加耗,又有呈样、修仓名色,又有头脚钱、支俵等费,而耗米则又用斗量斗面赢余,又倍斛面。故率三石方纳得一石。至于总数既足,则尽令折纳价钱,其弊二也。受纳之官,必拣强敏之人,至有经营差委者,百端巧取,先献出剩,然后累其赢余,印打虚钞,与胥吏及揽户通同分受,其弊三也。人户赍米到仓,不与及时交纳,至于暴露累日,关节未通,贿赂未足,即行打退,往来搬运,倍有消折,其弊四也。县官初到,典吏必以追催畸零试其廉贪。绢则二尺三尺,米则三升五升,累而计之,则千万数。民户虽有朱钞存照,以所输不多,亦不与较,其弊五也。③

---

① 真德秀:《西山文集》卷一二《对越甲稿·奏乞将知宁国府张忠恕亟赐罢黜》。
② 《许国公奏议》卷一《应诏上封事条陈国家大体治道要务凡九事》。又刘宰《漫塘集》卷四《忆昨行寄呈刘法曹》:"斛面坡陀斗面高,三斗八升作常赋⋯⋯三斗八升更增五⋯⋯明年四斗三升之上更增科。"
③ 俞文豹:《吹剑录外集》,一作《吹剑四录》。

时人刘宰将税米多收写入诗中：

忆昨太守宣城陈，人物风流法从臣，太息官仓取无艺，要与邑民图久计。总将一石计其赢，三斗八升为定制。厥初号令如雷霆，奉行谁敢主撮增。愚民不解深长虑，竞喜当时斗斛平。新守迎来旧守去，号令虽严谁复顾。斛面坡陀斗面高，三斗八升作常赋。后来主簿辛君机，太学声名盛一时。揭来意与上官合，委向仓中司出纳。筹算亲临绝蔽欺，户庭凛凛无喧杂。愚民乍喜见明官，槩量宁论加勺合。上供送使有成数，羡余到底归州府。明年按籍取之民，三斗八升更增五。往者不可谏，来者图之犹未晚，只今太守龚黄比，千里痒疴如切己。公事勤劳绝燕私，私钱大半供公使。选官受秋输，而得法曹贤，除弊几十九，积羡踰三千。三千宁足州家用，只恐从今还作俑。明年四斗三升之上更增科，三十六都之人将奈何。①

南宋晚期人高斯得仍针对税米多收事进行抨击说："下令督趣税租，急于星火。且市斛之大，倍于文思，往往市斛之三乃可纳文思之一，是五倍取于民也。往往以资赂遗，以规进取。如民命何。"②

南宋时期税米多收的情况如此严重，宋廷也曾多次下诏敕予以扼制，但总不能彻底加以解决，除了贪官污吏须以此谋求私利之外，地方财计的难以平衡实是更重要的原因。陆九渊曾就此议论道：

民户秋苗斛输斛，斗输斗，此定法也，常理也。抚之输苗，往年惟吏胥之家与官户有势者斛输斛，斗输斗，若众民户则率一斛而输二斛，或又不啻，民甚苦之。或诉之使家，使家以问州家，则州家之辞曰：二税之初，有留州，有送使，有上供。州家、使家有以供用，故不必多取于民。今二税悉为上供，州家有军粮，有州用，有官吏廪稍，不取于民则何所取之。漕司每岁有所谓明会米，州家每于民户苗米数内每石取五斗供之，故不得而斛输斛、斗输斗也。使家无以处此，遂亦纵而弗问。由是取之无艺，如暗合、斛面等名目不可胜穷。③

---

①　刘宰：《漫圹集》卷四《忆昨行寄呈刘法曹》。
②　高斯得：《耻堂存稿》卷二《经筵故事·十月二十日进故事》。
③　《象山集》卷八《书·与张春卿》。

显然,转运司、州郡、县邑各有苦衷,三者都不是故意要违法多收,实在是各有不得已的原因。宋理宗淳祐年间,大臣徐鹿卿曾议论平江府(苏州)的税米多收事,其言:

> 姑以本郡(平江府)苗米言之,所催之数常不及,而所支之数常溢额。顷年每石之耗多至七八斗,又或过之。中间定为四斗之耗,比之他郡不为加多,所取得中,仅免窘急。然犹逐日趣桩钱楮补籴军粮。淳祐三年,始减耗一斗,为一石三斗。四年,又减一斗为一石二斗。内有一斗系运司耗米及义仓米,实止一石一斗。前是县自催苗,而许浦军粮亦县自给,县取赢斛面以供乏用,而水军之粮递叠积压,军人词诉无日无之,守臣病焉,遂令民户之苗县催郡纳,自行给饷,仍旧石取耗四斗,民户得一分之宽,水军得按月之请,无不便之,而诸县皆谓自苗归郡,县不可为。向使县自受苗,县自供军,不致欠阙,则纵取赢斛面勿问可也。今苛取于县不足于军,其势不得不变,变之善矣,然旧来拖下水军之粮,问之郡,则曰各县积压,非郡责也。问之县,则曰苗已归郡,无可偿也。①

平江府是当时的富郡,本府财计状况也是相对较好的,但仍免不了税米多收。从徐氏的话可知,当地官员在减少多收税米一事上,还是颇做了努力的,但最终还是一石多收四斗。问责起来,州有州的道理,县有县的道理,都不是没有理由的。陆九渊、徐鹿卿的分析都表明了税米多收是有其深层次、难以解决的困难的。

据载,宋廷于临近灭亡的景定二年、景定五年、咸淳五年,仍在下诏敕禁止税米多收。② 这说明从南宋初直到南宋灭亡前,税米多收问题始终存在。这一问题的存在,使南宋的两税税米定额、官方实际征收数、百姓实际缴纳数三者之间存在巨大差异,这是研究田赋收入必须注意的一个情况。

---

① 徐鹿卿:《清正存稿》卷一《九月朔有旨令伺候内引,壬子入国门,是日内引奏札第三札》。

② 参见《宋史全文》卷三六、《宋季三朝政要》卷三、《宋史》卷四六《度宗纪》。

第二节　田赋的管理与整顿

一、田赋不均及田赋流失现象的严重存在

北宋立国于后周旧业,平定东南川蜀后,本期北图幽燕,进而统一全国。北伐虽受挫,太宗对收复幽燕之事一直不死心,整顿内务的事便有所忽视,对田赋也未能进行彻底的清理整顿,这无疑给后来的田赋管理带来诸多不便。史载,太宗端拱年之初,田赋不均、租税减耗的问题即已很突出:

> 时州县之吏多非其人,土地之利不尽出,租税减耗,赋役不均,上下相蒙,积习成敝。乃诏:"诸知州、通判具如何均平赋税,招辑流广,惠恤孤贫,窒塞奸幸……限一月附驿置以闻。"①

此时虽有均平赋税之类的议论,却不见有其明显的效果。后景德年中真宗又讲及此事:"天下税赋不均,豪富形势者田多而税少,贫弱者地薄而税重,由是富者益富,贫者益贫。"②宰相王旦也承认这是实情。田赋不均与田赋流失互相关联。所谓不均,除了具体地块的田赋轻重不当外,豪富隐落田亩也是重要形式之一。州县上供留州素有定额,有漏税者,其数额往往转由其他百姓负担。景德年中,丁谓编定会计录,据其所记田亩户口,"是四户耕田一顷,由是而知天下隐田多矣"。③马端临认为治平年中,田地"赋租所不加者十居其七",④马氏所言过分夸张,不过隐瞒田亩

---

① 《宋史》卷一七三《食货志·农田之制》。按,此种问题至仁宗、英宗之世仍然未得改观。孔武仲《宗伯集》卷一四《代上执政书》载江东"簿书不正,走移出入之弊生,而隐匿不输者众",可为一例。

② 《宋会要·食货》一之一八。

③ 《宋史》卷一七三《食货志·农田之制》。

④ 《通考》卷四《田赋考·历代田账之制》,另参见王曾瑜《王安石变法简论》,载《中国社会科学》1980 年第 3 期。

数的现象必是相当严重。地方官府因田亩数陷失而转嫁负担于普通农民,普通农民无力负担,大批逃亡之外,积欠倚阁的赋税数量也增加了,田赋实际收入因此而流失。

田赋不均的另一重要原因植根于田产转移。神宗时苏轼对此做过分析:

> 今夫一户之赋,官知其为赋之多少而不知其为地之几何也。如此则增损出入惟其意之所为,官吏虽明,法禁虽严,而其势无由以止绝,且其为奸常起于货易之际,夫鬻田者必穷迫之人,而所从富者必富厚有余之家……贫者迫于饥寒而欲其速售,是故多取其地而少入其赋。有田者方其穷困之中,苟可以缓一时之急,则不暇计其他日之利害。故富者地日以益而赋不加多,贫者地日以削而赋不加少。又其奸民欲计免其赋役者割数亩之地,加之以数倍之赋而收其少半之直,或者亦贪其直之微而取焉,是以数十年来,天下之赋大抵淆乱,有兼并之族而赋甚轻,有贫弱之家而不免于重役,以至于破败流移而不知其所往。①

苏轼所讲确实是存在的,早在天圣九年宋廷就有明令,命卖田时"割税不尽",而后"无田抱税者"申报官司予以改正。② 此后类似的官府文告也几见记载。苏轼把此种现象分析得如此透辟,以后士大夫们议论田赋不均等事时,往往引用其中的言语。苏轼也讲出了田赋不均经常存在的一个重要根源,即随着地产的转移,豪富和贪官污吏借机把田赋负担转嫁于穷苦百姓,造成有田无税、有税无田的情况。

神宗时行方田均税法,虽以均税为旗号,实则主要用意在方田,即旨在追回流失的田赋。迄神宗去世,方田均税法未能全面推开,随即中止。哲宗在位时期在田赋清理上未有大举措。徽宗即位后,蔡京等重又倡行方田均税法,其奏语中谓"富者跨州轶县,所占者莫非膏腴,而赋调反轻,贫者所存无几,又且瘠薄,而赋调反重"③。蔡京等是否有均田赋、除民病

---

① 《东坡全集》卷四七《策别·较赋税》。
② 参见《宋会要·刑法》三之四四。
③ 《宋会要·食货》四之九。另参见李新《跨鳌集》卷二一《上杨提举书》。

之诚意,自大可怀疑,然其所讲田赋不均情况当是事实。北宋亡后,伪齐大臣冯长宁、许伯通等曾评论北宋后期田赋不均事,道:

> 宋之季世,税法为民大蠹。权要豪右之家交通州县,欺侮愚弱,恃其高资,择利兼并,售必膏腴,减落税亩,至有入其田宅而不承其税者,贫民下户急于质易,俯首听之,间有陈词,官吏附势不能推割,至有田产已尽而税籍犹在者,监锢拘囚至于卖妻鬻子死徙而后已。官司摊逃户之赋则牵连邑里,岁使代输,无有穷已……方田之高下土色,不公不实,率皆大姓享其利而小民被其害,暴君污吏贪虐相资,诛求百出……元元穷蹙,群起为盗。[1]

引文中讲到宋末方田均税法实施的结果非但未能使田赋均平,反而加重了田赋不均的程度。北宋末大臣对此已多有论奏,说明方田均税法的实施并没有均平田赋的效果。

南宋立国于金兵南侵的战火之中,税籍大量散失,田赋管理更加混乱,整顿田赋势在必行,于是有经界法的推行。经界法对均摊田赋有一定作用,但并不能根绝田赋不均的弊端。此后田赋不均的现象又渐滋蔓。南宋中期大臣陈耆卿上疏中道:"今之世,乃有田愈多而赋役反轻者,有无田而赋役反重者,此弊在在有之。"[2]此时期租佃关系的进一步复杂化,即土地典质、转佃等的广泛发展,也加重了田赋管理的混乱。至南宋后期,统治者更无暇顾及田赋整顿,田赋不均也达到空前程度。时人谓:"邸第戚畹、御前寺观,田连阡陌,亡虑数千万,皆巧立名色,尽蠲二税。州县乏兴,鞭挞黎庶,鬻妻卖子……"[3]

以上分析说明,田赋不均在两宋一直是一个严重问题。其严重性不仅表现在给广大贫苦农民造成巨大痛苦和不幸,从而破坏农业生产的正常进行,破坏社会的安定,同时又直接威胁封建王朝的财政收入。因此,宋王朝也曾几次企图进行较彻底的田赋清理与整顿。

------

[1] 杨尧弼:《伪齐录》卷上《刘豫传》。
[2] 《筼窗集》卷四《奏请正簿书疏》。另参见《省斋集》卷五《论湖北田赋之弊》。
[3] 《长编》卷二,又《宋史全文》卷一《太祖纪》。

二、北宋初期的田赋整顿举措

宋朝较大规模的田赋整顿清理,主要是北宋推行方田均现法及南宋推行经界法,此外还有一些较为短暂或较小范围的田赋整顿,如北宋真宗以前的清查田亩、南宋后期的行自实法等。

北宋建国初,后周显德年中的"度民田"尚未结束,太祖即位,有意促成其事,故于建隆二年正月"分遣常参官诣诸州度民田"。① 虽然此事结果失载,或成效不大。数年之后,为鼓励垦田,则有开辟荒地,不增田赋之诏:

> [乾德四年闰八月]五代以来,常检视见垦田以定岁租,吏缘为奸,税不均适。由是百姓失业,田多荒莱,上恻然悯之。乙亥,下诏禁止,许民辟土,州县不得检括,止以见佃为额(原注:王称《东都事略》诏:……明加告谕,自今百姓有能植桑枣,垦辟荒田者,只输旧租)。②

既垦辟荒田不加赋,则清查田亩难免有所放松。然而平江南、占川蜀、并湖广,新辟之地,不可能对田赋不加调整或清理。除前面讲两税立额时已涉及者外,北宋范镇等所记均新繁等邑田赋事,或也是反映这个时期的情况:

> 成都十邑,惟新繁税平。初定税时,有姓赵者,相地肥瘠,以为税入轻重之数,至今人谓之赵均平。③

赵均平者,当是宋平定川蜀后受命清理田赋者之一。

真宗初即位,有意整顿田就,拟先由京畿始。咸平三年十一月,下诏讲:

> 租赋之制,故有常典,如闻均定以来,多历年所,版图更易,田税转移。眷我王畿,是为政本,将从土俗,当立定规。宜令刑部员外郎、直史馆陈靖为京畿均田使,令自择京朝官分下诸县,据元额定税,不

① 《宋史》卷一七四《食货志·赋税》,另参见《杜清献公集》卷八《便民五事奏札》等。
② 《长编》卷七。
③ 《东斋记事·补遗》等。

得增收剩数。其逃户别立帐籍，令本府招诱归业。其桑功更不均检，谕民广令种植。①

事方初行，时隔一个月，即有诏罢止，文曰：

> 昨均京邑田租，如闻小民弗喻朝旨，翦伐桑柘，惊惑乡闾。况东作将兴，谷籴稍贵，所宜省事，以便吾民。②

真宗何以如此快地改变主意，不得其详。后大中祥符六年，真宗又与宰相王旦议论此事，王旦以为此事确所当行，然须行之有序，从一州一县入手，逐步推开。从记载看，此后并未将议论付诸实施。

仁宗初年，局部地区有调整田赋的举措，千步方田法之雏形，或即于此时产生。景祐元年，先后减河南府、廉、化、高等州田税，③表示了宋廷注意田赋管理的动向。

三、方田均税法的推行

方田均税法并非创始于神宗时，仁宗庆历三年以前就已有此法，且有人在个别地区推行过。据载：

> [庆历三年冬十月丁未]初，洺州肥乡县田赋不平，久莫能治，转运使杨偕患之，大理寺丞郭谘曰：是无难者，得一往可立决也。偕即以谘摄令，并遣秘书丞孙琳与共事。谘等用千步方田法四出量括，得其数，除无地之租者四百家，正无租之地者百家，收逋赋八十万，流民乃复。④

此文中所言"初"，未明系于何时，《宋史·郭谘传》系之于康定西征前，则或为仁宗初年事。上引文又载：

> 及王素为谏官，建议均天下田赋，欧阳修即言谘与琳方田法简而易行，愿召二人者，三司亦以为然，且请于亳、寿、汝、蔡四州择尤不均

---

① 《长编》卷四七、《宋会要·食货》七〇之五。
② 《长编》卷四七。
③ 《长编》卷一一四。
④ 《长编》卷一四四。

者均之。于是遣谘与琳先往蔡州,首括上蔡一县,得田二万六千九百三十余顷,均其赋于民。既而路言州县多逃田,未可尽括,朝廷亦重劳人,遂罢。①

据参预此事的欧阳修记,孙琳与郭谘"创立千步方田法,括定民田","均定税后,逃户归业者五百家",其法"简当易行","自有制度二十余条"?② 可知此时方田均税法已粗具规模。上引欧阳修奏札中又讲到时不少州军,"大率税赋失陷一半",这对宋廷财政威胁颇大,促使宋廷拟推广方田均税法,初行即遇到不小阻力,连创立方田均税法的郭谘都有畏难情绪,故只行一县即罢。此后又有局部地区清理田赋的举动,史载:"自郭谘均税之法罢,论者谓朝廷徒恤一时之劳,而失经远之虑……后田京知沧州,均无棣田,蔡挺知博州,均聊城、高唐田,岁增赋谷帛之类,无棣总一千一百五十二,聊城、高唐总万四千八百四十七,而沧州之民不以为便,诏输如旧。"③后嘉祐五年,旧话重提,"命近臣同三司议均税"。④ 为此特专设一司,拟先自陕西、河北推行,然方行于卫州、通利军、澶州等数郡,反对之声骤起,据说有成千上万的人涌入京师向宋廷表示抗议,宋廷只好暂时放弃方田均税法的推行。值得注意的是,最初积极赞助行方田均税法的欧阳修,此时也主动要求暂罢,其理由有数条:一、人民以增税为忧,纷纷砍伐桑枣;二、岁俭民饥,不宜举事;三、行法之人暗增税额,例如查出隐田增税,却不蠲减原额过重的田税,又如将远年依阁税物均摊税户带纳等。⑤ 他所举理由中,第二条事出偶然不论,其余均与官府借方田而增税有关。此时西部战争虽趋缓有年,但无论朝廷还是地方财计仍不能扭转被动局面,陕西、河北地方官府尤甚,出现上述问题是有其必然性的。方田均税遭到强烈反对,难以继续推行,再次中止。以上为宋廷行方田均税法第一阶段。

---

① 《长编》卷一四四。
② 《欧阳文忠公文集》卷一〇三(庆历三年)《论方田均税札子》。
③ 《宋史》卷一七四《食货志·赋税》,事另参见《长编》卷一七二。
④ 《宋史》卷一二《仁宗纪》,另参见《长编》卷一九一、一九二。
⑤ 参见《欧阳文忠公文集》卷一一三《论均税札子》及《长编》卷一九二。

　　神宗即位,起用王安石行新法。"熙宁五年,重修定方田法,诏司农以《方田均税条约并式》颁之天下。"①熙宁七年,选官四员,各主一方,赴京东十七州开始推行。方田均税法又作为新法的重要组成部分付诸实施了。此后方田均税时断时续,至元丰八年神宗去世,太后听政,有诏罢止,这是宋廷推行方田均税法的第二阶段。此阶段行方田均税法无论在声势上还是在范围上都较以前有所扩大,先后实施此法的计有开封府界、京东、河北、河东、陕西等路,大致上长江以北除京西路都已波及。史载:元丰八年"天下之田已方而见于籍者,至是二百四十八万四千三百四十有九顷"。② 这个数字可能夸张失实,因为据毕仲衍《中书备对》,熙宁十年时上述各路耕地数之合,仅为一百一十九万余顷,方田后耕地数超过原额一倍以上,似不可信。③ 无论如何,经过方量的土地数显然比仁宗时期是大大增加了。

　　哲宗亲政,复行新法,却未行方田均税法。徽宗崇宁三年七月,始将神宗方田均税法修改增删重新推行。崇宁五年暂罢。大观二年复行。四年又罢,且诏税赋依未方旧则输纳。政和二年三月,又诏,凡已方过之田按所方得新田亩数及土地色等输税。同年四月诏令复行方田法。④ 政和五年,诏令福建,利州路茶园如盐田例免方量均税。宣和元年十二月二十四日下诏罢止,且言:"自今后不得诸司起清方田,见方未方、已方未起税者并罢。如敢有违,官吏并送御史台,以违御笔论,吏人不以有无[?]并配海岛,根括纳租者并同。"⑤宣和三年又申明行方田法之处赋役并依未方量以前旧数。从罢止方田诏令的急切、措辞的严厉,我们可以体会到方田均税在当时已是大失人心,故宋廷不得不罢止此事以稳定局面。宋廷推行方田均税法的第三阶段就此告结。方田均税法这次罢止,距北宋灭

---

　　① 《宋史》卷一七四《食货志·方田》。
　　② 《宋史》卷一七四《食货志·方田》。
　　③ 参见王曾瑜《王安石变法简论》,载《中国社会科学》1980 年第 3 期。
　　④ 两事参见《长编纪事本末》卷一三八《方田》、《东都事略》卷一一。
　　⑤ 《宋会要·食货》七〇之一二二。关于罢方田的时间,各处记载不一:《宋史·徽宗本纪》记宣和三年二月,《宋史·食货志·方田》记宣和二年,《东都事略》记宣和二年夏五月乙酉等。今从《宋会要》系于宣和元年底,二年,三年诏文为补充规定。

亡已没有多少时间了。

方田均税法从创行到最终废罢,大约经历了八十年的漫长岁月。宋朝田赋不均的情况一直相当严重,方田均税本应是势所当行而又顺乎民心的事,然而为什么会几起几落,终于没有成功呢? 查其根本原因,乃在于官府有意无意地把推行方田均税法作为增加税收的手段,加之官吏与豪强互相勾结、贪官污吏借机勒索,使得广大农民往往不能从中得到好处,反而增加了痛苦。广大农民对此抱疑畏和反感的态度,就使得推行此法的阻力大为增加了。仁宗时方田增税之事前已述及。神宗时也不例外,不少地区"概取税之虚名诡额及常所蠲者加入旧籍"。① 徽宗时期,这种现象倍加严重。如大观三年臣僚上直:"诏书方田之意,止欲均其税赋,今[京西南路]乃于额外增添,多至数倍,至令民间谒诉不绝,渐至逃移。"②此前后另一臣僚上言:"朝廷推行方田之初,外路官吏不遵诏令,辄于旧管税额之外,增出税数,号为蠡剩,其多有一邑之间及数万者。"③又有臣僚上言:"[各处]非特方田以增税贼,又且兼不食之山而方之,俾出刍草之直,上户或增数百缗,下户亦不下数十缗,民户因此废业失所,饥莩者有之。"④至于"贿赂公行,高下失实"之事,⑤更是在在有之。"有二百亩方为二十亩者,有二顷九十六亩方为一十七亩者","有租税十有三钱而增为二贯二百者,有租税二十七钱则增至一贯四百五十者"。⑥ 这自是官吏与豪富在从中作祟。官府借方田增税及官吏豪富在方田时弄私舞弊,使得实施方田均税法失去了均平田赋的意义,从而无法开展。田赋负担的不合理状况的日益加重,又使得社会危机、财政危机等进一步深化。

---

① 刘挚:《忠肃集》卷一三《正议大夫致仕龚公墓志铭》。
② 《长编纪事本末》卷一三八《方田》。
③ 《通考》卷五《田赋考·历代田赋之制》。
④ 《长编纪事本末》卷一三八《方田》、《宋史》卷一七四《食货志·方田》。
⑤ 《长编纪事本末》卷一三八《方田》、《宋会要·食货》七〇之一一七。
⑥ 《宋史》卷一七四《食货志·方田》,方田法弊病可参见《清朝经世文编》卷三《户政·方田法》引张尔岐《嵩庵闲话》。

四、南宋经界等法的实施

南宋初,税籍散失,赋税管理和摊征十分混乱。一面是将失落之数硬行摊派,贫下百姓不堪其苦;一面是豪强隐瞒田产,使官府田赋收入大量流失。绍兴十二年,两浙路转运副使李椿年上奏列举是否行经界法的十大利害,其中讲:"平江岁入七十万斛,著在石刻,今按其籍,虽有三十九万斛,实入才二十万斛耳,其余皆以为逃亡、灾伤、倚阁,询之土人,颇得其情,其实欺隐也。"①田赋收入丧失三分之二,其严重性堪称惊人。于是,在宋金初次议和后,立即着手推行经界法。始试行于平江,绍兴十三年,诏颁其法于天下。十七年,除沿边或地广人稀的两淮、京西、湖北等路及福建漳、泉、汀等州外,东南大体经界完毕。次年又进行复查。后又在四川推行,至绍兴二十八年除沿边泸、叙、长、宁等州外也告结束。经过十几年的努力,宋廷推行经界法基本获得成功。经界与方田的内容及性质区别不大,为什么实施的结局有所不同呢? 简言之,经界法是在一种特殊的条件下实施的,当时田赋不均已成了百姓的头等祸患,尽管经界时也难免有暗增税额及官吏豪富舞弊之事,但这些同田赋不均的危害比起来已为次等,故多数农民赞成经界。时人王之望自行都受命赴四川任职,在行都时多听人们议论四川经界如何不好,然到任后亲自组织人对潼川路九州三十七县百姓作调查,结果在三十三万三千余税户中,"愿行经界者一十七万七千五百余户","愿用旧税者一十五万六千一百余户",②可见拥护者还是多数。据宋人记,经过经界,"诸路田税,由此始均"。③ 可见这次经界对于发展社会生产是有好处的。

此次经界后,宋廷又对未行经界的剑外诸州之田实行经量,名目虽

① 《宋会要·食货》六之三六至三八。
② 《汉滨集》卷五《论潼川路措置经界奏议》。按,《缙云文集》附录《古城冯侯庙碑》记述了雅州经界后期豪民与奸吏勾结害民的情况,可参见。
③ 《朝野杂记》甲集卷五《经界法》。按,《新安文献志》卷六汪应元《论经界》着重记述了经界时奸吏豪民勾结为害的情况,代表了反对者的一种看法。

异,目的却与经界一致。但因所增税额过重,遭到普遍反对,且系沿边,"于是尽复其故焉"。① 淳熙末年,王回、朱熹等力主于未行经界的福建路汀州等处行经界法,绍熙初,诏准实行。绍熙二年十月又被罢止。② 嘉定八年,知婺州赵寒夫行经界于其州,后任赵师曲等继之,终见成效。史称:"于是向之上户析为贫下之户、实田隐为逃绝之田者,灿然可考。凡结甲册、户产簿、丁口簿、鱼鳞图、类姓簿二十三万九千有奇。"③嘉定十六年八月,诏令"州县经界毋增绍兴税额"。④ 既有此诏,则必有一些州县在行经界,其范围失载。后端平年中平江府、嘉兴府华亭县等,淳祐年中信州、常州、饶州、嘉兴府等也曾举行经界。⑤ 咸淳初,又有大臣倡行,经界,且得诏准,然实并未实行。

经界法从南宋绍兴十二年首次推行,至南宋末年,先后在不同范围内反复讲行,成为南宋整顿清理田赋的主要形式,而且收到了一定效果,对于安定社会、维持南失统治都起到重要作用。此外又有推排法和自实法,或作为实行经界的一种方式,或作为与经界并列的方式,也是清理田赋的手段。

自实,或称手实,也是南宋后期整顿田赋的一种形式。它与北宋神宗时的手实法不同,宋神宗时的手实法主旨在于查清民户资产为摊征役钱做准备。咸淳元年,大臣赵顺孙曾将经界法、自实法与推排法作比较,谓:"经界将以便民,虽穷闾下户之所深愿,而未必豪宗大姓之所尽乐……今之所谓推排,非昔之所谓自实也。推排者,委之乡都,则径捷而易行;自实者,责之于人户,则散漫而难集……稽其亩步,订其主佃,亦莫如乡都之便也……"⑥这说明南宋后期的自实法与推排法都旨在清查田亩,但方式不

① 《朝野杂记》乙集卷一六《关外经量》。
② 参见《朝野杂记》甲集卷五《福建经界》、《宋会要·食货》七〇之一三三、《朱文公文集》卷一九《条奏经界状》、《宋史》卷三六《光宗纪》及卷一七三《食货志·农田之制》。
③ 《宋史》卷一七三《食货志·农田之制》。
④ 刘时举:《续宋编年资治通鉴》卷一五、《宋史》卷四〇《宁宗纪》。
⑤ 参见《江苏金石记》卷一七《常熟经界记》、《重修琴川志》卷六《叙赋》、《蒙斋集》卷一四《华亭县修复经界记》、《宋史》卷一七三《食货志·农田之制》、《重修毗陵志》卷二四《财赋》。
⑥ 《宋史》卷一七三《食货志·农田之制》。

同,推排由乡都小吏主持,自实则由农户自己申报,官方核实。据载嘉定年中信州弋阳县曾行自实法,其过程为:"令民首实以整诡挟之弊,其疆亩肥瘠品等高下各为图以记之,保正副物力升降皆缄之。"①后宝祐年中,宋廷下令拟在全宋"排保甲,行手实法","令诸路自实田亩,以核渗漏"。"数月,两浙、江东西民甚苦之"。② 于是反对派大臣高斯得等奏称,秦始皇三十一年令黔首自实田,宝祐三年适逢理宗即位三十一年,且"自实之名正与秦同",③请求罢止。理宗于是下诏罢行自实法。

推排,本为赋役管理上的一个术语,即查清百姓田产与资产,根据民户田产、资产变更而改变赋役摊派(详见下文)。南宋末年的大规模推排重点似是清理田赋,企图纠转田赋大量流失的局面。前引咸淳元年监察御史赵顺孙之言,将经界与此次推排并列,经界是以清理田赋为主要目的的,说明此次推排也是重点在清理田赋。咸淳三年,司农卿兼户部侍郎季镛言:"……乃若推排之法,不过以县统都,以都统保,选任才富公平者,订田亩税色,载之图册,使民有定产,产有定税,税有定籍而已。臣守吴门,已尝见之施行,今闻绍兴亦渐就绪,湖南漕臣亦以一路告成。""于是诏诸路漕、帅施行焉"。④ 此记载进一步讲明了此次推排主旨是清理田赋。此记载又表明,此次推排同以往三年一次例行公事的推排不一样,这是一次全国范围内统一的声势浩大的推排。时人黄震议论道:

> 盖天下事莫切于推排,亦莫难于推排。今大家肆兼并隐落之奸,小民被重催白纳之苦,大农匮乏,州县煎熬,皆失推排之弊也。故曰莫切于推排。然李椿年侍郎与秦会之丞相两才相遇,上下坚守,当乱离之后,吏民未能朋奸,为弊之初,尚行之不尽。其次以寿皇之英明,朱晦庵之才望,千载一时,力行之漳州,卒为土豪诬诉而罢。又其次如近世赵节斋以间出之吏才,收拾一时之少俊,生长浙西,三典吴门,

---

① 戴栩:《浣川集·蒋弋阳(叔与)墓志铭》。
② 佚名:《宋季三朝政要》卷二。按,据《宋史金文》记,先行自实法的又有湖南,与此略有出入。
③ 《宋史》卷四〇九《高斯得传》,另参见同书卷四四《理宗纪》。
④ 《宋史》卷一七三《食货志·农田》,《历代名臣奏议》卷一一二《田制》。

而一经推排之后,苗税飞走,反以羡闻。至程讷斋丞相出镇,无以填纳虚增之额,先皇帝始太息而诏减之。其余凡经推排之处,坐此弊者十尝七八,故曰莫难于推排。某此事痛心疾首,为国家思之久矣。惟得明敏公正,精力未衰,首为知县,而知县自行之,决可革弊;或知县不得人,而上自朝命海行催趣,不过扰民一番,而财赋愈失陷,弊且益甚。近有浙士自吉州永丰官满见访,云本县元额苗三万六千,今自推排尽为大家隐落,仅存零数。推排之不可轻易如此。①

黄震将经界与推排完全混同,恰可以证明在当时人看来,此次推排与以前的经界法是一个目的,都是重点在于清查田亩,均摊赋税。黄震的忧虑也是时人对此次推排的忧虑。在当时内外矛盾空前激化的情况下,这一举动必然遭到质疑,有记载讲:

> 理宗朝尝欲举行推排亩田之令,有言而未行,至贾似道当国,卒行之。有人作诗曰:"三分天下二分亡,犹把山川寸寸量。纵使一坯添一亩,也应不似旧封疆。"又有作《沁园春》词云:"道过江南,泥墙粉壁,右具在前。述何县何乡里住何人地,佃何人田,气象萧条,生灵憔悴,经界从来未必然。惟何甚为官为己,不把人怜,思量几许山川,况土地分张又百年,西蜀巉岩,云迷鸟道,两淮清野,日警狼烟。宰相弄权,奸人罔上,谁念干戈未息,肩掌大地,何须经理,万取千焉。"②

至咸淳六年八月,宋廷下诏:"郡县行推排法,虚加寡弱户田租,害民为甚,其令各路监司询访,亟除其弊。"③诏书也承认此次推排有虚增赋税的问题。数年后南宋就灭亡了。

清理田赋,既与财政关系甚大,又与社会各阶层利益息息相关,围绕着每一次大的田赋整顿,都要展开一次各种社会力量之间激烈的角逐。宋朝在其统治期间,虽多次筹画和实施此项工作,但是失败的记录几乎超

---

① 黄震:《黄氏日抄》卷八四《与钟运使》。
② 陶宗仪《说郛》卷四七下引李有《古杭杂记》,刘一清《钱塘遗事》卷五《推排田亩》所记略同。另参见《宋史》卷四七四《奸臣传·贾似道》。
③ 《宋史》卷四六《度宗纪》。按,同书又载咸淳八年六月,曾在诏令中言及江西推排田事,可参见。

过成功的记录。这使得一方面封建国家赋入流失严重，另一方面广大贫苦农民长期负担超过制度规定数额的赋税。

五、田赋管理上几项重要制度

甲、税籍管理。宋朝"州县赋入有籍，岁一置，谓之空行簿，以待岁中催科；闰年别置，谓之实行簿，以藏有司"。① 实行簿仅用于留档待查，故废罢、起造不常。此外北宋又有丁产簿，作为赋役摊征的基准。大约北宋中期，逐渐确立了三年一次清查税籍的制度。神宗以后行方田法各地又造新税籍。南宋经界，除税籍、丁产簿外，又造鱼鳞图，详细标写田色、田界、亩数等。南宋绍兴以后注重推割、推排，其中推割主要注重田产及赋税的变更，而推排则兼顾户等及职役排序。"推排"是一前代已有之辞，宋代被用于税籍管理。推排包括资产的核算，因而又同科敛特别是和预买绢帛的摊派有关系。推排因包括核查人口、户等，故在一些地区也同身丁钱征收有联系。在榷盐制度中，盐亭户、井盐户的定额也同推排联系。由于"推排"兼顾了田赋、职役及多种赋税，所以三年一次的清理税籍，逐渐被表述为三年一次"推排"，"推排"成为清查税役簿籍的代名词。"推排"与方田均税、经界不同，它是经常性分散举行的税籍整顿，一般不是集中地统一进行的整顿。推排既成为核查税籍的主要手段，那么围绕它必然有矛盾和斗争。首先，由于推排不免要耗费人力物力，官方就规定，凡遇到灾荒或其他特殊情况，可以暂缓、延迟推排的时间。一些新购置田产或其他可增殖资产的富户，怕因推排而增加税役负担、调高户等，就千方百计力图使推排不能进行或推迟进行。一些懈怠怕事的官吏，也愿意推排延迟进行。而某些官吏又因想借提前推排营私舞弊，于是，他们就以各种借口延迟或提前推排。如，绍兴二十二年二月"壬申，大理评事王洪（一作王彦洪）面对，言：'甲令所载，三年一造簿书，于农隙之时令人户自相推排，盖欲别贫富从均平也。比年县令贪墨者，辄促限以开贿赂之门，

---

① 《宋史》卷一七四《食货志·赋说》。

庸懦者则迁延以俟后政,奸弊不可胜言。望戒饬有司不得妄有展促。'从之。"①又庆元三年敕:"诸路州县不依条限推排人户物力,是致家业并无升降。其间有产去税存之家,官司止据旧数催理官物,虽有逃亡,犹挂欠籍。可令知、通、令、佐究实除放。仍令提举常平司常切督责州县,照应条限从实推排,毋致违戾。"②嘉定十四年九月十日,明堂赦:"诸路州县不依条限推排人户物力,是致家业并无升降,其间有产去税存之家,官司止据旧数催理官物,虽有逃亡,犹挂欠籍。可令知、通、令、佐究寔除放。仍令提举司常切督责州县照应条限,从寔推排,毋致违戾。"时人青田县主簿陈耆卿上奏:"……三岁一推排,此例程也。今或至十年而不讲,是使民之患苦无时歇也。然则簿书何自而正乎!臣愚欲乞睿旨行下诸路,戒饬所在官吏申严推排之法,其出入规避者重置典宪。每岁攒造,必选一邑佐之清强者躬督其事,既成则并旧籍上之郡,郡复委寮属研核之,有诉不平,或得其实,官吏俱从收坐,庶几赋役均壹,牒讼稀简,吏称职而民安业,诚非小补。"③时人袁说友更上奏专论此事:

> 臣窃见州县小民有产去税存之害,官吏非不尽知,朝廷亦累常戒谕,而终无成说以革其弊,此由得产富民规避官物,惟幸缓于过割隐漏税赋。官司见未割税,而追呼催督止及鬻产之民,彼方以产售人,固甚不得已,今又无此产而纳此税,蹊田夺牛,其毒滋甚,纵使鬻者赴官陈诉,而追逮出官之费已不少于代纳之费矣。是岂不为重困哉。此最贼夫民之大者也。在法,每三年一推排,此正祖宗欲以革产去税存之弊,盖一经推排,则凡某产已去某家,及某产已归某户,一一尽知。产业既明,赋税自定,岂复更为小民之害。今县道例皆前后避免,或以灾伤为辞,有经十年、二十年而不一推排者。此而不治,而譊譊曰:吾病夫产去而税存也,岂不暗哉。臣愚欲望睿慈自今立为定制:凡天下诸县并须三年一推排,候知县任满日,州府于本官印纸该载任内曾与不曾推排结罪保明批上,如在任三年不曾推排者,候到部

---

① 《系年要录》卷一六三,《宋会要·食货》一一之一一九又六九之二四至二五。
② 《宋会要·食货》六六之二八。原注:自后郊祀、明堂赦亦如之。
③ 陈耆卿:《筼窗集》卷四《奏请正簿书疏》,《历代名臣奏议》卷二五九《赋役》。

日取旨。若今来尚有两年为任之人，只总以三年一推排为率，各于任内计年分，可见虽灾伤年分须及八分以上然后免，庶几一行此法，产税自明，鬻产小民不至重困。①

除了不按时推排外，在推排中营私舞弊也是不可避免的。为了防止此弊，宋廷于绍兴三十年六月十四日，下诏："诸州县岁终攒造丁帐，三年推排物力，除附升降，并令按实销注。州委官、县委主簿，专掌其事。监司太守常切检点，如有脱落，许人户越诉，当行官吏以违制论。"②但此后不久，绍兴三十二年宋孝宗已即位，未改元，八月二十三日，中书、门下言："州县三年一次推排坊郭、乡村物力，多系坊正、保正、副私受人户钱物，升排不公。守、令信凭人吏藏匿等第文牓，洎至人户知得，并已限满，无缘陈理，贫弱受害。今仰州县推排出院日分明出牓，如尚敢循习，委监司觉察奏闻，当议重寘于法，庶使良民有所申诉。""从之。"③这里把作弊者仅归为坊正、保长等，可能并不符合实际。庆元六年六月二十四日，臣僚言："……国家立法，三岁一推排，盖欲均贫富也，使占籍于乡者，富而进产则在所升，贫而退产则在所降，截然不紊，皆合公议，则州县之间，差役自然公平，输纳自然均一，此国家之良法也。惟是以州县之间奉行不虔，武断豪民乘此报怨，家富而当升却与之降，家贫而当降却与之升，田亩则走弄等则，房赁则变易间架，奸弊百出，为害日深。至于浮财营运，尤为民蠹。如店库生放，营运之大也，有店库则合排以店库营运钱，有生放则合排以生放营运钱，傥或店库停闭，生放折阅，则所排之钱自合随即销落。盖缘州县以所排之钱将贯头权定，以充吏禄，而又利其宽余，别行移用，每遇推排，断不减损元数。如父、祖有营运之名，经历数十年之后，子孙陵替殆尽，尚隶等第之籍，两料役钱逼令陪纳，遂皆逃移异乡，莫能自存。其间虽有祖、父所遗屋业，急于求售人，以户籍尚存，不敢交易寸椽片瓦，终归摧败而后已，此推排不实之弊也。乞令户部逐一检坐累降指挥，严行约束，痛革此弊……推排，则除田亩、房赁自有成法外，其余营运浮财委是停闭

---

① 袁说友：《东塘集》卷一〇《推排札子》，《历代名臣奏议》卷二五八《赋役》。
② 《宋会要·食货》一一之二〇又六九之二五至二六。
③ 《宋会要·食货》一一之二〇又六九之二六至二七。

销折,随即减落,不得虚桩,责令出纳……""从之。"①这里将推排中作弊的方法讲得较为细致。

推排中要解决的一个问题是调整户等。户等与田赋的关系,主要表现为两方面:一是支移折变,下等户较上等户略轻;二是遇灾蠲免倚阁时优先照顾下等户。宋朝在赋税政策上对下等户有所优待,主要是为了避免使下等主户流徙他乡,成为客户或游民。

乙、对税物规格质量的规定。宋朝对税物规格、质量已比较注意,如下记载反映了此种情况。

> 周显德三年敕:旧制织造纯、绸、绢、布、绫、罗、锦、绮、纱、縠等,幅阔二尺,起来年后并须及二尺五分。宜令诸道州府来年所纳官绢,每匹须及一十二两……其纳官编纳,依旧长四十二尺,乃知今之税绢尺度长短阔狭斤两轻重,颇本于此。②

据此可知,宋朝对于税物质量等的规定,颇本周制,或有增删,然不得其详。南宋时对税粮的质量卡得很严,地方往往乘机多取,贪吏往往乘机作弊。

丙、税限。所谓税限,即是纳税的期限。史载:

> 开封府等七十州夏税,旧以五月十五日起纳,七月三十日毕。河北、河东诸州气候差晚,五月十五日起纳,八月五日毕。颖州等一十三州及淮南、江南、两浙、福建、广南、荆湖、川峡五月一日起纳,七月十五日毕。秋税自九月一日起纳,十二月十五日毕,后又并加一月。或值闰月,其田蚕亦有早晚不同,有司临时奏裁。继而以河北、河东诸州秋税多输边郡,常限外更加一月。江南、两浙、荆湖、广南、福建土多粳稻,须霜降成实,自十月一日始收租。掌纳官吏以限外欠数差定其罚,限前毕,减选、升资。③

在每次起纳至纳毕之间,往往又分上中下三段,对不同的地区和不同的税户又再做进一步限定。

---

① 《宋会要·食货》七〇之一〇〇至一〇一。
② 洪迈:《容斋三笔》卷一〇《纳绅绢尺度》,参见《宋史》卷一七四《食货志·赋税》。
③ 《宋史》卷一七四《食货志·赋说》。

宋朝的田赋管理制度比较复杂,以上仅简要介绍与财政关系较密切的几项。

第三节　免役钱

一、北宋役法与免役钱征收概述

免役钱既非田赋,又非户赋、丁赋,它是因职役而起的一项特别的税赋。自唐行两税法后,百姓原则上不服劳役,宋行募兵制,百姓又无兵役义务,但由唐至宋,百姓仍要服差役,宋代称为职役、色役。马端临记述此事道:

> 国初循旧制,衙前以主官物,里正、户长、乡书手以课督赋税,耆长、弓手、壮丁以逐扑盗贼,承符、人力、手力、散从官以供奔走驱使,在县曹司至押录、在州曹司至孔目官,下至杂职、虞候、拣掐等人,各以乡户等第差充。①

职役名目繁杂,马氏所举不过是其中主要者,通过其所述可知,所谓服职役者大体可分三类:一、州县官府中没有俸禄的下级吏员;二、封建政权乡村基层组织负责治安、催督税赋等的人员;三、受委押运官物、掌管小的仓场库务的人员。宋初以来,百姓服职役大致上实行按户等轮差的方法。百姓服职役要蒙受很大痛苦,付出相当支费,其中衙前、弓手、里正户长三种职役害民最甚,甚中之甚是衙前,押运、掌管官物往往亏失贴赔,倾家荡产。仁宗以后,财计困窘,地方官府及官吏常常向服职役者敲诈勒索,使得服职役者的困境更为严峻,因此而破产的人更多了,职役之弊成了影响社会安定的大问题,役法改革成了势在必行的事情。在朝廷上下改革役法的呼声中,各地都做了一些改革的尝试。其中包括有用募长名

---

① 《通考》卷一二《职役考》。

衙前和敛钱助役代替差派者,但仅限于极少数地区。① 据司马光讲,熙宁普行免役法之首倡者,乃是成都进士李戒。他四处找达官贵人献策,谓:"但闻有因役破产者,不闻有因税破产者也。请增天下税,钱、谷各十分之一,募人充役。仍命役重轻分为三等:上等月给钱千五百,谷二斛;中下等以是为差。计雇役犹有羡余,可助经费。"②他献此策于司马光,遭到冷遇;又献之于韩绛,韩绛言之于王安石,获得王安石等人的大力赞许。王安石主持讨论实施办法。由免役法的兴起过程可以看出,免役法是要将原表现为劳役形态的封建义务变为实物(货币)形态的义务。③ 这一改变受到多方面的反对,因而免役法推行迟缓,内容几经变更。熙宁二年,试行于开封府界,因推行时发生问题,竟有数百人诣开封府告状,开封府不受理,竟冲入王安石家中,几成大变。熙宁四年底方诏令推行全宋(海南四州除外)。实行免役法,遇到一个较大的困难,就是当时各地丁产税簿所反映的百姓贫富状况,与百姓的实际贫富状况差距颇大,按旧籍摊征免役钱往往很不合理。于是吕惠卿及其弟倡行手实法,于熙宁七年获准推广。其内容主要是,令人户自将田宅资产等按规定法则折算,然后将丁口、财产数依官定格式写状申报,据此州县制新的五等丁产簿,以为摊征免役钱的依据。为防止百姓瞒田产等,又制定了严厉的惩治条法。手实法财产折算复杂难行,倍生讼端,故一年后即诏废止。差役,雇役,各有优缺点,对于经济发展水平不同的各个地区,实行的结果也有差异,难以一概而论。④ 但是,免役法既于财政状况不佳时提出,各级官府就不免借以作为增加收入的手段。元丰末年所敛免役钱比熙宁九年多三分之一,已能说明这个问题。另据元祐初苏轼讲,免役宽剩钱名义上是十分之二,实

---

① 曾巩《元丰类稿》附曾肇《行状》记越州仁宗时曾敛钱助役。《长编》卷一七二、《通考》卷一二《职役考》记仁宗时荆湖南路曾率民输钱免役。

② 《涑水记闻》卷一五。

③ 这一改变是否有进步意义,关键在于当时社会生产力以及社会经济的发展是否已经为这种改变提供了必要的条件。这是个复杂的问题,不宜在此展开讨论,故不作分析。

④ 华镇《云溪居士集》卷一八《役法论》、邵伯温《闻见录》卷一一、朱熹《朱子语类》卷一一一《论民》等对差役、免役的优缺点都有分析,可参考。至于免役征钱、免役法使封建国家专职吏人增加对社会经济的破坏作用,时人认识不足。

则"天下乃十四五","行之几十六七年常积而不用,至三千余万贯石"。①
即平均每年额外征敛不下二百万贯。元祐旧党在举朝上下对新法的不满
声中上台执政,免役法自然成为改革对象。但是如何改革,旧党内部却意
见不一。粗概地讲有如下几种:一是主张全部恢复神宗即位以前旧法,一
是主张缓改,一是主张差、雇兼行,此外苏轼又提出买地募役法,则带有明
显空想性质。各种意见争论十分激烈,作为旧党首领的司马光,却于执政
八个月后病逝,这使旧党更加不统一,役法改革受到不利影响。至元祐三
年止,旧党在役法变更上主要有几项决定付诸了实施:一、役人悉用现数
为额,除衙前一役仍用雇法外,其余改雇为差,衙前役用坊场河渡钱雇募
或召募,不足,许兼用差法;②二、各路常平司既罢,职役事归提刑司掌管;
三、诸路坊郭五等以上及单丁、女户、官户、寺观第三等以上旧输免役钱
者,减半仍输,余户免输。此五种户所输连同坊场河渡钱合称"六色钱",
除雇募衙前役人外一律封存以备不测;③乡村上户免役钱额百贯以上者,
令其如单丁、女户等减半法输钱助役。④ 到元祐六年,宋廷终于制定颁布
了较为详备的差募兼行的役法,然而两年之后,哲宗亲政,将此法全部废
弃,大体又恢复了元丰免役法,只是将宽剩由十分之二减为十分之一。此
后至北宋灭亡,役法未见有新的较大变动。

二、行免役法后百姓重新负担乡役和免役钱部分调拨他用

以上叙述中,我们有意遗漏了役法变化的一个重要侧面,即是宋廷在
行免役法、令百姓纳免役钱的同时,又暗地逐渐使百姓重新担负起全部乡
村职役(州县职役除外)义务。对此南宋人陈平甫曾有如下记述:

差役,古法也……熙宁四年,始议使民出钱,官为雇役,谓之免役
钱。六年,又行保甲法,置保正副、大小保长察盗。七年,轮保丁充甲

① 《宋会要·食货》一三之三。
② 参见《长编》卷三六八、《宋史》卷一七七《食货志·役法》。
③ 参见《宋史》卷一七八《食货志·役法》。
④ 参见《长编》卷四一〇。

头催税,罢募户长、壮丁。八年,罢耆长,令保正保长管干,别立庸直雇承帖人隶其下。元丰八年,有言者壮之役则归于保甲之正长、户长之役则归于催税甲头,是使民出钱免役而复使执役也。绍圣元年,复雇役法。二年,以大保长催税,罢差甲头,以旧耆长钱支保正、户长钱支保长、壮丁钱支承帖人。靖国元年,拘收大保长雇钱。绍兴二年,拘收耆户长雇钱,十二年,拘收壮丁雇钱。盖自保正长承帖人雇钱并起发而充役如故,民力于是困矣。此其大略也。①

这一记述说明,行免役法、征收免役钱后宋廷逐渐恢复了全部乡村职役义务,而将原用于雇募这部分职役执行者的钱财调拨他用,这一过程从熙宁七年开始,到南宋前期绍兴十二年基本完成。陈平甫语中讲到,元丰八年有人即指出了"使民出钱免役而复使执役"的非理,不知是否指知吉州安福县上官公颖,他于此年上奏论此事道:

臣且怪耆、壮、户长法之始行也,皆出于雇。及其既久也,耆、壮之役则归于保甲之正长,户长之役则归于催税甲头,往日所募之钱,除承帖人及刑法司人役许用外,其余一旦封桩。若以为耆、壮、户长诚可以废罢,即所用之钱自当于百姓均减元额,今则钱不为之减……是何异使民出钱免役,而又使之执役也。②

以上二则记载说明,自从行保甲法后,免役钱未减而百姓却重新负担了乡村职役义务。绍圣年中对此有所厘正,建中靖国年以后转较熙宁年更为厉害。南宋陈傅良对役法颇有研究,他对宋廷征调免役钱他用之事记述较详,谓:

所谓免役钱者,本以恤民,使出钱雇役而逸其力也。自罢募户长而取其钱,今隶总制(熙宁五年罢,十年,以其雇钱别桩管。绍圣三年再雇。建中靖国元年再桩管。绍兴元年起发,九年罢。十年□月,拘收入总制窠名——原自注,下同)。罢募壮丁而取其钱,今隶总制(熙宁七年罢,十年,以其雇钱别桩管,绍兴十二年十月,拘收入总制

---

① 吕祖谦:《皇朝类编大事记》卷三《定役法》,又见《宋史全文》卷一。
② 《长编》卷三六〇。另前此元丰三年、四年,都有关于"减罢耆户长雇钱"的记载,见同书卷三〇三、三一一。

窠名)。罢募者长而取其钱,今隶总制(熙宁八年罢,十年,以其雇钱别桩管。绍兴五年起发,九年罢。十年九月,拘收入总制窠名)。而又以三分弓手雇钱(建炎元年,增置弓手,二年,民户役钱更增敷三分以赡,三年罢。绍兴五年三月,拘收入总制窠名)、一分宽剩钱(□□二年封桩,四年罢。政和三年再封桩。绍兴五年起发,九年罢。十年六月拘收入总制窠名)尽隶总制,而又以罢□虞候重禄钱(宣和三年,陈亨伯奏罢,五年,拘收充籴本。乾道四年,拘收入总制窠名起发)、罢诸州曹官当直散从官雇钱(宣和五年,拘收充籴本)、罢学事司人重雇钱(宣和五年拘收充籴本)宣和籴本之类,尽隶总制。至于官户不减半役钱(建炎二年起催,绍兴五年起发,乾道二年六月,拘收依经总制赴南库)、在京吏禄、在京官员雇人钱(在京吏禄,每岁下淮南两州、十二路起一万四千五百贯,政和元年每路量添五百贯。在京官员雇人钱,绍圣元年,立一万贯为额,于十四路起发。政和四年,每路量添三百贯)之类,又令项起发,则免役钱之在州县者日益少,而役人无禄者众矣。[①]

从这一记述中我们可以得知,宋廷调用的免役钱,不仅包括原用于雇募乡役的部分,而且包括一部分雇募州县役人的钱财。免役钱被调他用,百姓重新负担乡役义务,说明免役法在事实上已变为宋廷增加赋入的一个手段。

三、百姓免役钱输纳额的确定办法

从熙宁年中初行免疫法时,百姓免役钱输纳额如何确定,宋廷即无明确划一的规定,各路所行也不一样,如时人吕陶所言,"天下版籍不齐,或以税钱贯百,或以田地顷由,或以家之积财,或以田之受种"。[②] 以下我们

---

① 《止斋集》卷二一《转对论役法札子》,另参见《宋会要·食货》一四之一八至二三、《朝野杂记》甲集卷一五《常平苗役之制》及真德秀《真文忠公文集》卷二九《福建罢差保长条令本末序》。

② 《宋会要·食货》六五之五〇、《长编》卷三七六。

根据当时官方文书,将熙宁九年各路分摊免役钱依据的原则列为一表:

路分	分摊派征原则
开封府界	不载
京东东路	乡村、坊郭以人户家业贯百、田土折亩敷出
京西北路	不载
京西南路	乡村主户品量家业分等、坊郭户依科配体例敷出,乡村客户物力及主户第三等已上者依主户例
京东西路	乡村、坊郭人户家业贯百、田土折亩敷出
两浙路	以家产贯石百分七十五则出钱,近准朝旨于乡村以田土、物力贯百、税钱、苗米、顷亩均定
秦凤等路	以乡村入户已经方田处田色顷亩均北(出?),三等以上别敷物力钱。未经方田处,候将来方田了日,依已方田县分。其坊郭以家业均出
淮南东路	以乡村人户物业纽成贯百均出
淮南西路	以乡村人户田土家业纽成贯百等第均出,坊郭亦以家业纽贯百等第,均定等第
荆湖南路	潭、衡、永、邵、全州,桂阳监,以田亩。道、柳州以税钱于五等上均敷。第一等户更出物力钱。坊郭以家业均出
荆湖北路	以人户逐等物力均出
江南东路	乡村以人户税钱,坊郭以家业钱数均出
江南西路	乡村以税钱均出,其坊郭以活业钱出定
广南东路	乡村以税钱、坊郭以物力均出
广南西路	乡村以税钱纽出,坊郭以等第物力均出
福建路	乡村以产钱,坊郭以物力、房店、钱数均出
河东路	乡村逐色地上估价兼物力高下,每贯差除出钱。其坊郭以物力出钱
河北东路	乡村以人户产业,物力参合一处分等第。坊郭亦依等第均出。客户有物力者比附主户所在等第出钱
河北西路	乡村以人户产业物力参合一处分等第。坊郭依等第均出,客户有物力者比附所在主户等第出钱
永兴军等路	乡村人户已经方田处田色顷亩均出,第三等以上别敷物力钱。未经方田处随逐处事体定,候将来方田了日;依已方田县分。其坊郭人户纽计家业贯百均定
夔州路	乡村、坊郭以人户物力、田段、房店价直每贯上定出
利州路	乡村兴元府、兴、文州以田亩,利、剑、龙、注、巴州、三泉县以家业贯百料出,坊郭以家业出钱

路分	分摊派征原则
梓州路	梓、遂州乡村、坊郭并用丁产簿等第均出,乡村果、普州以税钱,荣州以岁收租课,戎州以税色轻重,管、渠州以税钱沿估钱,广安军岳池、新明两县以税钱沿纽钱、渠江县分五等均出,富顺监、合昌军以种子,怀安军以税钱、水夫。资、泸州以田地家产钱。坊郭并以家业
成都府路	乡村成都府、彭、汉、邛、蜀、凌、简、嘉、眉、雅州,永康军,以私(税?)钱均出,绵州召西、魏城、罗红、彰明、西昌、龙安、神泉等县,据逐等家业钱数,盐泉县据税色。其坊郭以物力出钱

从此表可以看出,免役钱不但各地摊征则例不同,而且立额计算方法也较复杂,大体上是以百姓贫富为差等的。熙、丰以后也未见宋廷有统一役钱摊派方法的敕令,以南宋中期为例,前述福州以产钱为准,临安以物力为准,湖北则摊入地亩,大约免役钱摊征一直是各地因地制宜、各行其是的。

四、南宋役法概述

南宋的役法,表面看,如时人所言,"天下皆行熙、丰条贯",[①]实际上,百姓除输纳比旧额增重的免役钱外,还要负担较北宋要重的乡役。据上引陈傅良所述,自北宋时至南宋前期,免役钱陆续被朝廷征调,征调者有户长、壮丁、耆长、曹官当直散从官雇钱,有三分弓手雇钱、一分宽剩钱、院虞候重禄钱、学事司人重雇钱、官户不减半役钱、在京吏禄、在京官员雇人钱。由此,"免役钱之在州县者日益少,而役人无禄者众矣"。役钱少了,州县役人却不能少,如何解决这个矛盾呢? 自北宋时起,宋廷便想出了办法,那就是把州县职役逐渐转移到保甲制中,让保正、保长、保丁担负起大部分原先服职役者的任务,这样,不必支出役钱,职役的事大部分都有人承担了。保正、保长、保丁都由百姓轮差担任,于是,不知不觉中,差役法又部分地恢复了。南宋时期,职役中的雇募法、轮差法就这样同时并存。

陈傅良讲"免役钱之在州县者日益少",究竟少到何种程度呢? 史书

---

① 刘克庄:《后村先生大全集》卷一○○《安溪县义役规约》。

未有直接记载。方志中多记载本地上缴朝廷的免役钱数,却较少记载本地留用的免役钱数,但是仍有些地志提供了相关数据。如南宋理宗宝庆年间修成的庆元府(明州)地方志载:

> 杂赋免役钱:两料共计七万七千九百二十一贯四百八十四文。六县截支吏役钱三万四千七百九十三贯七百一十六文,本府八千一百六十三贯七十六文(解发减省人吏钱、在京官员雇钱及支府吏钱并在内)。经总制司钱三万一千七百五十一贯七百四十八文(通判厅催)。官户不减半钱二千八百八十三贯九百二十文(常平司、通判厅催)。奉化、慈溪、昌国三县头子钱三百二十九贯二十四文(提举司)。①

所载数据总收数之下,前两项基本是本地留用部分,后三项是上缴部分。由于上缴的"解发减省人吏钱、在京官员雇钱"与本府吏钱混计,所以无法将免役钱中上缴朝廷的与本府、属县留用的完全划分清楚。但粗略计,上缴朝廷的与留在本地的大抵各是一半上下,这一点还是可以肯定的。同书又记载了庆元府鄞县的免役钱收支情况:

> 杂赋免役钱:两料共计二万四千八百二十五贯八百三十文,县吏支六千四百五十贯九百三十八文,本府四千八百八十四贯文(解发减省人吏钱、在京官员雇钱及支府吏钱并在内)。经总制司一万二千四百九十贯七百六十四文,官户不减半一千贯一百二十八文。②

这里虽也将"解发减省人吏钱""在京官员雇钱"混入了本府留用钱内,但仍能使我们了解到,免役钱留在本府及属下诸县的有八九千贯,而上缴朝廷的是一万五千贯上下,换言之,上缴者约为三分之二,本地留用者约为三分之一。这是从鄞县的角度考察的,与从本府角度考察有所不同,大抵上缴部分更多。

方志中又记载了南宋后期福建路兴化军仙游县宝祐年间免役钱收支情况。其载:本县夏秋二料收免役钱一万八千一百七十贯省。内经总制钱一万零三百六十五贯省,官户役钱一千七百一十中贯省,纲脚钱十六

---

① 罗濬:《宝庆四明志》卷六《郡志·叙赋》。
② 罗濬:《宝庆四明志》卷一三《鄞县志·叙赋》。

贯,以上三项解发通判厅;减人吏雇钱二百七十四贯省,解发使府,闰年增发二十二贯省;弓手雇钱三千五百七十五贯省,支遣吏役手力等庸钱一千八百九十六贯省,二项县丞厅催,闰年在外;常平役头子钱二百贯省,解发提举司。其中总收数下前三项应是上缴朝廷的,此下各项应是留在路、军、县的,粗略计算,也是上缴者占三分之二,留本地者三分之一。

仅就上引事例看,南宋时期免役钱收入中,半数以上是被朝廷征收移作他用了,只有不足一半的钱用于地方雇募役人。

南宋保正、保长、保丁采取轮差法。担任乡役的百姓所遭受的痛苦、破产威胁与北宋衙前役近乎不相上下。孝宗乾道元年八月,有大臣奏论此事,言:

> 保正副……昔之所管者不过烟火盗贼而已,今乃至于承文引、督租赋焉;昔之所劳者不过桥梁道路而已,今乃至于备修造、供役使焉。方其始参也,馈诸吏,则谓之参役钱;及其既满也,又谢诸吏,则谓之辞役钱;知县迎送儌夫脚,则谓之地里钱;节朔参贺上榜子,则谓之节料钱;官员下乡,则谓之过都钱;月认醋额,则谓之醋息钱。如此之类,不可悉数。①

不仅任保正副役者有如此赔贴之苦,任其他乡役也受害不浅。稍迟于此,文人蔡戡也论列役法之弊,除言保正赔贴如前无异外,又讲:"为税长者,逃绝税则令代纳,坍江税则令代役,产去税存无所从出者又令代纳,异县他乡不能追达者又令代纳……故单产之民无不典妻卖子以免罪,如此民力安得不困乎?"②又庆元五年,大臣张奎所言保正、保长、户长之苦与前述二人所言大致一样。③ 此三人所讲尚是战事尚缓之时情况,若是战争紧急,其情况自当更加严重。按规定,保长、户长应由中等以上户充役,然而"诸县所差保长催科,率是四等、五等下户",④"为户长者率是五等贫乏

---

① 《宋会要·食货》六五之九五、九六及一四之四〇、四一。
② 《定斋集》卷五《论州县差科之扰札子》。
③ 参见《宋会要·食货》六六之二八,另里正等役也有类似情况,参见《通考》卷一三《职役考》嘉定二年徐范奏、林景熙《霁山集》卷五《钱应孙墓志铭》。
④ 《宋会要·食货》六六之三一,另参见林季仲《竹轩杂著》卷三《论役法状》。

小民","税钱或不满百亦所不免",①故服役之后,"流离庸丐,转死沟壑"②的事常常发生。贫苦百姓为争取合理负担职役,以各种形式斗争,"天下之诉讼,其大而难决者,无甚于差役",③差役问题成为造成社会不安定的一个重要因素。

为了使服役者免于破产之灾,并使职役负担较为合理,有些地区推行了义役法。其内容主要是由百姓按贫富出钱出田,资助或召募服役者。④然而此法之行,等于在免役钱外再敛助役钱,且主持者多为豪富、绅衿,贫下百姓难免受其欺凌,行久也多弊病。

南宋免役钱的征收额或百姓的实际负担量有些地区有增加的趋势。如绍熙五年明堂赦及以后几次郊祀、明堂赦文,都讲到各路常平司以余剩为名,抑令州县多敛免役钱事。⑤ 时人廖行之讲到湖北路"役钱岁增,今巴陵亩至为钱二百六十有奇"。⑥ 赵善括讲到临安府绍兴二十一年前,物力钱三十贯以上每贯摊征免役钱十九文,至淳熙末年,物力钱达到十贯即摊征免役钱,每贯摊征数增为二十五文。⑦ 福建路福州淳熙年中按产钱摊征役钱,竟有产钱一文摊征免役钱二十四文以上的情况。⑧ 这种情况的造成,是由于地方财计窘乏、豪富隐寄财产,此外与物价的变动也有一定关系。

五、推排与役法、免役钱征收

前文已述,推排与役法联系密切,特别是在职役、免役钱以家业钱、物

---

① 《宋会要·食货》六六之二八,黄榦《黄文肃公集》卷二三《代抚州陈守奏》。
② 真德秀:《真文忠公文集》卷二九《福建罢差保长条令本末序》。
③ 叶适:《水心别集》卷一三《役法》。
④ 关于义役,请参见《朝野杂记》甲集卷七《处州义役》,《中兴圣政》卷六〇、六一,《琴川志》卷六《义役省札》,《后村先生大全集》卷一〇〇《安溪县义役规约》等。
⑤ 参见《宋会要·食货》六六之二七。
⑥ 《省斋集》卷五《论湖北田赋之弊宜有法以为公私无穷之利札子》。
⑦ 《应斋杂稿》卷一《免临安丁役奏议》。
⑧ 《(淳熙)三山志》卷一七《财赋·岁收》。

力钱按户等摊征的地区尤其突出。

早在庆历新政时期，尹洙就在上奏中建议，在推排时定出富强户、高强户、极高强户，让这些资财超众的户负担更重的税役。宋神宗时期推行免役法，元丰元年十二月九日，两浙路提举司言："浙西民户富有物力，自浙以东，多以田产营生。往年造簿，山县常以税钱，余处即以物力推排，不必齐以一法。今欲通以田土、物力、税钱、苗米之类，各以次推排，随便敷纳役钱。所贵民力所出，轻重均一（一作平）。""从之"。① 据此，推排与免役钱额的确定有直接关系。宋哲宗元祐元年四月，诏殿中侍御史吕陶往成都府路与转运司议定役法。吕陶随后上奏："伏见成都府、梓州路，自来只于人户田产税钱上依等第差役。熙宁初施行役法，别定坊郭十等人户出营运钱，以助免役之费。盖朝廷之意，本为人户专有营运而无产税，或有产税而兼有营运，故推排坊郭有营运之家，仍于田产税钱之外别令承认营运钱数，以助税户，诚为均法。然推行之初，有司不能上体朝廷本意，一切督迫郡县及差官，谕意惟务定得坊郭钱多用为劳效，州县承望风指，不问虚实，及有无营运，但有居止屋宅在城市者，估其所直一概定坊郭等第，虽以推排为名，其实抑令承认，立成年额，岁岁相仍，至今不减。"②说明成都府路、梓州路自熙宁年间推行免役法，乃推排坊郭户的资产，根据营运钱数确定各户承担的助役钱。同年十月，右司谏王巖上奏："免役法根究人户家业，以缗钱率之。又官司有故为假借之意，故难得其实。今[行差役法]乡村人户只是分为五等，推排家业之大概，易得其实也。兼等第亦不须特行排定，缘著令乡村三年一次造簿，只可申戒州县，遇依条造簿年岁子细推排等第，不可漏落堪任充役之人隐在下等……"③据此，行差役法也要依仗推排。马端临强调南宋时期推排对于役法的重要，讲：

> 役起于物力，物力有升降，升降不殽，则役法公。是以绍兴以来，讲究推割、推排之制最详。应人户典卖产业推割税赋，即与物力一并推割。至于推排，则因其资产之进退与之升降。三岁一行，固有资产

---

① 《宋会要·食货》一一之一四又六九之一九，《长编》卷二九五。
② 《长编》卷三七六、《历代名臣奏议》卷二五七《赋役》。
③ 《长编》卷三九〇、《历代名臣奏议》卷二五八《赋役》。

百倍于前,科役不增于今者。其如贫乏下户资产既竭,物力犹存,朝夕经营而应酬之不给者,非推排不可也。①

如何推排物力钱、家业钱与差役、免役钱的摊派直接相关,马端临谓:

> 然当时推排之弊,或以小民粗有米粟,仅存屋宇,凡耕耨刀斧之器,鸡豚犬彘之畜,纤微细琐皆得而籍之,吏视其赂之多寡以为物力之低昂。又有计田家口食之余尽载之物力者。上之人忧之,于是又为之限制,除质库、房廊、停塌店铺、租牛、赁船等外,不得以猪羊杂色估纽,其贫民求趁衣食,不为浮财,后耕牛、租牛亦与蠲免。②

而时人陆子遹也论及推排不公对差役的影响:

> 请问差役之弊。则曰自胥吏之狥私也,而取决于书手。自书手之患滋也,而求正于推排。使推排之公也,尚恐不能无弊,而推排一有不公,则诉讼互兴,而姑仍旧贯之说兴焉。鼠尾之不立,而销丹之莫辨,白脚之隐匿,而析户之规免,窜形诡迹,深闭固拒,虽娄眼旷耳且弗能察。③

第四节　身丁税(附免夫钱)

宋代的身丁税不是全国统一的赋税,它只在局部地区征收,且其范围也时有变化,各地征收此税的税则、品类、数额也不均衡一致。

一、身丁税概述

宋初的身丁税是从五代沿袭下来的,宋平定诸国后,逐步对身丁税进

---

① 《文献通考》卷一三《职役考》。
② 《文献通考》卷一三《职役考》,参见《宋史》卷一七八《食货志·役法》。
③ 周应合:《景定建康志》卷四一《田赋志》引《溧阳县均赋役记》(嘉定十一年正月望日撰)。

行整理。南宋陈傅良简明扼要地概述了这一过程：

> 身丁钱不知所始，臣伏读御札则知其为东南伪制也（大中祥符
> 四年诏称"计口算缗，尚存伪制"）。本朝六路次第归化，所以加惠之
> 者甚厚。往者妇人有之，至淳化三年免（见十月四日琼州敕）。寺院
> 行者有之，至咸平五年免（见七月四日两浙、福建路敕）。摄官有之，
> 至至道二年免（见正月十五日广南敕）。盐亭户有之，至太平兴国元
> 年免（见九月福州路敕）。赁舍寄住者有之，至咸平六年免（见四月
> 二日广州敕）。死丁自咸平二年始与除放（八月二十日杭、越、明、
> 睦、台、温、处、衢、婺、秀、苏、湖十二州敕）。逃丁自咸平四年始与检
> 阁（见七月十一日荆湖南北路敕）。又伪命日，如福州每丁三百二十
> 五，自太平兴国五年定纳钱一百（七月高象先奏请）；福州长溪有温、
> 台等州投过……二千余丁，每丁亦三百二十五，自景德二年定依温、
> 台州见纳钱二百五十（四月二十日刘焰奏请）。苏州每丁纳米，自淳
> 化五年定纳钱二百（见八月十七日苏州敕）。睦州每丁六百九十五，
> 处州每丁五百九十四，自咸平三年许将绢折纳（五月二十三日两浙
> 路敕）。抑见伪制各出一时，颇亦不等，前后敕命，大底多者使寡，难
> 者使易，不宜有者使无，而诸国苛敛渐趋于平。[1]

言语中虽有溢美之意，但所言却有根有据，应基本合于史实。真宗大中祥符四年，在上述蠲减基础上又进行一次较大幅度的蠲减，计蠲钱四十五万余缗。[2] 有些文献记这次是蠲放全部身丁钱，不管所言是否有据，实际上身丁税并未因此完全取消，不少地区仍旧征收。其中有些地区丁钱原折征米，地方官府以蠲钱不蠲米为借口，故"诏除丁钱，而米输如故"。[3] 可能还有用其他手法的，总之是"府县占吝，奉行不虔"，而宋廷也以默许置之，身丁税多有存留。故仁宗时，又有调整和蠲减身丁税事。此后至南宋初，无大变化。入南宋，身丁税多折征钱，因物价高且折钱数多，故身丁税钱额倍增。战争转缓后，宋廷为笼络人心，又对一些地区的身丁税作了减

---

① 《止斋文集》卷二六《乞放身丁钱札子》。
② 参见《长编》卷七六、《东都事略》卷四、《太平治迹统类》卷五等。
③ 《宋史》卷一七四《食货志·赋税》。

免。淳熙年中，为加强管理，曾令州县专设丁税司。① 开禧北伐时，又蠲免了地近行在而又负担偏重的两浙路身丁税。尽管屡经减免，仍有两广、福建的一些州县的身丁税一直存留到宋亡。

大中祥符四年，蠲免了身丁钱四十五万缗，如有关记载可靠，则此前全宋身丁税收入当大于此数，即超过总岁入数的千分之五。南宋淳熙十三年大赦，"免贫民丁身钱之半，为一百一十余万缗"②，如此记不误，则时身丁税共约二百二十余万缗，在总岁入中所占比重反有提高。

为了便于了解宋朝征收身丁税的详情，以下再按地区分别略作考察。免夫钱及南宋时始征的僧道免丁钱，与身丁税关系密切，附于其后。

二、湖南、两浙地区的身丁税

关于湖南身丁钱米的起始，李心传记："自马氏据湖南，始取永、道、郴州，桂阳军，茶陵县民丁钱绢米麦。"③又记："湖南诸郡，岁调上户充土丁戍边，其下户不行之丁，则税输米。后以官兵戍边，而输米如故。"④然另有记载讲："先马氏据湖湘日，科民间采木，不以贫富计丁取数。国初转运使司务省民力，奏请量纽米随税以纳，行之已久而高下不等，贫者苦之。"⑤记载不同，难定孰是。或同是后人追记，采之传闻，故有小出入。大中祥符四年蠲免诏令也言及湖南，唯未见具体记述。仁宗景祐年以前，有位名叫齐廓的官员在湖南任职，"平阳县（属桂阳军）自马氏时税身丁钱，岁输银二万八千两，民生子至壮不敢束发，廓奏悉翻除焉"。⑥此事未得系年，难定是否与祥符蠲免有关。后皇祐三年七月，宋廷下诏："湖南郴、永、桂阳监等处人户所纳丁身米，每丁特减三斗二升。"⑦这说明湖南

---

① 参见《中兴圣政》卷五六、《宋史》卷三五《孝宗纪》。
② 《宋史》卷三五《孝宗纪》。
③ 《朝野杂记》甲集卷一五《身丁钱》。
④ 《系年要录》卷八七。
⑤ 《宋会要·食货》七〇之八。
⑥ 《长编》卷一二〇。
⑦ 《宋会要·食货》七〇之八。

一些地区前此尚有丁身米,且其额颇重。据载,此次蠲减"以最下数一岁为准,岁减十余万名"。① 可知前此湖南丁身米岁入数颇多。又后"嘉祐四年,复命转运司裁定郴、永、桂阳、衡、道州所输丁米及钱绢杂物,无业者弛之,有业者减半;后虽进丁,勿复增取"。② "然道州丁米,每岁犹为二千石,人甚苦之"。③ 南宋绍兴三年八月,宋廷有诏:"湖南丁米三分之二均取于民田,其一取之丁口。"④但稍后道州即将丁米全部按田亩摊征,对此颇有争议,最后决定"依旧于田亩上均敷"。⑤ 此后有人请求蠲减,未获准,有人请求将道州摊入田亩之法于湖南等路推广,也未获准。⑥ 宋金和议,为了表示朝廷要宽恤民力,绍兴十四年十月,宋廷下令免除永、道、郴、衡、桂阳等州军身丁钱米绢麦,至此,湖南身丁税全部被取消。

湖南身丁税在仁宗嘉祐年以前总额较多,最多时当有数十万贯石,此后因几经蠲减,所存不多,故南宋绍兴年中得以废除。

两浙身丁税之起始,北宋人陈师道记:"吴越钱氏,人成丁,岁赋钱三百六十,谓之身钱,民有至老死不冠者。"⑦陈氏讲两浙身丁钱始于五代是没有问题的,但其所记钱数却未必可靠,因为前引陈傅良文称,睦州宋初每丁六百九十五文、处州每丁五百九十四文,都系承袭五代之旧。或则睦、处等州事属特殊,其他多如陈师道所记,或则初定数少,后有加多,已难考知。两浙也在大中祥符四年蠲免范围内,然后明道元年三月,"两浙转运司言,大中祥符五年已放诸路丁身钱,而婺、秀二州尚输钱如故。己亥,诏悉除之"。⑧ 可知祥符年蠲免时,至少有婺、秀二州未能实行。南宋赵善括追述真、仁两朝蠲减两浙身丁税,言:"丁谓为相,苏、秀获免,胡则

---

① 《宋史》卷一七四《食货志·赋税》、卷一二《仁宗纪》。
② 《宋史》卷一七四《食货志·赋税》。
③ 《朝野杂记》甲集卷一五《身丁钱》。
④ 《宋史》卷二七《高宗纪》。
⑤ 《系年要录》卷八七。
⑥ 《朝野杂记》甲集卷一五《身丁钱》、《系年要录》卷一〇四、《宋会要·食货》一二之八。
⑦ 《后山谈丛》卷三。另朱长文《吴郡图经续记》卷下、僧文莹《湘山野录》卷上也记两浙身丁税始于五代。
⑧ 《长编》卷一一一。

在朝,衢、婺遂蠲"。① 所记又与前述小有出入。然而更大的悬案是:经过真、仁两朝的蠲免,两浙路旧的身丁税是否还存在,南宋时两浙的身丁税与北宋初的两浙身丁税有何联系。李心传记:"两浙身丁钱者,始未行钞法以前,岁计丁口,官散蚕盐,每丁给盐一斗,输钱百六十六文,谓之丁盐钱。"②李氏所记丁盐钱与前引陈师道所言身钱,数额颇近,而丁盐钱却由官散蚕盐而来。李氏未明所谓未行钞法以前究竟为何时。丁盐钱与前述身丁钱关系如何?南宋吕祖谦所记严州丁盐钱绢来历较详,或可提供回答此问题的线索:

> 臣照对本州丁盐钱绢之起,据父老称,自承平时,每一丁官支给盐一斗,计五斤,每一斤计钱三十一文二分省,共计钱一百五十六文省,却纳绢一丈二尺八寸。数内一半系本色绢,一半系折纳见钱。是时绢每一匹直钱一贯文省,每丁计纳绢六尺四寸,计价钱一百六十文省,又折帛见钱一百六十文省,两项通计三百二十文省,将官中所给盐斤价钱百五十六文省比折外,每丁实陪贴纳钱百六十四文省,所纳不多,公私两便,未见其害。后来蔡京改变钞法,令大商人入纳买钞,支给袋盐货卖,从此官司更不支给丁盐,徒令纳绢。③

严州身丁盐绢的由来,似可代表两浙路一般情况。从李心传、吕祖谦二人所记看,两浙路丁盐钱绢与产生于五代、祥符年中诏令蠲免的身丁钱并非一事,丁盐钱绢很可能开端于祥符诏令之后,且先以官散蚕盐形式出现,至蔡京变盐法后才完全成为一种正式税赋。这之后,据李心传记:"大观中,始令三丁纳本一匹,当时绢贱,未有陪费。后物价益贵,乃令每丁输绢一丈、绵一两,皆取于五等下户,民甚病之。"④大观中三丁纳一匹绢的规定,在执行中有不同作法,造成实征上出现地区之间的差距,如湖州武康

---

① 《应斋杂著》卷一《乞免临安府丁钱》。

② 《朝野杂记》甲集卷一五《身丁钱》,另《中兴圣政》卷六、《系年要录》卷二九,文字与此全同,三者当同出一人手笔。按石介《徂徕集》卷八《录微者言》载,客户"人岁输其缗钱数百于有司……谓之干食盐钱",或与此同一源。

③ 《吕东莱先生文集》卷三《为张严州作乞免丁钱奏状》,又据《宋会要·食货》一二之一三载,此时每丁输钱增为三百六十文。

④ 《朝野杂记》甲集卷一五《身丁钱》,文中所述蠲减乃建炎三年十一月以前事。

县自行此令后,宣和年中增丁不增额,遂形成县额不动,实征则变为四丁一绢,其他五县仍依三丁一绢征收,故县额屡增。① 绍兴末年始令湖州各县一律增丁不增绢,此后实征依次五丁科一匹、七丁科一匹。这又使湖州与别州实征产生差距。现将乾道八年湖、严、处州及绍兴府(越州)蠲减前每丁征收额及州府总征收额列表如下(据《宋会要·食货》一二之二〇制):

州府名	总额	每丁征收额
湖州	65296 匹	三丁至四丁共输一匹绢
严州	39399 匹	每丁一丈二尺八寸
绍兴府(越州)	43015 匹(另绵 77420 两,钱 47750 贯)	上四等四丁一匹,第五等八丁一匹
处州	203600 贯	四丁以上共输一匹绢

按:表内每丁征收额为约数。据《吕东莱文集》卷一《为张严州作免丁钱奏状》,湖州七县中五县三丁一匹绢,一县一丁一丈二尺八寸绢,一县四丁一匹绢。同书又记,平江府(苏州)、秀州、婺州、衢州已蠲免丁税。明州每丁止纳钱六十文足。又据《朱文公文集》卷一八《奏台州免纳丁绢状》,淳熙年中,台州每丁额纳绢三尺五寸、钱七十一文,本州第五等户人额共丁盐钱二万八千七百余贯,当是乾道末年蠲减后之数。又《宋会要·食货》一二之一九载,乾道九年时,镇江府丹阳、金坛二县税户无身丁税,仅客户纳丁税,每丁二尺、四尺不同。然不明是否经过蠲减。

南宋初,物价暴涨,为了宽恤下户,宋廷规定两浙丁盐钱"自今第五等以下人户,一半依旧折纳[绢等]外,余一半只纳见钱"。② 后夏税、和买绢折征钱(即折帛钱),丁盐绢也随之有折征钱者。③ 孝宗乾道末年,两浙的丁税有较大蠲减,其中严州蠲减最多,所减属上供额者以沙田芦场租钱拨补。④ 两浙身丁钱绢最后于开禧二年全部罢免。

南宋时,两浙丁盐钱绢有将上四等户的按丁产税钱纽科者,也有全部"于众户田产上均纳"者,⑤这也是在实征中的一些变通办法。据李心传记,建炎三年时,两浙身丁盐钱绢等"岁为绢有二十四万匹,绵一百万两,

① 参见《宋会要·食货》一二之一三。
② 《宋会要·食货》一二之八,另见《朝野杂记》甲集卷一五《身丁钱》。
③ 《朱子语类》卷一一一《论民》:"浙中……丁钱至有三千五百者。"
④ 参见《宋会要·食货》一二之二〇、《严陵集》卷九詹亢宗《均减严州丁税记》。
⑤ 参见《宋会要·食货》六六之八、朱熹《朱文公文集》卷一八《奏台州免纳丁绢状》。

钱二十万贯",①其数显较湖南路为多,故其罢免也略迟。

三、福建、两广地区的身丁钱

北宋蔡襄讲:"伪命日(指五代)诸州各有丁钱,惟漳、泉等州折变作米五斗,至陈洪进纳疆土之后,以官斗校量,得七斗五升,每年送纳价钱。伏缘南方地狭人贫,终年佣作仅能了得身丁,其间不能输纳者父子流移、逃避他所……祥符中,特降御札,蠲除两浙、福建六路身丁钱四十五万贯,其时漳泉兴三州亦是丁钱,折变作米,无人论奏,因依科纳,遂至先朝大惠不及三郡。"②他所讲漳、泉等州军之事可以证明大中祥符四年蠲免的,只是身丁税中身丁钱的部分,凡以米、绢立额或折成米、绢等物者,均可借故存留。又地志载,福州"咸平初,夏税及身丁钱总二万九千七百四十四贯有奇,大中祥符四年,诏放身丁钱,独[存]夏税七千六十九贯有奇"。③福州身丁钱竟有夏税钱三倍之多,说明福建路在祥符年蠲免前,身丁钱总额数量不小。蔡襄在同一文章中又讲,希望让漳、泉等州军"依建州例岁纳口钱",可知祥符蠲免后,建州也保留有称为口钱的身丁税。大约与蔡襄的上请有关,皇祐三年十一月宋廷下诏减漳、泉等州军身丁米额:"泉州、兴化军旧[每丁]纳米七斗五升者,主户与减二斗五升,客户减四斗五升。漳州纳八斗八升八合者,主户减三斗八升八合,客户减五斗八升八合,为定制。"④于是泉、漳、兴化军一律主户每丁五斗、客户三斗。此后,本路身丁税未见有变动。至南宋乾道九年,建宁府(建州)的身丁钱被蠲免,⑤余州未见变动。南宋后期人刘克庄记,福建路漳、泉等州军丁米后复改为丁钱,"端平元年,赵侯以夫建言丁钱宜罢久矣,顾岁额万千缗隶于漕,守不

---

① 《朝野杂记》甲集卷一五《身丁钱》。

② 《蔡忠惠公文集》卷二二《乞减放漳泉州兴化军人户身丁米札子》。

③ 《(淳熙)三山志》卷一○《版籍》。

④ 《长编》卷一七一及《宋大诏令集》卷一八六《减漳泉州兴化军丁米诏》(皇祐三年十一月辛亥)。

⑤ 《宋会要·食货》一二之一九。

得专,而况民以全镪输,官以半楮发,此不欲罢也;年甲付吏手,糜费等正钱止,吏不欲罢也,官吏规近获,民被长患,深可嗟闵"。① 大约漳、泉、兴化军的身丁税是一直沿征至宋亡的。当然,据刘克庄记,漳州曾有移别种收入为百姓代输身丁钱的情况,不过是否常例,不得而知。

福建路身丁税不见有全路的总岁入数,本路人口稠密,身丁税应有一定数量。

两广身丁税为地方财计重要组成部分,其地位与别路有所不同。其创始亦在五代。北宋神宗时刘谊讲:"由唐至于五代,暴政所兴,二广则户计一丁,出钱数百,输米一石……宋有天下,承平百年,二广之丁米不除。"②南宋刘克庄也记:"(二广)丁钱始于五季,每丁十文,既而加倍至十倍、百倍,米亦如之。远民以有身为患,有子为累,窜为蛮徭,逸为盗贼,实官吏驱之。"③大中祥符四年蠲减诏令也含两广,然实际所蠲似不多。两广地方财计对身丁税多有依仗,南宋绍兴年中官员赵善瑛讲:"广东诸州田税不足岁用,自祖宗以来,不问有无田产,常计丁岁纳身米以补常赋。"④南宋后期著名大臣吴泳在其广东运使任上,曾对广东路财计对身丁钱的依仗作了更为深刻的说明:

> 民户丁钱,诸路并已蠲免,独本路尚尔拘催,然本路所以断不可以蠲免者,缘本司只借此以植立,若免丁钱则司存可废,纲解可罢也。今广东民贫,丰年尚有不足,何况年来积歉,鹑衣鹄形,救死不赡,官司又从而拘其身丁,真可怜也……本司虽明知其为民害,奈何别无财计,舍此无以自立纲解,军食舍此无所从出,每思所以变通之而不得其说。且如梅州一郡客丁租例纳米,本州军粮全仰此米,欲罢梅州之丁则本州无米可纳,无以给军食。梅州之不可无丁米,亦犹本司之不

---

① 《后村先生大全集》卷八八《漳州代输丁钱》。按,据张岳《(嘉靖)惠安县志》卷六《户口》"淳祐间,本县主户……每丁该米三斗三升二台五勺,折钱一百三十二文,客户……每丁该米二斗二升,折钱九十二文。"则此地身丁钱又有主、客之分。

② 《长编》卷三二四。

③ 《后村先生大全集》卷一四三《宝学颜尚书神道碑》。

④ 《系年要录》卷一五九。广东身丁钱米分三等,数各不同,详参见《永乐大典》卷一一九〇七引《湟川志》等。

可无丁钱。①

吴泳把身丁税对广东地方财政的重要性讲得很透彻,广西也与广东的情况相类。南宋罗大经记:

> 广右深僻之郡,有所谓丁钱,盖计丁输钱于官,往往数岁之儿即有之,有至死而不与除豁者,甚为民病。故南人之谣曰:"三岁孩儿便识丁,更从阴府役幽魂。"读之可为流涕。范石堂为广西宪,尝力请于朝,乞罢去,虽获从请,然诸郡多借此为岁计,往往名除而实未除也。②

据此,广西地方财计也对身丁税有所依赖,与广东稍有不同者,广东主要为转运司(路),广西则主要为诸州军。

两广身丁税似较他地区更重,前述宋初仅每丁输米即有一石之多,丁钱五代初立,每丁十文,后既增五倍,则有一贯之多。据南宋方大琮记,潮州身丁税时为千文以上,后蠲减"过半","一丁纳五百文",百姓已是喜出望外,"人莫不以得慈父母相贺"。③ 可见身丁钱立额之重。

身丁税既多隶地方财计,官吏们往往设法多取,而吝于销落。淳熙十二年近臣萧燧上奏言此事道:

> 广西最远,其民最贫……奈何并海诸郡以身丁钱为巧取之资,有收附而无销落。输纳之际,邀求无艺,钱则倍收剩利,米则多量加耗,一户计丁若干,每丁必使析为一钞,一钞之内有钞纸钱、息本钱、糜费公库钱,是以其民苦之,百计避免。或改作女户,或徙居异乡,或舍农而为工匠,或泛海而逐商贩,曾不得安其业。④

其尤为非理者,是所谓敛"挂丁钱"。李心传记:"广西郡县贫薄,凡民间父祖年六十以上,而身丁未成者,亦行科纳,谓之挂丁钱。绍兴初,诏令本路约束。"⑤约束之诏似未奏效,开禧三年十一月册皇太子赦文又言及挂

---

① 《鹤林集》卷二二《奏宽民五事状》。
② 《鹤林玉露》丙编卷五《广右丁钱》。
③ 《铁庵方公文集》卷二一《郑潮守》。
④ 《中兴圣政》卷六二。
⑤ 《朝野杂记》甲集卷一五《身丁钱》。

丁钱："访闻二广人户输纳丁钱,才年十二三便行科纳,谓之挂丁钱,多致逃亡。"①可见前次约束具文而已。

广西身丁税总额失载。广东于南宋淳祐年中,据前引吴泳奏,身丁钱岁入二十七万余贯。

四、江东、两淮、四川地区的身丁税

李心传记:

> 江东诸郡丁口盐钱者,李氏有国者所创也。盖以泰州及静海军(今通州,一作海州)盐货计口俵散,收钱入官。其后失淮南而盐不可得。既又令折绵绢输之,民益以为病。明道二年,范文正公为江淮安抚,乞会一路主户,以见在盐价于春时给盐食用,随夏税送纳价钱。奏可。其后谓之蚕盐者也。②

可知江东诸郡自五代以来有丁口盐钱,大中祥符年未予蠲除,仁宗时改以"蚕盐"——一种两税附加税——的方式征收。李心传又记:

> 两淮丁钱者,不知所从始,乾道末,诏民户一丁充民兵者,本名丁钱勿输。③

由此可知两淮也有身丁税,只是不得其详。又乾道八年十一月,权发遣利州崔渊讲,时四川帅臣组织兴元府、洋州等处"义士",凡入籍者,免除身丁钱。据此,四川一些地区似也征身丁税。

五、僧道免丁钱与百姓免夫钱

僧道免丁钱是南宋绍兴十五年始征的一种人丁税,主要对象是僧人道士。僧道免丁钱严格说不是由身丁钱派生出来的,而是由"丁役"(包括夫役、职役等)派生出来的。创设此税时,官吏们提出的理由是:"州县

---

① 《宋会要·食货》六六之二○。
② 《朝野杂记》甲集卷一五《身丁钱》。
③ 《朝野杂记》甲集卷一五《身丁钱》。

坊郭,乡村人户既有身丁即充应诸般差使,虽官户形势之家,亦各敷纳元役钱,唯有僧道例免丁役,别无输纳,坐享安闲,显属侥幸,乞令僧道随等级高下出免丁钱,庶得与官民户事体均一。"[1]可知僧道免丁钱虽与身丁钱同为常年性人丁税,其起始却非属同源。另外僧道免丁钱又非按人丁均出,而系"随等级高下"输钱。其最初征收的数额如下表:

寺观类别	僧道类别					
	散众	紫衣、二字师号(只紫衣无师号同)	紫衣、四字师号	紫衣、六字师号(道正、副等同)	知事	住持
甲乙住持律院、十方教院讲院	5贯省	6贯省	8贯省	9贯省	8贯省	15贯省
十方禅院	2贯省	3贯省	4贯省	6贯省	5贯省	10贯省
宫观(道士)	2贯省	3贯省	4贯省	8贯省	—	—

另又规定"年六十以上及病废残疾者听免。后诏七十以上乃免之"。[2] 乾道六年以后,僧道免丁钱归入经总制钱内。又后,官府需借出卖度牒和师号取得收入,曾规定买得师号者减应纳免丁钱。僧道免丁钱起初"岁入缗钱约五十万,隶上供",[3]对财计裨益是不小的。然而"浙中诸大刹、都城道观多用特旨免徭役科敷,而州县反以其额敷于民间,大为人患"[4]。于是,征免丁钱也给普通百姓带来痛苦。

免夫钱是由夫役演化而来的,它是一种非定期的赋税,因此是不同于一般身丁税的宋代百姓原则上无劳役负担,宋人谓:"自三代后,凡国之役,皆调之民,故民以劳弊。宋有天下,悉役厢军,凡役作工徒营缮,民无与焉。"[5]但是,百姓并不是完全没有劳役负担,有两种劳役仍是由百姓承

---

① 《宋会要·食货》六六之二。按,免丁钱沿征至宋亡,参见《两浙金石志》卷七《正直院碑》。

② 《朝野杂记》甲集卷一五《僧道免丁钱》。

③ 《朝野杂记》甲集卷一五《僧道免丁钱》。

④ 《朝野杂记》甲集卷一五《僧道免丁钱》。

⑤ 《群书考索》后集卷四一《兵制·州兵总论》。

担的:一是战时运输物资、修筑城寨;①二是治理江河。其中尤以后者调民夫更多。如太宗太平兴国八年、仁宗天圣八年,都曾调民夫治河。② 既调民夫,自有不能亲行赴役者(多是富户),于是,即有雇人代役者,仁宗时雇人代役"一夫出钱三五千已上",神宗时,调河东夫,上户摊配有达四百三十四夫者,僦直三千缗,下户也有达十六夫者,雇直百缗。③ 但初不见官府征免夫钱。征免夫钱始见于神宗熙宁年中,时人苏辙谓:

> 祖宗旧制,河上夫役止有差法,元无雇法。始自曹村之役夫,功至重,远及京东西、淮南等路。道路既远,不可使民间一一亲行,故许民纳钱以充雇直。④

这样,熙宁十年十一月有诏:"河北、京东西、淮南等路出夫赴河役者,去役所七百里以外愿纳免夫钱者,听从便。"⑤此次所敛免夫钱数量不少:"京东一路差夫一万六千余人,为钱二十五万六千余贯,由此民间见钱几至一空。"⑥一路之数如此多,四路合计必不下百万贯。时人刘谊讲"淮南之民科黄河夫夫钱十五千,上户有及六十夫者",⑦可知百姓负担是重的。此后相沿成例,每次调夫,往往就有许纳钱免役的规定,例如元丰七年、元祐五年、元祐七年、元符二年都有记载。⑧ 征收免夫钱增加了百姓的负担,元祐年中一次敛免夫钱时,大臣范纯仁忧虑地说:"民力自此愈困矣。"有人质问他说:"每岁差夫一丁费万钱,今以七千免一丁,又免百姓往回奔走与执役之劳,更不便乎?"他回答道:"每岁差夫虽曰万钱,然携以随身者不过三千,又得一丁就食于官,是民间未尝有所费也。今免夫所出七千,尽归于官矣,民又俨然坐食于家。盖力者,身之所有;钱者,非民

---

① 如司马光《涑水记闻》卷二记至道中宋征夏,曾调民夫充役运粮,《宋史》卷三〇三《范祥传附子育》记神宗时调民夫筑城,《长编》卷二五八载熙宁七年调民夫修大名府城,《宋史》卷一七八《食货志·役法》记元符年中有因边事起差夫丁事。
② 见《宋会要·方域》一四之一四。
③ 《宋大诏令集》卷一八一《遣使按行遥堤诏》及《宋史》卷三〇三《范祥传附子育》。
④ 《栾城集》卷四六《论雇河夫不便札子》。
⑤ 《长编》卷二八五、《九朝编年备要》卷二〇。
⑥ 《长编》卷四一四。
⑦ 《长编》卷三二四、《九朝编年备要》卷二一。
⑧ 参见《宋会要·方城》一五之一〇,《长编》卷三五〇、四三八、四七六、五〇八。

所有。今舍其所有,征其所无,民安得不病?……今若出钱以免夫,虽三分之夫工,亦可以取其十分免夫钱,其弊无由考察。又从来差夫不及五百里外,今免夫无远不届。"①范氏所言最值得注意者,是三分夫工取十分免夫钱之说,在当时财计困难条件下,是个现实问题。元祐七年以后,几乎年年调河夫,数额不下十几万人,②当含此种动机。又据苏辙讲,当时免夫钱每日每夫征钱二百五十至三百文,其中团头、甲头、火夫之类,还要加征三分之一至一倍,实则雇夫每日每夫只需二百文以下,显然官府有意从中取利。③ 又史载:

> 大观中,修滑州鱼池埽,始尽令输钱。帝谓事易集而民不烦,乃诏凡河堤合调春夫,尽输免夫之直,定为永法。④

据此,则此后夫役全部改为纳免夫钱。

宣和年以前,虽有因边事调夫役事,却不见因此敛免夫钱的记载。宣和六年,由于宋金合力攻辽,宋财计不支,竟向沿边以外全宋百姓征免夫钱。史载:

> [宣和六年]王黼建议,乃下诏曰:"大兵之后,非假诸路民力,其克有济?谕民国事所当竭力,天下并输免夫钱,夫二十千,淮、浙、江、湖、岭、蜀,夫三十千。"⑤

此次所征,每夫竟有二三十千之多,显然为百姓所无法承担,这无疑使宋廷大失民心,成为导致北宋灭亡的一个重要原因。

入南宋后,东南不见有征免夫钱的明确记载,四川却仍几次因边事调夫和敛免夫钱。⑥

南宋李心传曾议论宋朝身丁税赋,言:"大抵丁钱皆伪国所创,余尝

---

① 《长编》卷四三八。
② 参见《长编》卷四七六、四七七,《宋史》卷一七八《食货志·役法》元符二年条。
③ 《长编》卷四四四、《栾城集》卷四六《论雇河夫不便札子》。
④ 《宋史》卷一七五《食货志·和籴》。
⑤ 《宋史》卷一七五《食货志·和籴》。
⑥ 参见《系年要录》卷一四。度正《性善堂稿》卷六《重庆府到任条奏便民五事》、卷七《上本路运使论夫钱札子》,曹彦约《昌谷集》卷一九《范季克墓志铭》。按,据《宋会要·食货》六五之一○一等处载,南宋时"遇应办军期般运粮草、增筑堤岸"仍可差夫,但不知是否以钱可代役。

谓唐之庸钱,杨炎已均入两税,而后世差役复不免焉,是力役之征既取其二也。本朝王安石令民输钱以免役,而绍兴以后所谓耆户长、保正雇钱复不给焉,是取其三也,合丁钱而论之,力役之征盖取其四也。而一有边事,则免夫之令又不得免焉,是取其五也。"①他的议论是有一定道理的,宋朝身丁税是很能说明宋廷理财无方、敛财无艺的。

除上述身丁税外,荆湖南北的辰、邵、沅、靖等州少数民族居住区,不征田赋,只征身丁钱米,总额不大。这种身丁税与上述身丁税,性质又有区别。

---

① 《朝野杂记》甲集卷一五《身丁钱》。

第 二 章
禁榷收入

　　宋朝的禁榷收入与两税收入数量接近,二者构成财政岁入的主要部分,前者又是岁入中货币部分的主要来源,在财政中有其独特的地位。宋代的禁榷有广、狭两种含义,狭义的禁榷是指官府对某些种商品实行的专卖,广义的禁榷除包括这种专卖外,还包括由这种专卖而派生出来的官商合营分利形式,以及对某些商品在严峻法律和严密措施保证下征收高额产销税的制度。在后两种情况下,官府虽不实行专卖,但仍能获取与专卖大致相当的专利收入。本章所讨论的是广义的禁榷收入,因为将狭义的禁榷收入同一般的禁榷收入区别开,既是困难的,又是意义不大的。宋代的禁榷品主要是盐、酒、茶、香、矾等,以下依次分述。

第一节　榷盐收入(上)

一、盐法及榷盐收入述略

　　宋朝禁榷收入在财政中居于与两税收入并驾齐驱的地位,而禁榷收入中又以榷盐居首,特别是南宋版图缩小,两税收入减少,榷盐收入在财政中更有举足轻重的位置。宋朝榷盐收入与榷酤收入不同,榷盐收入由朝廷直接支配的部分较大,而榷酤收入则归地方支配的比例较大,榷盐又比榷酤有易行之处,故宋朝对榷盐尤显重视。

榷盐收入是以优厚的专卖利润为基础的,北宋时,"盐之入官,淮南、福建、两浙之温台明斤为钱四,杭、秀为钱六,广南为钱五。其出,视去盐道里远近而上下其估,利有至十倍者"。① 显然,宋代与前代一样,榷盐乃是一种变相的人口税,只不过其以买卖为形式,易于掩人耳目罢了。为了多取榷利,官府往往采取变换盐法、提高盐价及拖欠、克扣盐民盐本钱等办法,从食盐者、生产者及商人三方面括取钱财。有时,为了维持官销售价,甚至采取强迫停产等措施,对盐业的生产、人民的消费以及商品经济的正常发展,都起了严重的破坏作用。

宋代的榷盐并不只有官产、官般、官卖一种形式,而是有多种形式。与一般禁榷的广义、狭义相对应,盐法可粗分为通商、禁榷两种。严格意义上的禁榷法,特指官产官般官卖,即官府垄断全部产销过程。所谓通商法,主要有几种:或令百姓输纳盐钱、或令产盐户输纳较高的课利,而许私贩。更为常见的,则是官府控制产地的盐货,抑令商贾向官府购买钞引,官府由此取得专利,于是允许商贾在限定的区域内自由出售。这就是所谓钞盐制度。宋朝各个时期所实施的盐法,都不是纯粹的通商法或禁榷法,而是两者兼而有之。即便在同一盐的产销区域内,在主要推行禁榷法时,也有少数地区行钞盐制度,在主要推行通商法时,官府也自己运销一定数量的食盐、蚕盐。至于讲盐的生产,除了解盐、官井盐系官府直接经营外,占产销量比重最大的海末盐,多是在官府严密监视和控制下,由盐户自己进行生产的,其生产方式既有别于官营,也有别于普通的民营生产的。

榷盐收入,既是宋朝岁入主要构成者之一,其数额是很应重视的,然而现存记载中,有一些悬而未解的问题妨碍我们准确地把握这些数字,突出的就是宋人常讲的"课利""榷利"等的理解。所谓"课利""榷利",它

① 《宋史》卷一八二《食货志·盐》,原文所述为北宋前期情况,然同书又记北宋末年盐官销售价仍旧未变,又杨时《龟山集》卷一《上渊圣皇帝书》记北宋末"盐之入官一斤不过四五钱"。可见盐的购销价北宋前后期大致一样。

们是指卖盐的全部收入呢？还是官府所得净利收入呢？息钱收入中官吏薪饷、办公费用是否扣除？它后是否包括运销税、两税盐钱、蚕盐、经总制钱中各种与榷盐关联的附加税、井盐税课等呢？如此之类，疑问不少，有待研究解决。因此，对待榷盐收入，必须采取审慎态度。本书汇集有关记载及笔者粗浅分析，制成一表，示其概况（本书后附表4）。

宋人言："国家天下十八路，而盐之所出者十二路，淮南、河北、河东、陕西、两浙、湖北、福建、广东、益州、利州、梓州、夔州是也。为池二、监十、场二十二、井八百二十二，岁入之多，自两税之外，莫大于盐利。"①这是讲北宋中期的情况，其他时期产盐路份有所不同，设置也有异。盐产地分布如此之广，要有效实行禁榷，就不能不因地制宜地采取不同的办法。宋廷解决这个问题的基本国策就是划分盐的产销区，即某地所产之盐只能在本产销区内行销，越境者被视为非法（官府特许者除外）。在不同的产销区实行不同的法令，在同一产销区内有时又因盐法的不同而细分为不同的区域。在北宋，大的产销区共有九个，九个产销区又大小不同（参见下页所附示意图）。其中淮盐区与浙盐区关系密切，不易区分，习惯上被看成一个，乃为八个。南宋时，河东、河北、解池、京东四个产盐区及其大部分行销区落入金朝手中，产销区减为四个，盐的产销区与行政区划不甚相合，大者绵亘数路，小者仅容数州。产销区的这种划分，乃是兼顾盐产区生产能力、交通运输的利便，人口及管理上的需要等诸因素。各盐产区生产能力是相差较为悬殊的，其在盐总产量中所占的比例及其产量，大略如书末附表2所示。

从此表可看出，解池与淮浙两大盐区的产量（大致也接近销售量）居最重要的地位。在北宋，两者合计约占全宋盐产量的十分之八，在南宋，淮浙盐产量约占全宋盐产量的十分之七。京东、河北、河东、福建四区产量最低，约占全宋产量的百分之五以下。当然，表中京东、河北的盐产量是不准确的，似仅为沿海盐产量，另有内地煮碱为盐，因其分散，或未计于内，加之两区行通商法，盐产量难以准确统计。

---

① 《群书考索》后集卷五六《财赋·榷盐》。

　　各个产销区之间不但存在产销量的差别,而且其所行盐法也有所不同,所获得的榷利数量及获取方式也就不同,以下分别对各产销区盐法沿革及榷利收入情况略作考察。

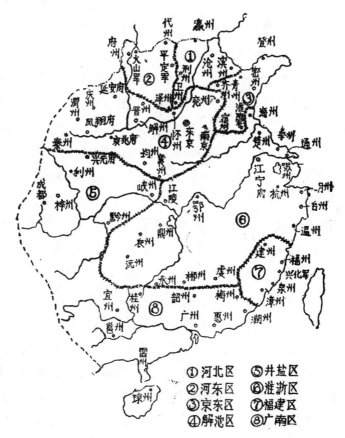

北宋盐产销区划示意图(大体以北宋仁宗时为准)

二、解盐区

　　解州池盐的产销,自唐以来就由官府严格控制,成为财政收入的重要来源。宋初划定盐产销区域,解盐行销于三京、陕西、京西及河东、河北、京东、淮南路的部分州军。这大致相当北宋版图的四分之一强。解盐区时又分为通商、禁榷两部,陕西、京西路大部分州军属通商区,其余则为禁榷区。通商区行钞引法,商人买引后从官盐场请盐经销;禁榷区官般官卖,禁止私自贸易。真宗咸平年中,宋廷听从度支使梁鼎建议,改陕西沿边通商为官卖,结果受到挫折。主要原因是官卖需役使人民运输盐货,盐商不行,沿边无人入中粮草,又要役民运粮。官卖后盐价增高,夏、蕃地区青白盐流入,私贩难禁。① 这些都危及沿边地区的安定,对宋的边防有不利影响。仁宗天圣初年,开始实行令商人入钱银等于京师而贩盐于京西通商区的盐法。天圣八年,宋廷听从翰林学士盛度等建议,解盐区全部行通商法,令商人入钱银京师,赴解州请盐转销。然而课利初增随减,天圣九年至宝元二年行新法,与乾兴年至天圣八年行旧法相比,岁课减少了二百三十六万缗。宝元三年南京、京东及淮南路宿、亳两州重行官卖法。② 康定元年,通淮南盐于京东八州及淮南宿、亳两州,这些州军即被划出解盐区。随后西路宋夏战争,解盐课多用于军费。庆历二年,京师、陕西路十一州行禁榷法,随后京西路也行榷法,百姓大扰。庆历四年,宋廷命范祥考察解盐法,八年,正式命范祥修订解盐法。几经反复,范祥盐法终于获得推行且渐趋完善。其法主要内容:一、解盐区全部行通商法,允许解盐入蜀。二、沿边州军停止入中粮草,令商人于沿边入现钱支付盐钞。三、规定盐钞的发行数量、每张盐钞的价格及支盐数量,官府设法稳定钞价。四、严禁蕃、夏青白盐入境。③ 范祥钞法为以后的宋人所推崇,是较为妥善的。熙宁年以后,宋攻蕃、夏,沿边支费浩大,宋廷即多印行盐钞,又出巨额钱财回收盐钞,从而把盐钞作为向沿边转移财赋的手段。④ 熙宁九年,宋廷接受张景温等人建议,扩大禁榷区域。王安石罢相,乃行皮公弼盐法,缩小了禁榷区域。⑤ 绍圣三年,复扩大禁榷区域。⑥ 此后元符

① 参见《长编》卷五四、《宋会要·食货》二三之二七及《宋史》卷三〇四《梁鼎传》。

② 参见《长编》卷一〇九、一二三,《宋会要·食货》二三之三五及司马光《涑水记闻》卷四《晋盐》。

③ 庆历年扩大禁榷法至范祥盐法推行,可参见《长编》卷一三五、一四六、一六五、一六七、一八七,《宋会要·食货》二三之四〇,沈括《梦溪笔谈》卷一一等。

④ 参见本书前编第二章有关叙述。

⑤ 参见《长编》卷二七四、二八〇、二八一,《宋会要·食货》二四之一〇,司马光《涑水记闻》卷一五。

⑥ 参见《宋会要·食货》二四之三一。

元年至崇宁四年,解池为雨水冲坏,停产。宋廷乃令京东河北盐入解盐区。崇宁四年后恢复生产,行通商法,解盐只限行于陕西。大观二年、三年解盐产量恢复到未坏以前水平,四年,乃令恢复旧解盐区。此后,行销区域又有变动,随即北宋灭亡,解州陷落。①

　　解盐榷利是北宋榷盐收入的重要部分,约为总额的十分之一。特别是解盐行销陕西、京西,其课入可直接用于备边,节省宋廷向西部沿边输送财赋的耗费,其意义更非同一般,因此受到宋廷的重视。解盐课利取得的资源垄断性质较强。据载,每年在解池服役者不足千人,但封建国家每年却从榷卖解盐中获得上百万贯的财政收入,这些收入显然很大程度上得益于资源垄断,这也是解盐与海盐课利取得的不同之处。历年解盐课利、收入大体如下表。

时间	岁入	根据文献
至道末年	卖颗盐收 72.8 万贯	《长编》卷九七
皇祐三年	221 万贯	《长编》卷一八七 《太平治迹统类》卷二九
皇祐四年	215 万贯	同上
皇祐五年	178 万贯	同上
至和元年	169 万贯	同上
治平二年	167 万贯	《宋史》卷一八一《食货志·盐》
熙宁十年	额 230 万贯	《长编》卷二八一
元丰三年	额 242 万贯	《宋会要·食货》二三之一〇 《玉海》卷一八一《食货·元丰盐额》

三、河北区、京东区与河东区

　　河北沿海地区煮海为盐,内地则煮碱为盐,其盐除北宋后期外,仅行

---

① 北宋后期解盐事,可参见《长编纪事本末》卷一三七《解盐》,《宋会要·食货》四之四〇、二五之一等及《宋史》卷一八一《食货志·盐》。

于本路。

河北在五代后周时,曾令百姓输纳盐钱而行通商法。宋初似一度禁榷,开宝三年,复令通商。贩盐"过者斤税一钱,住者倍之"。① 此后庆历六年、熙宁九年两次有人提议于河北行禁榷法,引起激烈争论,未得施行。元丰六年,河北仿京东行新盐法,扩大官卖盐数量与商卖并行,次年禁商卖全行禁榷法。② 元祐初罢禁,复通商法。③ 绍圣末年,章惇为相,再行禁榷。④ 元符年中解盐停产,宋廷设法使河北盐行销于解盐区以减少损失。宣和三年,河北行钞盐法。⑤ 河北盐区之所以大部分时间行通商法,除了它处于宋辽交界的地理位置外,又有别种特殊情况,北宋末人晁说之曾言及此,道:

> 河北之盐异于他处,非解州之地可巡御,非江淮之务费煎炼。或河水所淤之地,不生寸草而白碱是生;或天生盐地,百种不生而亘野皆盐卤;或生盐草而火之,而水之盐立成矣。祖宗因其俗而顺其欲,税之而不榷。⑥

南宋吕祖谦对此又有进一步阐发,且言"自章惇禁榷河北,一到靖康之末,盗贼(应读为反抗官府欺压之百姓)愈多"。⑦ 禁榷河北盐,弊大于利,道理甚明,唯是财计窘迫,穷极无路,铤而走险,反倒促使宋室更快走向灭亡。

京东路沿海也煮海为盐,除解盐停产时期外,行销于本路(不包括食解盐的七州军)。宋初京东盐区行禁榷法,庆历元年,"淄、潍、淮阳等八州军皆弛禁,遂罢密、登岁课,第令户输租钱。其后兖、郓皆以壤地相接,请罢食池盐,得通海盐,收算如淄、潍等州"。⑧ 元丰四年,官府加强对密、

---

① 《长编》卷一一、《宋会要·食货》二三之一八。按,通商当不包括沿海滨、棣、祁三州。
② 参见《长编》卷三三四、三三五。
③ 参见《长编》卷三四七、三六〇、三六四、《宋会要·食货》二四之二五、《九朝编年备要》卷二一《更茶盐法》。
④ 参见《宋会要·食货》二四之三三。
⑤ 参见《宋史》卷一八二《食货志·盐》。
⑥ 《嵩山集》卷二《靖康元年应诏封事》,另参见《龟山集》卷四《论时事札子》。
⑦ 《历代制度详说》卷五《盐法说详》,《通考》卷一六《征榷考·盐铁》引录此文。
⑧ 《长编》卷一三四。

登盐场的控制,设法扩大官卖数量。[1] 元符后,京东盐也曾行销解盐区。

河北、京东两盐区地理位置邻近,在较长时间内同实行以输纳盐钱、运销税钱而不发行钞引为特征的通商法,所产又同为末盐,故宋人有时合称为东北盐。东北盐课利、收入数量较少,大体如下表:

时间	收入项目	数额/万贯	根据文献
开宝以来	河北盐行销税岁额	15	《宋史》卷一八一《食货志·盐》
庆历六年(1046)	河北盐行销税岁额	19	《长编》卷三六〇
熙宁六年(1073)	河北、京东盐祖额(岁)	33.2	《东坡全集》卷五二《论河北京东盗贼状》
熙宁六年(1073)	河北、京东盐本年实收入	49.9	同上
熙宁七年(1074)	河北、京东盐行销税岁额	43.5	同上
元丰五年(1082)	河北、京东官卖盐得息钱	36	《长编》卷三三四
元丰六年(1083)	河北盐岁额	33	《长编》卷三六〇
元丰年中	河北盐岁祖额	18	《宋会要·食货》二三之一〇《玉海》卷一八一《元丰盐额》
元丰年中	京东盐元丰某年实岁入额	26.3	同上
元丰年中	京东盐岁祖额	24.8	同上
元丰年中	河北盐元丰某年实岁入额	32.7	同上
元丰年中	河北、京东盐岁总祖额	42.9	同上
元丰年中	河北、京东盐元丰某年实岁入总额	59.1	同上
元丰七年上半年	河北行禁榷法得息钱	16.7	《宋史》卷一八二《食货志·盐》
元丰七年一月至十一月	河北行禁榷法得息钱	26.5	《通考》卷一五《征榷·盐》
崇宁元年十月至二年九月	东北盐入解盐区商人入钱(其中含息钱)	164(150)	《长编纪事本末》卷一三二《讲议司》

按,两盐区内食盐、蚕盐、两税盐钱收入未见记载数额。

---

[1] 参见《长编》卷三三四所载。

河东煮碱为盐,设永利监,其盐仅行销于本路约二十个州军。宋初行官般官卖,后于沿边入中粮草,用盐抵偿。熙宁中仿解盐行钞法。绍圣以后,钞法与禁榷多次变换。河东盐课一般岁入仅十余万贯,多时曾达二十五万贯,少时不足十万贯,"其中官本四分",①息钱不多,"不足以当一郡酒、税之入"。②

第二节　榷盐收入(下)

四、淮浙区

淮浙盐在宋代产量最高、行销区域最广,为榷盐收入的最重要来源。在各产盐区中,淮盐所占比重最大,因而又有"淮盐之利甲天下,东南大计仰焉",③"天下大计仰东南,而东南大计仰淮盐"等说法。④ 北宋时,淮盐与浙盐有所区分,淮盐行于淮南、江南东西、荆湖南北数路,浙盐仅行于本路。后来,浙盐产量渐增,南宋时淮盐、浙盐合为一体,其盐行销于除四川、福广以外的南宋统治区,且成为盐课收入的主要支柱。宋人吕祖谦讲:

> 宋朝就海论之,惟是淮盐最资国用。方国初钞盐未行,是时建安军置盐仓,乃今真州,发运在真州,是时李沆为发运使(按,《宋史》本传不载李沆为发运使事),运米转入其仓,空船回皆载盐散于江浙湖广。诸路各得资船运,而民力宽。此南方之盐,其利广,而盐榷最资国用。⑤

① 李复:《潏水集》卷四《回舒之翰承议书》。
② 《潏水集》卷一《河东盐法议》。
③ 刘克庄:《后村先生大全集》卷六六《叙复奉直大夫郑羽升直宝章阁淮东提举》。
④ 《后村先生大全集》卷六五《淮东提举章岫盐赏转一官》。
⑤ 《历代制度详说》卷五《盐法》,文另见《通考》卷一六《征榷考·盐铁》。

吕氏所言细节待考,然其述淮盐盐法轮廓却是可信的。淮盐盐法在北宋太宗至道年中实行全面禁榷以后至徽宗即位以前,基本是稳定的,大体以官般官卖为主,行销区域也变化不大。这中间也有一些渐变或小的变动,主要是:庆历初年,曾把原食解盐的兖、郓、宿、亳四州划入淮盐区。神宗元丰年中,行塞周辅盐法,令广盐入江西、湖南南部,增加官盐销售定额,地方官吏无法完成,抑配于民,造成骚扰。① 元祐年中被罢止。徽宗即位以前,淮盐盐法中最应引起注意的,乃是末盐钞的发行。末盐钞之行,发端于太宗端拱二年,时河北用兵,宋廷乃令商人于前沿入中粮草,"执交券至京师,偿以缗钱,或移文江淮,给茶盐"。② 不久罢止,淳化年中复行,至道年中,偿还入中始不用盐。③ 真宗天禧元年,又许商人于榷货务入钱粟给交引赴淮路请盐,"在通、楚、泰、海、真、扬、涟水、高邮贸易者毋得出城,余州听诣县镇,毋至乡村"。④ 据此,淮盐行盐交引与解盐钞法不同,后者特划出通商区,前者则多限于城镇。此法似一度中断实行,故天圣七年,重又令商人于在京榷货务入纳钱银算请末盐。⑤ 在宋夏战争期间,西部沿边入中也有时以东南末盐支偿。庆历年中,河北入中行"三说(税)""四说(税)"法,末盐也被列入抵偿物中。这样,末盐钞引的发行逐渐成为一种制度,其岁额约在二百万至四百万贯之间,主要用于河北边费。在行末盐钞引之前,淮盐"只听州县给卖,岁以所入课利申省,而转运司操其赢以佐一路之费"。⑥ 行末盐钞引后有所不同,末盐钞引由榷货务掌握,这使盐利归转运司及有关州县支配的部分减少,对地方财计有不利影响。

两浙路盐北宋徽宗即位以前只行于本路,以官般官卖为主。熙宁五

① 参见《宋会要·食货》二四之二〇,《长编》卷三一一、三六八。
② 《太平治迹统类》卷二九,另见《宋会要·食货》五三之三六,《通考》卷一五《征榷考·盐铁》引止斋陈氏语。淳化年中又许于京师入中,其法与沿边入中相似。
③ 《宋史》卷一八三《食货志·茶》。
④ 《宋史》卷一八二《食货志·盐》,事另见《长编》卷九〇、一一三。
⑤ 参见《通考》卷一五《征榷考·盐铁》引止斋陈氏语,《宋会要·食货》三六之二二至二四。
⑥ 《通考》卷一五《征榷考·盐铁》引止斋陈氏语。

年,宋廷任用殿中丞卢秉变两浙路盐法,按各盐场距海远近及所煮卤水含盐量高低确定定额,籍定盐灶及煎盐器数目,令盐民成立保甲,互相讥察,行连坐法,严刑禁缔私煎私贩。① 行卢秉盐法后,浙盐岁课增加,然而因造盐法而触犯刑律者却骤增,数年中不下数万众,其中配流以上者即达一万二千余人。② 故元丰七年,罢行卢秉盐法。

　　徽宗崇宁年中,淮浙盐法大变,全罢官般官卖而行钞盐法。当时漕运行直达纲法,漕船运米等直达京师,往返时间长,不便回载官盐回本路贩卖,百姓用盐改由商贾贩运。州县原来以搬运、贩卖官盐为额,现改为以行销钞盐数为额,官吏与盐商勾结,往往抑配抑卖以求逾额。宋廷为增加利入,又几易淮浙钞盐法。盐法的变更,加重了社会的混乱,也造成财政管理的更大混乱。北宋灭亡前夕,宋廷曾企图恢复旧法,然已为时过晚了。

　　南宋,淮,浙两路盐的生产虽分别管理,然其行销范围却逐渐混同。浙盐产量南宋较北宋增加了一倍多,南宋中期以前,浙盐产量虽不及淮盐半数,但煎盐灶数却超过淮盐,说明其生产尚有潜力。淳熙元年,淮浙盐民发现和推广了新试卤法,盐的生产能力一下子提高了十分之五六,这降低官盐的成本,使得淮浙盐课收入得到进一步保证。南宋时淮浙盐以行钞法为主,间或也行官般官卖,其钞法因财政经常恶化而时时变换,在财计特窘时,也往往袭用北宋末年坑害商贾的循环、对带、贴补等法和抑配于百姓。南宋后期,淮浙盐法变化详情已失载,此间一个较大的变动是嘉熙四年以后,宋廷设置制置茶盐司,其本部设于太平州或建康,又于"上江之茶、下江之盐紧要纂节去处"置立分局,后来"所创于局星罗棋布,不分紧慢,日益月增"。茶盐司及其子局除严格监察淮浙盐的运销外,还向盐商征收"助军钱"等。设此司的目的显然意在增加盐课及茶课。③ 淮浙

---

① 　参见《长编》卷二三〇、姚宽《西溪丛语》卷上等。

② 　苏轼《东坡集》卷二九《上韩丞相论灾伤手实》记:"两浙之民以犯盐得罪者,一岁至万七千人。"刘安世《尽言集》卷五《论卢秉责命不当事》谓:"自行法以来,其所配流,一万二千余人。"又《宋史》卷三二八《张璪传》载:"卢秉行盐法于东南,操持峻急,一人抵禁,数家为顯徙,且破产以偿告捕,二年中犯者万人。"

③ 　参见《(景定)建康志》卷二六《提领江淮茶盐所》。

盐利入成了维持南宋中后期财计最重要的支柱。①

　　淮浙盐有两个引人注目的问题,一是官般官卖与钞盐法之利弊;二是亭户盐本问题。

　　北宋时,淮浙盐以官般官卖为主。从财政角度看,其优点是利归国家,朝廷和地方都可得益。然而官般官卖弊病颇多。首先是官盐质次价高,这是因为官盐在转运分销过程中有关人员盗食盗卖,然后掺入杂物以凑足分量。卖盐时有关人员又克扣勒索。官盐既质次价高,销售不畅,官府往往又抑配于民,坑害百姓。官般官卖又有造船雇人之费,差科百姓之扰,偏远不得盐食之阙等弊。② 实行钞盐法,官府经营范围缩小,避免了上述全面官营的许多弊病,但却又生出许多弊病。③ 例如,钞盐法往往造成盐利过度集中,地方财政收入特别是货币收入减少,被迫横敛于百姓。地方上供纲船返程不能载盐,也造成浪费。又如,钞盐主动权操于商人之手,商人利薄则不贩,往往造成食盐积压。商人又往往与官吏勾结,使榷利流失,盐民受损(详下文)。再如,封建国家往往用变更钞法,把财政困难转嫁于商人,造成经济秩序混乱等。

　　亭户盐本问题在两宋始终是引人注目的问题。北宋太祖时,亭户盐本折支实物,折价不公,亭户受损。开宝七年,诏令改支实钱。④ 真宗末年,又存在官吏买盐"大秤作弊"现象,⑤实际也是变相克扣盐本。熙宁年中,两浙"盐场不时偿其直,灶户益困"。⑥ 绍圣年中,发运司言:"淮南亭户例贫瘠,官赋本钱……不时至,民无所得钱,必举倍称之息,或鬻凭由,

　　① 刘克庄:《后村先生大全集》卷六五《淮东提举章岣盐赏转一官》:"东南大计仰淮盐。"
　　② 《宋会要·食货》二三之二四、《长编》卷五〇载咸平四年孙冕论通商十利,李觏《直讲李先生集》卷一六《富国策》论官般官卖之弊颇详,可参看。
　　③ 舒璘《舒文靖公类稿》卷三《论茶盐》、《长编》卷五〇载陈恕语、戴埴《鼠璞》卷下《盐法》、《系年要录》卷一五三载宋贶语等论钞盐法之弊颇详,可参看。
　　④ 参见《长编》卷一五、《宋大诏令集》卷一八三《赐通州煎盐户敕榜》、《通考》卷一五《征榷考》。
　　⑤ 参见《宋会要·食货》二三之三三,此外柳永《煮海歌》(载《大德昌国州志》卷六《艺文》):"秤入官中得微直,一缗往往十缗偿。"义亦近之。
　　⑥ 《长编》卷二三〇。

不能得直之半,是以多盗卖而负官课。"①北宋后期,也多有拖欠、克扣亭户盐本的记载。杨时讲他亲见越州钱清盐场亭户逃亡情景,究其原因,"盖盐之入官一斤不过四五钱","又有加耗","计其功力之费不偿其二三,又所至匮乏,钱不时得"。② 只得逃亡。

到了南宋,拖欠、克扣盐本的情况更加严重,特别是拖欠盐本,近乎史不绝书。立国初期战乱未止自不待言,时局转缓之后仍是频见记载。绍兴三十年,权户部侍郎邵大受言,"私盐盛行,侵夺客贩",致使淮浙盐官"拖欠亭户本钱浩瀚"。③ 淳熙五年,宋廷有令禁止拖欠亭户本钱,但至淳熙十年,"淮东路通泰等州诸盐场共有未支还亭户盐本钱一百一十万贯"。④ 此后绍熙二年、五年,嘉定七年等所颁赦书内,均有禁止拖欠盐本的内容,其中嘉定七年还明确规定,盐场监官到罢任时,要在"交割帐状内添入一项,既无坐欠亭户盐本钱结罪保明,如检得见有未支之数,仰具申朝省重作施行"。⑤ 然此后拖欠事仍屡见记载,如汪纲任知高邮军,属下盐司欠亭户盐本达二十八万,孙子秀为浙西提举,还前政积欠盐本五十余万贯。⑥

南宋时,克扣盐本较常见的形式,是官买盐多收加耗,有时是借口盐在储运销过程中的自然损耗,有时是借口对商贾的"优润"。例如,孝宗乾道八年,叶衡言:"在法盐以三百斤为袋,今淮浙路支盐仓与买纳场相为表里,务欲招诱客人,或受客人计嘱,往往多搭斤数,有增数十斤者,是致亭户词诉不绝。"⑦庆元元年,提领榷货务都茶场所言:淮浙"三路提盐官各纵所属竞增斤重以倾邻路,每盐一袋至有四百斤。虽名优润商旅,而实坐困亭户"。⑧ 南宋后期人戴埴言:"予尝询之亭丁,谓仓台给降本钱以

---

① 《宋会要·食货》二四之三一。
② 《龟山集》卷一《上渊圣皇帝书》,另参见《宋会要·食货》二五之四、六等。
③ 《宋会要·食货》二七之二。
④ 《宋会要·食货》二八之九、二〇。
⑤ 《宋会要·食货》二八之五七,另参见二八之三六、四五等。
⑥ 参见《宋史》卷四〇八《汪纲传》、卷四二四《孙子秀传》。
⑦ 《宋会要·食货》二七之四一。
⑧ 《宋会要·食货》二八之四八。

一万缗计之,使司退三千缗为敕底盐钱,二千缗为官吏费,止有五千缗到场,移借侵用之余,散与亭者无几。"①黄震讲浙东盐场有收泥盐之陋规,亭户纳盐多收十分之二,散本钱时又扣十分之二。②

克扣亭户盐本有时是公开的,得到官方允许或默许的,有时则是暗地的和明显违法的。有的收入归于官府,有的收入归于私人。合法与非法、明与暗、入官与入私,互相交错,实难区分。叶适讲,在浙东明州,"州县将有土木之事,或庸借夫力、上司抛买"、提刑司公用等,皆向盐场要钱使用。盐场无以应办,"常使甲头持状名借于官,谓之清本煎盐,实克亭户钱以应诸费"。③ 此例为入官者。开禧二年赦书言:"淮浙盐仓场收买盐货,多是大秤斤重,少支价钱,却将宽剩盐数妄作亭户入中,支请官钱分收入己。"④此为入私者。又淳熙年中克扣盐本有"厅用""花带"之名目,⑤前者主要盐官公用,后者则主要用于盐官个人卸任后裹粮之费。亭户盐本除被官府、官吏克扣外,还要受到总辖甲头、揽纳上户等豪强的剥削。⑥南宋后期,克扣盐本问题达到十分严重的程度。嘉定七年臣僚上言:淮浙盐司"不肯给还[亭户]原价,纵或支偿,十未一二,几于白纳而后已"。⑦淳祐、宝祐间,浙西提举司"尽夺亭户盐本钱充献羡之数,不足则估籍虚摊,一路骚然"。⑧ 黄震言,景定、咸淳间,浙东亭户被"尽夺本钱,白纳盐课","名曰买盐之会,百陌不曾入乎编民"。⑨ 前引戴埴也谓"移借侵用之余,散与亭者无几"。

拖欠,克扣盐本的结果,是食盐再生产遭到破坏,同时迫使亭户私卖,生产破坏,私盐盛行,又导致钞盐不行,盐本来源枯竭。这样恶性循环的

① 《鼠璞》卷下《盐法》。
② 《黄氏日抄》卷八四《浙东提举到任榜》。
③ 《水心文集》卷一五《邵叔豹墓志铭》,另参见同书卷一六《朝请大夫司农少卿高公墓志铭》。
④ 《宋会要·食货》二八之五一。
⑤ 参见《中兴圣政》卷六三。
⑥ 参见《宋会要·食货》二八之二六、《朝野杂记》甲集卷一四《淮浙盐》等。
⑦ 《宋会要·食货》二八之五七。
⑧ 《宋史》卷四二四《孙子秀传》。
⑨ 《黄氏日抄》卷七七《申乞免场官责罚状》、卷八〇《浙东提举到任榜》。

结果,是盐民水深火热,封建国家的榷盐收入受损。淮浙盐区存在的官般官卖法与钞盐法的利弊以及亭户盐本问题,在其他海盐区(特别是两广、福建)也同样存在,为节省篇幅,下文即不再专述了。

关于淮浙盐课利入,综合性的准确可靠数据不多,其课利分属于京师榷货务(末盐钞钱)和六路转运司、州县,情况较为复杂。为了稳妥,现将有关数据汇为一表,对其中疑问之处略作说明(见书末附表 3)。

五、四川井盐区

四川井盐产量虽不甚多,却为西南地区百姓生计所倚,且其课利为官府重要财源,故北宋时川井盐地位仅次于淮浙、解盐而居第三。荆湖北路的归、峡州等也产井盐,也可划入四川井盐区。宋代川井盐产销及立法可分为三个发展阶段。宋初至仁宗初年,井盐生产主要靠官监大井,生产者主要是服役者和军兵。① 井盐的销售主要靠官营。此阶段有些盐井不合理的定额不能及时调整,官方往往强迫服役者赔填,使得服役者破产以致入狱,这成为井盐产销中引人注目的问题,这种情况在仁宗庆历年以后的官井生产中仍有存在。② 仁宗庆历年以后至南宋初,私营卓筒小井大量出现,成为井盐生产主力。官监大井也有不少改令百姓买扑经营。③ 井盐生产者多为井户雇佣的工人,贩运者多为商人(包括钞盐商)。此阶段盐法有些较大变动:一是康定、庆历年以后,井盐部分地充作陕西、西南沿边入中的折偿物。④ 二是庆历年以后,屡许解盐入川。⑤ 三是嘉祐年中,宋廷令四川闭塞卓筒盐井,但只有成都府路贯彻此令,元祐年中方正式承认卓筒井的合法存在,却又规定必须控制卓筒井数额,严禁在现额之外再

① 参见《宋会要·食货》二三之二三、《长编》卷六四、七〇等。
② 参见《长编》卷一九、六五、一〇三、一五八,《宋会要·食货》二三之二一、三九,《东坡七集·东坡集》卷三三《陈公弼传》,《金石苑》卷三《王梦易墓表》等处所载。
③ 参见文同《丹渊集》卷三四《奏为乞免陵州纳柴状》,《朝野杂记》乙集卷一六《四川总制司争鬻盐井》。
④ 参见《宋史》卷一八三《食货志·盐》、《宋会要·食货》二四之三〇等。
⑤ 如范祥盐法规定,盐商可贩解盐入川。熙宁年中,市易司也贩解盐入川。

有增加。① 四是崇宁二年,解盐既停产,宋廷乃许东北盐入川。② 南宋绍兴二年井盐实施合同场法,此后至南宋末为井盐发展第三阶段。合同场法的基本特征是:盐商向官府购买钞引,持钞引直接向井户而不是向官盐场索取盐货,盐商与井户的交易一律在官办合同场内在官方监视下进行。李心传记:"绍兴二年秋,赵应祥(即赵开)总计,始变盐法,尽榷之。仿蔡京东南、东北盐条约置合同场以讥其出入。每斤纳引钱二十五,土产税及增添约九钱四分,所过税钱七分,住税一钱半。每引别输提勘钱六十,其后又增贴纳等钱。"③显然,合同场法是在法律强制保证下的高税率的专项产品产销税。此法沿行至南宋后期,未见变更。在合同场川盐法施行中出现两方面的问题,一是官府按定额发引,令商人赴各盐井领盐,盐井产量多不稳定,井户常因减产而赔欠。二是新井增多,盐价下跌,私盐流行,影响课利。宋廷乃强令关闭新井,同时调整原来不合理的课额,课利收入得趋稳定,盐民略得喘息,而百姓却食用贵盐了。④

　　四川北宋时无钞盐法,也不行禁榷法,榷盐收入隶各路转运司财计,不直接隶属朝廷,故元丰年中汇计各路盐课收入时,川峡各路只有卖盐斤数,没有钱数,附言称卖盐"收到钱系应副逐路支用,即不见支使窠名,亦无交印斤价"。⑤ 南宋吕祖谦概括宋朝盐法,也谓:"蜀中井盐自赡一方之用,于大农之国计不与焉。"⑥关于四川榷盐收入,李心传记:

　　　　蜀盐自祖宗以来,皆民间自煮之,岁输课利钱银绢总为八十万缗。绍兴二年秋,赵应祥总计,始变盐法,其后递增至四百余万缗。休兵后数减之,今(嘉泰中)犹存三百余万。⑦

　　① 参见《宋会要·食货》二四之一一、《长编》卷二七九、吕陶《净德集》卷四《奉使回奏十事状》。
　　② 参见《宋史》卷一八三《食货志·盐》。
　　③ 《朝野杂记》甲集卷一四《蜀盐》,事另见《名臣碑传琬琰集》卷三二李焘《赵开墓志铭》、《中兴小纪》卷一三、《系年要录》卷五八。贴纳钱详见《系年要录》卷一一一。
　　④ 参见《朝野杂记》甲集卷一四《蜀盐》、《宋会要·食货》二八之三七、《宋史》卷一八三《食货志·盐》。
　　⑤ 《宋会要·食货》二三之一〇。
　　⑥ 《历代制度详说》卷五《盐法说详》。
　　⑦ 《朝野杂记》甲集卷一四《蜀盐》。

文中所述及的,似已是现存蜀盐课利的全部综合性数据了。唯有疑点的是,据李焘记,庆历六年,曾诏令减邛州盐井岁额缗钱一百万。若如此,一州之课逾百万,全四川课利必较李心传所记为多。然李焘所记数字过大,颇可疑。①

六、广南区与福建区

广南沿海煮海为盐,产地颇多,产量却不甚多。其盐除有少数时候许入湖南、江西南部(私贩时时有入湖南、江西、福建南部者)外,一般只行销于本地区即广南东西两路。广南东西两路比较,东路产盐量大大超过西路,故西路不少地区所用盐系由东路运致。

宋朝于太祖开宝四年对广南盐实行禁榷,官般官卖,②迄北宋亡,不见根本性变化。元丰六年,宋廷曾设法运广盐入江西、湖南销售,后以扰民废止。陈傅良记,"广东盐算请始景祐二年",③然不见有关具体情况的记述。元丰七年,曾于西南边境诚州行入钱买钞法,持钞可贩广盐于西南边境,但数量似乎很少。现存文献中全不见北宋时广南盐课利数的记述。④ 入南宋,广东盐大体自绍兴九年后以行钞盐法为主,且许贩于岭北。⑤ 广西则官般、钞法屡次变更。在广南东西同行钞法的乾道六年前后,其盐钞岁额共九十万贯,⑥另产盐地百姓食盐及运销税也有少量收入。广西盐法屡变的主要原因,在于宋廷要从此路榷盐收入内提取约二十万贯用于买马及靖州边费,而实际收入除应副本路开支外不足此数,致使有关官吏多方横敛,盐法弊端难除。后宋廷被迫减少了调拨钱数,盐法

① 参见《长编》卷一五八。另《宋会要·食货》二三之三九记此作"特令岁纳钱一百万贯",与此不同,然数字也颇大。

② 参见《宋会要·食货》二三之一八。

③ 《通考》卷一五《征榷考·盐铁》引止斋陈氏语。

④ 《宋史》卷三二八《蔡挺传附兄抗》记仁宗时蔡抗为广东转运使,改革运盐法,"岁终会其殿最,增十五万缗"。如所记不误,则两广榷盐收入当不下数十万缗。

⑤ 参见《朝野杂记》甲集卷一四《广盐》、《中兴圣政》卷二三、二八,周去非《岭外代答》卷五《广西盐法》。

⑥ 参见《宋会要·食货》二七之三〇、《朝野杂记》乙集卷一六《广西盐法》。

才趋稳定。广盐虽对宋朝财政裨益有限,却是广南两路地方财计的重要支柱,两路转运司及各州军财计中,榷盐收入或因榷盐而获取的收入都占较重要的地位。

福建沿海四州产海盐,由于交通不便,多数时间只行销于本路。太宗太平兴国八年,诏令福建盐行通商法。① 仁宗景祐年中,设置海盐仓,以所产盐三分之二令商人于榷货务入纳贩运,三分之一转运司般卖,每年得末盐钞钱十万贯,"百余年间,公私便之"。② 元丰年间,蹇周辅、贾青等人修订盐法,按百姓产钱配卖盐,又严刑酷法禁私贩,课利增加,怨声四起。③ 崇宁后,别处盐法屡变,福建大体维持原状,只是增加了盐价。④ 北宋南宋之交,动乱之中,商贩不通,改法全部官卖。⑤ 南宋初淮浙动荡,宋廷令福建行钞盐法,许商人贩于江湖,然不能行,随罢。此后大体沿海四州行产盐法,以通商为主,煎盐户纳课,其他人户纳盐钱;近里四州行官般官卖法,每年向宋廷输盐钞钱。后因钞额过重,官吏"即按籍而散,号口食盐,下里贫民无一免者,人甚苦之"。⑥ 自绍兴末年至乾道初年,屡次削减,至乾道四年全免输纳。⑦

福建盐课北宋元丰年间祖额二十七万贯,或标志北宋前期一般水平。元丰初,曾一度跌至二十万贯。⑧ 后改法,课利倍增,元丰二年收四十六万余贯,三年收约六十万贯。⑨ 北宋后期,盐产量比宋初增倍,岁收约四十万贯。⑩ 北南宋之交,行官卖法,宋廷令福建岁输盐钞钱十五万贯。⑪

---

① 参见《长编》卷二四、《宋会要·食货》二三之二一。

② 《系年要录》卷一八八。然同书卷三一、《中兴小纪》卷八乃记政和年中始行此法。二者未知孰是,姑从前说。

③ 参见《长编》卷三五四、三六六、《宋史》卷一八三《食货志·盐》。

④ 参见《宋史》卷一八三《食货志·盐》。

⑤ 参见《系年要录》卷三一、六九。

⑥ 《朝野杂记》甲集卷一四《福建盐》。

⑦ 《朝野杂记》甲集卷一四《福建盐》。

⑧ 参见《宋会要·食货》二三之一三。按,此数似不含盐钞钱。

⑨ 参见《通考》卷一五《征榷考·盐铁》引贾青奏。

⑩ 参见《宋会要·食货》二五之三六、《朝野杂记》甲集卷一四《福建盐》。

⑪ 参见《系年要录》卷六九。

建炎四年罢钞法后,增为二十万贯。① 绍兴十二年增为三十万贯。② 此后屡减,至乾道四年免输。榷盐收入在福建本路及所属州军财计中,也居重要位置。南宋后期,地方财计困窘,转运司曾企图独占卖盐课利,与州军发生矛盾,景定初年宋廷下诏制止。③

七、与榷盐相关的蚕盐、食盐等

宋朝有些因榷盐而起而一般又不计入榷盐课利数内的杂项收入,例如蚕盐、食盐、两税盐钱以及后隶于经总制钱的一些杂税。两税盐钱一般被认为是两税附加税,隶于经总制钱的盐袋钱、添盐价钱等下文另述,在此仅简要叙述一下蚕盐、食盐收入。蚕盐,即"以官盐贷于民,蚕事既毕,即以丝绢偿官"。食盐,即"民间食盐,州县吏量口赋之","令民随夏秋赋租纳其直"。④ 这两种与禁榷相系的官民交易,多含科敛性质,后渐演化为杂税。其中食盐或称丁口盐,则演化为一种身丁税。蚕盐,京东西、江东西、淮南、两浙等地有之,各地情况不一,或并入沿纳杂钱,或仍独立存在,⑤其中以京东西多见记载。蚕盐演化过程大体如下:至和年中,因京东部分州军改行通商盐法,官仓无盐可支,乃"诏百姓输蚕盐钱以十分为率听减三分"。⑥官既不能俵盐,理当全免蚕盐钱,此只减十分之三,说明前此蚕盐已具科率性质。此后不俵盐而输钱,则蚕盐已成税赋。熙宁五年,京西路以官俵盐"数奇零民多不愿请"为借口,请罢散蚕盐,于是京西路仿前数州军"令民止输钱"。⑦ 元祐初,有人奏言此事不义,于是宋廷下令恢复俵盐。⑧

---

① 参见《宋会要·食货》二五之三六。
② 参见《宋会要·食货》二六之二七。
③ 参见《宋史》卷一八三《食货志·盐》。
④ 《长编》卷一八细文引《宋朝要录》,另同书卷二细文引《太宗实录》也述蚕盐事。
⑤ 参见《通考》卷一六《征榷考》、曾巩《隆平集》卷三《爱民》、汪藻《浮溪集》卷二四《朝散大夫直龙图阁张公行状》、《宋会要·食货》二五之八、二六之八等。
⑥ 《长编》卷一八一,《宋史》卷一八一《食货志·盐》。
⑦ 《长编》卷二二九、《宋会要·食货》二四之五。
⑧ 《长编》卷三七九,《宋会要·食货》二四之二七、二八。

政和年中，因行钞法，又"诏民间不愿请盐者，输盐钱十之六"。^① 入南宋后，虽然官方文书中仍有俵散蚕盐条文，然而实际多是敛蚕盐钱而已，官府明文规定，凡不散盐处，百姓须纳十分之六的价钱。^② 个别地方至有以旧散盐额令民折纳粮米者。^③

宋朝榷盐，为获取高额榷利，人为地抬高盐的销售价格而拼命压低官府向盐民的收购价格。其结果，一方面使盐民生活极端困苦，不得不寻找机会把盐卖给走私商人以维持生计；另一方面，官卖价、官买价之间的大差额，又提供了走私盐货获取高额利润的基本条件，从而诱使商人和大批破产农民冒险从事走私盐货的活动。这些走私者千百为伙，持械执刃，官府很难对付。自北宋初至南宋末，盐的走私活动一直无法禁绝，这不但减少了榷盐收入，而且成为宋朝影响社会安定的不可忽视的因素。官府为了确保榷盐收入，对付私盐，置官募吏、增兵设防，却又大大减少了榷盐的纯利收入，这始终是宋廷着意解决而又不能根本解决的难题。

第三节 榷酒收入

榷酒（包括酒曲）收入在宋朝财政中仅次于两税、榷盐而居第三位。其岁入总额比榷茶收入要大数倍。然而榷酒早在西汉就曾实行，历代多有效法，与榷盐茶有所不同。又宋朝榷酒条法变更远不如盐茶法剧烈。宋代官营酒务、酒坊隶属关系复杂，有直隶宫廷的，有隶属军队的，有隶属各种官署的，有隶属地方的，其中更有隶属州郡公使库的。各地造酒工艺差异颇大，成本产出随之不同，其利入也归属不一。因此，少有榷酒课利的统一、综合的统计数据。榷酒在宋代反不如榷茶引人注目，常使人忽略

---

① 《宋会要·食货》二六之八、《系年要录》卷六二、《中兴圣政》卷一三。
② 参见《庆元条法事类》卷四八《支移折变·给赐令》。
③ 参见罗大经《鹤林玉露》乙编卷四《庐陵苗盐》。按，盐产区民户食盐也须买之于官，例如《（嘉靖）惠安县志》卷七《课程》载福建路盐产钱就属此类。

其在财计上的重要性。

一、酒法概述

"宋榷酤之法:诸州城内皆置务酿酒,县、镇、乡、闾或许民酿而定其岁课,若有遗利,所在多请官酤。三京(按天圣年后又加北京,乃为四京)官造曲,听民纳直以取。"对私造酒、曲者,要处以严刑,而且"官售酒、曲亦画疆界,戒相侵越,犯皆有法"。① 据此,宋榷酒大致有三法:一是城镇官造卖,二是小城镇及乡村百姓买扑酒坊;三是四京等处所行官卖曲、民用官曲造酒之法。与盐茶的通商法、通商区相类,宋代酒法也有万户法和不禁榷区。据载,北宋太平兴国七年后,广南东西两路及四川、福建、河东、荆湖等地区的夔、黔、达、开、施、涪、泸、黎、威、云安、梁山、福、汀、泉、漳、兴化、麟、府,辰等州军为不禁榷区,天圣年后,又增永兴军、大通监、茂州、富顺监等。② 另京西路原为不禁榷区,太平兴国二年经本路转运司申请,始榷陈、滑等十一州军。③ 两浙自五代以来行榷法,太平兴国九年一度令百姓均纳曲钱而弛禁,雍熙二年复行榷法。④ 咸平三年,曾罢河北缘边二十三州榷法,后似复旧。⑤ 南宋真德秀曾讲一些地区不行禁榷法的原因,谓:"窃惟酒之有榷,本朝家所籍以佐经费,其来尚矣。然可行于江浙诸路而不可行于广南、福建者,盖瘴乡灾峤,疾疠易乘,非酒不可以御岚雾,而民贫俗犷,其势不能使之必沽于官,故特弛其禁,以从民俗之所便。若重湖以南,虽非闽、广之比,然其密邻桂管,旁接连、贺,风土气候,往往相似,故今全、永、郴、道等州,或听民自酿而输税于官,或于夏秋正赋并输酒息,未有专行禁榷如江浙诸路者也。"⑥他讲福、广为瘴乡灾峤,显有偏

① 《宋史》卷一八五《食货志·酒》,另参见《通考》卷一七《征榷考·榷酤》。
② 参见《蜀中广记》卷六五《酒谱》、《通考》卷一七《征榷考·榷酤》及《宋史》卷一八五《食货志·酒》。
③ 参见《长编》卷三五。
④ 参见《宋会要·食货》二〇之三。
⑤ 参见《长编》卷四六。
⑥ 《历代名臣奏议》卷二七二宁宗时知潭州真德秀《奏复潭州酒税状》。

见,然福、广以酒为药,却实为当时当地习俗,多见记载,不行榷法,或确与此有关。然而更为重要的,却似是"民贫俗犷,其势不能使之必沽于官"。他讲湖南全、永等州无禁榷法,然仍有酒息、酒税,说明这些不禁榷区也非真的纯粹自由贸易,而只不过是将榷利由百姓分担。湖南之外,其他不禁榷区也多类此(详下文)。

官府营造酒、曲一般役使三种人,即兵士、罪徒和雇差百姓,其中以轮差兵士为主,有些地方专设厢军清酒务指挥。① 官造酒、曲除官酒库务自己出卖外,还批发给脚店与拍户等沽卖。小城镇、乡村的酒坊场买扑在榷酒收入中占重要地位,但坊场酒法情况较复杂,前后变化也较大,下文另述。

北宋中期以后酒法不见有大的变革,值得一提的是,绍圣年以后各州军所置比较酒务。它的兴置是由于原有官酒务课额亏减,官府为了克服官吏贪污或懈怠等弊病,乃于原有酒务之外,设比较酒务,用其与原有酒务比较盈亏。设比较酒务后,课利虽有增加,残害百姓的情况也增加了。②

南宋基本袭用北宋榷酒制度,也有一些变更。较为突出的是四川酒法的改变。北宋时,四川酒法,部分州军官卖酒曲及买扑坊场,部分州军无禁榷。③ 南宋初,用旧法,岁入课利一百四十万贯。建炎三年,赵开改制,行隔槽酒法:"即旧扑买坊场所置隔槽,设官主之,曲与酿具官悉就置,听酿户各以米赴官自酿。凡一石米输钱三千,并头子、杂用等二十二。其酿之多寡惟钱是视,不限数也。"④变法后四川酒课"岁递增至六百九十余万缗。凡官隔槽四百所,私场店不与焉"。⑤ 变法后酒课为变法前的四倍多,这一增长幅度是可观的。后绍兴十五年,夔路罢行此法,余四路仍然沿行。⑥ 初变法时,酒课猛增,后便以此立为定额,又后则实际收入逐

---

① 参见《长编》卷一一二、《宋会要·食货》二〇之八等处记载。
② 参见《长编》卷四九六、《宋会要·食货》二〇之一二等。
③ 参见《宋会要·食货》二〇之二、六,《长编》卷二三,《宋大诏令集》卷一八三《两川罢酒酤》等诏。《宋史》卷二九八《燕肃传附子度》载"川峡不榷酒",似不全面。
④ 《名臣碑传琬琰集》卷三二李焘《赵待制开墓志铭》。
⑤ 《中兴圣政》卷六、《朝野杂记》甲集卷一四《四川酒课》。
⑥ 参见《朝野杂记》甲集卷一四《夔路酒》、《宋会要·食货》二〇之一九,又时川蜀共五路。

渐降低,实际岁入与定额之差称为虚额,宋廷几次蠲减仍不能根除,成为川蜀百姓一患。东南诸路榷酒也有变化,南宋初军情紧急,军民各自为战,各级官署及各部队都以乏财为忧,不能拘泥常制,于是纷纷造酒,曲卖以取利,酒库务因此大量增加,所谓回易库、赡军库到处皆是。宋金和议后宋廷始加整顿。宋廷向地方征调月桩钱,州军多不能办,于是荆湖南路及江南西路袁州等处便以曲引钱名目取财于民,成为酒法中突出的一弊。曲引之制并不自南宋始,北宋已有之。百姓有吉凶聚会,须置办酒席,赴官买引,可造酒自用或于酒户寄造使用。① 南宋征敛曲引钱已违原法意,另立新条;"以人户田亩分为三等,上等输三千,听造酒十石;中等二千,造酒七石;下等一千,造酒三石;最下输五百文,造二石;若二石以下则例输百三十钱,皆随夏秋税送官。""自田二十亩而上,无能免者。"②然而纳曲引钱后,并未得酒,要得酒另须赴州军请引及出资造酒,贫苦百姓往往纳曲引钱而不得酒饮。南宋榷酒对百姓的危害显较北宋厉害。南宋中后期人章如愚讲:"今之酒课,沿荆襄而下,至于两浙,其额重矣。在城府有都酒库,又有赡军库。在官者若课额之不登,乃科配于市户;在乡者使买扑(者)为坊籍,其脚户月有定额。有会客者则敷以常数,有私酝者则陷以重辟,至若县官之月桩上供,又有敷纳黄曲钱为名,其实白取之也。"③他的话虽不甚修炼,仍可为南宋榷酒弊害之粗略概括。

这里应对所谓万户酒法略作介绍。万户酒法,是将福酒课利分摊于百姓负担,而允许民间自造酒出卖的一种酒法。有一种记载说,此法最早产生于仁宗嘉祐末年,福建路南剑州"民间苦官务酒恶不可饮,比户私酝,故官中每岁酒课不敷,而民间犯法者亦众,此公私之通患也"。于是有一名陈广者献策,"乞会计每岁官中所得酒课若干数目,均在人户作酒利钱送纳"。④ 此法获准实行,时人称陈广为陈万户,其法即万户酒法。

① 《宋会要·食货》二〇之一二载政和元年鄂州、汉阳军已有抑配曲引事。
② 《朝野杂记》甲集卷一五《曲引钱》,另参见《宋会要·食货》三五之三七、《宋史》卷四三七《儒林传·刘清之》及洪适《盘洲集》卷四九《荆门军奏便民五事状》。
③ 《群书考索》后集卷五八《财用·酒》。
④ 杨时:《龟山集》卷二二《与梁兼济书》。

"始自南剑,他郡效之",①得以推广。但从记载看,实行万户酒法的包括宋初不禁酒的两广等地区,这些地区所行万户酒法若是仁宗时新行,等于额外加税,史籍全无此种记载,故其万户酒法可能原已有之,只是尚无此名罢了。至南宋时,万户酒法颇为流行,见于记载者有两广、浙东、江西、湖南北的全部或部分州军。有人曾主张将此法推广于全宋,然不果行。②对于此法,时人有不同的评价:赞成者称扬其无刑禁、事简易办,公私均有便利之处;反对者则指责其令不饮酒者输课,有利于造酒大户,且有将来榷上加榷之虞。③ 两种认识各有一定道理,也各有片面性,其实酒法之弊,在于官府求利心切、取利过厚,此弊不除,无论哪种酒法都无济于事。

宋朝榷酒也有不良后果,除与盐、茶等相似的严刑酷法陷民于罪及令百姓饮低劣酒等之外,④另有一点较为独特,即所谓"设法卖酒"败坏社会风气。官府既以榷酒为取财之媒介,就不能不有劝赏惩罚之法,⑤因此对有关官吏难免以获利多寡为升黜标准,这就驱使官吏多方设法以求多售,以致多有招娼妓诱民酗酒之事。⑥

二、酒坊场立法沿革

坊场,据宋元之间人马端临讲,乃是酒坊与(商)税场之合称,⑦然而从记载看,宋人所言坊场,多指酒坊场。

关于宋初的坊场立法,马端临于记"开宝三年令买扑坊务者收抵当"事后,引止斋陈氏语道:"买扑始见此。至淳化中而买扑酬奖之法次第举

① 叶适:《水心文集》卷一九《中奉大夫直龙图阁司农卿林公(湜)墓志铭》。
② 参见《宋会要·食货》二〇之二一、二一之七。
③ 参见赵彦卫《云麓漫钞》卷一〇、《赤城集》卷七谢采伯《台州奏行万户记》、《宋会要·食货》二一之七、《历代名臣奏议》卷二七一孝宗时朱熹奏及注①引文。
④ 官造酒质量低劣,多有记载。例如俞文豹《吹剑录外集》:"今酒官皆先禁私酒,次造醨酒,盖私酒绝则官酒虽恶不容不买。""官饮醴泉,民饮恶水。"
⑤ 例如《宋会要·食货》二一之七载乾道四年宋廷规定,四川酒务十万贯以上场务酒官任满敷额与减四年磨勘,五万贯以下类推。
⑥ 参见王栐《燕翼诒谋录》卷三、周辉《清波杂志》卷六。
⑦ 见《通考》卷一九《征榷考·杂征敛》。

矣。买扑之利归于大户，酬奖之利归于役人，州县坐取其赢以佐经费，以其剩数上供，此其大略也。"①文中所讲用于"酬奖"的坊场，是指官府将一部分乡村坊场交给那些担任重难职役者，以作为一种优待和补偿其损失。所谓买扑，乃是宋朝广泛流行的一种制度，买扑酒坊场的办法大体为：官府将某一地域造酒卖酒的专利给予某人，由某人按官府规定的数额、时间缴纳买名钱和净利钱。买扑者除事先纳买名钱外，还须以一部分财产作抵押并找保人立据投状。"自开宝九年冬，诏承买以三年为限。"②宋初各处酒坊场的课利额较为稳定，故买扑者和用于酬奖职役的坊场承办人收益较有保障。宋朝村镇酒坊之所以多用买扑法，主要是由于此法较官府自己造卖有许多优点。南宋有人将此归纳为五条：一、"籴买制造，因时视宜，里社通融，为费已约"；二、"执役者非其子弟，即其仆厮，无佣资之费"；三、"家人妇子，更相检柅，无耗蠹之奸"；四、"工精业熟，酿造得法，费省而味胜"；五、"洞达人情，谙知风俗，发卖亦易"。③ 总而言之，买扑可以避免官工商业的种种弊病。正是由于上述原因，北宋前期往往把原官监而无利可图的酒坊也令民买扑。由于宋朝财计状况越来越不佳，对榷酒收入也愈加贪得无厌，致使坊场买扑也受到不利影响，其突出表现是实封投状方法的施行。所谓实封投状，乃是讲买扑者于状内自报愿纳净利钱数，实封投送官府，官府将众买扑者状开封后，择钱数最多者交其承办。这样，买扑者互相竞争，认纳课利钱数成倍增加。此法初行，榷利增加，然而"年景丰凶不常，或遇水旱之灾，即有欺阙之弊，往往破家竭产不偿通欠，身陷刑禁，家族疏散"。④ 买扑者认纳课额既增，官府所定课额随增，造成许多坊场无人敢买扑。于是官府所得榷利又减。实封投状始于真宗大中祥符元年，神宗熙、丰年中特盛，再后则实封与明状参行。

熙宁年中役法大变，乃将原来用于酬奖衙前重役的坊场收回，与他坊

① 见《通考》卷一九《征榷考·杂征敛》。按，酬奖者也要纳课利而免纳净利。
② 《朝野杂记》甲集卷一四《东南酒课》。
③ 《宝庆四明志》卷五《叙赋·酒》。按，官监酒坊买扑者纳买名钱与课利钱，课利钱由祖额确定，但后来也许可增减。
④ 刘安世：《尽言集》卷二《论买扑坊场明状添钱之弊》，文又见《长编》卷四一九。

场一同用实封投状法召人买扑,其事改隶常平司,收入用于募役及青苗散敛等。坊场收入改隶常平司,侵夺了一部分地方的财赋支配权。熙宁八年,宋廷规定每岁调坊场钱一百万贯于市易务封桩,元丰元年底改输内藏库"寄帐封桩",①相沿年久,似与内藏财赋无别。元祐年中,罢实封投状,撤销常平司,坊场改隶提刑司。绍圣年后复用熙、丰之制。南宋绍兴元年,增征五分坊场钱输户部。② 南宋后期酒坊场情况多失载。坊场收入数目不小,现将所存几个年度岁入数列表如下:

年度	坊场收入	根据文献
元丰七年	天下入场务钱五百五万九千(谷帛在外)	《长编》卷三五〇 《太平治迹统类》卷二九
元丰七年	府界诸路坊场钱岁收六百九十八万六千缗(谷帛在外)	《通考》卷一九《征榷考·杂征敛》
元丰八年	诸路每年所入坊场河渡钱共计四百二十余万贯	《栾城集》卷三七《乞令户部役法所会议状》
元丰八年	天下坊场钱一岁所得共四百二十余万贯	《宋会要·食货》六五之四三、《长编》卷三六九
元符三年	天下坊场总三年一界共入一千一百余万贯	《太平治迹统类》卷二九
绍兴三十一年	江浙荆湖等路坊场钱一界计钱三百八十万贯,每年一百二十七万贯(其中两浙坊场净利钱岁八十四万贯)	《系年要录》卷一九三、《朝野杂记》甲集卷一四《东南酒课》、《宋会要·食货》二一之一五

三、榷酒收入及其支配

宋朝榷酒收入初时不多。大约真宗时注重增加榷利,酒课增加较多较快。仁宗时西部战争支费巨大,增加榷酒收入成为取财重要手段,且当时社会经济发展状况尚好,故课额达到最佳水平。然而真、仁两朝挖掘酒

---

① 参见《长编》卷二六八、二九五。
② 参见《朝野杂记》甲集卷一四《东南酒课》,然记载过略,不得其详。

利潜力似已接近极限,时有大臣上封状言榷酒,谓"十家之聚,必立课程,比屋之间,俱有酝酿",描绘出宋廷增加酒课造成的不正常景象。此后宋廷虽屡次设法增加课利,均不见明显效果。后来宋廷索性通过提高酒价来增加收入。但酒价增加,饮者减少,效果未必如愿。南宋绍兴年中,酒价竟达每升近二百文之多,故时有"百钱半升官价高"之语,①其价钱仅从钱文数上看,较之北宋初增加了十几倍,即便考虑进物价变动的因素,酒价比他物价增长的幅度也是大得多的。

宋朝官府造酒在财计上讲,除了课利收入外还有减少开支的意义,即是说它解决了官府自身消费用酒的问题。除了宫廷大量造酒以供皇族消费及赏赐外,各级官府都可自己造一定数量的"公使酒"。地方造酒除作为土贡输送京师外,还作为支颁俸禄的一部分分配官吏"供给酒",军队造酒更是普遍。当然,各级官署、军队、甚至皇宫所造的酒常常出售于外,侵蚀正常的榷酒收入,成为酒课流失的渠道。

宋初榷酒收入直接支配权多在地方,后来朝廷(中央)逐渐分取,除了前述熙、丰时期将坊场收入支配权收归朝廷掌握外,主要是通过增加酒价来实现这一过程的。提高酒价对于增加榷利作用是有限的,但它却改变了榷酒收入中央与地方支配权的分配比例。这是由于每次因增价,从出售单位容量的酒中所获得的新收入,都归朝廷直接调用,在榷酒总收入无大增长的情况下,归朝廷支配的钱数越来越多,这也反映了宋朝财权不断上移的趋势。

南宋初诸官司、诸军广泛造酒取利,②后宋廷虽将大部分酒库务收回,却又不得不照顾各官司、军队既得利益,作出让步,分出一部分卖酒、曲收入归原经办单位支配,这就使榷酒收入的分配更加复杂化。以建康提领户部赡军酒库所收入为例,它虽冠以户部之名,利入却不全由户部支

① 洪咨夔:《平斋集》卷五《食糟行》。
② 当时各官署及诸军多像百姓那样买扑坊场,抱认课额,广求盈利。例如岳飞军"鄂州并公使、激赏、备边、回易十四库,岁收息钱一百六十万五千余缗"(王鹏运《花间集跋》引《中兴系年录》)。韩世忠军计有"镇江府、扬、楚、真州,高邮县,江口、瓜州镇,正赐、公使、回易、激赏酒库一十五"(《系年要录》卷一四○)。杨存中军买扑酒坊,岁入钱七十余万贯(《系年要录》卷一八八)。另各安抚、制置等司也有类似情况。

配,其隶属情况如下。

解纳御前酒库所	75 万贯(十七界官会,下同)
沿江制置司	76 万贯
江东安抚司	23.35 万贯
建康府	15.44 万贯
侍卫马军司、诸都统司	37.82 万贯
其余隶淮西总领所。①	

这种复杂的隶属关系造成财政管理上的很大困难,南宋中后期很少有全宋榷酒收入的综合性统计数字,或与此有关。

宋朝榷酒收入及酒价增长情况,请参见本书末专表(表5、表6)。

第四节　榷茶收入

榷茶始于唐,宋承之。唐宋两代特别是宋代,茶叶已成为人民生活的必需品,北宋王安石曾讲:"茶之为民用,等于米盐,不可一日无。"②略早于他的李觏也讲:"[茶]君子小人靡不嗜也,富贵贫贱靡不用也。"③特别在东南一些地区,嗜茶之风特甚。"二浙穷荒之民,有经岁不食盐者,茶则不可一日无也,一日无之则病矣。"④茶既在人民生活中地位如此重要,而茶又非各地均能出产,故而茶货便成了当时的重要商品。宋前期茶的主要产区在长江中下游地区及福建。后来川蜀茶有很大发展。入南宋,淮南、荆湖、江东西受战争影响较大,尤其淮南所遭破坏尤甚,因此川蜀茶产量一度超过了东南茶的总产量。福建路茶产量虽不多,品种却多为时

---

① 参见《(景定)建康志》卷二六《官守·提领建康府户部赡军酒库所》。

② 《王临川文集》卷七〇《议茶法》。又刘弇《龙云集》卷二八《策问》:"极于嗜好,略与饮食埒。"

③ 《李觏集》卷一六《富国策》。

④ 杨时:《龟山集》卷四《论时政札子》。

俗所珍,其最尚者乃专供皇室享用和皇帝赐赉,贵比金银。广南虽有少数地区产茶,产量微少,与财计关系不大。宋代茶的生产分布情况可以通过下表得到梗概反映:

表 1

时间	地区						
	江南（万斤）	两浙（万斤）	荆湖（万斤）	福建（万斤）	淮南（万斤）	广南（万斤）	四川（万斤）
	产量或榷买数						
天圣年以前岁课额	1027	127.9	247	39.3	865	—	—
至和年中榷买数额	375	23	206	79	422	—	—
南宋绍兴末年(一)	821	456	204	98	1.9	9.2	2102
南宋绍兴末年(二)	913	554	203	98	1.9	9.2	—
南宋绍兴末年(三)	900	558	194	103	2.2	5.4	—

按,天圣前之数据《长编》卷一〇〇、《宋史》卷一八三《食货志·茶》,至和年数据《宋史》卷一八四《食货志·茶》,绍兴末年第二列数据《宋会要·食货》二九之二至四引《中兴会要》,第三列数据同书二九之四、五引《乾道会要》,第一列数据《朝野杂记》甲集卷一四《总论东南茶法》《蜀茶》。三列数小有差异,当是取数时间及计算方法有所不同,且并列于此,备参考。

宋朝茶法沿革可划为三个阶段:北宋前期的禁榷和以茶为入中抵偿物的时期,嘉祐年以后的通商时期,崇宁年恢复禁榷、行合同场法及南宋的茶引法时期。

一、北宋嘉祐通商以前茶法概述

宋初,产茶之江南、荆湖、川蜀等尚未收入版图,所辖只有淮南产茶。建隆年中,平定荆湖,随后西伐后蜀。财计不足,乾德年中,乃榷淮南、荆湖茶,于两地区及京师设榷茶场多处。[①] 至太宗初年,南唐、吴越等先后归降,产茶州军大增,乃于沿江设八榷货务,对茶货实行全面禁榷。[②] 后

---

① 参见《长编》卷五、六,僧文莹《玉壶清话》卷二及《梦溪笔谈》卷一二。
② 参见《长编》卷一八、《宋会要·食货》三〇之一。据曾巩《隆平集》卷三《爱民》,初定法官买八分,税一分,余一分给园户,樊知古(若冰)奏罢给园户一分茶。《宋史》卷二七六《樊知古传》所记有误。

沿江并为六榷货务,即真州务、海州务、汉阳军务、无为军务、蕲州新口务;又将淮南茶场并为十三处,即蕲州王祺、石桥、洗马、黄梅四处,黄州麻城一处,庐州王同场一处,舒州太湖、罗源二处,寿州霍山、麻步、开顺口三处,光州商城、马安二处。此外于荆湖、江南诸产茶州军又设买茶场。①宋初榷法大略:园户"岁课作茶,输其租,余官悉市之。其售于官,皆先受钱而后入茶,谓之本钱。又有百姓岁输税者:亦折为茶,谓之折茶"。"凡民茶折税外,匿不送官及私贩鬻者没入之,计其直论罪。园户辄毁败茶树者,计所出茶论如法"。② 民输茶于官,官府组织人力搬运至榷货务或官茶场。"凡民鬻茶者皆售于官,其以给日用者谓之食茶,出境则给券。商贾之欲买易者入钱若金帛京师榷货务,以射六务十三场茶,给券,随所射与之,谓之交引。愿就东南入钱若金帛者听,入金帛者计直予茶如京师。"③

宋初又于沿边实行入中制度,即所谓"西北宿兵既多,馈饷不足,因募商人入中刍粟,度地里远近增其虚估给券以茶偿之"。④ 这样,茶就与绢帛、香药等一并成了沿边入中的抵偿物。据神宗时人讲,初行此法时,官府以物代钱支还商人等,并不规定茶、绢、香药等各自的比例,"唯所欲,商人便之,故法大行"。⑤ 但三者之中,茶为生活必需品,较香药市场广阔;其体轻价重,较绢帛便于贩运,故茶尤为商人乐于接受,官府榷茶所得大部分即用以偿还沿边入中籴买。因此,在嘉祐通商以前,沿边的入中制度与茶的禁榷制度便密不可分地结合在一起了。在入中制度与榷茶制度互相结合的基础上,产生了三说(三分、三税)、四说法和现钱法等。

关于三说四说法与三分四分法,北宋沈括曾有论辩,认为入中按比例支偿现钱、香药,茶(后又有盐)者为三分四分法,三说法乃指博籴、便籴、直便三者一体的入中法。⑥ 沈氏所言三说法,史籍殊少记载,通常所记三

---

① 参见《长编》卷一〇〇、《梦溪笔谈》卷一二、《宋会要·食货》三〇之三一、三〇之四。

② 《宋史》卷一八三《食货志·茶》,事又见《长编》卷一八。

③ 《长编》卷一〇〇。

④ 《长编》卷一〇〇。

⑤ 《宋会要·食货》三〇之一一引吴充语。

⑥ 参见《梦溪笔谈》卷一二及本书下文关于河北边籴一节。

说、四说法,即沈氏所言三分、四分法。三说、四说法是由太宗时粮草钞引法发展而来的,①其主要特征是支偿入中、代替或部分代替现钱的几种抵偿物的比例是固定的。三说、四说法的起始时间已难确考,大约不迟于真宗初年。② 后乾兴元年、天圣四年、康定二年、庆历八年等于河北多次施行。其优点在于将榷茶、榷香、有时包括榷盐直接与边籴联系,官府免除了运输粮草、盐茶香的麻烦,手续较为捷便。主要弊病在于,粮草的获得茶香盐的出售,全依靠商人尤其是大商人。大商人往往寻隙敲官府的竹杠,设法左右边籴价和控制入中,借以牟取暴利。所谓虚实钱问题就是由此产生的:沿边召募入中须加抬粮草等的价格,战事越紧,动员军队越多,粮草就越显缺乏,加抬也就越多。入中者本可持钞引至京师请领茶货,但官府为免去从南方长途运输的烦费,多令商人径赴产茶地请领,这样,又须压低茶货的售价。在正常情况下,虽经两次折算表面上官府受了损失,实际官府却节省了大量人力和运输费用。但是由于大商人们控制沿边粮草市场,又与有关官吏互相勾结,粮草抬价、茶货压价都大大超过应有的限度,致使官府支付很多茶货,沿边却只籴到很少的粮草。真宗景德年中三司使丁谓讲:"边籴才及五十万,而东南三百六十余万茶利尽归商贾。当时以为至论。"③沿边籴买所支钞引数多,茶货不敷支给,持钞引领不到茶货,停滞等待,钞引价格大跌。钞引价跌,沿边或则进一步加抬粮草价,或则无人入中,形成恶性循环。官府有时感到亏失太多,或京师缺钱支用,令持钞引者按比例贴纳现钱方得支给茶货,这更使入中法和茶法威信扫地,加剧钞引的跌价。根据三说、四说法的弊病,有些大臣提出建议,于是又有现钱法、贴射法等的推行。

现钱法的主要内容是:"商人入刍粟塞下者,随所在实估度地里远近增其直。""一切以缗钱偿之。"④愿得茶货等,以其钱数另行折算给引。

---

① 以下凡言三说、四说均指三分、四分法,又宋人三说、四说又作三税、四税。
② 《玉海》卷一八一《天圣茶法》载:"至道元年,盐铁使陈恕为三说法。"或即三分法。又林駉《古今源流至论》续集卷四《榷茶》载:"咸平五年,王嗣宗始立三分法,以十分粮价,四分给香药,三分犀象、三分茶引。"
③ 《宋史》卷一八三《食货志·茶》。
④ 《长编》卷一〇〇。

"大率使茶与边籴各以实钱出纳,不得相为轻重,以绝虚估之弊。"①实行此法,榷茶与边籴不直接挂钩,需把榷茶所得现钱转移于京师或沿边。官茶不用以支付钞引而用以出售换取现钱,于是官府需组织搬运、设场务买卖,事务烦琐,有时茶货不能及时出售,造成很大浪费。针对这种情况,与现钱法相配合,又有贴射法。其法:"[以茶]买卖本息并计其数,罢官给本钱,使商人与园户自相交易,一切定为中估而官收其息。""然必萃茶入官,随商人所指而予之,给券为验,以防私售,故有贴射之名。若岁课贴射不尽,则官市之如旧,园户过期而输不足著,计所负数如商人入息。"②此法简化了官府榷茶事务,减少了因官府经营不善造成的茶货不合理加价,增加了茶商的经营自由,有利于茶叶贸易。但是,它也有弊病:利厚的茶货都为豪商大贾抢先贴射,利薄的茶货、普通茶货又不乐行贩,黄晚恶茶无人贴射者归于官场,再者,以往茶商直接向官场买茶,可兼购数种或数十种,改为直接与园户交易,采购品种大为减少。因此,贴射法于淳化年、天圣初年两度实行都遭挫折。③ 边籴用现钱法固然无虚实钱之弊,但贴射法又施行不通,官府转移现钱赴沿边或京师常常出现困难,有时诸路现钱不能及时运到,竟使京师现钱支用殆尽,危及财计。且籴买、榷茶分离,增加许多烦琐事务。因此,现钱法也时常受到抨击。

自从庆历八年解盐行钞法,其课入连同朝廷贴补基本上满足了西部边籴的需要;皇祐年中河北边籴又行现钱法,其籴本或自京师辇运,或给钞引以京师现钱支付,而京师现钱来源又多依仗末盐钞钱。于是"茶法不复为边籴所须,而通商之议起矣"。④

二、嘉祐通商后至崇宁复榷东南茶时期茶法概述

嘉祐四年,宋廷颁行通商茶法,其法:以三司岁入茶净利实钱六十四

---

① 《长编》卷一〇〇。
② 《长编》卷一〇〇。按,原文系述天圣初年淮南所行贴射法,或可代表一般。
③ 贴射法虽遭挫折,却为北宋末合同场法开了先河,详见下文。
④ 《宋史》卷一八四《食货志·茶》,另参见《长编》卷一八八、《九朝编年备要》卷一六。

万余贯之半三十余万贯均摊于园户,按岁输纳。^① 茶租钱与诸路买茶本钱"悉以储待边籴",^②直接归朝廷调用,不入地方财计。"唯[福建]腊茶禁如旧,余茶肆行天下。"^③行通商法后,四川除外,每年又可得茶贩运税七八十万贯,与茶租合计,岁仍可得百万贯收入。宋廷却可以撤销因禁茶而设置的大批机构,解除大量烦琐事务、苛峻的刑禁及相应的大量开支。相比之下,通商法较之禁榷法岁入虽稍有减少,却也另得不少好处。通商法的主要弊病在于:令园户纳租钱,负担直接落到园户肩上,且纳茶改为纳钱,一旦茶货出售不利,园户倍受损失。^④ 此后除福建茶法曾于熙宁年中通商,而于元丰年中又复禁榷外,东南各产茶区基本沿行通商茶法,直到崇宁年中再行禁榷法。

神宗时开拓西境,边籴又增。且罢废官马监后,战马全靠从西蕃等处购买。于是有人便发现蜀茶为一重要潜在利源,特别是宋廷发现,"西人颇以善马至边,所嗜惟茶",^⑤而此时川蜀产茶已颇具规模,就开始留意经营蜀茶。先是官府经营收购贩运,随即于熙宁末年实行禁榷。榷蜀茶给宋朝财计尤其是沿边财计带来了巨大的好处。据元祐初年大臣刘挚讲:"蜀茶之利以给熙、河、兰、会者天下十之三。"^⑥不但榷茶收入被用于西部沿边籴买粮草,官府榷买之茶且大量地用于与西蕃的茶马贸易。故而当元祐初年罢废熙、丰新法时,尽管有不少大臣论奏榷蜀茶害民,然而禁榷法仍在略加修改之后继续沿用。^⑦ 至绍圣年以后,又恢复熙、丰榷法。

---

① 此后虽不禁榷,然仍有配买,如华镇《云溪居士集》卷二六《申明茶事札子》所载。

② 《长编》卷一八九,另参见《宋会要·食货》三〇之九。

③ 《长编》卷一八九,另参见《宋会要·食货》三〇之九。

④ 参见欧阳修《欧阳文忠公文集》卷一一二《论茶法奏状》、《长编》卷一九一。

⑤ 《通考》卷一八《征榷考·榷茶》。

⑥ 《长编》卷三六六。按,据吕陶《净德集》卷三《奏乞罢榷名山等三处茶以广德泽亦不阙备边之费状》,元丰七年川蜀产茶二千九百余万斤,元丰八年二千九百五十余万斤,已超过内地不少产区的产量。

⑦ 参见《宋史》卷三四七《黄廉传》、卷一八四《食货志·茶》、《长编》卷四八六。佚名《宋三朝实录》载元祐元年秋七月"罢榷蜀茶",似不甚准确。又曾布《曾公遗录》卷九载元符年中曾布言:"茶马岁课二百万,元祐中所不能废。"

三、北宋崇宁年后至南宋时期茶法概述

徽宗崇宁元年底,蔡京主持变茶法。荆湖江浙淮南茶复行禁榷,大体仿宋初之法,恢复榷货务、官茶场等,官买卖茶货如旧制,却不免除园户茶租钱,近乎榷上加榷。① 施行未久,崇宁四年,蔡京等"复议更革,遂罢官置场,商旅并即所在州县或京师给长短引,自贮买于园户。茶贮以笼篰,官为抽盘,循第叙输息讫,批引贩卖,茶事益加密矣"。② 此所谓茶事益密,乃是指新法有些规定非常苛刻,如"限日贩卖,如有过限,并行拘收,别买新引"。③ 后大观初年又增收茶息钱,于是,"掊息益厚,盗贩公行,民滋病矣"。④ 政和二年,再次改变茶法,于京师置都茶场印卖茶引,正式实行合同场茶法。其法:"场置于产茶州军,而簿给于都茶场。凡不限斤重茶,委官司秤制,毋得止凭批引为定,有赢数即没官。别定新引限程及重商旅规避秤制之禁,凡十八条。若避匿抄札及擅卖,皆坐以徒。"⑤此外,"茶笼篰皆官制,听客买,定大小式,严封印之法"。⑥ 又行对带法,凡持旧引者,须据数另买一定数量新引方可行用,强迫商人多买茶引。另外,重和年后,宋廷又许东南茶通行陕西,并令陕西州军以茶交易税课入比较官吏优劣,以致官吏将商茶配卖于民,造成骚扰。北宋末年苛刻的茶法对于国势的颓败也有一定影响。

入南宋,大体沿用北宋政和年所立合同场法,即所谓"建炎渡江,不改其法",⑦仅对其附加的苛刻条法略加删除。值得注意的是川蜀茶法的

---

① 参见《宋会要·食货》三〇之三一、三二,《长编纪事本末》卷一三二《讲议司》及杨时《龟山集》卷四《论时事札子》。

② 《宋史》卷一八四《食货志·茶》、《通考》卷一八《征榷考·榷茶》。

③ 佚名《宣和遗事》前集《茶法》,原书系改法于崇宁二年,误,当为崇宁四年。另《皇宋十朝纲要》卷一六系改茶法于崇宁四年六月甲戌,述:"更定茶法,罢官场并入市易务,令客人赴官请引,自于园户买茶。"

④ 《宋史》卷一八四《食货志·茶》。

⑤ 《宋史》卷一八四《食货志·茶》、《通考》卷一八《征榷考·榷茶》。

⑥ 《宋史》卷一八四《食货志·茶》、《通考》卷一八《征榷考·榷茶》。

⑦ 《朝野杂记》甲集卷一四《总论东南茶法》。王栐《燕翼诒谋录》卷二谓"南渡后官不能运致茶货,而榷货务只卖茶引",当即指行合同场法。

变更。蜀茶自熙宁后专设一司,与东南茶不行一法,故政和年中东南茶行合同场法时,蜀茶未行合同法而仍用旧法。建炎三年,宋廷谋自川陕攻金,财计吃紧,乃用赵开变茶法。"参酌政和二年东京都茶务所创条约,即给茶引,使茶商执引与茶户自相交易。改成都府旧买卖茶场为合同场买引所,仍于合同场置茶市,交易者必由市,引与茶必相随。茶户十或十五共为一保,并籍定茶铺姓名,互察影带。贩鬻者凡买茶引,每一斤春为七十、夏五十,旧所输市例、头子等并依旧。茶所过每一斤征一钱,住征一钱半,无得妄增。其合同场监官除验引秤茶封记发放外,并无得干预茶商、茶户交易事,此其大略也。"①赵开之法既仿政和合同场法,则改法后川蜀与东南条法较前趋于一致。自赵开变法后,蜀茶引茶几经增价,榷利曾达岁入二百万贯(铁钱)以上,对川蜀的抗金斗争支持是不小的,然而也加重了百姓的负担。变法后川蜀仍负担茶马贸易所用茶,乃是官府以榷茶息钱及别项定额支拨财赋买茶应办。南宋茶法较北宋弊害更为明显。表现在百姓方面,是抑配茶及茶引。宋廷以各地卖茶得引数考课官吏,官吏或与商人勾结抑令百姓买茶,或径将茶引配卖于百姓,②成为一种苛捐杂税。表现在商人方面,是引价的不合理。在合同场法之下,商人得引后另须出资置办笼籯,采办茶货,雇人搬担,因而本高利薄,③稍有意外,即有亏折。这样,除了走私贩运外,还多次暴发茶商、茶农的起义。④南宋后期,宋廷设提领江淮茶盐所,防走私,敛助军钱,同时把榷茶收入由总领所收归朝廷,⑤其详情已大部失载。

---

① 《名臣碑传琬琰集》卷三二李焘《赵开墓志铭》。

② 参见洪适《盘洲集》卷四九《荆门军奏便民五事状》、卷五一《荆门军论茶事状》,陈傅良《止斋集》卷一九《桂阳军乞画一状》。

③ 参见《历代名臣奏议》卷二七一李椿奏。

④ 如淳熙初年,有赖文政起义,纵横驰骋于湖北、湖南、江西、广东数路之地。《宋史》卷四一三《赵善湘传》、卷四一四《郑清之传》记载了南宋后期茶商的反抗斗争。

⑤ 参见《(景定)建康志》卷二六《提领江淮茶盐所》、李曾伯《可斋续稿》前集卷三《四乞休致奏》。

四、榷茶收入及水磨茶课利

榷茶和榷盐相比,官府所得净利要少得多。榷盐买卖价相较,有十倍以上者。榷茶一般只有二至四倍。太宗时大臣张泊曾在上奏中言及此事,谓:

> 访闻湖南山色茶每斤官中榷买用本钱二百二十文,辇运支费约破钱一百文,官中于地头出卖,计收钱九百六十文,除算出本钱并缠裹钱共三百二十文外,合收净利钱六百四十文。其淮南、两浙、江南等道茶货虽出卖价例小有不同,其所收净榷茶货利大约不逾于此。①

据此,净利为本钱两倍、卖价为买价四倍。然而官吏、军兵薪饷等杂费似尚未计入。又此言就本地出卖,若运致榷务出卖,或不及此。实际上,张泊对榷茶利率的估计还是从优折算的,仔细考察有关数据,似乎利率较他所言还要低些。如据载淮西庐州王同场散茶上号买价每斤二十六文四分,真州榷货务(以下所讲卖价同此)卖价每斤五十六文;中号买价十九文八分,卖价四十五文五分;下号买价十五文四分,卖价三十七文一分。又如福建茶头金买价每斤一百三十五文,卖价四百二十文;腊茶买价每斤一百二十文,卖价四百一十五文;头骨买价每斤九十文,卖价二百八十八文。② 卖价与买价相比,一般三倍上下。榷茶利率较榷盐少,是由于茶的生产成本较盐高,而卖价又受消费水平更多的限制。另外,茶的生产较为分散,实行禁榷也较榷盐困难更多。因此,榷茶较榷盐收入要少得多。北宋仁宗嘉祐通商以前数年,是榷茶收入最少的时期,有人算过一笔账:"嘉祐二年[茶课]才及一百二十八万[缗],又募人入钱,皆有虚数,实为八十六万,而三十九万有奇,是为本钱,才得子钱四十六万九千而已,其辇运之费,丧失与官吏兵夫廪给杂费又不与焉。"③如此算来,官府忙乱一场,所得无几。当然,这在两宋或属特殊时期。宋朝榷茶收入较多的北宋

---

① 《宋朝诸臣奏议》卷一〇八《上太宗乞罢榷山行放法》。
② 参见《宋会要·食货》二九之八至一四。
③ 《长编》卷一八九。

真宗、徽宗时期岁课约三百至五百万贯,南宋前期曾达六百万贯,然时物价上涨,数虽多,实际未必如北宋真宗、徽宗时多。然北宋时又有虚实钱问题,官府用于禁榷的支费也较大,故难以确定究竟哪一段为榷茶收入最佳水平。据粗略估计,榷茶收入约为全宋岁入数的百分之一至五。详见本书末附表7。

水磨茶课利严格讲并不全是榷茶收入,但水磨茶既为茶法之一部分,故于此简作概述。① 水磨茶法只存在于神宗、哲宗、徽宗时期,事虽不大,却颇引人注目。官营水磨茶始于神宗元丰年中。时俗尚饮末茶,水磨为加工末茶重要工具。于时财计紧张,乃于东京沿汴河等处兴置官水磨,加工末茶。随即禁止在京茶户私制末茶及从外路贩运末茶入京,民间末茶一律赴官请买。后又规定商人贩运散茶、片茶至府界及在京,须中卖于官。每年宋廷于此获息二十余万贯。② 元祐年中,罢水磨茶法及官水磨。哲宗亲政之绍圣年中复置,除元丰年水磨旧址外,又于京西、河北数州兴置官水磨。③ 岁入曾达二十六万贯。哲宗、徽宗之交一度废不行,崇宁二年后重加整顿,规定:凡贩腊茶入京城者,全部官买;草茶途经京师者,官抽买十分之三。崇宁三年,罢水磨茶法。四年,改令磨户六十户认纳岁课三十万贯,一切条禁并依酒户纳曲钱法。五年,又复行宜营及行旧水磨茶法。政和二年,罢京城以外各路官置水磨。绍圣以后,不见岁入课利钱数,大约较绍圣年中无大增加。④ 此年岁课若比绍圣年中增加十五六倍,可能性不大。且政和二年已减罢京城以外水磨,课利收入更不当较绍圣年有如此多的增长。

---

① 以下关于水磨茶的文字除特别注明者外,主要根据《宋会要·食货》八之三四、《长编纪事本末》卷一三七《水磨茶》、《宋史》卷一八四《食货志·茶》、《皇宋十朝纲要》卷一六《徽宗纪》的记载。

② 刘挚:《忠肃集》卷五《乞罢水磨茶场奏》、《长编》卷三四六、《通考》卷一八《征榷考·榷茶》所载略同。

③ 参见邹浩:《道乡集·补遗·论增设水磨》。

④ 《宋史》卷一八四《食货志·茶》载政和四年"收息四百万贯有奇",似是误解《长编》所致。《长编》原文已佚,《长编纪事本末》卷一三七《水磨茶》载尚书省言"茶务岁收钱约四百万贯已上",似为《长编》原文节录。《长编》原言为"茶务岁收",似非水磨茶岁收。

第五节 榷香矾及市舶收入

一、矾法概述

矾是宋代重要商品,其用途除净化饮水外,又为染织业不可缺少的原料。史籍有关宋代矾法的记述颇不完备,从现存记载中,仅可略见轮廓:矾作为禁榷品,在法律上有以盐酒茶相类的严禁私贩的规定。① 矾的产销有官产官售和民产官售两种,②似以后一种较为普遍。官府从矾的产销中也可获较厚的专利。北宋时,晋州白矾官买价每驮六贯,卖价每驮二十一贯五百;慈州白矾官买价每驮六贯,卖价土十三贯;无为军白矾买价每斤约十二文,散卖每斤六十文。③ 南宋时矾每斤官用本钱十三至二十文,卖价则在百文以上(后买价增为每斤三十五文省,卖价相应也有增加,然未见确数)。④ 官买(官本)与官卖价相比,约为一比三至一比五。矾的产销也划分区域,从现有记载中,仅可知元丰初年规定:"畿内及京东西五路许卖晋、隰矾;陕西自潼关以西、黄河以南达于京西均、房、襄、邓、金州,则售坊州矾;矾之出于西山保、霸州者,售于成都、梓州路;出无为军者,余路售之。"⑤大观年中,有记载谓:"河东、河北所产矾系通入京畿、京西、京东、陕西六路,无为军矾系通入江、淮、荆、浙、广、福九路。"⑥

① 参见《长编》卷一一、一八、一〇六,《宋会要·食货》三四之二,《庆元条法事类》卷二八《茶盐矾卫禁敕》及《通考》卷一五《征榷考·矾》、《宋史》卷一八五《食货志·矾》有关记述。
② 据欧阳修《欧阳文忠公文集》卷一一五《论矾务利害状》,晋州矾曾许六户商人在京师将其煎炼为熟矾出卖,按数额纳课利于官。其情况类似买扑坊场,是官产官售的变通性办法。
③ 参见《宋史》卷一八五《食货志·矾》,其中无为军白矾本钱数,系据《古今图书集成·职方典》卷八二六引《无为州志》有关记载计出。
④ 参见《宋会要·食货》三四之六至一〇,《朝野杂记》甲集卷一四《矾》。
⑤ 《长编》卷二九五。熙宁三年划定坊州矾行销区,见《宋史》卷一八五《食货志·矾》。
⑥ 《宋会要·食货》三四之四、五,另《朝野杂记》甲集卷一四《矾》载:"国朝旧制,晋、相矾行于河东北、京畿,淮南矾行于东南九路。"

南宋时,原先矾的重要产地晋、慈、隰、汾、坊等州连同出产土矾的河北地区陷入金境,矾的产销不复有划区分界的记载。此外,宋初以来在矾法方面,见于记载的还有如下一些较重大的变故:一是真宗时曾罢煎坊州矾,熙宁年中复令恢复生产。① 二是天圣二年,淮南路无为军昆山场矾官煎官售改为民煎官售。② 三是天圣九年,诏令弛东西两川矾禁。③ 四是嘉祐六年,罢煎江南东路池州矾。④ 五是熙宁年中,东南九路矾(淮南无为军所产为主)罢通商,行官卖法。元祐初年复通商,绍圣年中再行官卖,大观年中通商,政和初年又官卖,经历数次反复。⑤

二、榷矾课利

两宋历年矾的产量及课利数,记载也颇不完备,现将有关数据汇为一表,见本书末附表8。表中所列多为课利钱数,未明各年本钱,运费、官吏支费、净息确数。又表中多为北宋时数字,南宋仅一数,尚非全面统计数。据记载,绍兴六年三榷货务香矾杂收共约一百二三十万贯,⑥绍兴二十四年,香矾钱收入近一百一十万贯,绍兴三十二年,香矾钱收入增为约一百二十万贯,⑦然不知其中香、矾、杂收各占的比例。从记载来看,榷矾收入是大不如榷盐、酒、茶的收入的。

三、榷香药收入

香药,是指贵重的香料和药物,它们不但是当时重要的奢侈品,而且

① 参见《东都事略》卷一一二《循吏·薛颜传》、《宋史》卷二九九《薛颜传》及《长编》卷二一六。
② 参见《宋会要·食货》三四之三、《长编》卷一〇二。
③ 参见《宋史》卷九《仁宗本纪》。
④ 参见《宋会要·职官》四二之二六、《长编》卷三三六。
⑤ 参见《长编》卷四八一、《宋史》卷一八五《食货志·矾》。
⑥ 参见《中兴圣政》卷二〇。
⑦ 参见《宋会要·食货》五五之二七、《系年要录》卷一六七。

在广大人民生活中也有广泛的用途。宋朝对香药实行禁榷,然而作为禁榷物的香药,其含义较为复杂,前后也有变化。早在太宗太平兴国初年,宋朝就于京师设榷易院(一记为榷易署),且下诏:"诸蕃国香药宝货至广州、交趾、泉州、两浙,非出于官库者不得私相市易。"后又下诏:"惟珠贝、玳瑁、犀牙、宾铁、鳖皮、珊瑚、玛瑙、乳香禁榷外,他药官市之余,听市货与民。""放通行药物三十七种。"①据此可知,当时珠贝、犀牙都可入药,故都属香药范围。宋朝对禁榷范围内的香药,也立有严刑峻法以取缔私贩。②香药宋朝境内广南等处也有出产,但数量不多,③主要通过市舶贸易及外国进贡输入。宋朝于京师皇宫内外设香药库二三十处,除平时供皇室、贵族及官僚机构消费外,还经常出卖补助财计。与盐茶矾等相类,香药也有相应的钞引。在北宋前期河北、陕西行入中法时,香药为抵偿物之一,后行三说、四说法,香药仍为抵偿物中一项。在某些财计困乏难以支撑的关头,出卖香药往往成为帮助宋廷渡过难关的一个手段。例如宋人陈均记北宋后期蔡京"行打套折钞法":

> 蔡京初拜相,有巨商六七辈,负官钞至庭下,投牒索债,且曰:"此章[惇]相公开边时,此曾[布]相公罢边时所用,合三百七十万缗不能偿者……京奏之,上蹙额曰:"辱国奈何?"京进曰:"臣请偿之。"上喜曰:"卿果能为朕偿之耶?"时国用常匮,视三百七十余万缗为未易偿故。京因创行打套折钞之法,命官划刷诸司库务故弊之物……及粗细色香药,皆入套为钱……其间惟乳香一物足偿其本,而他物利犹自倍,于是欣然,不半年尽偿所费。④

这是以乳香配以别物偿还官欠的一个生动事例。此时期香药在财计中所起的作用还不止于此。据宣和七年臣僚上言,此时期和籴籴本往往用香药钞,"香药钞每岁降拨,动以数百万计,准折价钱支与人户"。⑤ 所讲数

①　均见《宋会要·职官》四四之一、二。
②　参见《长编》卷四三九及《庆元条法事类》卷二八《茶盐矾乳香卫禁敕》等。
③　参见《长编》卷三一〇元丰年中科买琼管四州沉香事。
④　《九朝编年备要》卷二六。
⑤　《宋会要·食货》七〇之二八。

量是颇惊人的。宣和年中,东南诸路漕运改直达纲法为转般法,宋廷又以香药钞百万贯给发运司充籴本。① 可知榷香药在北宋末年财计中,起了较为显著的作用。南宋时,当楮币贬值、官府为秤提而兑收楮币时,榷香药收入也曾起重要作用。如嘉定三年收兑第十一界东南会子时,即用"打套乳香钱约一百六十余万缗"。② 官府既时常以香药为补助财计手段,难免要发生抑配等事。据载,北宋仁宗时,"三司岁出乳香⋯⋯下州郡配民",③引起不满,终被罢止。北宋末年,以香药钞为籴本,大臣们多有论谏。南宋前期,以香药抑卖民间,更激起事变。李心传记:"所谓乳香者,户部常以分数下诸路鬻之。郴州当湖湘穷处,程限颇急,宜章吏黄谷、射士李金,数以此事受笞,不堪命,乾道元年春,因啸聚响民作乱,遂陷桂阳军⋯⋯盖利之所在,害亦从生,此可为理财者之戒。"④后淳熙年中又分乳香于诸路出卖,终因其"扰民"诏令罢止。

关于榷香药究竟逐年岁入几何,记载很少。李焘记:

> [太平兴国二年三月]香药库使高唐张逊建议,请置榷易局,大出官库香药、宝货,稍增其价,许商人入金帛买之,岁可得钱五十万贯,以济国用,使外国物有所泄。上然之,一岁中果得三十万贯。自是岁有增羡,卒至五十万贯。⑤

这则记载有几点模糊不清:一是文中"宝货"指什么,占多大比重;二是所卖者是否包括市舶司博买及外国入贡的;三是市舶司本身支费如何开销。又据毕仲衍《中书备对》,熙宁九年至元丰元年,官府出卖乳香共收入钱八十九万四千七百一十九贯,其中熙宁九年三十二万七千六百零六贯,熙宁十年三十一万三千三百七十四贯,元丰元年二十五万三千七百三十八

---

① 《九朝编年备要》卷二七。
② 《朝野杂记》乙集卷一六《东南收兑会子》。
③ 《宋史》卷三〇四《方偕传》,又卷四六三《外戚传·刘美》载仁宗时又有以香药折支兵饷事。《方偕传》所载似取材于蔡襄撰方偕神道碑文。
④ 《朝野杂记》甲集卷一五《市舶司本息》。《宋史》卷一八五《食货志·香》系此事于淳熙二年,而《历代名臣奏议》卷二七二真德秀《奏复潭州酒税状》也记为乾道间事。
⑤ 《长编》卷一八,事又见《宋史》卷二六八《张逊传》。

贯。① 当然,乳香只是香药中的一种,尽管是其中较为重要的一种,仍不能代替全部香药。另外,也未载所用本钱数,故不能了解纯收入数。不过,粗略地估计,讲宋朝榷香药岁收入数十万贯,或许是接近史实的。

香药既主要靠市舶取得,而市舶收入实又大部靠进口香药获取,故榷香药收入与市舶收入实在难分彼此。故以下将市舶收入附此一并叙述。

四、市舶收入

宋朝对海外贸易实行严格控制,先后于广州、明州、杭州、泉州、密州等处设置市舶司以管理与海外的贸易。有时朝廷专命提举官,有时则令有关州军、转运司、提举茶事司等代管。内外商人出海或登陆,必须先赴市舶司登记。凡从海外运货抵港,先经市舶司抽分博买,否则没收货物,治罪。私自与海商贸易者,也要重治其罪。② 诸司之中,以广州为首,泉、明、杭三州次之,地位较为重要。市舶抽买所得,细色(贵重者)结纲运往京师(或行都),粗色(较粗重、价廉者)就地打套出卖。市舶收入直接归于朝廷,不隶地方,且从中可获得大量奢侈品供统治者享用,宋廷又可通过市舶贸易宣扬"国威",故宋廷对市舶贸易较为重视。北宋神宗曾对新任发运使薛向下手诏,内言:"东南利国之大,舶商亦居其一焉。昔钱、刘窃据浙、广,内足自富、外足抗中国者,亦由笼海商得术也。卿宜创法讲求,不惟岁获厚利,兼使外藩辐辏中国。"③即体现了宋廷对市舶贸易的看法。市舶收入靠市舶司对海商的抽分、博买获得,抽、买各有比例,因时期不同而有差异,一般是比较苛刻的,有关记载可参见本书末附表9。有时地方官府又于额外抽买归己,对舶商颇有侵害。④

行市舶法,宋廷固然可以获得上述好处,但是进口的商品中,香药等所占比重过大,而金银铜钱等因此大量外流,对社会经济有不利影响。随

① 参见梁廷枏《粤海关志》卷三《前代事实》。
② 参见《宋史》卷一八六《食货志·互市舶法》。
③ 《长编纪事本末》卷六六《三司条例司》。
④ 参见《宋会要·食货》三八之二四。

着财计紧缩、香药滞销,宋廷对市舶贸易的热情也有所衰落。①

宋元之间人马端临曾对禁榷发表过一番颇精彩的议论:

> 善言利者则曰:"……取之于豪强商贾,以助国家之经费,而毋专抑给于百姓之赋税,是'崇本抑末'之意,乃经国之远图也。"自是说立,而后之加详于征榷者,莫不以借口,征之不已,则并其利源夺之。官自煮盐、酤酒、采茶、铸铁,以至市易之属,利源日广,利额日重。官既不能自办,而豪强商贾之徒又不可复擅。然既以立为课额,则有司不任其亏减,于是又为均派之法。或计口而课盐钱,或望户而榷酒酤,或于民之有田者计其顷亩令于赋税之时带纳,以求及额,而征榷遍于天下矣。盖昔之榷利,曰取之豪强商贾之徒以优农民,及其久也,则农民不获豪强商贾之利,而代受豪强商贾之榷,有识者知其苛横而国计所需不可止也。②

马氏此言不但概括了禁榷制度的发展过程,而且指出了榷利收入的真正负担者是广大农民,从而戳穿了统治阶级散布的"民不加赋而国用足"的骗人谎言。他的分析对于我们认识宋朝的禁榷制度、禁榷收入以及禁榷与财政的关系等,都有重要参考价值。

---

① 《宋会要·刑法》二之一一四四载嘉定末年"外帑香药充斥,积压陈腐,几为无用之物"。《宋史》卷一八五《食货志·香》载宋廷言"听其来之多寡,若不至任之,不必以为重也"。

② 《通考·自序》。

第 三 章

工商税、官工商业及官田收入

田税、禁榷收入之外,对财政影响较大的,是商税收入、禁榷品以外的官工商业收入及官田收入。

第一节　商税收入(附免行钱)

商税收入在数量上大约与榷酒收入不相上下,也是支持财政的一个重要台柱。

一、商税制度概述

宋朝商税制度大体沿袭前代,根据本朝情况略有修改,在其统治的数百年中,相对盐茶榷法来说,是较为稳定的。马端临概括宋朝商税制度道:

> 关市之税,凡布帛、什器、香药、羊彘,民间典卖庄田、店宅、马、牛、驴、骡、橐驼及商人贩茶盐,皆算,有敢藏匿物货,为官司所捕获,没其三分之一,以其半畀捕者。贩鬻不由官路者罪之。有官须者十

取其一,谓之抽税……凡州县皆置务,关镇或有焉,大则置官监临,小则令、佐兼领,诸州仍令都监、监押同掌之。行者赍货,谓之过税,每千钱算二十;居者市鬻,谓之住税,每千钱算三十。大约如此,然无定制,其名物各从地宜而不一焉。①

这段文字将宋朝商税制度之轮廓勾勒得较为清楚,以下再拟就其中几个主要方面略加补充。

首先,引文讲"行者赍货,谓之过税";"居者市鬻,谓之住税",关于"过税"与"住税"需略作说明。所谓"过税",乃是商人长途贩运过程中沿途各税务、税场所征之税。官府于交通要道、各枢纽之处都设有税务、税场,商人在贩运中往往要通过几处或多处税务、税场,因而须缴纳几次或多次过税。过税规定征收千分之二十,乃是一次之数,若经过多处税务、税场,则所征就要依次加倍。为了避免商人绕开税务、场逃避征税,故有"贩鬻而不由官路者罪之"的规定。② 沿途税务、税场征税后,发给商人文引(又称公引、关引)以资证明。有时由于货物品类等特殊情况,也采取由始发地官府发予长引,到达目的地后一并计税的办法。所谓"住税",实则是交易税,它不仅包括坐贾居市出鬻征税,也包括生产经营者(农民、手工业者、地主等)出卖产品所征税和行商将贩来货物出卖给坐贾时所征税,总之,凡属商品交易,都要在交易地纳住税。

其次,引文中讲过税、住税之税率"大约如此,然无定制,其名物各从地宜而不一焉"。关于商税税则,需要补充的是,究竟哪些商品可以免税。北宋真宗大中祥符年中,为了鼓励发展农业生产,诏令贩运农器免税。③ 此后似被长久沿用。另外,常常被免税的有粮食。北宋自太祖乾德年中起就先后下诏蠲除许多地方米的运销税,特别是灾荒之年更下令免税粮食类商品,有时蔬菜、水果、鱼肉也一并免除。北宋中后期,粮食免税广行诸路,且逐渐成为制度。入南宋后,又曾屡次申严此令,虽地方常

---

① 《通考》卷一四《征榷考·征商》。

② 另外《宋会要·食货》一七之一三载淳化四年七月诏令中也规定:"商人贩易不得辄由私路,募告者,厚赏之。"

③ 参见《宋会要·食货》一七之一六、《长编》卷八一、《东都事略》卷五二《吕夷简传》。

常违犯,但作为制度仍然长久地保留。①　粮食之外,衣服、薪炭、油、耕牛等日常生产、生活用品也曾有免税的规定。现钱(铜、铁钱)与一般商品有别,但却是商人和商业所必需的。仁宗天圣年中有人请求税钱陌,仁宗不许,②说明此前现钱尚无过税或住税。然而宝元年中已有现钱征税的记载。③　神宗时弛铜禁、钱法,现钱所过征税。此时期铜钱可出海或入辽、夏、蕃境,依贯数纳税。又时苏轼上书清罢五谷力胜钱,谓"五谷无税,商贾必大流通,不载现钱,必有回货,自皆有税"。说明商贾携现钱运行,要纳税。另《长编》卷四〇三载元祐二年七月宋廷从河东转运司议,"将折二大铜钱并许依小铜钱例收税"。说明哲宗初年现钱也有税。南宋绍兴六年,诏令"客载见钱往来者除其税"④,说明此前持现钱者要纳过税。此后虽仍可查见铜钱不征税的敕令,但实际却多是征税的,故时人把持楮币远行不纳税看作是楮币的一大优点。⑤　另前引文中言"有官须者十取其一,谓之抽税"。抽税又称抽解、抽分,与市舶司的抽解、抽分性质大致一样。此讲"有官须者",从记载看,主要是竹、木。《祥符编敕》中明文规定:"每木十条抽一条讫,任贩货卖不收商税。"⑥此外,对石炭也曾实行抽税。⑦　商人纳税(当主要指住税)有严格期限,过期者须加倍补纳,称为倍税。又陕西各路向赴沿边商贩征收特别税,称为打扑钱。⑧

再次,引文讲"凡州县皆置务,关镇或有焉,大则置官监临,小则令、佐兼领,诸州仍令都监、监押同掌之"。此制实行之初,也与削除藩镇割据之基础有关。"唐室藩镇多便宜从事,擅其征利。其后诸国割据,掊聚

①　参见《宋会要·食货》一七、一八两部分有关记载。
②　参见《宋会要·食货》一七之二一。
③　参见《宋会要·食货》七〇之七、八。
④　《系年要录》卷一〇〇。
⑤　《宋会要·食货》一八之四载乾道六年有诏免铜钱税,《庆元条法事类》卷三六《库务·商税》却载纳钱于官或请钱于官以及外路钱入京畿方可免税。楮币优点事皆参见林駉《古今源流至论》续集卷四《楮币》。
⑥　《通考》卷一四《征榷考·征商》引止斋陈氏语。另参见张耒《明道杂志》、俞文豹《吹剑录外集》、《宋会要·食货》一七之二八、一八、之二九等。
⑦　参见《宋会要·食货》一七之一五等。
⑧　参见《长编》卷八八、二七七、二七九、二八九、二九九等处有关记载。

财货以自赡。"①宋朝削诸割据国,建隆年中乃命京朝官监州军商税,意在"收方镇利权"。② 太宗即位后,普遍地派专官监管,不令地方官直掌。真宗景德年中,正式规定"商税三万贯以上,选亲民官监,给通判添支"。③然而后来因税课难办,监税官需设法筹措,难免失之贪苛,士大夫"往往以为浼己,不肯亵就",④乃改用地位卑贱的初官小使臣或流外校尉、副尉为监官,而令地方官兼负督察之责。税务(都市的税务多称税院)召募人于交通要道拦截商旅征税,称为拦头。有的税务有拦头多达一二百人。⑤拦头有时被派出到离税务若干里或数十里之外去征税,监官便对拦头难以约束,拦头借机违法苛取商旅以至行人,成为商业活动中的一大祸害。据北宋后期人李新讲,当时遂宁一拦头"挟州郡之势,无敢谁何,凡养妻孥饮嚼蒲博外,月犹得四百千,是一专栏之身一岁之得几七八千缗"。⑥入南宋,征税拦头之外,又配之以土兵等,管理混乱,为害更甚。⑦ 由于各州军贸易兴盛之地往往不限于设务地点,税务之下,又设税场。税场多有令民买扑者。⑧ 神宗时行免役新法,曾将相国寺等令民买扑,相国寺等多是商业贸易之地,也是百姓买扑税场的实例。又元祐七年,曾有诏罢诸路买扑土产税场,⑨说明前此曾设土产税场令民买扑。南宋庆元年中,庆元府鄞县大嵩、横溪,奉化县水塘、白杜税场也都是令民买扑的。⑩ 至于乡村墟市征商,令民买扑的就更为普遍。⑪

---

① 《通考》卷一四《征榷考·征商》。

② 《通考》卷一四《征榷考·征商》。

③ 王栐:《燕翼诒谋录》卷五,事又见《通考》卷一四《征榷考·征商》。

④ 王栐:《燕翼诒谋录》卷五,事又见《通考》卷一四《征榷考·征商》。

⑤ 参见《庆元条法事类》卷二六《库务·商税》。

⑥ 《跨鳌集》卷三二《上漕使书》。

⑦ 参见胡太初《昼帘绪论·理财篇》、《宋会要·食货》一八之九至一三及员兴宗《九华集》卷七《议征税疏》。

⑧ 《宋会要·食货》五四之三载,仁宗天圣初年,"敕逐路转运司相度辖州军外镇道店商税场务,课利年额不及千贯至五百贯以下处",依利州、夔州两路议奏,"许人认定年额买扑,更不差官监管"。省司同意照此施行。

⑨ 参见《长编》卷四七五,事又见《宋史》卷一八六《食货志·商税》。

⑩ 参见《宝庆四明志》卷五《商税》。

⑪ 参见《宋会要·食货》一七、一八两章有关记载。

二、商税岁入情况

现存宋朝商税岁入统计数字,只有熙宁十年及前此若干年度的,详见本书末附表 22。元丰以后直至南宋末,未见全面统计数字。商税征收的实际税率有逐渐加重的趋势。宋初,为博取民心,同时也为了促进商业发展,在新兼并区域曾努力改革五代时苛刻的征商弊制,并严格约束各级理财机构和征商机构,防止其过度苛征暴敛。然而随着财计状态逐渐走上下坡路,征商越来越苛重,管理越来越混乱的问题就趋于明朗化。南宋陈傅良回顾宋朝力求增加商税收入的一系列举措,写道:

> 淳化三年,令诸州县商税,以端拱元年至淳化元年收到课利最多钱数,立为祖额,比较科罚,盖商税立额比较自此始。及王安石更改旧制,增减税额所[在]申省司,不取旨矣。熙宁三年九月,中书札子……[乞]令本州自此立定祖额比较,有旨从之,而本州比较自此始。商税轻重皆出官吏之意,有增而无减矣。政和间,漕臣刘既济申明,于则例外增收一分税钱,而一分增收税钱窠名自此起。至今以五分充州用,五分充转运司上供,谓之五分增收钱。绍兴二年,令诸路转运司量度州县收税紧慢,增添税额三分或五分,而三五分增收税钱窠名自此始。至今以十分为率,三分隶本州,七分隶经总制司,谓之七分增税钱。而商税之重极于今日。①

据此文所述,宋朝增加商税收入途径有二;一为增加务场州县定额;二为增加税率,二者之中似前者更多。表面上,提高商税定额与商人无关,仿佛只是宋朝中央与地方的关系问题,实际上商税定额一提高,有关官吏必须增加商税收入,这增加的部分归根结底还是要取之于商人或百姓,税率的暗增是不可避免的。商税征收虽有渐趋苛重之势,但英宗以后岁入额却未见增加,或有减低,说明宋廷增加商税收入的努力成效是有限的。商税收入的增加,是不能靠提高税率或变相提高税率的,这一点宋朝不少有

---

① 《通考》卷一四《征榷考·征商》引止斋陈氏语。

识之士都有认识。如北宋中期大臣陈襄即曾讲："近年商旅不行,税课亏折,由上好暴征也。""其取愈多,下利之不见其赢。"①商税税率暗增的重要表现是税务增加。史载："自崇宁以来,言利之臣殆析秋毫,沿汴州县创增镇栅以牟税利。"②京师附近如此,外路必当仿效。南宋初,各路增设税务尤多。绍兴四年,江西路奏请将州郡以应副军期为名私自增置的税务归隶转运司。③ 绍兴十年,高宗曾对宰臣秦桧讲:"比闻州县多创添税务,因此商旅不行,所在货少,为公私之害。"④可见事情之严重。增加税务,就等于增加过税。南宋绍兴九年大臣陈渊上奏,言从衢州至临安三百多里路程,"应税者凡七处,使其每处止于三十而税一,不为多矣",然到临安时已税三十之七,即近四分之一。⑤ 宋金议和以后,宋廷屡次下诏罢废新增税场,然至淳熙十四年,据大臣赵汝谊讲,仍多有额外增置的税场,如潭州之桥口、隆兴府之樵舍、江州之湖口、和州之施团等。⑥ 此时期军需紧急,求利迫切,对税务的约束不能不有所放松,于是出现了额外加征、虚喝行人、勒索贿赂等许多情弊。此后,征商苛重的情况一直未见扭转。史载:

> 光、宁嗣服,诸郡税额皆累有放免。然当是时,虽宽大之旨屡颁,关市之征迭放,而贪吏并缘,苛取百出。私立税场,算及缗钱、斗米、束薪、菜茹之属,擅用稽察措置,添置专栏收检。虚点有税,空舟有税,以食米为酒米,以衣服为布帛,皆有税。遇士夫行李则搜囊发箧,目以兴贩。甚者贫民贸易琐细于村落,指为漏税,辄加以罪。空身行旅,亦白取百金……闻者咨嗟,指为大小法场,与斯民相刃相嘲,不啻仇敌,而其弊有不可胜言矣。⑦

文中对宋廷有所溢美,将过失全部归之于贪吏,这当有失实之处。然所记

---

① 《古灵先生集》卷七《与钱公辅著作书》。

② 《宋史》卷一七九《食货志·会计》。

③ 参见《宋会要·食货》二〇之一五。

④ 熊克:《中兴小纪》卷二八。

⑤ 见《默堂集》卷一二《十二月上殿札子》,文又见《历代名臣奏议》卷二七〇。

⑥ 参见《宋会要·食货》一八之一五。

⑦ 《宋史》卷一八六《食货志·商税》。

南宋中后期商税之弊却是不无根据的。①

　　南宋前期和中期,征商虽颇苛重,岁入情况却全不见记述。李心传记孝宗淳熙年中临安府地区岁入商税钱一百零二万贯,②这与北宋东京地区熙宁十年的岁入四十九万八千余贯、元丰八年的岁入五十五万二千余贯相比,③钱数增加了近一倍,若考虑进物价变化因素,则南宋淳熙年中的临安,反不如北宋熙、丰年中的汴京。尽管如此,以临安的岁入推计整个南宋商税岁入,当也是有相当数量的。南宋后期商税岁入数也已失载,甚至记载中也很少见到人们对此时期商税收入对财计重要性的议论,疑是此时期经济衰败,战争频繁,商业受到摧残,尽管苛征暴敛,税入不登,对财计助益已非昔日可比。

三、互市(榷场)息课、力胜钱,市利钱及河渡钱

　　宋朝人称与海外人贸易为市舶,称与辽、夏、金、蒙古(元)及西蕃等贸易为互市,其收入中的大部分在今天看来可归入商税范畴。市舶收入由于与香药禁榷关系密切,前已述及。这里仅对互市课息情况略作叙述。

　　宋朝严格控制境内人民与辽、夏、金、元及西蕃等地的人民进行贸易,其主要原因是惧怕人员流动会将宋朝军事、政治等情况泄露出去,造成被动,同时也有经济方面的考虑,如怕影响榷盐收入、怕茶马贸易受到不利影响等。宋朝关闭与辽、夏、金等的边界,而于边界若干交通要道处设置榷场或博易场,令双方人民在各自官府监视下,有时甚至是通过官府所设专门机构进行贸易。这当中最典型的是北宋与辽夏、南宋与金的榷场贸易。北宋时,在与辽交界的雄州、霸州、火山军、安肃军及与西夏交界的保

---

　　①　南宋后期征商情况见于记载者不甚多,然仍能反映其苛重之弊。如《宋史》卷四一四《郑清之传》载淳祐年中沿江池州雁汉等税务仍被称为大法场。俞文豹《吹剑录外集》载淳祐九年临安府附近商贩木板抽税百分之二十四,其余又因建百万仓全部收买入官。胡太初《昼帘绪论·理财篇》记时拦头拦税,动至出外三数十里等。

　　②　《朝野杂记》甲集卷一四《景祐庆历绍兴盐酒税绢数》。

　　③　参见《朝野杂记》甲集卷一四《景祐庆历绍兴盐酒税绢数》、《长编》卷三九〇、方勺《泊宅编》卷一〇。

安军、镇戎军等处分别设有榷场,其法记载欠详,然而大抵是令商贾贩运货物赴榷场,官为作价与辽、夏人贸易,官府征收略高于一般商税的税利。官府自己也搬运货物与辽、夏进行榷场贸易。据马端临述,真宗时与辽接境各州榷场"所入有钱、银、布、羊、马、橐驼,岁获四十余万"。① 然此处岁获含义欠明确,不知岁获实物还是岁获利息。另外,所获四十余万也没有明确的计量单位,无法确定是否是钱(贯),抑或是"贯匹两颗……"从有关记载看,宋辽、宋夏间的榷场贸易额是不小的,官府的利入也有一定数量。北宋禁止商人通过榷场赴境外商贩。② 榷场的设置时有变更,当宋与辽、夏作战时,榷场也即关闭。

这里应述及北宋宣和四年六月宋昭上奏中的如下一段话:

> 臣窃料议者谓岁赐浩瀚,虚蠹国用,是不知祖宗建立榷场之本意也。盖祖宗朝赐予之费皆出于榷场,岁得之息,取之于敌,而复以予敌,中国初无毫发损也。比年以来,榷场之法寖坏,遂耗内帑,臣愿遴选健吏,讲究榷场利害,使复如祖宗之时,则岁赐之物不足虑也。③

他的话使人联想到传说中宋真宗与富弼的一段对话:

> 昔章圣不欲竭我力而付之敌,富弼乃议:榷场之货年(一作百)有五十万,所收乃其地所入。章圣故出圣断。④

此则文字有两处疑问:一是富弼出使契丹是宋仁宗时事,宋真宗时富弼参与宋辽、宋夏关系事务的可能性不大,故"章圣"(真宗)应为"仁宗"之讹。二是榷场货物数量有"五十"与"百有五十"之异,且"榷场之货"的含义也不明确。但所述与前引宋昭所言颇类似,都讲榷场收入可以抵偿岁币支出。岁币支出辽、夏两方面合计多时是七十五万贯匹两,假定榷场收入与之相当,则为七八十万贯匹两。

除榷场收税收入外,官府直接经营贸易也应有利润。这种贸易规模

---

① 《通考》卷二〇《市籴考·市舶互市》。
② 参见《宋史》卷二七七《索湘传》。
③ 《宋朝诸臣奏议》卷一四二宋昭《上徽宗论女真决先败盟》,另见《三朝北盟会编》卷八。
④ 《三朝北盟会编》卷一八五绍兴八年十一月礼部侍郎曾开奏。

通常都是可观的。如熙宁初,制置司上奏言及"河北榷场博买契丹羊岁数万"。① 又如,"熙宁元年,以奉宸库珠子付河北缘边于四榷场鬻钱银准备买马,其数至于二千三百四十三万颗。"②这两种交易虽没有利润可言,但不能讲类似交易都没有利润。特别是官方运茶到榷场出卖,利润应是较丰厚的。熙宁年以后,推行市易法,市易司也作榷场贸易,但其利入应已计入市易收入。

南宋与金的榷场贸易也较为兴盛,有关记载较北宋详细。绍兴十二年,南宋于盱眙军置榷场,立法:

> 商人资百千以下者,十人为保,留其货之半在场,以其半赴泗州榷场博易,俟得北物,复易其半以往。大商悉拘之,以待北贾之来。两边商人各处一廊,以货呈主管官牙人往来评议,毋得相见。每交易千钱,各收五厘息钱入官。③

除盱眙军外,议和以后,又于光州枣阳、安丰军花靥镇等处设榷场,其法与盱眙军榷场相类。上引文中所言"五厘息钱",当是百分之五的息税,这较一般商业住税百分之三略高。后来,似在此基础上又有提高,据隆兴二年十二月新立的制度,乃是:"其客人贩到物货,令主管官斛量,依市直估价,通放过淮。每贯收息钱二百、牙钱二十、脚钱四文。牙钱以十分为率,九分官收,一分均给牙人;其脚钱尽数支散脚户。"④官府取利已逾十分之二。另一度又规定凡赴泗州贸易的商人要十人结为一甲,货物由百千以下变为三百千以下,且发给关引,牌子、标子等,手续较前严密、复杂。南宋榷场贸易中茶仍是重要商品。其中建州茶是官方在榷场出售的重要商品。史载:

> 是时商贩自榷场转入虏中,其利至博,讥禁虽严,而民之犯法者自若也。乾道二年,户部言:商贩至淮北榷场折博,除输翻引钱,更输

---

① 《宋史》卷一七九《食货志·会计》。
② 洪迈:《容斋三笔》卷一三《元丰库》。按,《群书考索》后集卷六四《财赋·内库》引《长编》"二千"作"三千"。
③ 《系年要录》卷一四五,事又见《中兴圣政》卷二八、《朝野杂记》甲集卷二〇《榷场》。
④ 《宋会要·食货》三八之三九。

通货侩息钱十一缗五百文。八年，减输翻引钱止七缗，通货侩息钱止八缗。①

可知，茶货在榷场交易，官方可获翻引钱、通货侩息钱二项收入，惜无相关统计数据。

南宋榷场究竟给财政带来多大收益，现已失载，《金史》卷五〇《食货志·榷场》载：

> 泗州场，大定间岁获五万三千四百六十七贯。承安元年，增为十万七千八百九十三贯六百五十三文。所须杂物泗州场岁供进新茶千胯，荔支五百斤，圆眼五百斤，金橘六千斤，橄榄五百斤，芭蕉干三百个，苏木千斤，温柑七千个，橘子八千个，沙糖三百斤，生姜六百斤，栀子九十称，犀象丹砂之类不与焉。宋亦岁得课四万三千贯。秦州西子城场，大定间岁三万三千六百五十六贯。承安元年，岁获十二万二千九十九贯。承安二年，复置于保安、兰州……泰和八年八月，以与宋和，宋人请如旧置之，遂复置于唐、邓、寿、泗、息州及秦凤之地。

据此，金朝先后在泗州、秦州、保安、唐州、邓州、寿州、息州等处设榷场，依惯例，宋朝也应在边界另一方设榷场。引文记述了金朝从南宋购买的物品，可谓相当丰富。金朝大定、承安间在泗州、秦州二榷场岁获八万贯至二十三万贯。文中还述及南宋"岁得课四万三千贯"（似指与泗州相对的盱眙一场收入，但是大定年还是承安年的，似仍有疑问）。如果南宋与金朝的榷场收入大致对等，则宋朝从榷场应能获取数十万贯。②

力胜钱乃是沿河税务向商船按其载重量征收的一种税，所谓"计所载之多寡以税其舟"。③ 为了使向灾区贩运粮食及农民运粮输租免受阻碍，自宋初即规定运粮船免纳力胜钱。④ 熙、丰年中为增加商税收入，曾一度向运粮船加征力胜钱，即征五谷力胜钱。元祐年中罢止。此后虽有

---

① 《宋史》卷一八四《食货志·茶》。

② （明）沈德符《野获编》卷一二："[宋]三处榷场，其岁入百余万缗，所输北朝金缯尚不及半。"不详所据。

③ 《宋会要·食货》一八之一五。

④ 参见《宋会要·食货》一七之一〇、一二、一五及《长编》卷一〇三。

免征五谷力胜钱的规定,然而地方及诸税务多不遵行。除北宋京师专置汴河上下锁、蔡河上下锁专掌舟船木筏之征外,北宋时各路及南宋时多由商税务场代征力胜钱,力胜钱似已计入商税收入,故不见单独的岁入统计数字。

事例钱,又称市利钱,是两宋较为常见的一种杂税,其性质类似于手续费。在各种交易活动中(包括官营市易、榷卖、和预买绸绢等)往往官府按交易额及一定比例征纳事例钱,其比例因物因时因地而异。熙、丰年中规定京师商税正税钱百文加征市利钱十文,后又补充规定正税三百文以下免征。事例钱收入数量不大,又按比例直接将一部分分给税务官吏、拦头、兵丁,其余用于补贴吏禄公使杂支等。

河渡钱,宋朝官府于河流主要渡口设船摆渡,向过往商贾行旅征收渡钱。河渡与坊场一样常常令人买扑,按期向官府缴纳课利。河渡钱征收细则失载,从有关记载看似有按人头、按货物两项。[①] 河渡钱或为当地官吏支用,或并入坊场钱项下,不见有全宋专项统计数字。

商税收入可能与禁榷收入有所交叉,特别是实行通商法时禁榷商品的过税,一般也由商税务场征收,故可能同时计入榷利和商税收入中。又如坊场收入,通常多指酒坊收入,然宋人关于坊场所作的统计中,可能并未将酒坊与税场加以区分。这是我们研究商税收入中应当予以注意的。[②]

四、免行钱

免行钱严格讲不是商业税,而是代役税,但它却又是向工商业者主要

---

① 参见《宋史》卷一八六《食货志·商税》、《宋会要·方域》一三之一五、《(淳熙)三山志》卷五《渡》及晁说之《嵩山文集》卷二《靖康元年应诏封事》。

② 坊场包括税场,不但马端临这样讲,且宋代文献中也可找到旁证。如《宋会要·食货》八之一九载臣僚言:"二广虚市,初非省额坊场。"此坊场显为(商)税场。又神宗时行免役法令民买扑坊场,结果把寺庙等交易征商之所也召人买扑,也说明坊场包括税场。又《宋会要·食货》一八之二一载存留墟市系"照应见行常平条法"。墟市作为税场本应隶于征商机构,只有归入坊场类内,才隶常平司、受常平条法制约。这些记载都说明坊场一语,在宋代包含税场。不过坊场多指酒坊也是事实。坊场收入中很可能包含一部分商税收入。

是商人所征之税,故附于商税之末。

免行钱的征收是神宗时所行新法市易法的一个组成部分,它是由工商业户的杂役——行户祗应转化而来,其情况颇类似免役钱的征收。免役钱征收的意义,不仅是劳役形式的赋税变为货币形式的赋税,而且就其制定者的本意来说,还想通过这一改变获取增加吏禄的财源。① 京师免行钱岁入不过约四万贯上下,②据元丰末年统计,"在京诸色行户总六千四百有奇,免轮差官中祗应,一年共出缗钱四万三千三百有奇,数内约支二万六千九百有奇充和雇诸色行人祗应等钱外,余一万六千四百有奇榷货务送纳,准备户部取拨充还支过吏禄钱"。③ 免行钱拨支吏禄者数量很少,实际只能解决增加吏禄费用的很小一部分,其余靠免役、坊场等别项收入解决。免行钱的征收系按"诸行利入厚薄"确定,④后元丰三年,规定月纳百文以下免纳。⑤ 元丰八年罢征免行钱,绍圣元年底复征,徽宗时似有反复,靖康年中又罢。南宋"绍兴十一年,以军事未宁,始令诸道量纳。时川陕四路岁取免行钱至五十万缗,东南又倍之。十七年,既罢兵,诏损三之一。十九年……免广中新、循等六州而已。二十五年……罢之"。⑥ 后虽大臣有请,终未复征。罢征之时,免行钱岁入额一百零八万贯。⑦ 北宋时免行钱总岁入数不见记载,也不详究竟何时起外路征收免行钱,从南宋前期免行钱岁入数看,也是颇不少的,然而其中一部分用于雇募人服役,一部分用于吏禄,这都是户部及转运司岁计之外的。

① 参见《宋史》卷三五五《吕嘉问传》。
② 《长编》卷三〇八载"免行租额钱三万四千八百缗,每岁额外常有增羡"。
③ 《长编》卷三五九。
④ 参见《长编》卷二四六、《宋史》卷三二七《王安石传》。
⑤ 参见《长编》卷三〇八、《宋史》卷一八六《食货志·市易》,免行钱初征,立额偏重,引起巨大反响,使神宗大为忧虑,乃于熙宁八年下诏减免,另许一百六十余行仍旧服役不纳免行钱。元丰三年,再免贫下行户免行钱。
⑥ 《朝野杂记》甲集卷一五《免行钱》。
⑦ 参见《宋史》卷三一《高宗纪》。

第二节　坑冶及其他官工商业收入

宋代坑冶业课利,在财计中也占有一定位置,其收入大部属封建时代矿业税性质,少部属于封建官工业盈利。

一、坑冶业的兴衰

北宋时坑冶业较之唐代有明显的发展。当时主要坑冶产品铜、铁、铅、锡都是铸币原料,故坑冶业的发展,显然与铸钱业的发展有密切关系。我们将北宋坑冶业较为发达的英宗、神宗时期的岁课数与唐朝宪宗、宣宗时期(唐朝现存只有这两朝的统计数)相比较,就会看到各种坑冶产品,前者较后者有成倍增长。北宋神宗时期,特别重视发展官营铸钱,增置钱监,通过行市易等法增加对坑冶业的投资。解除铜禁,也对坑冶业的发展有刺激作用。此时期各种坑冶产品的产量都达到了宋代最高额。哲宗元祐初有关方针改变,坑冶业有下落趋势。后来绍述之说起,宋廷多方设法,企图让坑冶业恢复到神宗时的规模。然时国计已呈衰势,有关措施又不得法,故徒有扰民之实,而无成功之效。例如,宋廷曾于元符年以后几次派员赴各路措置坑冶事,结果多是强迫坑冶户虚认高额,再以各种欺下瞒上的办法谎报课利以敷衍塞责,故对坑冶业发展害多利少。[①] 北宋末年至南宋,战乱频起,坑冶业遭受了很严重的摧残。南宋坑冶业呈现出衰败局面,时人做过统计,绍兴末年至乾道初年之间坑冶岁课数与北宋末年战争未起时相比,"铁才及四分余,铅及六厘,铜及四厘,锡及三厘,皆弱"。[②] (详见本书末附表11)造成这样的衰退,除了战争的直接破坏以外,还有如下的一些原因:长期以来,官府强迫坑冶户认纳高课,又不按时

---

① 参见《历代名臣奏议》卷二七〇王安中《论妄兴坑冶疏》《宋史》卷三五二《王安中传》及杨时《龟山集》卷四《论时事札子》等。

② 《朝野杂记》甲集卷一六《铜铁铅锡坑冶》。

按量支偿坑冶户出卖于官的产品价钱,南宋初以来,官府财计困难,这方面的问题就更加严重,从而极大挫伤了坑冶户的生产热情,甚至使其生计难持,不得不逃亡他处。南宋时较北宋社会更加不安定,处于深山僻野的坑冶户财产及人身安全常常受到威胁。南宋时物价普遍上涨,坑冶业的开采冶炼成本提高、利润减少。如此等等。许多坑冶由于上述原因被废弃。

二、坑冶的管理办法及课税制度

马端临记宋朝坑冶管理办法谓:

> 坑冶,国朝旧有之,官置场监或民承买,以分数中卖于官。旧隶诸路转运司,本钱亦资焉。其物悉归之内帑。崇宁以后,广搜利穴,榷赋益备。凡属之提举司者谓之新坑冶,用常平息钱与剩利钱为本,金银等物往往皆积之大观库,自蔡京始也。政和间数罢数复,然告发之处多坏民田。承买者立额重,或旧有今无而额不为除。①

此段文字尽管不无粗疏、不当之处,但还是大致讲出了宋朝坑冶法的要点。这中间包含了两方面的问题:一是宋朝征收坑冶税利的办法;二是宋朝坑冶的管理体制和税利的分隶制度。从各地坑冶的具体管理看,如马氏所言,大体分为两种情况,即集中者官监,分散者令坑冶户承买。官监者又有役使军兵罪徒进行生产和民采官炼等几种情况。令坑冶户承买者,官府委派担任职役者向各坑冶户抽分与收买。为了防止课利流失,官府令各坑冶认定每岁生产的数量,称为课额,每年抽分、收买的数量一般是按,此课额及固定比例确定的。马氏所谓"承买者立额重,或旧有今无而额不为除",并非某一时期所独有,而是整个两宋经常性存在的一个问题。②

---

① 《通考》卷一八《征榷考·坑冶》。实则此文大体转述《四朝国史志》,请参见《群书考索》后集卷六二《坑冶》。

② 例如曾巩《隆平集》卷三、《韩魏公集》卷一三《家传》、包拯《包拯集》卷七《乞开落登州冶户姓名》、《宋史》卷二八五《梁适传》、《群书考索》后集卷六二《坑冶》以及近年出土的《宋故朝奉郎知洺州军州兼管内劝农事上骑都尉借紫王君墓志铭》(黄庭坚撰,见《文史》第二十辑陈柏泉文),都记载有北宋仁宗或仁宗以前坑冶额重及坑冶废弛、旧额不除的弊病。《通考》卷一八《征榷考·坑冶》记南宋嘉定年中,《宋史》卷一八五《食货志·坑冶》记南宋端平年中,仍有类似问题。

有时坑冶兴发之时,坑冶户明知开采有利可图,官府也急于开采烹炼,然而坑冶户往往又顾虑日后矿苗衰微、后患无穷而不敢承办。一旦坑冶产量不及课额,坑冶户需去他处购买别人产品纳官,事烦价重,受害不浅。担任抽买职役者也会因误期或不足数而受责罚以至代纳。官府抽分的比例一般是十分之二,此外官府还要按一定比例低价收买。例如陕西虢州卢氏县栾川、朱阳县银煎百家川三处银冶抽税二分,收买三分。① 本州铜坑冶元祐元年前一度抽税二分,收买八分,此时重又改为抽税二分,收买四分。② 江西路金银坑冶北宋熙、丰时期和南宋绍兴时期"官取二分,其八分许坑户自便货卖"。③ 又南宋淳熙年中,福建路福州铁坑冶抽税二分,余八分全部官买(然而此系以定额计,额外所收许坑冶户自行烹炼货卖)。④ 如果官府预付生产本钱或设置冶炉、库房等,抽收的比例即相应增加。⑤ 课额过少而不便抽分的,则采取定额纳钱或产品实物的办法。

宋朝元丰改官制以前坑冶事归三司盐铁案掌管,改制后乃归工部所属虞部和户部所属金部掌管。北宋前期,东南各路坑冶较多,曾委发运司兼领提点坑冶铸钱职衔。真宗时,也曾任命专职提点数路坑冶铸钱官员,然似非常制。⑥ 仁宗景祐年中,因撤销发运使,乃特置常设的江浙川广福建等路都大提点坑冶铸钱官一员,其官阶与提点刑狱略相当。元丰二年,"以其通领九路,岁不能周历所部,始增为二员,分置两司:在饶者领江东、淮、浙、福建等路,在虔者领江西、湖广等路"。⑦ 北宋绍圣年中,为了兴置西北地区的坑冶,又曾专设管勾陕西、京西、川路银铜坑冶铸钱官。⑧ 此后提点坑冶司分并、废置时有变化,但不离上述几种情况。坑冶之事地方多由转运司兼管。北宋时提点坑冶司实只管铜铅锡铁坑冶,金银坑冶

---

① 参见《长编》卷三七五。
② 参见《宋会要·食货》三四之二〇。
③ 《宋会要·食货》三四之一六。
④ 《(淳熙)三山志》卷一四《版籍·炉户》。
⑤ 参见《长编》卷五二〇及赵彦卫《云麓漫钞》卷二。
⑥ 参见《宋史》卷一六七《职官志·提点坑冶司》及《通考》卷六二《职官考·都大坑冶》。
⑦ 《宋史》卷一六七《职官志·提点坑冶司》。
⑧ 参见《长编》卷四八九。

则不在管内,即隶于转运司。至南宋绍兴年中,始将金银坑冶一并归隶提点司。① 北宋仁宗以后虽有提点坑冶司,实则只能着力于少数大的坑冶区,其他仍靠转运司及有关州军代管。至于提点司管辖之外的地区的坑冶,更要靠地方官府操办。转运司经办坑冶事于其财计并无助益,坑冶兴废也非殿最课绩的主要项目,其收入金银输内帑,铜铁铅锡多用于铸钱,不构成转运司收入,相反,每年的本钱却要转运司垫付,故转运司一般对兴办坑冶较少热情,特别在财计困难时尤为明显。② 由于这些原因,神宗时曾将陕西转运司不愿经营的坑冶令经制熙河路边防财用司经管兴置。③ 崇宁以后,更令常平司用息钱和剩利钱为本,经营转运司不愿兴办的那些坑冶。这种制度上的缺陷也多少妨碍了坑冶业的发展。④

三、宋朝坑冶课利收入情况

宋朝坑冶岁入情况如本书末附表12。然而原始记载中均未明确交代所谓"岁得""岁收""岁入"等是坑冶的全部产量,还是抽分与和买(或则又包含商税、榷利中的金、银)所得数之总和;支用本钱数是否计入及如何计算也未说明。假若表中所列为总坑冶产量,官府税、利以十分之三计,岁入状况最好的北宋中期岁得税、利约五十万贯。⑤ 若表中所列为税、利岁入数,那么折计钱数应在百万贯以上。南宋时坑冶业废弛,其税、利收入对整个财计显然已近乎微不足道。不过,宋朝坑冶所得金银全输内藏为皇室私财,铜、铁、锡、铅绝大部分用于铸钱或造兵器,并不直接与三司或户部及地方财计联系,这是与其他种类的收入有很大区别的。

这里应略加述及的是,宋朝榷卖铜铁锡铅器物及其收入的情况。铜

---

① 参见《宋会要·食货》三四之一六。
② 参见宋祁《景文集》卷二九《直言对》、《通考》卷一八《征榷考·坑冶》有关内容。
③ 参见《长编》卷二六二、二九六、四七二等。
④ 参见《宋会要·食货》三四之一七、《宋史》卷一八五《食货志·坑冶》。
⑤ 金每两以十贯铜钱计,银每两以一贯计,铜每斤以一百五十文计,铁每斤以三十文计,锡铅每斤以百文计。

铁锡铅在宋代均为铸币原料,官府严格控制其产销以防私造钱币。北宋神宗时期以外均实行铜禁,[1]禁止私造铜器,民间所需铜器并从官买。神宗元丰年中京东路曾官榷卖铁器。徽宗政和年间,更推行榷铁法于诸路,凡贩铁及铁器者官给引如茶盐钞引法,[2]给人民生活带来许多不便。南宋时将铜铁锡铅统统列入榷货范围内。[3] 四川、淮南、京湖广大地区行铁钱,铁作为造币材料的重要性超过北宋,其产量却大大少于北宋,故宋廷对铁的产销严格控制。然而文献中全不见榷铜铁锡铅对财计的影响,疑是作用不大。

四、官府市易、回易收入

宋朝官府为了弥补财计不足,进行一些营利性经营活动,这些活动多可归入市易、回易的范围。

市易乃指神宗时起始的与市易法联系的各种营利性经营,此事在本书前编已作基本的叙述。官府市易活动不能简单地看作是官营商业,因为它实际包括出贷、抵当等几方面内容。元丰年中任都提举市易司的王居卿曾将当时的市易活动归纳为三大项:"结保赊请,一也;契书、金银抵当,二也;贸迁物货,三也。"[4]由此可知市易活动之概貌。市易法于元祐年中被废止,绍圣四年重行,崇宁年中尤盛。至南宋建炎二年又罢,绍兴三年底复行。[5] 稍后,宰臣张浚立都督行府,令户部于交通要道之地设市易务多个,并详立赏罚条例,以求筹资补助军费。[6] 绍兴七年罢诸路市易

---

① 宋朝长期实行铜禁,请参见《长编》卷六四、八〇、三七五、四〇四、四三七,《宋会要·刑法》二之五、五二、八一等处记载。

② 政和年榷铁,参见《长编》卷四八八、四九三,《通考》卷一八《征榷考·坑冶》,《宋史》卷一八五《食货志·坑冶》。

③ 参见《庆元条法事类》卷二八《榷禁·名例敕》、《铜鍮石铅锡铜矿关市令》、《系年要录》卷九六及《宋史》卷二八《高宗纪》。

④ 《宋会要·食货》三七之二八。

⑤ 参见《系年要录》卷一三、《宋会要·食货》三七之三三。

⑥ 参见《系年要录》卷八七、八八,《中兴圣政》卷一七。

务,此后不见有关行市易法的记载。① 市易法虽废,行市易法中建立的不少官质库、抵当库却得以存留,也有后来新建的,成为不少地方官府杂收入中的一项。

宋代官府的回易是由唐的回易、五代的回图演化来的。② 宋初多称回图,后多称回易,在宋廷禁止回易后,也有改称营运等的。北宋回图、回易多限于边境地区。由于沿边开支巨大,财源不足,宋廷允许沿边安抚等司及军将从事一些营利性经营活动,以其收入补助财计,特别是用于结交境外少数民族首领和募人刺探辽、夏等军情,这就是宋代官府回易的初旨。仁宗时西部用兵多年,北边也情势紧张,上下财计一齐窘慌,于是,曾许地方州军回易取利,随即禁止,仍旧止许沿边安抚等司回易。从记载看,逐年调拨回易本钱自几十万贯至百万余贯不等,估计收息约数万至数十万贯。北南宋之交军情紧急,为筹措军费往往不择手段,回易便大肆泛滥起来。各处大小军将、各军事机关都筹资组织回易,地方官府及非军事机构也有回易取利的。回易的方式较前更加多样化,有买扑酒坊、开设盐店、酒店的,有开塌房、质库的,有贩运市舶品甚至派人出海贸易的,等等。宋廷为了减轻供军费用,有时还专门降赐本钱给各大将令其回易取利。然而,回易的泛滥影响了商税、禁榷等方面的正常收入,官兵强买强卖,造成了对百姓的骚扰,军将官吏借回易以营私,残酷役使、剥削下级军兵,损害了军队的战斗力。宋廷不得不于绍兴十三年先罢非赡军回易,后于淳熙十四年罢止御前各军回易。然此后军队回易活动仍然长期存在,且常常得到宋廷默许,而广西安抚司等的回易更得到公开的特许。回易所得,一般不入朝廷财计,也不入转运司财计,故其岁入难以精确计算,然其对于财政却有一定影响。在一些危急关头,它曾帮助宋廷克服了不少困难,而回易的泛滥又侵损了宋廷和地方的正常收入,加剧了财政管理的混乱。

官营堆垛场也是在神宗推行新法中建立的,很可能与市易法的推行

---

① 按高斯得《耻堂存稿》卷六《物贵》。"我闻辇毂下,鞦法半毛详。物物揭成价,大字悬康庄。肷鲍榷公肆,饼师聚官场。市易祖嘉问,均输肖弘羊。"据此,南宋末可能有官商业,然不知有否市易法。

② 关于宋代官府回易,详参见拙文《宋代官府的回易》,载《中国史研究》1981年第4期。

有关。起初,商贾多将货物交运粮纲船附载入京,元丰二年,宋廷借口防止河道梗塞,下令不许入京纲船附载。官府乃于京师边缘沿河处置堆垜场,凡纲船附载商贾物货一律卸于官堆垜场,然后移入官船运载入京,由商人支付停塌费与船运费(水脚)。① 据绍圣年中大臣章惇回忆,元丰年中堆垜场岁收课利二十万贯。同时官又设面市及牛羊圈,岁课共十万贯。② 绍圣、崇宁年中,曾有大臣提议复行此法,然实不果。南宋更未见类似记载。

五、楼店务、官卖药、青苗钱等收入

宋代官员迁徙无常,城市兴盛、服务业商业发达,故盛行赁房而居。官府也赁房于人,管理官房地产的机构称为楼店务或店宅务。南宋高承记:

> 店宅务初为楼店务,太平兴国初改今名。淳化五年分四厢。至道三年复为店宅务。咸平元年为都大店宅务,大中祥符六年复今名。③

据李焘记,太宗端拱年中,京师都店宅务"以所收钱供禁中脂泽之用,日百千"。④ 一岁当入三万余贯,全部用于皇室私费。然而到熙宁十年,京师"左右厢店宅务管赁屋一万四千六百二十六间,空地六百五十四段,宅子一百六十四所,岁收二十一万六千五百八十一贯六十六文省"。⑤ 已为一笔可观收入。至南宋绍兴年中,"临安楼店务钱岁三十余万缗",乃"以十万归省额"。⑥ 可知除供皇室消费外,还以其一部分入户部财计。上述仅为京师楼店务收入,实则其他城市也多有楼店务收入,一般作为州

---

① 参见《宋会要·方域》一六之一五,《长编》卷三〇〇、卷三〇三,《宋会要·食货》一七之二八,《宋史》卷一八六《食货志·商税》。

② 参见《长编》卷四九〇。

③ 《事物纪原》卷七《店宅务》引《宋朝会要》。

④ 《长编》卷三〇。

⑤ 方勺《泊宅编》卷一〇,另参见《宋会要·食货》五五之一三。

⑥ 《宋史》卷四〇四《张运传》。

军公使钱即地方官署办公费支用。私人建房等侵占或借用官地者,要纳白地租钱,其钱数量很少,不见支用则例。

官卖药自北宋神宗始,熙宁九年至十年的一个年度里,太医局熟药所卖药得息二万五千余贯。① 崇宁年中,增和剂局、惠民局及卖药所多处,"岁得息钱四十万以助户部经费"。② 南宋绍兴二十一年后,各州军普设惠民局等卖熟药,其收入对地方财计有所扶助。③

青苗钱是官府发放的高息农业贷款。其在神宗即位前有些地方官府已曾发放过,神宗时广泛推行,其情况在上编已作叙述。元祐年停罢,绍圣后复行,收息由十分之二减为十分之一。南宋未见施行。青苗息钱在初行时岁入较多,曾达二三百万贯,熙宁七年后诏令留半数本钱备灾,岁入随少,绍圣后收息减半,岁入复减,当为数十万贯,其中无法追回本息、仅存于帐面者又有一定数量。青苗息钱隶常平司,不入转运司、户部财计,为朝廷封桩财赋重要来源。

宋朝官府又经营造卖度量衡之器、历日等,且曾禁止民间私造私印,经营刊印书籍,其赢利都是较为微薄的。

宋朝官府进行营利性经营较前代要突出得多,其中有些项目所获取的收入是很有限的,但在我国经济发展史上却是值得注意的现象,在研究宋代财政时,也有其独具的意义。

第三节　官田收入

宋代官田除个别时期外,大约占垦田总数的百分之一至五之间,④就

---

① 参见《长编》卷二八九、《宋会要·食货》二七之一二。

② 周煇《清波杂志》卷一二《惠民局》,事又见蔡絛《铁围山丛谈》卷六。

③ 参见《系年要录》卷一六二、周密《癸辛杂识》别集上卷九《和剂药局》、《(景定)建康志》卷二三《药局》、《朝野杂记》甲集卷一七《公使库》、《(开庆)四明续志》卷二《惠民药局》。

④ 据《通考》卷四《田赋考·历代田赋之制》载,元丰年中垦田共四百六十余万顷,其中官田六万三千余顷。官田占垦田总数百分之一点五。然而大观三年仅学田即有十万五千余顷,百分比当增加。

中又分数类,主要有屯田、营田、官庄、牧地与学田、职田。

官田的来源主要是:前代遗留的官有土地,原无人耕种的天荒地和公用地,没收入官的土地,户绝地及买扑坊场、借贷市易等钱无力偿还的抵当土地,后数者又是官田增加的途径。宋朝没有官田岁入总数的统计数字,从记载看,官田收入在财计中并不占很重要的地位。但是,对官田的经营却是当时君臣比较重视、多所着力的一项事务,故其在宋朝财政史上的地位与其在岁入中所占比重是不太相称的。

一、宋代屯田与营田及其收入概况

屯田始于汉,营田始于隋,历朝多以为补助军费不足的重要措施,在克敌制胜上曾有显著功效。宋朝长期与夏、辽、金、蒙古(元)对垒,自然也力图效法前代,故而屯田、营田很受重视,君臣们一再倡行,其议论及实际推行情况也多见记载,但是事倍功半,成效与前代迥异。

屯田与营田本来在概念上是不同的,"屯田因兵屯得名,则固以兵耕;营田募民耕之,而分里筑室以居其人,略如晁错田塞之制,故以营名,其实用民而非兵也"。[1] 然而宋代屯田则时调民夫,营田则杂用军兵,屯田与营田并无严格区分。例如,宋初"惟河北屯田有兵,若江浙间名屯田者,皆因五代旧名,非实有屯也"。"咸平中襄州营田既调夫矣,又取邻州之兵,是营田不独以民也。熙、丰间边州营屯不限兵民,皆取给用,是屯田不独以兵也。至于招弓箭手不尽之地复以募民,则兵民参错固无异也。"[2]这样,宋人已多将屯田、营田混为一谈,我们也很难加以区分,即作为一事叙述。

北宋屯田总面积现存天禧末年的四千二百余顷之数,相当于全宋总垦田面积五百二十四万余顷的不足千分之一。此数是否含营田数无可考,即便另有与屯田一样多的营田,其在全宋耕地总面积中所占比重也是

---

① 《通考》卷七《田赋考·屯田》。
② 《通考》卷七《田赋考·屯田》。

很微小的。南宋屯营田未见全面统计数,记载较为详细的只有四川剑外营田的由亩数:绍兴六年,八百余顷,①绍兴十五年,连同金州增至三千余顷,②淳熙、绍熙之间增至七千七百余顷。③ 以此推计,连同京湖、两淮、江浙各处屯、营田,全南宋总计应曾逾万顷,南宋又比北宋耕地数少,故屯、营田在总垦田面积中比重有所增加。屯、营田耕垦所获并不全部归官,军屯要按比例支给参加耕种官兵以为犒赏,民营或将屯营田借佃于民,依官民各半或官四民六比例收取租课。我们将记载中有关屯、营田岁入的情况列为一表(见本书末附表13)。从表中可知,北宋屯田较为兴盛的河北路,收入最多的治平年中仅得谷三万五千余石,本路所需军粮岁约数百万石,④其作用是较为有限的。从表中也可看出,两宋屯营田最兴盛的时期是南宋前期。绍兴六年前后,高宗亲书赵充国传赐诸大将,又设专司,令各大将如刘光世、韩世忠、张俊、岳飞、吴玠等都兼提领营田事,由都督行府颁布实施细则。次年屯、营田岁入较多,记载不一,或记超过百万石,或数十万石,其耕种面积约数千顷,其规模似较北宋时要大。此后岁入粮石数减少,田亩数似一度反有增加。至绍兴末年,大臣虞允文讲:"国家营田有年矣,蜀口之入,岁不过十二万石,武昌之入,岁不过八万石,荆淮之间,所入益少,而将相故家一岁之储,有至数十万石者,岂天下之大乃不及之。"⑤可知此时屯、营田全南宋不过约三十万石,大不如绍兴七年之时。此后屯、营田事屡有兴废。绍定末年,襄阳帅臣孟珙经营屯田,"建通天槽八十有三丈,溉田十万顷,立十庄,三辖使,军民分屯,是年收十五万石"。⑥

---

① 参见《朝野杂记》甲集卷一六《关外营田》、《宋会要·食货》三之一八、六三之一四六。

② 参见《朝野杂记》甲集卷一六《关外营田》、《宋会要·食货》三之一八、六三之一四六。

③ 此据《宋会要·食货》六三之一五八,而《宋史》卷四〇〇《游仲鸿传》则记为一万四千顷,《朝野杂记》甲集卷一六《关外营田》作淳熙初七千五百五十七顷。

④ 据《宋朝诸臣奏议》卷一〇五富弼《上仁宗乞拨河北逃田为屯田》记河北军粮支用"每岁不减六七百万斛"。《包拯集》卷一〇《请支拨汴河粮纲往河北》记河北军粮"一年约支七百万石"。《长编》卷一八四记嘉祐年中"并边十一州军岁计粟百八十万石","豆六十五万石"。全河北又当多于此数。

⑤ 《历代名臣奏议》卷二六〇虞允文奏。

⑥ 《宋史》卷四一二《孟珙传》。

这前后,似他处营、屯田也曾取得一些成绩,①特别是战事频繁,使大片田地荒芜失耕,可能使营、屯田面积有所增加,然详情失载,难以确述了。

南宋鉴于经营屯、营田成本过高、开支过大,往往将屯、营田令百姓佃种。战争中新出现的荒闲地土也召募百姓佃种,称为垦田。屯田、营田、垦田、官庄互相接近,已很难区分。

二、宋代屯田、营田不举的原因

南宋大臣廖刚讲:"屯田之为利,三尺童子皆知之,前后言者不知几千百人,而十年于兹,讫未见效。"②其实何止是十年未见成效,纵观两宋三百年历史,尽管宋朝君臣一再努力,成效总是不够显著,甚至可以说是很微小的,相反,各处屯、营田事遭受挫折而被罢止的事例却屡见不鲜。为什么三尺童子皆知其利的屯、营田在宋朝没有显示出它以往的功效呢?究其原因,则"或以侵占民田为扰,或以差借耰夫为扰,或以诸郡括牛为扰,又或以诸路用军不习耕种不能水土为扰,至于岁之所入不偿其费,遂又报罢"。③ 我们将记载中罢止屯、营田事的原因略作分析,归为一表(见本书末附表14)。屯、营田被罢,原因很多,主要是三个方面:一是入不偿费;二是扰民;三是军不习耕。三者互相联系,然都与宋朝的军制有关。对屯、营田发展影响最大、人们议论最多的问题是得不偿费。宋人对屯、营田的收入与支费做过多次细致的计算。例如,有人对襄州屯田务自景德二年至天圣三年的收支做过统计:"所得课利都计三十三万五千九百六石九斗二升,依每年市价纽计钱九万二千三百六十五贯,而每年所支监官耕兵军员请受及死损官牛诸色费用,凡十三万三千七百四贯十三文,计侵用官钱四万一千三百四十二贯四十六文。"④南宋屯、营田情况更糟,据

---

① 例如《宋史》卷四四《理宗纪》载,宝祐三年,"诏沿边耕屯,课入登羡,管屯田官推赏。荆襄、两淮及山寨如之"。
② 《高峰文集》卷二《论屯田札子》。
③ 《通考》卷七《田赋考·屯田》。
④ 《宋会要·食货》二之二,另同书四之五载元丰年中河东沿边屯田情况类似。

乾道八年、九年时人对庐州营田、太平州营田所作会算,其收入仅相当于
有关人员两个月的请给支费。① 类似的例子很多,说明两宋屯、营田收入
不偿支费的情况严重存在。为什么会出现得不偿费的情况呢? 无非是收
入过少,支出过多。收入过少的主要原因,是军队官兵不乐于也不适于从
事耕作,支出过多的主要原因,是军队的薪饷制和供给制,其根源都在于
募兵制,盛唐以前,行徭役兵制或府兵制,"兵农一人","乡井无不能战之
农,而营垒无不能耕之兵"。② 宋朝实行募兵制,所募之兵有相当数量本
不是农民或已长时间脱离农业生产,投军之后,更与农业生产隔绝,养成
了好逸恶劳的恶习。时人分析普通兵士的心理,认为令其屯田,"无事而
不免耕耘之苦,有事而又履夫攻守之危",他们必然觉得:"吾能耕以食,
岂不能从富民租佃以为生,而轻失身于黥戮?"③这种分析有一定道理。
北宋理财名臣陈恕即曾讲:"古者兵出于民,无寇则耕,寇至则战。今之
戎士皆以募致,衣食仰给县官,若使之冬持兵御寇,春执耒服田,万一生
变,悔无及矣。"④宋朝兵士生活困苦,战时更要临险,平时逃亡现象已很
多,陈恕的担心并不是无根据的。南宋大臣薛季宣更以实例证明此事,他
讲,"彼(军兵)不素知田家事,驱之缘亩必不乐。曩时王彦营田湖外,遣
二十将,溃者十有八"。⑤ 军兵以务农为苦,收获所得又多为军将侵吞,故
对屯田事很反感,因此要取得丰收是很难的。从另一方面讲,军兵屯田,
不但要照领平日薪饷,又须额外加给添支。军队搞屯田,耕牛、农具、籽种
等都须置备,使用者又多不爱惜,造成开支过大。其结果,往往是"未睹
夫享成之利也。卤莽灭裂,徒费粮种,只见有害,未闻获利"。⑥

以上所言侧重于军屯,若是民营或军民合屯,其弊害略有不同,表现
较为突出者是残民。屯田、营田,一般在边境地区举行,两宋战争频繁,百

① 参见《宋会要·食货》三之二〇、六三之一五二。
② 杨万里:《诚斋集》卷八九《千虑策·民政》,文另见《历代名臣奏议》卷二六〇杨万里奏。
③ 《历代名臣奏议》卷九四辛弃疾《美芹十论·屯田第六》,另见《辛稼轩诗文钞存》。
④ 《宋史》卷二六七《陈恕传》。
⑤ 《止斋先生文集》卷五一《右奉议郎新权发遣常州借紫薛公行状》。
⑥ 《历代名臣奏议》卷九四辛弃疾《美芹十论·屯田第六》。

姓多畏惧不肯应召,所谓"募民则舍易而就险","亦人情之所难,非威势之可强"。① 有时即采取差役附近百姓的办法解决人力畜力问题。南宋京襄屯田,"以其无耕田之民而课之游民,游民不足而强之百姓。于是百姓舍己熟田而耕官生田,或远数百里征呼以来,或名双丁而役其强壮,老稚无养,一方骚然"。② 剑外营田,"军民杂处,侵渔百端,又于数百里外差科保甲指教耕佃,间有二三年不得替者,水旱则令保甲均认租数,民甚苦之"。③ 江淮屯田也有"民间有鬻己牛而养官牛,耕己田以偿官租者"。④有时官府径将贫瘠田土强配百姓,以冒屯、营田之数。如北宋仁宗时,陕西兴置营田,官吏"将远年瘠薄无人请佃逃田,抑勒近邻人户分种,或令送纳租课。自来人户租佃官庄地土,每亩出课不过一二斗,今亦勒令分种,每亩须收数斗。致贫户输纳不前"。⑤ 南宋湖北荆门军,官吏"指荒闲田土称为官庄,初不遵依元降指挥,修盖屋宇,置造农具,召人耕作,便行追集税户,以物力多寡勒令认租,谓之附种营田。至两年一替供,纠本乡未曾附种之户轮次认纳"。⑥ 江西屯田强民佃种,"一年而负,二年而困,三年而逃。不逃则困于官,不瘐死不破家则不止。前之耕者去矣,后之耕者复如是焉"。⑦ 这样,兴置屯、营田竟给百姓带来灾难,百姓自然对屯、营田持冷漠和反对的态度。屯、营田的这些弊病,导致宋廷在这方面的努力一再受挫,屯、营田在宋代没有起到如同前代那样的显赫功效。

三、其他官田租入

宋朝屯、营田外,还有一定数量的名目繁杂的官庄,如省庄、司农庄、

---

①　李曾伯:《可斋杂稿》卷一九《奏襄樊经久五事》。

②　《历代名臣奏议》卷二六〇隆兴元年工部尚书张阐奏。

③　《朝野杂记》甲集卷一六《关外营田》、《宋会要·食货》三之一八。

④　《朝野杂记》甲集卷一六《营田》。

⑤　范仲淹:《范文正公集·奏议》卷上《奏乞罢陕西近里州军营田》。

⑥　洪适:《盘洲集》卷四九《荆门军奏便民五事状》。

⑦　杨万里:《诚斋集》卷八九《千虑策·民政》,文另见《历代名臣奏议》卷二六〇光宗时杨万里奏。

都水监庄、宗室官庄等,这些官庄隶属不同的部门、系统,很难做全面的估计。马端临记,熙宁七年前后,"开封府界、诸路系省庄、屯田、营田、稻田务及司农寺户绝、水利田,并都水监(官庄)淤田司[官庄]四十四万七千四百四十八顷一十六亩,内三司官田庄四千五百九十三顷四十亩零,总收租余斛斗匹帛六万一千四百九贯石匹,都水监、淤田司官庄五百五十四顷一十九亩零,总收租斛斗五万二百一十石斤,蘩秆等五十万一千六十六束斤"。① 三司和都水监官庄岁入数超过十万,也算可观。另有些官庄似是隶于转运司的。如绍兴年中,"两浙转运司官庄田四万二千余亩,岁收稻、麦等四万八千余斛"。② 有些官田则属于州军,如北宋末宗泽"通判登州,境内官田数百顷,皆不毛之地,岁输万余缗,率横取于民,泽奏免之"。③ 南宋时徽州、绍兴府、庆元府岁入中都有官田租一项。④ 又据载,绍兴二十二年,宋廷"遣司农丞钟世明诣福建路籍寺观绝产田宅入官,其后岁入钱三十四万缗"。⑤ 一路所入有如此数量,全宋收入或可与屯、营田收入相侔。官庄收租多取定额秋租,无夏租及二税,如大中祥符年中,福建路漳州、泉州官庄田"课一色斛斗。上田亩九斗,中田、上园亩六斗,下田、中园亩四斗五升"。⑥ 南宋绍兴三年,"募佃江东西闲田,三等定租,上田亩输米一斗五升,中田一斗,下田七升"。⑦ 绍兴末年,平江府省庄田"每亩纳上供省苗三斗三升六合"。⑧ 其租额轻重大体比仿民间佃租额,有时略轻。有几个特殊时期官庄收入多于常时,即北宋后期立西城所时、南宋后期立安边所时,南宋末年回买公田后租入增加尤为特殊,前编已述,此不重复。这里应述及的与官田收入关系较大的是沙田租课。

沙田,即"江淮间沙淤之田"。"或滨大江,或峙中洲,四围芦苇骈密,

---

① 《通考》卷七《田赋考·官田》。

② 《宋史》卷一七三《食货志·农田》。

③ 《宋史》卷三六○《宗泽传》。

④ 参见《(淳熙)新安志》卷二《贡赋》、《(嘉泰)会稽志》卷五《赋税》、《宝庆四明志》卷六《叙赋》。

⑤ 《宋史》卷三○《高宗纪》。

⑥ 《(淳熙)三山志》卷一一《版籍·官庄田》。

⑦ 《宋史》卷一七三《食货志·农田之制》。

⑧ 《通考》卷七《田赋考·官田》。

以护堤岸。""废复不常,故亩无常数,税无定额。"①宋朝江淮等处无地农民多耕沙田以求生,土豪也有广占沙田出佃取利的。宋初不见有括沙田取租税事,至熙宁、大观年中,曾有括沙田入官事。② 政和年间官府曾卖沙田以助财计。南宋绍兴二十八年,宋廷委官赴淮南、两浙、江东(一度波及福建)大肆括取沙田入官。③ 此次共括得二百八十万(一说二百五十三万七千)亩。④ 这些沙田仍令原主佃种,纳租课于官。其田细分为沙田、沙地、芦场三等,规定:"凡为沙田,则起催小麦、米、丝;沙地则起催豆、麦、丝、麻;芦场则起催柴簾、见钱。"⑤乾道元年,诏令已被百姓请买的沙田纳税,官有沙田征租则例改为:沙田折纳米或马料,沙地纳大麦,芦场纳现钱。⑥ 乾道六年,又变征租则例,行分成法,按沙田岁入计,官取十分之一至三不等。此时官府岁入沙田钱六十万贯,⑦直隶宋廷。此项租入初用以供应行在诸军马料支费,后兼作他用。淳熙、嘉熙年中,宋廷曾括卖沙田,详情失载。迄南宋灭亡,沙田租及卖沙田收入一直存在。

牧场也是一种官田地,一般没有收入,主要用于放牧。但是元丰二年,因废罢牧场后将其地出佃,获得租课一百一十六万缗。⑧ 后绍圣四年时,牧地租课岁额仍有一百零七万缗之多,⑨也是一笔不小的收入,然不知是否元丰年后至北宋末经常性的收入。

由于财计匮乏而官府又惮于管理官田之烦,北宋后期、南宋前期曾两次大规模出卖官田。北宋后期一次不见实得数,南宋绍兴至淳熙"大抵

---

① 王桢《农书》,卷一一《田制·沙田》,另见《宋史》卷三八四《叶颙传》。

② 参见《长编》卷二四八、《通考》卷七《田赋考》及《(淳熙)三山志》卷一二《版籍》。

③ 参见《朝野杂记》甲集卷一五《都下马料》、《宋史》卷一七三《食货志·农田》。

④ 参见《朝野杂记》甲集卷一五《都下马料》、《宋史》卷一七三《食货志·农田》。

⑤ 《朝野杂记》甲集卷一五《都下马料》,另参见《宋会要·食货》六三之二一六、《宋史》卷三九〇《莫濛传》。

⑥ 参见《宋会要·食货》六三之二一四。

⑦ 参见《宋会要·食货》六三之二一八。

⑧ 参见《长编》卷三〇二、《宋史》卷一九八《兵志·马政》,后书又载"熙宁中,罢诸监以赋民,岁收缗钱至百余万"。则又早于元丰二年。

⑨ 参见《长编》卷四八七,原文为"牧租见存者七百万,岁额一百七万,而十指挥之费二十五万而已"。

二十年间,所鬻官田实不过七百万[贯]"。① 南宋中后期嘉定年中,收兑第十一界官会,所用钱财中有"出卖诸路没官田价钱约一百二十二万余缗"。②《玉牒初草》卷二载嘉定十二年李安行奏,"逃绝田已经绍熙间置局出卖,嘉定间尝再根括,为钱不过一百八十万缗而已"。这对财计都起过一时的重要作用。卖官田收入与官田租入性质不同,但也是因官田而得,故附此。

职田、学田(包括贡士庄等)两种官田数量不少,收入也有相当数量,然而其收入及支配一般既不入地方财计,也不入宋朝朝廷财计,这些财赋直接分配给官吏、官学师生或用于官学建设,与财政总体关系不大,故从略。

① 《朝野杂记》乙集卷一六《绍兴至淳熙东南鬻官产本末》。
② 《朝野杂记》乙集卷一六《东南收兑会子》。

第 四 章

科率、卖官鬻牒及隶于
经总制钱的杂收入

本章所要陈述的,是宋朝几种特殊的赋入。宋朝的科率,情况复杂,
然多程度不同地带有变相赋税性质。作为科率的重要形式,科籴的变相
赋税性质更为明显。由科率演化为正式赋税的和预买绢,则完成了由官
民交易到赋税输纳的转化过程。卖官鬻牒,其收入表面上与赋税无涉,实
际上乃主要是以牺牲后日的税收为代价。经总制钱本是朝廷向地方征调
财赋的名目,其来源却颇复杂,其中有一部分是直接取之于民的,但又与
一般赋税收入有异,故于此章稍作分析。

第一节　科率概述

在宋代,凡是官府有某种需要,将所需物资或劳役责取于下级官府或
百姓者,统称科率,又称科配、科敷。① 科率的含义很广泛,它包括赋税的

①　宋人讲科率,包括临时性劳役、差役。如廖刚《高峰集》卷五《漳州到任条具民间利病
五事状》讲差雇海船,"一岁之间科率百余户"。但对职役的摊征又多与科率区分,或则合称二
者为差科。

折变、科买、临时性杂税以及临时性劳役、差役的摊派。本节所着重讨论的,是科率范围内的科买和临时性杂税,宋人讲到科率时,也主要是指此二者。

一、科买军器物料

李焘记:"凡中都岁用百货,三司视库务所积丰约,下其数于诸路,诸路度风土所宜及民产厚薄而率买……诸路用度非素蓄者,亦科率于民。"①这就是科买。科买见于记载较多的有科买军用物资,宋人惯称为科买军器物料或军须物料。宋代战争频繁,科买军器物料也很频繁。如宋仁宗西部战争期间,大臣范仲淹曾论此事道:"窃见兵兴以来,天下科率如牛皮、筋角、弓弩、材料、箭杆、枪杆、胶鳔、翎毛、漆、蜡一切之物,皆出于民,谓之和买。多非土产之处,素已难得,既称军须,动加刑宪。物价十倍,吏辱百端,输纳未前,如负重罪。一年之中,或至数四,官中虽给价直,岂能补其疮痍?"②另一大臣包拯也讲:与夏作战,"急于馈运,常赋之外,调发相继","或遇非次配率,[官吏]竞效苛刻"。他请求:"今后应系军需所用之物,并令三司预先计度,于出产州军置场收买。或非次急切须至配率者,亦乞勘会,各于出产路分,专委逐处长吏于形势物力户内等第均配,仍委知州、通判亲自监纳。"③英宗时,本无大战争,然仍有记载谓:"毛羽筋革舟楫竹箭之材,皆资于荆部(指湖南),发取于民者,岁以不赀。吏相囊橐为奸,户率计亩以取盈,费或倍蓰,而州县或莫之省。"④神宗元丰年中,大臣刘谊上疏谓:"湖南买弩桩,官估二十,百姓为买二千,户有及二千条者。江西买军须衲袄,官估八百,实费三千,其他翎毛羽箭,无不数倍,甚可痛也。"⑤北宋末年,科买军须搅扰更甚。有一年竟科买牛筋一万

---

① 《长编》卷一〇六。

② 《范文正公集·奏议》卷上《奏为置官专管每年上供军须杂物》。

③ 《包拯集》卷七《请罢天下科率》,另《宋史》卷三一二《王珪传附从父罕》载有仁宗时科箭羽于东南等事,《长编》卷一二八载配率羊皮事。

④ 沈括:《长兴集》卷三〇《沈兴宗墓志铭》。

⑤ 《九朝编年备要》卷二一。另参见《长编》卷三二五载上批。

五千四百余斤,时人估计,须杀四万一千一百多头牛方可应付,其所造成的混乱是可想而知的。南宋立国于战火之中,其立足未稳时期,军须物料尤不可暂缺。例如绍兴十年前后,科买"牛皮至十余万张,郡邑往往杀牛以应命"。① 福州"一年买发五百七十余万(枝箭枝)。"②类似情况,频见记载。形势好转后,淳熙九年,宋廷特命"罢诸路科买军器物料三年"。③ 百姓稍得喘息。然此后,"军器所抛降诸道木羽箭,动辄数百万枝,黄牛皮亦数十万张,它需称此,郡邑多以烦民"。④ 科买军须又复如故。

科买军器物料,官府虽支予百姓分钱,但其价多低于市价,至南宋时,官府"每岁收买军器物料,朝廷虽许支钱,州县或无钱可支"⑤。更等于白敛于民。

二、其他科买

官府的需求是多方面的,科买于民的物品种类也即是多种多样的,绝不限于军器物料。南宋蔡戡谓:"州县之间,兴一役,办一事,无非扰民。监司行下诸州,诸州行下诸县,诸县不免取办于百姓。官吏并缘为奸,其扰数倍。纵使量给价钱,糜费减克,所余无几,往往白著。"⑥这种情况北宋时也多见记载。各级官府以各种名义向百姓科买物品,以减少自身的开支,见于记载者有木料、绢丝、军鞋、马草、染料及修河物料等。⑦ 宋代地方上供朝廷的物品也往往通过科买获取。宋朝吸取前代理财行均输法的经验,规定地方向朝廷输送赋入时,要按一定数额、品类输送实物。这

---

① 《系年要录》卷一三八。

② 张守:《毗陵集》卷一《乞裁损买翎毛札子》。

③ 《宋史》卷三五《孝宗纪》。按,同书同卷又载淳熙十五年:"再罢诸州科买军器物料三年。"

④ 《朝野杂记》甲集卷一八《御前军器所》。

⑤ 楼钥:《攻媿集》卷二六《论军器所冗费》。

⑥ 《定斋集》卷三《论屯田利害状》,另见《历代名臣奏议》卷二六〇孝宗时蔡戡奏。

⑦ 参见《包拯集》卷七《请权罢陕西州军科率》,王得臣:《麈史》卷上《惠政》,刘安世:《尽言集》卷九《论畿内买草事》、卷一二《论修河物料科买》,《系年要录》卷一八三载邛州科买绢及《宋会要·刑法》二之一四〇等处有关记载。

些实物一部分来自赋税折科、折变,其余以系省钱购买。地方财计困难或购买发生困难时,这种购买就变为科买。福建、四川、广南部分地区的科买银就是一例。

北宋政和年间,时人廖刚奏论福建科买银,谓:"福建路往时银价,每两不过千钱,故有司以每岁上供之钱买银入贡……近岁缘所买数多,银价倍贵,法虽不得科配抑勒,并须差官置场和买。价值既高,客无复铢两入卖,逐年二十七万两数,并系于五等税户配买取足……每岁科买,自占产分文以上皆不免,故少不下一二两,至有合买数百两者。其所居[距]城邑,或有三五程至十数程者。以十数程之远,卖三二两银入官,加之荒远,无所从得,官中期限,急于星火……是故平民常受抑勒陪费之苦。"①此奏说明,宋廷令福建以上供钱买银上供,且立法不许科买勒派,但银价变化后,以原钱无法买到规定数额的银两,地方只得科买于民,宋廷实际也取默许态度。南宋前期,情况稍变,"科名日增,银价日倍,州县不复有余矣。故下四州之银取于僧寺,上四州之银取于民户……取于民户者,则以盐折之,而仅偿取半价。拘催督迫,铢两毕输,器物钗珥,杂然并陈,受纳之际,恻然可哀"。②科买的办法有所变化,科买的性质依然如故。后来福建路买上供银数额几次削减,但其中泉州数额反有增加。据淳熙八年知州程大昌奏,"本州岁为台、信等州代纳上供银二万四千两,系常赋外白科,苦民特甚"。③此情况至宁宗嘉定年中又有变化,故地方官有奏文道:"今日科敛之法,大概极矣……至有名曰上供银钱,而其祸酷于二税者,此不可不知也。闽之郡八,其最甚者曰泉……祖例产钱一缗以上合输银钱,无官民之分也。其后祝圣道场及逃绝户得免,免者犹未众也。其后一命以上咸得免,而免者始众矣。又其后士凡荐于王府而籍于太学者咸得免,而免者愈众矣。免者愈众,则科者愈寡,故以官户、士户合科之赋而并于贫弱之家,资不满百,例行科配。厥价微踊,每两科至二千八百,正钱之外,有头钱,有代钞发纳钱,有纲脚、暗脚等钱,民无所措,则有沦落,有

---

① 《高峰文集》卷一《投省论和买银札子》。
② 韩元吉:《南涧甲乙稿》卷一〇《上周侍御札子》。
③ 《通考》卷五《田赋考·代输》。

奔迸,有咨怨号呼而已。"①可知此时科买银已变为科敛银钱,全然是一种杂税。由于官户、士户免征,其余人户尤其是贫下户负担加重,较前更加非理和扰民。

与福建相类,广东也将上供银科买于民。光宗时大臣蔡戡奏:

> 初见僚吏与夫士庶,首询民间疾苦,异口一词,莫不以科买上供银一事为扰。臣深求其故,盖缘本路(按,即广东)诸州每年所发上供银除减放外,目计钱一十五万二千一百六十九贯文省,自来均下一十四州府,于岁入系省等钱内置场买根起发。后缘诸州累经盗贼,人户逃移,赋入无几,诸州遂将所买上供银科敷人民买纳。每年转运司虽蒙朝廷于广州卖钞钱内支拨五万贯文省贴助充本,往往实惠初不及民,并依旧例尽行科买。甚者藉此为名,过数抑敛,以供州县它用。官吏并缘为奸,催科输纳之际,其扰有不可胜言。坐是富者日贫,贫者日困,或转徙它乡,或相聚为盗。所在户口稀少,盗贼公行,职由此也。②

由此可知,广东科买银起因、后果与福建相近,只是不知后来是否也如福建那样直接敛钱于民。又孝宗淳熙六年,四川及夔路官员奏:"夔路之民为最穷,而诸州科买上供金、银、绢三色,民力重困。"③记载欠详,或其情与福、广等路相差不远。

官府的科买可以增加收入、减少开支,从记载看,官府由此所获收益并不是很多,而给百姓造成的痛苦却颇沉重。这是因为,科买之物多非百姓家自产,须转相购买,输纳多费周折,受制于奸商、猾胥及揽纳之家,地方官府也乘机揩油,百姓赔费的钱财往往大大超过科买物本身的价值。

---

① 陈耆卿:《筼窗集》卷四《代上请乞输钱札子》,文另见《历代名臣奏议》卷二五九,题为《代上殿札子》。
② 蔡戡:《定斋集》卷一《乞代纳上供银奏状》,另见《历代名臣奏议》卷二七二蔡戡奏。
③ 《中兴圣政》卷五七。其他地区也有科买银事,例如《长编》卷三六一载元丰年中因核阅保丁"一小郡有买银六七千两者,名为和买,其实于坊郭户上均配"。

三、地方性和临时性杂敛

宋人将地方性和临时性杂税也归入科率一类,南宋时尤为泛滥。时地方财计不支,朝廷征调不已,地方多临时创立名目科取于民。有些科买项目,无钱支价,也变为杂税敛。绍兴年中,汪应辰讲:"州郡空虚,诸所诛求,又有未易数者。如春冬军衣钱,昔之出于官库者,今则敛之民矣。军器物料昔之和市者,今则不复与之直矣。"① 孝宗时虞允文也讲到,四川助赏银绢"合用转运司科约内系省钱计置,若州县将本色钱妄用,以大礼助赏为名。别行科取,其为银绢之数,不下数千万缗"。② 有时各路州县竟因犒军计亩率钱,如绍兴年中大臣王之望讲,时因犒军需财,直敛于民,"每亩取田亩钱百文,以熟田计,一小县不下数万缗"。③ 另张守也讲:"江、浙、湖南、福建州县,以田亩计,自一等以至五等,每亩约[科]钱一百文足。"④他并且讲:"州县军兴以来,用度不继,或缘修城,或缘犒赏,劝委人户,各出钱米,迫以军期,恐以军法,莫敢稽缓,民力重困。"⑤此是以劝为名,行苛敛之实。绍兴末年,有人列举淮南州县自绍兴二十一年至此时所"创行科敷名色",计有上供钱、大礼银钱、天申节银钱、土贡银钱、人使岁办钱、亭馆钱、雇船糜费钱、贴拨钱等,⑥其他地区当也不在少数。南宋中后期文人黄榦在其书信中讲到安庆府的地方性、临时性杂敛,谓:"去岁和籴,不问有无,必欲及数……以至敷马草、敷巢县寨屋料、敷庐州团楼木,并是不支本钱。郡抑之县,县抑之总保,总保抑之百姓。"⑦南宋后期地方性、临时性杂征敛也很盛行,有些地方保甲等还创立乡税等名目,这

① 《文定集》卷一《轮对论和议异议疏》。
② 《历代名臣奏议》卷二五八高宗时夔州通判虞允文《论四川差科科约之弊疏》。
③ 《汉滨集》卷八《论禁约州县不科田亩钱以备支犒朝札》。
④ 《毗陵集》卷二《上殿论三奉使札子》。
⑤ 《毗陵集》卷二《又论军期科率札子》。
⑥ 参见《宋会要·食货》六三之一八、三〇。
⑦ 《黄勉斋先生文集》卷三《与林宗鲁司业》。

是和财政的濒临崩溃密切相关的。①

四、有关科率的制度

宋朝统治者也颇知科率扰民,也曾力图用制度对其加以约束。真宗咸平三年,"诏河北诸州军,凡有科率,长吏当亲阅文簿均配,不得专委厢镇,违者罪之"。② 仁宗西部战争缓和后,嘉祐四年,"命近臣同三司减定民间科率"。③ 神宗元丰年中,西征蕃夏,又下诏令陕西只许科率军中急需之物,其他官府所需物不得随意配率。④ 哲宗绍圣、元符年中,更几次申命各路转运等司,"应承诏旨抛买物色,并令体访出产多寡,所在约度数目,令逐州军置场用见钱和买,召人情愿赴场中卖"。⑤ 然此时地方财计已陷困窘,朝廷、户部科拨钱本又不足用,类似敕令难免流于形式。南宋时也有规定:"诸人户应科配,当职官躬亲品量,依等第均定。"⑥所谓科率依等第均定,系指人户负担科率杂物的数量依等第而不同,上等户多,下等户少,最下之第四、第五两等户往往得免。有些大户为免除科率及差役,即将田产等隐寄于下户名下,或则分立许多小户,称为诡名寄户。⑦北宋前期和中期,"官户免色役,而不免科配"。⑧ 北宋后期始规定官户可在依任官品级确定的财产限制之内免科率。南宋初暂时取消了官户免科率负担的规定,后来形势趋缓,又恢复了北宋后期官户免科率的条法,如前述,有些地区曾免除官户、士户的某些科率。⑨

---

① 参见陈淳《北溪先生大全集》卷二七《上傅寺丞论民间利病六条》等。

② 《长编》卷四七。

③ 《宋史》卷一二《仁宗纪》,事又见《长编》卷一〇六。

④ 参见《宋会要·刑法》二之三六。

⑤ 《长编》卷四九三,另参见同书卷五一六等。

⑥ 《庆元条法事类》卷四八《科敷》。

⑦ 参见陈襄《州县提纲》卷四《关并诡名》。

⑧ 参见《宋会要·食货》六之一至二,《系年要录》卷五〇、五一,《庆元条法事类》卷四八《科敷》及《金石苑》卷三《王梦易墓表》。

⑨ 《庆元条法事类》卷七《监司巡历》引《赋役令》:"诸坊郭品官之家免科配,若营运与民争利,在镇寨城市及第一等,县第三等,州第四等者,并不免。监司所至常切检举觉察。"

科籴是科率中主要一项,略有些特殊的是,某些地区某一时期的科籴趋于制度化、经常化。科籴在宋代经济中影响较大,在财政中地位也稍显重要,以下作专节叙述。

第二节 科 籴

和籴在宋代乃是官府籴买粮食的习惯代称。和籴从性质上可以区分为两类:一类是官府与百姓(包括商人)进行平等交易,其主要形式是官府置场收籴。另一类是科籴,科籴也常常被时人称为和籴,然却是有和之名,无和之实,宋人将其归为科率一类,实则是强加于百姓的变相赋税。以下先述科籴,其余有关和籴的情况,留待军费开支一章另述。

一、北宋的科籴

科籴在北宋前期即已存在,最突出的例子是河东路的和籴。史载:

> 初,河东既下,减其租赋。有司言其地沃民勤,颇多积谷,请每岁和市,随常赋输送,其直多折色给之。①

此言河东籴买,与宋初减租赋有关,似有根据。神宗时出任过三司使的沈括也讲,"太原府输赋全除,乃以减价籴粜补之。后人往往疑福歙折绢太贵,太原折米太贱,盖不见当时均赋之意也"。② 史文于籴买性质未能交代明白,沈氏所讲可使人一目了然。当时官籴价与市价相差尚小,对百姓威胁也就不大。"其后物贵而和籴不解,遂为河东世世患。"③元祐初年,河东路安抚

---

① 《宋史》卷一七五《食货志·和籴》。
② 《梦溪笔谈》卷一一。按,《宋会要·食货》四之一八、《宋史》卷三三六《司马光传》载司马光谓太宗平河东、立籴法,"民乐与官为市"。易使人误解为最初是官民平等交易,从沈括及吕惠卿所言情况看并非如此,司马光所言民乐与官为市,乃是相对后来科籴为患而言,非指平等交易。
③ 《宋会要·食货》四之一八司马光语。

使吕惠卿在奏疏里,详细叙述了河东路科籴害民日甚的发展过程,道:

> 本路太原、汾等十四州军正税之外,别有和籴。体问得始据田亩,视其苗稼等第科籴。米每斗钱三十文,粟十六文,大豆二十二文,草每束十文。虽估价颇贱,而民于登稔之际,先期得钱,未以为病。中间有司弥失其指,四分中一分见钱,三分折茶,而又以一时科籴之数,立为定法,遇有典卖推割,一如正税。而夏秋灾伤,乃执和籴之虚名,不得与正税检放,于是民始病之。至嘉祐中,有司又以折色之物虚估非实,复裁定米每斗一十二文五分,粟十文,大豆九文五分,草每束四文,并支见钱,则其价又减大半矣。至熙宁以来,复以盐、布、见钱中半支给。至元丰元年,有司复请和籴价钱更不支与人户,[令]转运司趁时赴沿边州军籴买粮草封桩。如遇灾伤,据籴买下数目充折人户纳数,如无灾伤,三年一次充折茶。于是和茶始不用钱……则是虽有和籴之名,而人户未尝得钱,乃不得与灾伤检放、倚阁,及不得随赦恩蠲。而近上人户又支移于边送纳,每斗米卖钱有三百文者,则比之税租,尤为可矜。[①]

由此可知,河东路科籴所支价钱在物价上涨的条件下反而不断降低,最后竟全不支价,与赋税无异,又不能因灾随税减免,苛刻过于赋税。河东路和籴对百姓危害如此大,却长期相沿不改,其原因就在于:河东地处宋辽、宋夏交界处,驻有大批军队,要储粮备战,当地两税收入远不能满足需要。这一点熙宁末、元丰初,前曾在河东任职的户部官员陈安石,做过具体分析,他说:"[河东]十三州二税以石计之,凡三十九万二千有余,而和籴之数凡八十二万四千有余,所以灾伤旧不除免,盖十三州税轻,又本地恃为边储,理不可阙故也。"[②]河东科籴,自仁宗后期以后,官所支来价仅为市价十分之一,[③]故当地百姓宁可接受减少科籴总额十分之一二而不再支

---

① 《长编》卷四〇〇。

② 《长编》卷二八七。

③ 《长编》卷二七五载河东路体量程之才言:"河东和籴之法……民间所输一石才及和市一斗之直。"又欧阳修《欧阳文忠公文集》卷一一六《乞减放逃户和籴札子》:"百姓每于边上纳米一斗,用钱三百文,而官支价钱三十,内二十折得朽恶下色茶,草价大约类此。"

予价钱的解决方案。这个新方案被采用后,河东科籴有了"助军粮草"的新名称。①

北宋时除河东外,别路也有科籴。如京东西、陕西、河北等路的推置、对籴,都是科籴。② 大中祥符六年,宋廷下诏:"如闻诸路和籴均于民户,颇有烦扰,可令河北、陕西、京西转运司各蠲其半,可令中等以下户免之。"③诏文既称科籴扰民,又不禁止,只是蠲减数额,等于承认了科籴的合法性。发运司岁于东南诸路籴买数以百万石计的粮食,其中也有科籴于民者。如皇祐二年诏:"江淮连年荒歉,如闻发运、转运司惟务诛剥,以敷额为能,虽名和籴,实抑配尔。"④时包拯也曾奏言江南西路"辖下州军和籴斛斗,多是抑配人户"。⑤ 神宗以后,所谓俵籴、括籴、均籴、劝籴等,都是带强制性的籴买,都具少支多取、科敛于民的科敛性质。特别是北宋末年,"常赋之外,横加籴买。均籴、贻籴、结籴,其名甚众,惟以官告、度牒之类等第科配"。⑥ 又此时期大量用钞引为籴本,其中香药钞等"每岁降拨,动以数百万计,准折价钱支与人户,而所请实无几,良民鬻田破产……"⑦以钞引告牒代钞支予百姓,这是科籴的一种新情况。尽管北宋时百姓时时受科籴困扰,然通观地看,官府置场和籴在北宋所占比重较大,特别是沿边便籴数量颇大,并不科率于民,故科籴除河东路外多为临时性举措,其在社会经济生活中和财政中所起的作用,远不如在南宋时期那样大。

二、南宋的科籴

南宋财计不但较北宋时有一个陡然下跌,而且其发展在孝宗以后也

① 参见《宋史》卷一七五《食货志·和籴》。
② 参见《宋史》卷一七五《食货志·和籴》。
③ 《宋会要·食货》三九之七。
④ 《宋会要·食货》二三之四〇。
⑤ 《包拯集》卷七《论江西和买绢》。
⑥ 佚名《靖康要录》卷七靖康元年五月十二日手诏。
⑦ 《宋会要·食货》七〇之二八。另《宋会要·职官》四二之三九,政和八年,给降香药钞二百万贯充发运司籴本;四二之四五,宣和四年,支香药钞、官告各五十万贯给发运司充籴本。

大致呈每况愈下之势,相应地,官府籴买与民平价交易者日少,科籴大为增加,渐成为补助财计不可须臾离开的手段。

南宋初,金人存灭宋之心,宋军民拼死抵抗,军情紧急,军粮刻不容缓,籴本无出,和籴多成强取。绍兴元年,大臣朱胜非宣抚江湖三路,奏称:"所谓和籴,与所输正税等,而未尝支钱。"①时人王廷珪也讲:"和籴上供米,实无价钱,湖北一路皆然。"②又浙西以均籴、借籴为名,"不支籴钱,强令输粟",③与江湖无异。四川情况略好,料籴多少支价,数额却大大增加。除推行对籴、劝籴等法外,又多有临时性科籴。"官虽支籴钱,民不得半价。"④绍兴元年以后,宋廷仿效北宋沿边钞引便条发行现钱关子等。由于本钱不足,信用不佳,商人不愿入中,于是沿边地区官府只好抑配于百姓。如绍兴五年大臣张绚言:"户部之意,止谓搬运见钱脚重,民间却有愿来临安府就请者,乃以关子为公私两便之用。今乃不然,民间多有不愿兑便者,州县不免以等第科俵。及执关子赴临安府榷货务请领,则官司却无见钱,惟有等守留滞之患,而所得十才六七。"⑤于是便籴变为科籴。后来局势有所好转,科籴全不支价的情况减少,但籴买仍多具科籴性质。如乾道初年有人上言论和籴四弊谓:"去岁江西、湖外和籴,其弊非一。不问家之有无,例以税钱均敷,无异二税,此一弊也。州县各以水脚耗折为名,收耗米什之二三,此二弊也。公吏斗脚,百方乞觅,量米则有使用,请钱则有糜费,此三弊也。官以关会偿价,许之还以输官,然所在往往折价,至于输官,则不肯受,此四弊也。"⑥和籴相当普遍地变为科籴,其主要原因在于朝廷拨降籴本价格低于市价,置场平价籴买无法实现,地方官府不得不以科籴凑足粮数。地方官府借科籴之机,谋求出剩,敛取头脚、斛面等,以求增加收入,也具有相当的普遍性。据孝宗时大臣韩元吉讲,某

① 《系年要录》卷四二,又《宋史》卷三七九《季陵传》载:"师旅粮草,非强取于民则莫给。"
② 《王双溪先生集》卷一《上刘岳州书》。
③ 《系年要录》卷四九。
④ 《宋史》卷三八七《汪应辰传》。
⑤ 《系年要录》卷八五,又抑配关子科籴以后长期存在,参见《宋会要·食货》四〇之四七、《历代名臣奏议》卷二四七王师愈《论和籴之弊疏》等。
⑥ 《宋会要·食货》四〇之四一。

次浙西、江东、淮南科籴,各转运司及各州压低籴价,其中浙西"平江将诸县每石止支钱六百文(按时米价每石二贯省以上),其余州郡有既支价钱,继行追减数百文,以符合漕司纳定之价"。江东建康府"人户来诉,犹是一贯省科籴一石",淮南"滁、和、无为等州,亦甚困扰,闻每石只支一贯五百省"。① 转运司、州军压低籴价,无非是企图从朝廷拨降籴本价与本地科籴价之间的差额中得到好处。另外此次科籴"每石有加耗三斗者,有依苗米例收取漕司出剩者,有克钱四百文充水脚靡费者",②其目的,也主要在于补助地方财计。由于财计紧张状况始终未得到彻底缓解,籴本的构成也较北宋前期和中期有很大差异,除了南宋初始发行的关子、绍兴末年始发行的会子以及茶引等之外,往往度牒、官告等也占较大比重。例如时人张嵲记,某次共降给湖南路籴本四十四万贯,其中度牒、紫衣、师号、助教敕、迪功郎告计折十三万八千五百贯,接近总数三分之一。③ 这样多的告、牒,州县难以变转为现钱,抑配于百姓是难以避免的。

南宋中期以后,科籴弊久不除,为害愈加深广。宋宁宗时,荆湖北路岳州、复州百姓向官府申诉:"总所岁籴我米,不与我钱。我非官户也,非士人也,非义勇也,三者幸而免,使我并受。总取我一,县又倍之,传子至孙,不能脱也。"④福建地方官在上奏时承认:"年岁苗米数少,不足支遣,遂增收和籴,不论户之等第,一例送纳。下四等五等贫乏之家缘此重困,多致破产。和籴之弊,已三十余年矣。"⑤南宋中后期著名大臣真德秀在潭州任职时,奏论本州科籴之弊谓:"本州支降官会、度牒以为籴本。会价折阅,已不便于民旅,而度牒经年无人承买,于是官司不获已,以科配从事。每岁州以度牒科之县,县以度牒科之民。凡户管田一千亩以上者纳度牒米,一千亩以下者认中籴米。每牒一道,率三四户共之,寺观亦

---

① 《南涧甲乙稿》卷一〇《论和籴札子》。另杨万里《诚斋集》卷一一六《李侍郎传》载孝宗时广西"损其估以市米于民,曰和籴,曰招籴,民愈病"。
② 韩元吉:《南涧甲乙稿》卷一〇《论和籴札子》。
③ 参见《紫微集》卷二四《论和籴》。
④ 叶适:《水心文集》卷二五《陈谦墓志铭》。
⑤ 《宋会要·食货》七〇之九八。

然……其纳中籴米者,比之市价,每石折[阅]钱多至八百文足,少亦不下官会一贯,而纳度牒米者折阅尤甚,且无变转之所,词诉盈庭,怨嗟载道。"①文中所讲以官会、度牒为籴本对百姓的坑害,当不限于潭州一地。楮币不断贬值,官府明知百姓不愿以楮币支偿籴价,却硬是"次第而敷之民","名曰和籴,其实强取"。② 南宋后期,"土地日蹙,赋入日少,恃和籴以足糗粮,倚造楮以为泉货"。③ 科籴逐渐经常化、制度化,数额增加,官府置场平价籴买已不多见。宝祐五年,大臣程元凤讲,近年籴数增加,"去岁所籴,视宝祐三年以前,多三分之一"。④ 至开庆元年,东南岁和籴(主要是科籴)增至五百六十万石,连同四川岁约籴六百余万石。此时期科籴残民尤甚,前编回买公田一节已略述及,这里稍作补充。理宗时人黄应龙在对策中讲:"蜀居兵荒之后,而有劫籴、掇籴、截籴之苦,吴居旱涝之余,而有敷籴、劝籴、奏籴之忧。"⑤他的话大体讲出了当时科籴名目的繁多和泛滥之状。实则吴蜀之外,两广、荆湖也有科籴之患,⑥大体整个南宋的百姓都为科籴困扰,其严重性为北宋立国以来所仅见。开庆、景定间福建汀州科籴,"仓耗、扛量等费甚于正苗受纳","官司和籴一石,例支本钱一贯六百文足","民输和籴一石,除官本钱外,民户至白贴三贯文足有奇"。⑦ 四川淳祐、宝祐年间"秋籴每米一石,支第一料川引五十贯文,以京券(东南会子)价搉之,才比十八界五百文,仅是铜钱一百文足耳"。后虽略增,也仅折铜钱一百六十文足,"使此钱尽到民户,止得偿时价之十一,况又取赢于斛面,减克于吏手,采之众论,但白输尔"。⑧ 百姓对科籴的不满,使统治者深为不安,于是有回买公田方案的提出和实施。回买公田后,公田租岁得数百万石,于是咸淳六年宋廷规定以咸淳五年所籴一

---

① 《真西山文忠公文集》卷一七《回申尚书省乞裁减和籴数状》。
② 蔡戡:《定斋集》卷四《论扰民四事札子》。
③ 杜范:《杠清献公集》卷一二《经筵己见奏札》。
④ 《宋史全文》卷三五。
⑤ 《历代名臣奏议》卷六三。另参见阳昉《字溪集》卷一《上宣谕余樵隐书》。
⑥ 参见《宋史》卷一七五《食货志》及前编回买公田一节所引。
⑦ 《永乐大典》卷七五一四《均济仓》引《临汀志》。
⑧ 李曾伯:《可斋续稿》后集卷三《乞贴科四川制总司秋籴本钱奏》。

百六十八万石为定额,岁岁如此。① 至于此后是否有额外增科,已不得而知了。

三、科籴的摊派

科籴的摊派,大体有如下几种方法:

首先,按秋苗税粮额摊派科籴额,这是较常见的。如北宋时陕西、京东西、河北和南宋时四川等处所行对籴法,即属此类。所谓对籴,即"酌所输租而均籴之",②"民输[苗]米一石,即就籴一石",③籴数与秋苗数两相对应。北、南宋之交,江西路行带籴法,"每正苗一石,带籴二斗"。④ 广南西路自"祖宗以来,随苗和籴"。⑤ 南宋时江东路信州铅山县"人户岁输一石,则秋籴五斗"。⑥ "江西之州,有因秋租而每斛敷和籴十之二者。"⑦ 南宋后期,浙西常熟县"于正赋外,以苗为率,复纳和籴"。⑧ 四川则也曾以"苗头敷籴"。⑨ 这些记载都说明按秋苗数摊派科籴数办法被广泛采用。

其次,按人户的家业(物力)钱数分摊,这也较为多见。哲宗时,河东路"配率粮草,视物力高下,而不以占田多少为差"。⑩ 北宋后期,陕西行均籴法,"会计一州一县逐等第都计家业钱纽算,每家业钱几文,合来多少石斗"。⑪ 宣和四年,"荆湖南北均籴,以家业为差"。⑫ 南宋孝、光宗时

---

① 参见《宋史》卷一七五《食货志·和籴》,又据李曾伯《可斋续稿》后集卷三《乞贴科四川制总司秋籴本钱奏》引文,时四川岁籴三十至七十万石不等。

② 《宋史》卷一七五《食货志·和籴》。

③ 《宋史》卷三八七《汪应辰传》,另参见《系年要录》卷四〇等。

④ 李纲《梁溪全集》卷一〇六《申省应副张龙图米等状》。

⑤ 《系年要录》卷一六五。

⑥ 《永乐大典》卷七六五〇《黄永存》引何淡《小山杂著·黄公墓志铭》。

⑦ 杨万里:《诚斋集》卷八九《千虑策·民政》。

⑧ 《重修琴川志》卷六《叙赋》。

⑨ 李曾伯:《可斋杂稿》卷一九《奏总所科降和籴利害》。

⑩ 苏轼:《东坡七集·东坡后集》卷一八《滕甫墓志铭》。

⑪ 《宋会要·食货》四一之二二。

⑫ 《宋史》卷一七五《食货志·和籴》。

两淮和籴马料，"州县不复置场，只依物力高下科抑人户"。① 南宋中期科籴也多"计产科率"。② 南宋后期也多有"计产抛数""以人户家业钱敷派"的科籴。③

再次，按人户田亩数摊派。前述北宋河东路科籴，即多以"占田多少为差"。南宋后期，"浙右自三百亩以上，每亩例科三斗"。④ 某些地方也有"履亩均敷"的。⑤ 有时宋廷则按占田数划分等级，确立科籴数额。如孝宗时"降指挥，两浙、江东路州军人户有田一万亩，出籴和籴米二千五百石"，"八千亩以上，合出籴和籴米一千五百石"。⑥

又次，按两税税钱额摊派。孝宗时，江西、湖南科籴，"例以税钱均敷"，⑦即属此类。

最后，上述四法之外，还有采取强制征购余粮、存粮方式派购的科籴，主要是括籴与劝籴。括籴，即"括索赢粮之家，量存其所用，尽籴入官"。⑧ 北宋、南宋都有实行。劝籴，名为"以礼劝诱"，⑨实则颇近括籴，只是不如括籴苛急。两宋也颇曾实行，主要对象也是富户。

科籴的主要对象是农民，但对坊郭户，有时也摊派科籴。如真宗时，京西路曾请求于"部内州军等第分配坊郭之民籴买刍粟"。⑩ 宋徽宗时行均籴法，坊郭户也依家业钱额分摊，而坊郭第六等以下与乡村第五等以下户一齐免科。⑪

同别种科率一样，科籴对封建国家财政的裨益是很难精确计算的。

---

① 《宋会要·食货》四一之二〇。

② 《真西山文忠公文集》卷三二《馆职策》。

③ 参见刘克庄《后村先生大全集》卷五一《备对札子》、卷七九《与都大司联衔申省乞为饶州科降米状》及李曾伯《可斋续稿》后集卷三《乞贴科四川制总司秋籴本钱》。

④ 杜范：《杜清献公集》卷一一《论和籴榷盐札子》。

⑤ 徐经孙：《徐文惠公存稿》卷一《陈政事四条》。

⑥ 《宋会要·食货》四〇之四七。

⑦ 《宋会要·食货》四〇之四一。

⑧ 《宋史》卷一七五《食货志·和籴》，事另参见《长编》卷四九九、《通考》卷二一《市籴考》。

⑨ 参见《宋会要·食货》四〇之一五，《宋史》卷一七五《食货志·和籴》、卷三九七《刘甲传》。

⑩ 《宋会要·食货》三九之四。

⑪ 《宋会要·食货》四一之二二。

同样,封建国家所得与百姓所失在数量上也很不一致。由于各地粮价互有差异、经常涨落,量器也因习俗而不同,加之地方官府借机取利、摊派办法的复杂多变,就给贪官污吏营私舞弊造成了方便条件。"县吏并缘,由此致富,则在在有之。"①理宗时一官员短短数年竟因科籴贪污八十余万贯。② 科籴对社会生产的破坏是严重的,据载,淳熙初四川官员上奏:"关外麦熟,倍于常年,缘去岁朝廷免和籴一年,民力稍纾,得以从事于耕作,故其效如此。"③可知科籴的危害之大。南宋后期,科籴害民特甚,文人姚勉作诗刺之道:

> 到处相悲虎政苛,设官本意果如何?
> 民今不足将谁足,籴本名和岂是和。
> ……
> 虐籴安能峙糇粮,只因根本暗中戕。
> 并缘鼠猾丰衣食,受纳狼贪富橐囊。
> 中户白科都罄室,列城黑腐谩盈仓。
> 边尘颎洞烽烟急,民命如丝谨无伤。④

科籴对生产有严重破坏作用,加重了百姓的痛苦,也就破坏了宋王朝统治的根基。

第三节　和预买䌷绢丝布(附折帛钱)

　　两宋和预买绸绢丝布(以下简称和预买)在性质上前后变化较大。最初大体为官府一种营利性经营,然是官民之间的自愿互利交易。随即变为一种科敛。至南宋,渐并入两税成为夏税的一部分。

---

① 真德秀:《真西山文忠公文集》卷一七《回申尚书省乞裁减和籴数状》。
② 徐经孙:《徐文惠公存稿》卷一《劾李宜之赵时廷疏》。
③ 《中兴圣政》卷五五载范成大语。
④ 《雪坡舍人集》卷一五《戊午喜罢和籴》。

一、和预买的创始及性质变化

两宋的和预买可以溯源到五代藩镇的出举丝绢，[1]但是宋初却未见类似记载。宋人记和预买之创始，是在太宗、真宗时，然众说不一，略如本书末附表15所示。各处记载，尽管所述年代有异，但对和预买最初未遭百姓反感这一点却颇一致。这大约是由于官府于春荒之季贷款给农民，取息不高，利于农桑，且取民自愿而不强迫。这样官得利，民受益，受到百姓欢迎是可能的。不过一旦推广，性质就要起变化。至迟于仁宗即位初年，已有强配于民者。天圣二年知池州李虚己上言："州以春初豫支钱和买绸绢，民或不欲者强之，则为扰。"于是，"乃诏三司谕州县毋得抑配，非土产者罢之"。[2] 看来此诏并未起到应有效果，天圣七年，江都县主簿王琪上书讲，江都只有五千户而每岁摊派和预买竟有三千匹之多，请求酌减。[3] 稍后景祐年中大臣梁适又曾"奏减京东预买纳百三十万"。[4] 这些记载反映出仁宗初年各地和预买往往已有定额，定额高处难免摊征于民，和预买就不再是取民情愿了。仁宗"宝元后，西边用兵，国用颇屈，于是［预支绢绸价］改给盐七分、钱三分"。[5] "亏损下民"日渐加重。[6] 和预买摊派的数额却有增加，据庆历年中任三司使的张方平统计，庆历六年全宋和预买数较之景祐年间增加了三分之一以上。[7] 至此，和预买已完全是一种科率。到神宗在位讲究财利期间，和预买又有发展。[8] 据载，熙宁年

---

① 参见［日］日野开三郎《五代藩镇之举丝绢与北宋朝之预买绢》，载《史渊》第十五、十六两期。

② 《长编》卷一〇二。

③ 参见《群书考索》后集卷五四《附赋·杂赋·和买预置》。

④ 《宋史》卷二八五《梁适传》。

⑤ 《朝野杂记》甲集卷一四《东南折帛钱》。

⑥ 参见《包拯集》卷七《论江西和买绢》、余靖《武溪集》卷二〇《大理寺丞前知白州孙公（亿）墓表》等。

⑦ 参见《乐全集》卷二三《论国计出纳事》。

⑧ 王明清《挥麈后录》卷二载："在昔止是一时权宜……至熙宁新法，乃施之天下，示为准则。"似不确切，因推行于天下早于此时。熙宁后和预买发展，或近史实。

中京东、两浙等路都曾增加和预买数量,又"元丰以来,诸路预买独绢,许假封桩钱或坊场钱,少者数万缗,多者至数十万缗"。① 仅元丰三年京东一路,即"增预买数三十万"。② 此时期除各路转运司外,市易司以至保甲司也自经营和预买,借以增加收入,补助支用。③ 和预买渔取百姓的程度也有加重。熙宁年中京东路"率千钱课绢一匹,其后和买并税绢,匹皆输钱千五百"。④ 剥削率为百分之五十。后哲宗末年,据时任知无为军的陈瓘讲,淮南无为军,百姓请领官府钱一贯省,纳绢时却要花费一贯四百文足,⑤较熙宁年中京东路残民又甚。徽宗"崇宁三年,改钞法,则盐不复支,而所谓三分本钱州县亦无从出矣"。⑥ 于是"和买民帛率不得偿,虽朝廷令借封桩钱而钱特空名",⑦和预买在一些地方已成为全不支价的白著之赋。此后宋廷曾试图恢复预支价钱,然财计匮乏,未得如愿。⑧ 南宋初,动乱危亡之际,军费浩大,和预买预支价钱大致上已成空文,而征敛绅绢丝绵布等却照旧额进行。和预买既不支价,又与夏税绢一起征收,与夏税绢按同一比例折征钱(折帛钱),故而二者逐渐合一、难分彼此了。这样,和预买完全变成了税外之税。

二、和预买的总额,分布和摊派

关于全宋和预买的总额,现存似只有仁宗庆历年中任三司使的张方平的记述:

> 景祐年中,天下预买绸绢一百九十万匹,去年(庆历六年)至买

---

① 《宋史》卷一七五《食货志·布帛》。
② 《宋史》卷一七五《食货志·布帛》。
③ 《宋史》卷一七五《食货志·布帛》。
④ 参见《长编》卷二九三、三六一等。
⑤ 参见《九朝编年备要》卷二六载陈瓘上言。
⑥ 《朝野杂记》甲集卷一四《东南折帛钱》。
⑦ 汪藻:《浮溪集》卷二四《朝散大夫直龙图阁张公(根)行状》。
⑧ 杨时《龟山集》卷四(宣和七年三月)《论时事札子》:"今江浙虽云预买,而钱不时得,郡县盖有白取之者,产绢县份每匹不下二千四百足钱,而上户有敷及百余匹者,民力固未易办矣。"

三百万匹,诸路转运司率多诉者,有司未如之何。①

其他有关各路和预买数额,见于记载者:哲宗末年,京东、河北两地区岁额合计二百万匹两,②大观年中江西路岁额约五十万匹,③南宋初两浙东路岁额九十七万六千匹。④ 从这些记载推断,北宋和预买额最高或达岁四五百万匹,一般约在三百万匹上下。南宋时,河北、京东及唇西、京西大部丧失,加之几次蠲减,和预买总额减低,或不足北宋时半数。其和预买丝绵以价值计远不如绸绢重要,从略。和预买布另述。

和预买各路州县数额分配轻重不均。这是与和预买的起因和演化过程密切联系的。和预买是由官民两厢情愿的交易发展而来的,这就决定它在一开始在各地分布就不均衡。和预买的对象既是绸绢丝绵布,其发展和推行又要受各地区出产情况的影响,这也决定了其数额不是各地均摊的。从大的地域看,河北、京东、两浙、川蜀为宋代绢帛产量较高的地区,其中川蜀丝织品尤负盛名,但是川蜀两税多折征绢帛、非预买的科买数量也较大,故和预买不甚流行,其余河北、京东、两浙即成为和预买最盛行、数额最多的地区。另外,陕西、两淮、江东西、荆湖、两广也有推行,但数额不如前述河北等处。再从一路之内各州军、一州军之内各县邑来看,和预买数额也不均衡。对此,宋人有些有趣的记述,颇能说明其原委。如罗濬等记:

> 两浙惟温州以其非土产,不曾抛降[和预买数]越州诸县争认多数,惟嵊县知县以官与民市,久必为害,独不肯承,民皆怨之。其后国家用度浸广,和买更不给钱,而输官者并照旧额,温州、嵊县独免。⑤

王明清记:

> 越州会稽县民繁而贪,所贷[和预买本钱]最多,旧额不除,至今为害而不能革。惟婺州永康县有一杰黠老农,鼓帅乡民,不令称贷,

---

① 《乐全集》卷二三《论国计出纳事》。
② 参见《宋史》卷一七五《食货志·布帛》。
③ 参见《浮溪集》卷二四《朝散大夫直龙图阁张公(根)行状》。
④ 参见《宋史》卷三七二《翟汝文传》。
⑤ 《宝庆四明志》卷五《叙赋·夏税和买》。

且云:官中岂可打交道邪? 众不敢请,独此一邑,遂无是患。①

这些记述说明和预买变为一种科率时,其数额基本沿用以前旧额,这就决定了各州县负担额因最初推行情况不同而轻重不一,有些地方因种种原因竟全然没有和预买负担。相反,也有一些州县和预买负担之沉重,大大超过一般地区,如引文中讲到的越州,越州的会稽县。有记载说越州、杭州岁额,各占本路额的十分之三。② 北宋徽宗以前,和预买如何摊派于百姓,未见具体记载。徽宗"崇宁中,诸路预买,令所产州乡民及城郭户并准资力高下差等均给。川峡路取元丰数最多一年为额,旧不给者如故"。③ 北南宋之交时人方勺也记:"近时有司往往不复支钱,视物力以输缣。"④大约当时和预买多是按物力钱数多寡摊派的。

南宋时期按物力摊派,也是最常见的和预买摊派办法,即所谓"有丁则有役,有田则有赋,有物力则有和买"。⑤ "和买所敷,则起于物力。物力有贰:有实业物力,有浮财物力。"所谓实业物力,是将田亩分等折计为家业钱数。"所谓浮财物力者,不问田亩之有无,凡行商坐贾负贩营生之家,视其财利之丰约,以为物力之多寡,计利起敷。"⑥同是以物力摊派和预买数,每贯物力钱摊派的数额各地区之间存有差异,同一地区不同时期又有差异。如浙西临安府"绍兴二十一年已前,物力及三十四贯四百文方敷和买绢一匹",至淳熙末年,"物力上及一十九贯五百文即敷和买绢一匹"。⑦ 至庆元元年,户部侍郎袁说友又"乞将[临安府]余杭县经界元科之额配以绢数,不分等则,以二十四贯定数一匹,衮科而下"。⑧ 浙东越州(绍兴府)会稽县绍兴经界之初(大体也即绍兴二十一年以前),每物力钱四十七贯科一匹,至淳熙九年,变为每物力钱十八贯六百零一文

---

① 《挥麈后录》卷二。
② 参见《宋史》卷一七五《食货志·布帛》、卷三五三《张阁传》、卷三七二《翟汝文传》。
③ 《宋史》卷一七五《食货志·布帛》。
④ 《泊宅编》卷八。
⑤ 《宋会要·食货》七〇之一〇二。
⑥ 《两浙金石志》卷一一《宋丽水县奏免浮财物力札付碑》。
⑦ 赵善括:《应斋杂稿》卷一《免临安丁役奏议》。
⑧ 《宋史》卷一七五《食货志·布帛》。

即科一匹。① 浙东处州丽水县,绍兴经界后,每贯物力钱敷和预买绢三寸八分九厘,至绍熙年中,变为每贯物力钱敷四寸六分。② 一般来说,各地每贯物力钱所摊派的和预买数多有增加趋势,这是由于经济遭受破坏,物力钱总数多有减少,另外上户多将物力钱隐寄,逃避和预买负担,这部分数额即由其他百姓分摊。由于税绢、和预买绢本色与折帛分征,故也有将本色与折帛分立科则的。如宝祐年间,浙西严州"合产税、和买之绢为一,每物力四十一贯二百,均敷一匹,即一贯三十文敷一尺","折帛钱以物力一百贯敷纳三贯"。③ 由于和预买系由科敛转化为税赋,因此其摊征也多贯彻优恤下户的原则。优恤的范围与办法也因时地而有异。乾道初年大臣程叔达曾讲到临安府各县起征标准,谓"新城则十贯以上,富阳则十三贯以上,临安则二十贯以上方始均敷,其参差不齐如此,他郡可知"。④ 又时人韩元吉讲:淳熙年中浙东婺州"本州七县,目今所行,亦自不同,金华、兰溪则四十贯以上,义乌县则五十贯以上,永康、武义、东阳、浦江则三十贯以上始敷和买"。⑤ 彭龟年则谓绍熙年中"江西及浙西平江等处,和买通五等皆敷"。⑥ 起征标准以下,自即被免征。较为常见的是按户等将第五等户蠲除,四川地区则并第四等一并蠲除,⑦而各地划分户等所依据的物力钱数标准,又是各异的。由于上户隐寄物力以及百姓贫困化程度加深等原因,有些地区即将蠲免范围缩小,以致全无蠲免下户的规定。⑧

因为按物力摊派有如上弊病,所以有些地区便按夏税钱或田亩数摊派。如孝宗隆兴二年,户部批文中就讲和预买有"随田产、税钱一例均

---

① 参见《朱文公文集》卷一八《奏均减绍兴府和买状》。另《宋会要·食货》三八之二四载会稽县乾道九年"物力钱一十九贯有奇便科一匹,则是有田一亩,即出和买七尺,六亩则成匹矣"。

② 参见《两浙金石志》卷一一《宋丽水县奏免浮财物力札付碑》。

③ 《(景定)严州续志》卷二《税赋》。

④ 《宋会要·食货》三八之二二。

⑤ 《南涧甲乙稿》卷九《论田亩敷和买状》。

⑥ 《止堂集》卷六《议绍兴和买疏》。

⑦ 《宋会要·食货》三八之二一、二二。

⑧ 参见《宋史》卷一七五《食货志·布帛》及注②所引。

科"或"等第科折"者,也有"用两项物力钱均科者"。① 乾道元年大臣上言也讲到和预买"固有用田产、税钱一例均敷者,亦有用浮财物力两项均科者"。② 另史载,淳熙十一年,"臣僚言两浙、江东西四路和买不均之弊,送户部、给舍等官详议。郑丙、丘崈议,亩头均科之说,至公至平,诏施行之"。③ 如此记不误,和预买则广泛地推行过按田亩均摊之法,只是详情失载,难以考知其时、地范围。又地志载,宁宗嘉泰四年,赵时侃《申豁和买役钱状》讲建康府时摊派和预买坊郭户以物力钱数为准,而乡村则以田亩摊派。其中"句容县上等人户每田一亩起纳和买绢一尺六寸二分六厘三毫,和买绵五分五厘五丝,上元县上等人户每田一亩,只起纳和买绢三寸一分,和买绵二分二厘","其他诸县如江宁每亩止科和买绢六寸,如溧阳、溧水虽等则纽算不同,亦无有重如句容者"。④ 又嘉定十一年,有大臣上言谓:"[江南东路饶州]鄱阳为邑,经界之初⋯⋯每税钱一百文敷和买六尺四寸八分有畸,吏缘纷奸,岁有增益,至嘉定九年遂及七尺五寸六分,又且见寸收尺⋯⋯去年复增三寸。"⑤这是以税钱为和预买摊派基准之一例。

三、折帛钱的征收办法(附四川激赏绢)

折帛钱征收的起因及数量变化,前编已经述及,现仅就其征收办法作些补述。

折帛钱并不是单将和预买绢按比例或全部折征钱,而是将税绢(包括身丁绢等、与和预买绢一起按比例折征,因此,简单地认为征收折帛钱是和预买的一个发展阶段是不确切的。折帛钱的征收,也因之分为两部分:一是在税绢(䌷丝绵等)基础上的摊征;二是在和预买绢(䌷丝绵等)

---

① 《宋会要·食货》三八之二〇。
② 《宋会要·食货》三八之二二。
③ 《宋史》卷一七五《食货志·布帛》。
④ 《(景定)建康志》卷四一《田赋》。
⑤ 《宋会要·食货》六四之三九、七〇之一一二,《通考》卷一〇《市籴考·和买》。

基础上的摊征,两者在折价等方面有时有差异。在折帛钱的征收中,比较
突出的两个问题是:每匹绢绸每两丝绵的折价,两税(含各附加税)、和预
买绢绸丝绵按怎样的比例折征价钱。为了简化文字,我们分别把文献记
载中的有关内容通过表格表示,见本书末附表16、附表17。

由于折帛钱的征收逐渐制度化,州县数额趋于稳定,于是在夏税征收
中往往单立一项;而原税、和预买绢绸丝绵等也合并作另一项,即夏税本
色绢绸丝绵等。这是税制方面南宋与北宋相比一个显著的区别。

四川激赏绢,既不是税绢,也不是和预买绢,而是由置场平价收买到
科率,再由科率变为税外之税的地方性征收。激赏绢最初征收本色绢,后
折征价钱。其演变过程除了最初不是先期支价及有地域性这两点外,与
和预买绢颇为类似。隆兴二年,大臣杜莘老上奏时谈到激赏绢,谓:"军
兴以来,[四川于和预买外]更增添激赏绢一项。当时系于省司钱内拨钱
置场,依时价收买,每匹不下五贯。后来,官司却于四等人户均敷,先送
纳,然后请钱,遂致州县移易他用,无一钱及民。又州县催理两项物帛,除
合用本色之外,将所余分数理估:绢每匹钱引五道二分,绸每匹钱引四道
半,丝每两钱引六百四十文,绵每两引半道。"①他把激赏绢从创始到折征
估钱的过程讲得比较清楚。李心传又记述了激赏绢总额、折价总额及变
化情况,以及四川激赏绢变为两川激赏绢的过程:

> 两川激赏绢者,建炎四年宣抚处置使司量宜于四川民户劝谕令
> 其等第输纳,以助给赏,凡三十三万余匹,俟边事宁息即罢,不为永
> 例。自后不复减。绍兴十六年……始减利路绢二万匹,二十七
> 年……复减夔路绢九千余匹,惟东西二川独存,至今遂为常赋。旧例
> 皆理正色,绍熙末……每匹但取估钱引三千,民甚便之。庆元中……
> 又权减一千,今以为例。凡两川激赏绢额理三十万匹,实理缗钱六十
> 万焉。②

嘉定四年,四川制、总两司奏准,以增加榷盐税利的收入抵偿激赏绢收入,

① 《宋会要·食货》三八之二一。
② 《朝野杂记》甲集卷一四《两川激赏绢》。

权罢免除泸、叙两州以外两川百姓输激赏绢估钱三年,三年后是否复征,届时另议。① 此法后来是否成为常例,则不见记载。

四、和预买布及布估钱、折布钱

和预买布、布估钱与和预买绢等、折帛钱性质、过程相类,本可不作一题,但宋人多分开记述,故我们也另作一题。

和预买布主要行于四川。北宋范镇记:

> 薛简肃公(奎)时,布一匹三百文,依其价春给以钱而秋令纳布,民初甚善之。今(神宗时)布千钱,增其价才至四百。其后转运使务多其数,富者至数百匹,贫亦不下二三十匹,而贫富俱不憀矣。②

此文将和预买布性质变化过程讲得颇明白,只是未交代其地点是在四川。南宋魏了翁所记可为之补充:

> 自天圣四年,密学薛田守蜀,就成都重庆府、邛彭汉州、永康军产麻去处,先支下户本钱,每匹三百文,约麻熟后输官,应副陕西、河东、京东三路纲布。③

文中仅述及下户,似无上户之事,实则虽最初"每下户俵仪三百,输布一匹",然后来"熙宁敷及上五等",④再后又变为主要由上等户负担了。这一变化过程是与和预买布性质的变化过程相适应的。据李心传记,薛田镇蜀时,官买布所支"价值颇优,民乐与官为市。至熙宁间,物已贵,于是每匹增价至四百,然始以等第配率"。⑤ 又后至元丰年中,残民愈甚,时人吕陶记:

> 成都路转运司逐年下六州军买官布七十万匹,于十一月支钱,至次年六七月收纳,并系上三等税户名下均定收买。因其田税多寡,而

---

① 《宋会要·食货》二八之五二。
② 《东斋记事》卷三。疑范镇将薛田误记为薛奎。
③ 《鹤山先生大全集》卷三二《上吴宣抚猎论布估》。
④ 《后村先生大全集》卷一四二《黄畴若神道碑》。
⑤ 《朝野杂记》甲集卷一四《西川布估钱》。

科所卖之数。名虽和买，实则配率，行之已久，习以为常。元丰以前，
每匹支钱四百五十文或四百文……至元丰元年转运判官王宗望晓谕
州县，各令减价……近岁逐处所支，每匹才二百九十文，而民间输纳
乃五六百文，郡县每月所申实直每匹不下四百五十……①

此时和预买布官仅支半价，而摊派对象即由下户变为上户，摊派数额则依
田税多少确定。以每匹官得利二百文计，岁入约十四万贯足。南宋初，四
川和预买布不支价而敛布，又不敛本色布而改征价钱"以赡大军"，称布
估钱。初每匹折钱三千，共计二百余万缗。后几次蠲减，至庆元初年，每
匹改折两千或一千七百，共计折征一百二十七万缗，至嘉泰年间，减为六
十五万缗。② 四川和预买布实际负担者只有六州军百姓，故就这些地区
百姓而言，这一负担是过于沉重了。

广西折布钱是由两税折科布演化而来的。据载，北宋仁宗时，布一匹
折税钱二百。③ 北、南宋之交，税布即变为折布钱。李心记传：

广西折布钱者，旧有之，独桂、昭二州。岁产布九万二百匹有奇，
每匹折钱五百。绍兴五年……每匹增至一千五百文。二十年……奏
减三之一……今实理缗钱九万云。④

又史载，嘉泰四年八月，"除静江府、昭州折布钱"。⑤ 据此，似是将折布钱
罢免了，然记载过略，不无疑存。

南宋人林大中述和预买演变起程道："其初先支钱而后输绢，中以钱
与盐分数均给，后遂白纳绸绢，今又使纳折帛，反成倍输。"⑥和预买的这
一演变过程具有典型性，南宋杨万里总结其经验教训道："民所最病者，
与官为市也，始平为市，终乎抑配，是以圣人谨其始也。"⑦在财计走下坡

---

① 《净德集》卷四《奉使回奏十事状》。文中述摊派依田税数，据魏了翁文（篇目见前引）
系按两税说钱数科，则此处田税数或即指两税税钱数。
② 参见《系年要录》卷四〇、《朝野杂记》甲集卷一四《西川布估钱》。
③ 参见《长编》卷一七四、《宋史》卷一七四《食货志·赋税》。
④ 《朝野杂记》甲集卷一四《广西折布钱》。
⑤ 《宋史》卷三八《宁宗纪》。
⑥ 楼钥:《攻媿集》卷九八《林大中神道碑》转述林大中语。
⑦ 《诚斋集》卷八九《千虑策·民政》。

路的情况下,官民之间的买卖交易,不可避免地要变成公开的或隐蔽的赋税,这是封建社会条件下财政措施发展变化的一条规律。

第四节　卖官鬻牒

卖官鬻牒是一种寅吃卯粮的财政举措,它不仅对财政有不利影响,而且对当时社会的政治、经济各方面都造成不良后果。卖官鬻牒在宋朝财政中所起作用又是不可小视的,故作专节叙述。

一、卖度牒

度牒,乃是官府发给想出家为僧、道者的一种许可证。出卖度牒之事唐已有之。有记载讲,唐中宗时,屠沽之人纳官三万钱即可为僧,[①]已有出卖度牒之端兆。安史之乱时,杨国忠遣人至太原募人纳钱度僧尼道士,旬日得钱百万缗。次年宰相裴冕复建言度僧、道收资以济军兴。[②]这显然等于正式出卖度牒了(当时是否有度牒之形式;名称不详)。后肃宗逃亡陕西灵武,也曾以度僧道方式敛财。[③]不过从记载看,唐朝出卖度牒多属应急的权宜之计,尚非经常性的。北宋初期,太祖至仁宗在位时期都无出卖度牒的记载。仁宗后期,财政困蹶,出卖度牒始见于嘉祐年中,盛行于神宗即位以后。神宗熙宁年以后,出卖度牒逐渐经常化、制度化了。岁有定额,价有定格。北宋后期漫无节制,曾一度造成混乱,后加整顿,略有条制。然至宋亡为止,出卖度牒时断时续,"为缓急所仰,不可复废矣"。[④]

---

① 参见《资治通鉴》卷二〇九。
② 参见王应麟《困学纪闻》卷一四《鬻度牒度僧道》及阎百诗注。
③ 参见《新唐书》卷五一《食货志》。另《中国古代籍帐研究》收有乾元年中《沙州罗法光纳钱尼告牒》《沙州张嘉礼纳钱僧告牒》两文书,或为唐代度牒。
④ 《朝野杂记》甲集卷一五《祠部度牒》。

历年出卖度牒的数量和价格变动情况,请参见本书末附表 19、附表 20。

出卖度牒固然可以使官府得到一笔收入,但百姓出家为僧道又会减少官府赋入(包括劳役形式的赋税)。另外出卖度牒又受到几方面的限制:一是出卖度牒数不能太多,太多就会超出实际需要无法售出,而且出卖度牒数过大,会引起僧道总人数增加、佛道两教过于兴盛,进而对封建统治秩序造成威胁。故而每当一段时间里出卖度牒数太多之后,往往不得不住卖数年加以调节。二是度牒价格不能定得太高,定高了购买者少,达不到敛财的效果。故而出卖度牒收入起伏虽大,却大致是围绕一条基准线变化。这个基准线即是每年出卖一万道度牒,折计约一百万石的粮米,折以钱数,则因铜钱、铁钱、楮币的袂类及物价变化而变化。这笔收入在整个岁入中约占百分之一。①

从记载看,宋朝将出卖度牒作为一种博取机动资金的手段,广泛地用于弥补财政开支上各个方面的缺欠。其中有:一、军费与边储;二、修筑城池;三、兴修水利治理黄河;四、营田投资;五、市易市舶本钱;六、秤提楮币;七、赈济救灾;八、修仓寺桥道;九、补助漕运;十、赏赐。以卖牒取财对官府有不少利便:一是运转灵活,哪里需要钱财,几十页纸即可代替成千上万贯金属钱币或相应的绢、谷的转移,大省调配、运输之烦。二是应急性好,遇到燃眉之急即可平地生财,不须设置本钱,有些不良后果又可事后补救。官府既经常以鬻牒为应急应变、弥补欠缺的手段,为办财通快,故而对卖牒度僧的手续往往不甚苛求,这使得空名度牒得以作为一种有价证券在民间广泛流行,甚至有借度牒官私价变动作度牒投机生意者。②这又是由特殊的财政造成的社会经济生活中的一种特殊现象。

二、卖官鬻爵

卖官鬻爵,以助财计,在先秦即已出现,历代多有沿用。宋朝财计不

---

① 有人夸大卖度牒收入在财计中所占比重,认为此项收入在岁入中占百分之十以上,实不确切,本书不取。

② 参见《宋会要·职官》一三之二三、三六。

充,不能不求助此法。但是宋朝即便不卖官,由于其官制上的弊病,冗官已是大患,所以卖官鬻爵就受到很大限制,所得收入也相应受到限制。时人虽未作过确切的统计,但从记载中反映的情况看,卖官鬻爵收入似不如卖度牒收入多,也不如卖度牒收入那样经常化。

宋朝卖官鬻爵多在筹措军费和赈灾时举行。真宗咸平末年,河北转运使刘综首建卖官鬻爵以备边的策略。景德年中首在河北实施,随即推行于陕西。其价目(以粮石为单位)有具体规定,见本书末附表18。此规定实施情况及延续时间失载。至"神宗熙宁元年,赐河东路转运司,试将作监主簿、太庙斋郎、州助教、摄助教空名敕诰三十,令乘秋熟募民纳粟实边,候已授官仍更免差役之次"。"诏给将作监主簿、斋郎补牒,助教、摄助教敕各三十,下鄜延路募百姓入粟实边,仍免徭差之次。"① 熙宁七年"赐秦凤路都转运司……试监主簿、斋郎、州助教敕牒三百,变置籴本"。② 熙宁九年,"诏赐监主簿、斋郎、州助教告身补牒,共为钱十五万缗,付广南东路转运司市粮草"。③ "诏赐……监主簿告、斋郎牒、州助教敕总三十三,为钱五万缗",付京东西路"籴军粮"。④ 后至哲宗元符三年底,又命河北、陕西、河东"召人入纳斛斗,仍以本处在市实直纽算价钱,内陕西、河东路以铜钱分数纽计:奉职六千贯、借职四千五百贯、斋郎三千二百贯"。⑤ 后北宋末、南宋初,多以官告为科籴籴本,以助军粮。南宋建炎三年又立价卖官:"承直郎二万五千贯,儒林郎二万贯,文林郎一万八千贯,从事郎一万六千贯,迪功郎一万贯,修武郎四万五千贯,从义郎三万五千贯,秉义郎三万贯。"⑥这次卖官的官名、品阶范围似较前有所扩大。绍兴七年初,因建康府、秀州两处卖官共入七十余万缗,有关官吏受赏,⑦这是卖官收入数目较大的一次。两处卖官得财如此数量,全宋应颇可观。又

---

① 《群书考索》后集卷六二《鬻爵》。
② 《长编》卷二五四。
③ 《长编》卷二七八。
④ 《长编》卷二七九。
⑤ 《宋会要·职官》五五之三八。
⑥ 《宋会要·职官》五五之四四。
⑦ 参见《系年要录》卷一〇九。

据载,绍兴二十九年,总领四川财赋许尹赴任时,携空名官告八百六十道,"其后累年间抑售于民者凡五百五十七道,计直二百五十万缗,蜀中大扰"。① 此后,因战争而卖官鬻爵事时见记载,虽宋廷注意限制,数额及收入不多,对财计也不无作用。

宋朝赈灾,即吝于出财,便时时以度牒、官告代钱使用,入粟赈灾补官爵事时见记载。早在太宗淳化五年,即有诏:"诸州军经水潦处许有物力户及职员等,情愿自将斛斗充助官中赈贷,当与等第恩泽酬奖:一千石赐爵一级,二千石与本州助教,三千石与本州文学,四千石试大理评事、三班借职,五千石与出身、奉职,七千石与别驾、不签书本州公事,一万石与殿直、太祝。"②真宗大中祥符九年又重新规定:"灾伤州军有以私廪振贫民者,二千石与摄助教,三千石与大郡助教,五千石至八千石第授本州文学、司马、长史、别驾。"③熙宁七年,"赐度僧牒二千五百、试监主簿、斋郎、州助教敕诰补牒总五十,赈贷泾原、环庆路汉蕃饥民,及为永兴路常平籴本"。④ 入粟补官爵以助赈济事,此后见于记载颇多,不胜枚举。值得注意的是,淳熙三年,宋廷一度诏令停止卖官鬻爵,但同时却又规定入粟赈济补官加爵仍旧不变,⑤可见对此事格外重视。

此外,有时在乏财情况下,也有用官告助修水利设施、修城池仓库等的。⑥ 南宋秤提楮币,也有用官告敕牒者,如嘉定三年收兑第十一界会子,所用资财包括:"出卖告敕绫纸补帖一千四百道,计价钱四百四十万缗";"左右选转官循资告九百四十道,约价钱三百三十万余缗";"封赠冠帔敕告六百道,计价钱二十八万缗"。⑦ 三者合计约八百万缗,是收兑此界旧会所用资财总额的四分之一,其对财政的补助是不小的。与此同时,四川收兑第九十一界钱引也用了卖官告敕牒所得钱财。宋朝除一般的卖

---

① 《系年要录》卷一八一。
② 《宋会要·职官》五五之二九。
③ 《长编》卷八八。
④ 《长编》卷二五四、林駉《古今源流至论》续集卷五《鬻爵》。
⑤ 参见《中兴圣政》卷五四。
⑥ 参见《宋会要·食货》六一之一〇五、《长编》卷二八四、《吴郡志》卷一九《水利》。
⑦ 《朝野杂记》乙集卷一六《东南收兑会子》。

官鬻爵之外,还出卖妇人名号,前述"封赠冠帔敕告"即属此类,前此乾道七年,"诏吏部给降太孺人告三百道,每道价钱七百贯,就户部置场出卖"。① 此事前朝未见记载,似为南宋首创,其设法敛财之用心可谓良苦。

宋朝官户在赋役减免方面特权不如前代多,出钱粮买得官者特权又少于一般官户。仁宗嘉祐六年规定:"凡入资为郎,至升朝官户役皆免之,京官不得免衙前,自余免其身而止。"②南宋绍兴十二年又规定:"入资授官通及二万贯以上人方许作官户免役。"③以钱粮买得的官户特权既少,官告卖得费力,时有抑配之事。虽然如此,卖官鬻爵仍对社会有不良影响。主要表现在:卖官鬻爵使官冗更加严重,这尤以北宋后期情况为突出。据时人讲,此间"出颁假将仕郎等告牒,比之往岁,不啻数十倍"。以致买得官者"遍满天下,一州一县无处无之,已仕者约以千计,见在吏部以待注拟者不下三百人"。"方今入仕之门多,流外之员其冗滥尤在于进纳。"④买得官者有些不只本人做官,还可荫及子孙,据大臣范纯粹讲:"富民猾商,捐钱千万,则可任三子。"⑤另外,买官者多,差役、科率负担有时可以免减,此负担移之于其他百姓,也有不良后果。⑥

第五节　经总制钱

一、经总制钱的性质与地位

目前较为流行的看法,是将经总制钱看成是一种新创的赋税或许多

---

① 《宋会要·职官》五五之五〇。
② 《群书考索》后集卷六二《鬻爵》。
③ 《宋会要·职官》五五之四六。
④ 《宋会要·职官》五五之三九。
⑤ 《宋史》卷三一四《范纯粹传》。
⑥ 如《宋会要·职官》五五之四一载宣和三年十二月臣僚上言:"常岁科配,皆出富室,一旦入粟,遂为官户,终身获免。"《系年要录》卷七七载臣僚上言,入钱粟者,"遂理为官户,荫及二代,应兼并之家遂与公卿无异,悉免科徭。"

新创杂税的合称,实际这种认识是不确切的。① 为了确切地把握经总制钱的性质,我们将经总制钱的来源即隶于经总制钱名下的各种财务收入窠名开列于本书末附表21。

我们可以将这些窠名分为若干类:

一类,增加禁榷品的专卖价格所得收入,如权添酒钱、量添卖糟钱、盐别纳钱。

一类,增加已有税项的税率或征收范围所得收入,如头子钱、增添田宅牙税钱及官户不减半民户增三分役钱。

一类,增加官田地、房产租赁钱,如楼店务添三分房钱、添纳租课钱。

一类,向地方征调某些已有收入。这一类中较为明显的是与免役法联系的几项窠名。如免役一分宽剩钱,它原是用于灾年蠲减税入后补充地方雇役用的,稍后被就地封桩,隶于总制钱后改为直接上供。耆户长雇钱、壮丁雇钱原系用于雇役的免役钱之一部分,耆户长、壮丁职事改由保甲负担后,其钱陆续上调(详见免役钱一节),最后隶于总制钱。又据李心传记,总制钱名下还有"转运司移用钱"一项,②因其可能为表内某一项或某几项的代称,为免重复,未列入表内。从其名称上看,其性质显属征调原属转运司支配的一部分赋入。再如抵当四分息钱、平准务四分息钱,显然也是将官府已有营利性经营收入按比例征调上供。另外,增添商税钱似并非由增加商税税率取得,而是靠增加地方商税课额取得。南宋物价上涨,商税收入从钱数上看或有增加,实际价值多有减少,在这种情况下,增加课额而把增加部分上调,也含有改变商税收入中央与地方分配比例的意义。

上述四类外,尚有出卖官田宅收入,也非一种赋税。又有许多性质复杂难定的窠名,例如与榷茶联系的数项。南宋榷茶官卖引不卖茶,情况已属特殊,上述各项附于榷茶,又各有名堂,其性质更难一言定论。这里有一个问题,创立经总制钱的同时是否创立了新的杂税? 我们对表中所列

---

① 《宋史》编定者将经总制钱入于《食货志·会计》一节而不入《赋税》一节,是较为正确的做法。

② 参见《朝野杂记》甲集卷一五《总制钱》。

窠名进行逐项分析,不难得出结论:或则没有,有则甚少。例如头子钱、勘合朱墨钱等的创立都早于经总制钱。在前编,我们曾笼统地讲经总制钱大部分取财于各种名目的附加税,现在经过如上分析,我们可以作一更为确切的概括:经总制钱是南宋朝廷向地方征调的一笔财赋,它的主要来源是,增加专卖品价格、增加已有税赋税率和征范围,增加地方赋入中直接隶属于朝廷者的比重。

经总制钱岁入约二千万贯(含四川),在南宋前期和中期岁入中大体占四分之一或五分之一,这一比例不算很高,但经总制钱在南宋财政中却居十分突出的位置。绍兴年中大臣徐宗说讲:"方今经费所赖之大者,经总制钱物。"[1]淳熙末年,叶适也讲:"凡今截取以界总领所之外,户部经常之用,十八出于经总制。"[2]此前后朱熹也讲:"经总制钱……大农之经赋,有司不复敢有蠲除之议。"[3]要正确理解经总制钱在财政中的地位和时人的如上议论,须对宋人所谓"经费"有恰当的认识。所谓经费,乃是指朝廷经常费用,这里有两个限定,一是它不包括地方费用;二是它不包括非常费用,用于战争方面的开支往往被列入非常费用而不属经费范围。实际上按时人习惯,还有第三个限定,即它不包括实物财赋而仅指货币财赋。经过这样的限定,所谓经费,大体与中都吏禄兵廪所含范围接近,以岁计,大约与经总制岁入数略相当,而经总制钱各总领所和地方尤其是四川总领所要截留一部分,尽管如此,由于南宋时田赋收入减少,而其货币部分多入月桩钱供军,故而户部经费仍大部分依靠经总制钱解决。这样,经总制钱的地位就显得不同寻常,为宋廷尤其是户部所格外重视。时人将输纳经总制钱称为殿最纲,[4]言其为考课官吏之重要依据。为了确保收入,宋廷于绍兴末年确立定额,不但有上供总额,而且各路、各州县各有定额。由于经总制钱尤其是总制钱所系各窠名"无常入而有常额",[5]"岁

---

① 《宋会要·食货》六四之九六。
② 《水心别集》卷一一《经总制钱》。
③ 《朱文公文集》卷一四《延和奏札》。
④ 参见《宋史》卷四二三《黄蕃传》。
⑤ 《宋会要·食货》六四之一〇九。

月逾深,逋负日积,大郡所欠十数万缗,小郡亦不下一二万数",①官吏借故横征暴敛,给百姓带来很大痛苦。后人评论说:"宋之所以亡,自经总制钱。"②从其导致财政进一步混乱、经济进一步衰退、百姓痛苦进一步加深的角度看,这话是有一定道理的。

在隶属于经总制钱的各项收入寨名中,有些前面讲榷酒、榷茶、商税、免役钱、官田楼店务收入时已述及,有些则殊少记载详情难窥,而头子钱、钞旁定帖钱及田宅牙契钱三项是前面未能专述,在经总制钱来源中也较具代表性,记载也稍充分,以下将专门作些分析。

二、头子钱

目前有些人对头子钱有些模糊认识,以为头子钱系因经总制钱而立,甚至有认为经总制钱与头子钱二者为一的。其实头子钱之创立大大早于经总制钱。南宋汪应辰讲:"人户输纳官物,以钱陌取之者曰头子钱。""头子钱本起于除陌钱,盖唐、五代不得已之政,本朝因循未能尽革。"③李心传大体与之持相同看法。④ 而马端临则又提出,头子钱与五代的"苗子布袋"钱、"盘缠"钱有历史渊源关系。⑤ 李焘记,宋太祖乾德五年,"有司言荆湖诸州输税,请如内郡收头子钱,诏不许"。⑥ 这一记述说明早在北宋初年内郡赋税输纳即已征收头子钱。马端临对北宋时头子钱征收几次较大变化记述如下:

> [开宝]六年,诏诸仓场受纳所收头子钱,一半纳官,一半公用,令监司与知州、通判同支使。头子钱纳官始于此。……康定元年三月,三司札子:除利、益、梓、夔四路外,余路自今头子钱并令纳官,头

---

① 《朱文公文集》卷一四《延和奏札》。
② 《清朝经世文编》卷二六《吏政·理财》引顾炎武《读宋史陈遘传》。
③ 《文定集》卷五《论勘合钱比旧增重疏》。
④ 参见《朝野杂记》甲集卷一五《经制钱》。
⑤ 《通考》卷四《田赋考》。
⑥ 《长编》卷八。

子钱尽纳官始于此。① 熙宁二年十月,提举河北常平广惠仓皮公弼请:今来给纳,欲每贯石收五文足。诸路依此。则给纳并收头子钱始于此。政和四年四月,湖南转运司奏:应给系省钱物许每贯石匹两各收头子钱五文,乞专充补助直达纲之费。增收头子钱始于此。……宣和六年闰三月,发运判官卢宗原欲于江浙淮湖广福九路应出纳钱物每一百文收头子钱一文充籴本,靖康元年罢。②

记载说明,头子钱征收的税率越来越高,由仅收纳征收变为收支均征,税率由千分之五增为千分之十以上。头子钱在财政上的功用越来越大,由最初仅用以津贴吏人变为补助官府各方面开支。北宋时,除两税、系省钱出纳征收头子钱外,从记载看,商税、免役钱输纳、常平散敛等也征收头子钱,只是税率略有不同。③ 入南宋后,头子钱税率又有较大幅度提高,然各种场合下征头子钱的税率似已趋于统一。至绍兴五年上半年止,官府出纳钱物一贯,征头子钱二十三文,此年创立总制钱,每贯加征七文,共三十文。此后有增有减,总的趋势是增,至乾道初年,官府每出纳钱一贯,所征头子钱已为五十六文。此后未见再有增加。头子钱虽然主要部分分别隶经制钱或总制钱,却也有少部分留使留州或他用,其分隶情况略如图(见354页)。

以乾道初年每贯征收五十六文的税率计,当时南宋岁出入钱财各约为亿贯上下,则头子钱岁入应为一千万贯,其中十分之八以上隶经总制,故头子钱实为经总制钱的一个主要来源。

---

① 《朝野杂记》甲集卷一五《经制钱》载:"康定元年,始令具数申省,不得擅支。"

② 引文见《通考》卷四《田赋考》,其中政和四年诏及宣和六年诏又见《宋会要·职官》四二之四七、五〇。其载宣和六年诏与《通考》稍异,作"东南九路除茶事司并六路盐事司外,应诸司出纳钱物,每贯收头子钱一十文省。"又《朝野杂记》甲集卷一五《经制钱》载:"及[陈]亨伯为经制,遂令凡公家出纳,每千收二十三文,止供十三州县及漕计支用。"

③ 《通考》卷四《田赋考》载,开宝六年,"令川陕人户两税上输纳钱帛每贯收七文,每匹收十文,丝绵一两、茶一斤、秆草一束各一文"。《宋会要·职官》二七之三五载,至道二年诏,"商税院收税头子钱,五百文已上一文,一贯二文"。《长编》卷二五一载,熙宁年中"役钱每千别纳头子五钱",吕陶《净德集》卷三《奏乞权罢俵青苗一年以宽民力状》述青苗散敛有头子钱,未言其数。

南宋头子钱分隶图示

分隶		原钱数	变化	变更后钱数	
绍兴五年,每出纳钱一贯征收头子钱30文	经制钱	10文	绍兴十一年增5.05文,十七年增13文	28.05文	乾道元年以后,每出纳钱一贯征收头子钱56文
	总制钱	7文	乾道元年增13文	20文	
	转运司移用钱	10.55文	绍兴十一年分5.05文入经制钱	5.05文	
	提刑司公使钱	0.5文	无变化	0.5文	
	本州公使钱	1.95文	无变化	1.95文	

按,本图系根据《朝野杂记》甲集卷一五《经制钱》《总制钱》,《系年要录》卷一三七,《嘉泰会稽志》卷五《经总制钱》,《宝庆四明志》卷五《经总制钱》,汪应辰《文定集》卷五《论勘合钱比旧增重疏》,《文献通考》卷一九《征榷》及《庆元条法事类》卷三七《给纳》等有关记载分析综合而成,对其中不精确或错误之处则不予采用。

三、钞旁定帖钱与田宅牙契钱

钞旁定帖钱是官府强迫百姓纳税时买官印钞旁所得收入。北宋元丰年中,始有官卖钞旁之事,不久被罢。[①] 崇宁三年,复令诸路官卖钞旁定帖,以其收入赡学,且令收息不得过成本四倍。[②] 大观二年初罢。宣和元年秋重行崇宁之法,但收入输大观库。宣和三年诏此项收入输内藏库。宣和五年诏令此项收入除两浙路隶应奉司外,余路充发运司案本,又令诸州于钞旁上印定价。[③] 宣和七年,由于官吏卖钞旁多于价外横取,乃改官卖钞旁定帖为百姓自备,钞旁定帖而官收合同印记钱(手续费),每钞纳钱四十文省,不成贯石匹两者减半。其收入东南六路及京畿、河北、京西

_____

① 此依《九朝编年备要》卷二八所载,《长编》卷三三七则记时京西路官卖钞旁遭禁止。又《宋会要·食货》七〇之一三五载:"钞旁元丰以前并从官卖。"

② 参见《宋会要·食货》三五之一、七〇之一三五。

③ 自大观二年至宣和五年事,并参见《宋会要·食货》三五之一、七〇之一三五至一三七,《九朝编年备要》卷二八。按《宋会要·食货》六一之六二载,政和六年两浙、淮南征钞旁定帖钱。

仍充发运司籴本,陕西、河北就地收籴军粮,京东、广南、福建就地封桩听朝廷调用,四川计置金银绢帛输内藏库。靖康年中罢征。① 南宋建炎二年,复官卖钞旁定帖,绍兴二年,且诏伪造钞旁者依军法惩处。② 绍兴四年,改官卖钞旁定帖为征勘合钱,③又称勘合朱墨钱,其性质与合同印记钱相近。每钞收三十文足,不成贯石匹两者减半。④ 乾道二年九月,改法为按贯石匹两数计征,每贯石匹两收二十文足。据汪应辰讲:"勘合不以钞计,而以贯石匹两计,是阳为减而阴实增之也。以成都一路计之,岁入三十万,今以所增为六十万,计以四路,不知几倍。"⑤也有人估计四川一岁可入百万缗。⑥ 东南各路岁入数未见记载,当也不少。

田宅牙契钱,或称田契钱,性质大体为田宅买卖交易税和手续费之综合。原征收范围包括奴婢、马牛等,后来则仅限于田宅。李心传记:

> 田契钱者,亦隶总制司。旧民间典卖田宅则输之,为州用。嘉祐末,始定令每千输四十钱。宣和经制,增为六十。靖康初罢。建炎三年复之。绍兴总制,遂增为百钱。后以其三十五钱为经制窠名,三十二钱半为总制窠名,三十二钱半为州用。乾道末,曾怀在户部,又奏取州用之半入总制焉。先已诏牙税外每千收勘合钱十文,后又增三文,并充总制窠名。而牙税、勘合之外,每千又收五十六文,分隶诸司。大率民间市田百千,则输于官者十千七百有奇,⑦而请买契纸、贿赂吏胥之费不与。由是人多惮费,隐不告官,谓之白契。绍兴三十一年,王瞻叔为四川总领,乃括民间白契税钱以赡军。⑧

李氏所述,讲了田契钱的征收早在北宋仁宗时即已有之,但不上供。他又

---

① 参见《宋会要·食货》七〇之一三七至一三九。
② 参见《宋史》卷一七四《食货志·赋税》。
③ 见汪应辰《文定集》卷五《论勘合钱比旧增重疏》。
④ 参见《系年要录》卷八七、《中兴圣政》卷一七。
⑤ 见汪应辰《文定集》卷五《论勘合钱比旧增重疏》。
⑥ 参见《鹤山先生大全集》卷七八《李蘩墓志铭》引李蘩语。
⑦ 据上文计算,似每百千取十六千九百,与此数不合。
⑧ 《朝野杂记》甲集卷一五《田契钱》。关于乾道末年事又见《庆元条法事类》卷三〇《经总制》。又《宋会要·食货》六一之六三载,宣和四年令七路田契钱每一贯足增收二十文足,通旧不得过七十七文足为限。

讲了田契钱、勘合钱与头子钱在田宅交易中的抽收办法及彼此关系。他还讲到买卖田宅者逃避征税事，稍早于他的洪迈也言及此事，谓："官所取过多，并郡邑导行之费，盖百分用其十五六，又皆买者独输，故为数多者率隐减价直，赊立岁月。"① 民间白契颇多，理财官吏便献括白契钱之策，除四川外，东南地区也曾括取过白契钱。② 田宅牙契税南宋末仍见记载，淳祐九年，"提领户部奏，令诸州纳牙契钱，上州百万，中州八十万，下州四十万，抄差京局官分郡催督"。③ 时各地且有牙契税额，景定年前后，扬州"牙契旧额岁为钱四万缗，累改增至十六万，开告讦以求羡"。④ 可见田宅牙契钱虽岁入不多，却久长存在，在财计中起着作用。

从以上分析可以看出，头子钱、钞旁定帖钱、田宅牙契钱等都在经总制钱创立之前即已存在，其收入初多隶地方，隶经总制钱后改为大部上供，但仍有少部分地方留用。宋人谓经总制钱"敛之于细，而积之甚众，求之于所欲，而非强其所不欲"，⑤ 这些特征在头子钱、钞旁定帖钱、牙契钱的征收上表现得尤为突出，可以使我们看到宋朝统治集团敛取民财的巧妙手段。

---

① 《容斋续笔》卷一《田宅契券取直》。
② 参见《宋史》卷一七四《食货志·赋税》乾道五年条。
③ 俞文豹：《吹剑录外集》。
④ 《通考》卷一九《征榷考》。
⑤ 《宋史》卷四二五《杨文仲传》。

第 五 章

货币与财政（附官便钱）

在我国，几乎从封建社会一开始，统治集团即把钱币铸造发行权掌握在自己手里，此后，货币发行即与财政结下不解之缘。宋朝铜铁铸币也系官营，其情与前代无异。然而宋朝又是我国历史上第一个发行楮币的封建王朝，货币发行与财政的关系较前代又有发展。特别在南宋财政中，楮币发行更有举足轻重的地位。

第一节 北宋货币发行概况

一、北宋货币发行概述

北宋货币发行演进有较明显的阶段性，各阶段彼此衔接承续，却又各自表现出特殊性。

北宋货币发行演进的第一阶段，是宋初至仁宗即位初年、西部战争爆发之前。这一阶段钱法较为稳定，货币发行中突变较少。此阶段的大事是：铜钱铸造额的增加、钱法的整顿和交子的产生。

宋初，因版图关系，铜钱铸造量很少，真宗时王禹偁记："自[唐]乾宁而后,杨行密父子兄弟据有江淮,晋天福中李昇僭号,传子及孙,至皇朝开宝末,凡百余岁,铸钱之利,不入中国。"①据沈括记,宋初平南唐,岁铸铜钱七万贯,这可能不太准确,或此乃饶州永平一监之数,②然永平监之外是否还有铸钱处已不可考。另有记载讲,开宝九年升州(建康)铸钱三十万缗,③此岁为江南入宋版图之第二年,动乱之余能铸这样多铜钱也不无疑问。即便以上述饶、升二州数之和计为当时岁铸数,与真宗以后的岁铸数比较,也仍是很小的。太宗对铸钱事颇重视,即位之初就命"置监于升、鄂、饶等州,大铸铜钱"。④ 随后,他又亲自召见即将赴任的江南路转运使张齐贤,嘱咐他设法增铸铜钱。⑤ 至道二年十月,置池州监;真宗咸平三年,又置江州、建州监。至此,北宋著名的饶、池、江、建四大铜钱监全部建立,铜钱铸造量达到每岁一百三十五万贯。⑥ 稍后景德年中,更达到岁铸一百八十余万贯的高额。至此,宋朝铜钱铸造能力已大大超过了见于记载的唐朝铜钱铸造能力。

在设法增加铜钱铸造量的同时,宋廷又进行币制整顿。建隆三年,宋廷下令禁止行用铁镴钱及南唐钱,同时禁止本国钱出境。乾德五年底,又下诏禁行恶钱及铁镴钱。太平兴国二年实行铜禁,禁民私采炼铸造,许北方铜钱渡江行用,设法用铜钱取代江南铁钱。端拱元年禁广南私钱。淳化四年,令江南铜钱必须达到规定重量或有官监字号方可行用。咸平初,再次申严禁止不合标准钱行用,官置场收买改铸。景祐初,为了防止钱币输入京师过多,外路缺钱使用,又将一些地区上供钱币改为上供实物。经过整顿,五代时币制的混乱状态基本消除,币制也大致趋于统一。

在此期间,四川被确定为特殊的货币区。作为在四川这一当时商业最发达的地区强制推行铁钱为主币制的结果,世界上最早的纸币——交子产生了。

---

① 《小畜集》卷一七《江州广宁监记》。
② 参见《梦溪笔谈》卷一二。
③ 参见《玉海》卷一八〇《开宝钱监》。
④ 《长编》卷一八。
⑤ 参见《长编》卷二四。
⑥ 参见《宋会要·食货》一一之一,以下景德年数参见《长编》卷九七。

　　北宋货币发行演进的第二阶段是仁宗西部战争开始后至神宗即位前。此时期货币发行上最主要的问题是战争和冗兵造成的军费膨胀导致的币制混乱。西部战争开始后,西部边费激增,宋廷乃于陕西、河东大量铸行小铁钱和当十大铁钱、当十大铜钱。同时,宋廷又令内地铸铁钱和当十大铜钱运往陕西应付边费。这使得陕西、河东民间盗铸盛行,币制大乱,物价飞涨,民心浮动。宋廷不得不通过降低大钱币值等措施加以补救。由于军费浩大,有人竟提出要仿效汉代皮币造"钱葆","饰以翠羽珠佩,藉以鹿皮,欲与钱兼行"。① 事虽不行,却也说明了军费增加对货币发行的不利影响。宋廷为筹措边费而着力造币,使得钱监数量增加,陕西、河东各监外,有广南韶州监,在此后的时间中渐成为著名大监。② 造币能力及岁铸额也有增加,庆历年中,据载岁铸额曾达三百万贯的新纪录。③

　　宋朝钱币铸造在神宗时期进入鼎盛阶段。神宗实行新的货币政策,放宽铜禁、钱禁,许私造铜器及携铜钱出境,同时大力开发坑冶,全力发展官铸钱业。熙宁六年,"诏京西、淮南、两浙、江西、荆湖六路各置一铸钱监"。④ 又于河北置卫州黎阳监,⑤连同前此仁宗时所增置的陕西、河东、广南各监,钱监大体布满全宋,改变了宋初官铸铜钱集中于东南少数州军的状况。至元丰年中,铸钱岁额达到铜钱五百零六万贯,铁钱八十八万余贯,合计近六百万贯的两宋最高数。据马端临记,此时"盖比国初至景德中,则铜钱增九监,而所铸增三百余万贯,铁钱增六监,而所铸增六十余万贯"。⑥ 神宗时期未行当十大钱,却广泛地铸行折二钱,元丰初禁折二钱入京师,仍用于外路。在楮币方面,熙宁五卒交子初行两界沓行法,等于增加一倍的发行量。宋廷又企图将交子推广于陕西、河东,但遭到挫折。

　　哲宗即位以后,货币发行逐渐走上下坡路。神宗时新置钱监十四所因扰民被罢,铸钱数量也随之减少。后又减少折二钱铸造量,限制其行用

---

① 《长编》卷一六九、《群书考索》后集卷六二《财用·楮币》。
② 参见余靖《武溪集》卷一五《韶州新置永通监记》,文又见《金石续编》卷一四。
③ 参见《梦溪笔谈》卷一二。
④ 《长编》卷二四六。
⑤ 参见《长编》卷二五一。
⑥ 元丰年铸钱数及引文均见《通考》卷九《钱币考》。

范围。哲宗亲政及徽宗时期，宋廷多方设法增加铸钱数量，以求恢复神宗时之盛况，然而多成扰民，未见实效。徽宗时期钱法屡变，行当十钱、夹锡钱，又曾于内地行铁钱，将楮币推行于全宋，造成钱法的空前混乱。

北宋四川为铁钱区，陕西、河东铜铁钱兼行，情况较为特殊，又北宋有交子、钱引、小钞三种楮币，以下各专做些分析。

二、北宋四川钱法概述

四川早在汉末公孙述割据此地时已曾行用过铁钱，然此后至隋唐却一直行用铜钱，五代十国之后蜀再次铸行铁钱，元人费著记：

> 孟氏广政间，增铸铁钱，于外郡边界参用，每钱千，分四百为铜，六百为铁。逮至末年，流入成都，率铜钱十分杂铁钱一分。大盈库往往有铁钱与铜钱相混莫辨，盖铸工精也。①

据此可知后蜀虽铸行铁钱，却不专用铁钱，相反，仍以铜钱为主币。四川改为以铁钱为主，似是宋初之事。李焘记：

> ［乾德四年］既平蜀，沈义伦等悉取铜钱上供，及增铸铁钱易民铜钱……寻又禁铜钱入川界，铁钱十乃直铜钱一。②

据此，四川主行铁钱，乃是由于宋灭后蜀后残酷掠夺所致。宋朝之所以括取川蜀铜钱，可能与当时宋朝境内铜钱铸造能力极低有关。太祖时禁铜钱入川的敕令，于太宗时予以解除，③然而官既不铸铜钱而铸铁钱，川蜀铜钱已颇稀罕。宋廷曾令赋税按比例输纳少量铜钱，终因百姓无法获取铜钱而罢止。铁钱币值低下，沉重难持，铜钱又极难得，这对经济较为发达的川蜀地区就造成问题。淳化年中，有人提出用铸行当十大铁钱来解决此问题，未能奏效。此后，发生了王小波、李顺起义，铁钱停铸十年，于是民间创行了交子。私营交子信用差，行用未广。真宗景德二年，再次铸

---

① 《蜀中广记》卷六七《方物·钱》引（元）费著《钱币谱》按原文为宋人语气，或费著又系转引宋人文字。此事另见《长编》卷二三、《长编纪事本末》卷一一《蜀钱》。
② 《长编纪事本末》卷一《蜀钱》。
③ 《长编》卷二三记为太平兴国四年，《系年要录》卷一六九记为淳化年间。

行当十大铁钱。未满十年,钱轻物重的倾向已严重到这种地步:人们熔铁钱造器用,其价倍于铁钱之直。于是新旧铁钱多被销熔,官府无法禁绝。大中祥符七年,用新铸减轻当十铁钱取代旧大钱,其用铁量仅为旧大钱二分之一。① 销熔无利,铸造数又有限制,钱法始趋稳定。天禧末年,四川岁铸铁钱二十一万余贯,时四川计有三铁钱监:邛州惠民监、嘉州丰远监、兴州济众监,它们后来即成为宋朝设于四川的主要钱监。仁宗西部战争期间,四川钱法似未受到很大冲击。战后,四川又减少了铸行铁钱数。② 至嘉祐四年,更令停铸十年。③ 实际上除兴州一监外,停铸超过十年。至神宗熙宁六年,始令邛、嘉州减半复铸,元丰年中,方全部恢复旧额。减铸和停铸维护了四川钱法,使其避免了过早的颓坏。然而值得注意的是,元丰年中四川作为铁钱区已明确见于官方文书。神宗熙宁年以后,交子(后改钱引)发行量逐渐增加,发行范围逐渐扩大,至徽宗崇宁、大观年间达到高峰,造成混乱,四川钱法受到的破坏,当然是首当其冲的。

三、陕西、河东钱法概述

陕西钱法在宋初尚不见与内地有异。仁宗时"西鄙用兵,支费不足,遂鼓铁为钱",④陕西即成为一特殊货币区。康定元年,宋廷令于内地铸大铜钱、小铁钱运往陕西,又于陕西新置阜民、朱阳两钱监铸青铜钱。庆历元年九月,又令陕西铸折十大铜钱及小铁钱,⑤令东南江、饶、池等州铸铁钱三百万贯运往陕西。⑥ 稍后,又令陕西铸行折十大铁钱。⑦ 这样,陕

---

① 参见《长编》卷八二、《蜀中广记》卷六七《方物·钱》引费著《钱币谱》。

② 参见《宋史》卷三一八《张方平传》。

③ 罢铸事参见《宋史》卷一八〇《食货志·钱币》、《蜀中广记》卷六七《方物·钱》引费著《钱币谱》、《长编》卷二四五等。

④ 《历代名臣奏议》卷二七〇李复奏。

⑤ 参见《长编》卷一六四。

⑥ 参见《宋会要·食货》一一之六、《宋史》卷一〇《仁宗纪》及《长编》卷一六四。

⑦ 按,陕西行折十铁钱不详其始,当在行小铁钱后。各书记庆历年中陕西已行大铁钱。

西大小铜钱、大小铁钱兼行,与内地及东南在钱币发行上情况迥异。大钱本薄利厚,民间私铸盛行,陕西钱币聚而难散,造成物价暴涨,商业破败,社会动荡。庆历八年,宋廷令折十铜钱改为折三,一铜钱折三小铁钱。据载,官府为减少大钱贬值所造成的损失,于变法前设法将大钱出贷于民,这样,贷钱于官的百姓即成为贬值的直接承担者和受害者。① 嘉祐四年二月,宋廷又下令折三铜铁大钱改为折二。经过这样的调整,钱法才得相对稳定。熙宁年中,战事又起,宋廷又于陕西增设钱监,铸折二铜铁钱。由于数额大、工期慢,故质量低劣,使得民间私铸乘机又起,钱法渐乱。熙宁七年,地方官府不得不着手整顿,用官钱按重量收买私钱、恶钱。随后宋廷颁下钱样,规定凡不合格者纳官重铸。至熙宁九年,据中书省统计,所纳私恶钱已有一百一十五万贯,大大超过原估计数,有些大臣认为未收者尚多。这样多的私恶钱难以全部回炉重铸,于是整顿即告失败。② 此后战争转急,所收私恶钱随又因军费流回民间。此期间,因西部边费增加,宋廷竭力设法于陕西就地铸钱。元丰六年,因陕西钱监缺铜影响铸造而惩处户部长官(罚铜),③说明宋廷对此事的重视。据元丰七年陕西转运副使范纯粹讲,时陕西共有铜铁钱九监,每年铸折二大钱约百万贯,折计小钱二百万贯,约为全宋岁铸总额三分之一。由于劣币驱逐良币的法则的作用,市面上铁钱越来越多,铜钱越来越少,铁钱与铜钱的比价逐渐变化。由最初的一比一变为熙宁年中的二比一,再变为元祐、元符年中的三比一。④ 铜铁钱比值关系的失去控制,不但冲击了铜铁钱兼行的币值,而且冲击了盐钞的正常发行,影响了沿边地区军事物资的筹办和沿边地区社会的安定。宋廷乃于元祐八年、元符二年两次下令陕西禁行铜钱,⑤

① 参见《长编》卷一七二及李心传《旧闻证误》卷二,据载凡贷大钱二百八十万缗,贬值后百姓受损一百九十万缗,"破产失业,自经者甚众"。
② 回收私恶钱事参见《长编》卷二五六、二五八、二六〇、二六一、二七四、二七六等。
③ 事参见《长编》卷三三三。
④ 关于陕西铜铁钱比值关系变化,各书记载颇有出入,且沿边与近里也有差别,此依刘安世《尽言集》卷八《论陕西盐钞铁钱之弊》及《长编》卷五一二、五一六等。文中所讲铁钱指折二铁钱,故每贯当小铁钱二贯。
⑤ 参见《九朝编年备要》卷二三、《宋史》卷一七《哲宗纪》、《长编》卷五一六。

企图用变陕西为铁钱区的办法扭转铁钱不断贬值的局面。这两次禁行铜钱都行之未久,但此期间陕西却已停铸铜钱了。徽宗时蔡京为相,令陕西铸折十铜钱和夹锡钱,原拟不在本路使用,后竟行于本路。① 此时陕西铁钱过多,有流入川蜀之势,崇宁、大观年间,宋廷曾下令禁止。但是陕西折二铁钱币值至大观三年已仅为小铜钱五分之一,这使宋廷很为忧虑,为减缓贬值势头,宋廷终于解除了陕钱入川的禁令。② 后夹锡钱贬值严重,政和元年,有诏令夹锡钱与折二铁钱"一等行用,不得分别称呼"。③ 于后又禁陕西用铜钱,至靖康元年弛禁。④

由于陕西为宋朝西部与夏、蕃作战前沿,宋廷每年都要调大批钱财输往陕西,又于陕西就地设监铸钱,故使大量铸币聚集陕西,加之广泛行用的盐钞也具某些货币职能,陕西就成为宋统治区中物价最高的地区。宋廷为筹措军费,不断地改变钱法,造成混乱,使陕西地区人民蒙受了极大的苦难。

河东路与陕西邻近,钱法也颇接近。河东铸行铁钱始见于庆历初年,⑤有折十、折一两种。据庆历四年欧阳修奏,自始铸至此年四月,共铸大钱四万四千八百余贯,折小钱四十四万八千余贯;小钱十七万七千七百余贯,合计约六十万贯。⑥ 由于铸铁钱尤其是铸大铁钱利大,私铸随起。河东盛产石炭,"民烧石炭,家有橐冶之具,盗铸者莫可诘"。⑦ 故宋廷不得不令河东停铸铁钱。此后,河东即使用现有及流入铜钱、铁钱。元丰年中,毕仲衍撰《中书备对》,明确河东为铜、铁钱兼行区,他详列各路钱监二十六处,其中河东路只有铜钱监,无铁钱监,说明至此时河东本

---

① 参见《通考》卷九《钱币考》及《长编纪事本末》卷一三六《当十钱》。
② 参见《宋史》卷一八〇《食货志·钱币》。
③ 《宋大诏令集》卷一八四《陕西铁钱折二公私通行诏》。
④ 参见《宋史》卷一八〇《食货志·钱币》。又此间铁钱进一步贬值,李纲《梁溪集》卷一四四《御戎论》记,"时铁钱比铜钱,凡二十而当一"。
⑤ 《长编》卷一六四细文记为庆历二年十月宋廷下诏,《长编》卷一三三、《宋史》卷一一《仁宗纪》记为庆历元年九月下诏,令河东路铸行铁钱。
⑥ 参见《欧阳文忠公文集》卷一一五《乞罢铁钱札子》。
⑦ 《长编》卷一六四。

路仍不是岁铸铁钱。① 但前此熙宁八年,宋廷曾特令河东路铸小铁钱一百万贯,②似非常例,且或非全部行于本路。可能与此有关,熙宁九年,河东又出现"铁钱盗铸者广,滥杂而不可除"的情况,③不过尚未酿成祸乱。故元祐年中苏愈讲:"河东虽有小铁钱,然数目极少。"④绍圣三年四月,宋廷令河东路铸行折三大铁钱。⑤ 徽宗即位后,河东路夹锡及大小铁钱、大小铜钱兼行。从记载上看,河东路似不如陕西受钱法危害严重。

四、北宋的交子、钱引与小钞

北宋的楮币只有交子、钱引与小钞。除北宋后期等少数时间外,多限于四川行用。钱引系由交子推衍而出,为交子继承者。小钞乃因兑收折十钱而产生,行用时间很短,数量也不大。

关于交子的产生,记载中于细节之处颇纷乱龃龉,由中大致可知:民间私营交子始行于淳化四年王小波起义之后,真宗景德二年之前。四川时所行铁钱过于沉重,"街市买卖,至三五贯文即难以携持"。动乱之中,民间即创行了交子。景德年中,川蜀地方官府对私营交子加以控制,益州乃令富豪十六户主持此事。经营者"每年与官中出夏秋仓盘量人夫及出修糜枣堰、丁夫物料"。这十六户因此得利,"收买蓄积,广置邸店屋宇园田宝货"。后信用渐差,"或人户众来要钱,聚头取索印,关闭门户不出,以至聚众争闹,官为差官拦约,每一贯多只得七八百,侵欺贫民"。⑥ 于是真宗末年予以取缔。取缔后百姓多有希望复行者,有些官员则看出经营交子有利可图,主张实行官营。仁宗天圣元年,宋廷于益州立官交子务,发行交子,规定持交子兑钱时依旧例每贯扣三十文,交子面额自一贯至十

---

① 参见《通考》卷九《钱币考》所引。
② 参见《长编》卷二六〇。
③ 《长编》卷二七九。
④ 《栾城集》卷四一《论北朝所见于朝廷不便事》。
⑤ 参见《九朝编年备要》卷二四。
⑥ 上述关于私营交子的引文并见李攸《宋朝事实》卷一五《财用》。

贯不等,于是楮币交子便产生了。①

由初行至哲宗末年,大致是交子正常行用时期。此间交子发行在制度上变化不大,在发行区域上虽有变动,而变动并不大;发行数量虽逐渐增加,却尚未引起严重贬值。发行区域的变化,是指:庆历年中,曾两次以交子于陕西秦州募人入中粮草。② 熙宁年中,曾于陕西,河东试行交子。后绍圣年以后,又曾在陕西行用交子。官交子初行,发行量仅有一百二十余万贯。③ 至熙宁四年后两界沓行,实际发行量为二百五十万贯,后"绍圣元年增一十五万道,元符元年增四十八万道,祖额每界以一百八十八万六千三百四十为额,以交子入陕西转用故也"。④ 至哲宗末年,交子发行量约增加了两倍,行用区域则由四川扩大到川陕各路。

徽宗即位后,交子发行因受财计影响而出现混乱。崇宁三年、四年中,令京西、淮南行用交子,随即又诏交子"兼通行诸路"。⑤ 同时数额激增,贬值日趋严重。陈均记:"自取涅、廓、西宁,通行交子以助兵费,由是比天圣一界逾二十倍,至换界年份,新交子一千乃当旧会子四千。"⑥ 交子威信扫地,宋廷乃于崇宁四年令榷货务买钞所印钱引准备取代交子。⑦ 至大观元年,正式废交子而行钱引。⑧ 然而改换形制,于事无济,钱引贬值更甚,至有钱引一贯只兑得十几文钱者。宋廷曾强令民间贸易十贯以上钱与楮中半,然亦无效。大观三年,宋廷宣布钱引第四十一至四十三界不复收兑,自四十四界始钱引只行于铁钱地份,而发行量依

---

① 官交子产生除上引《宋朝事实》外,另见《长编》卷五九、一〇一,戴埴《鼠璞》卷上《楮券源流》,曾巩《隆平集》卷三《爱民》,僧文莹《湘山野录》卷上等。
② 参见《长编》卷一六〇、文彦博《文潞公集》卷一四《乞诸州供钱拨充交子务》及李攸《宋朝事实》卷一五《财用》。
③ 按,《宋朝事实》卷一五《财用》载"一周年共书放第二界三百八十八万四千六百贯",与各书不同,今不取。
④ 《蜀中广记》卷六七《方物·钱》引费著《钱币谱》。
⑤ 参见《宋史》卷一八一《食货志·会子》、《九朝编年备要》卷二六、《皇宋十朝纲要》卷一六及《通考》卷九《钱币考》。
⑥ 《九朝编年备要》卷二七。
⑦ 参见《宋会要·职官》二七之一八。
⑧ 参见《九朝编年备要》卷二七、《通考》卷九《钱币考》。

天圣旧额。① 一场混乱于政和年中始稍得平息,然时距北宋灭亡已是不远了。

小钞仅行于徽宗崇宁大观年中。崇宁五年,宋廷令除京师、陕西、河东北路外,折十钱不复行用。官府无力用小铜钱兑收折十钱,乃印行小钞,"并令通融行使,如川钱引法"。② 此后几次用小钞收换私钱和大钱。大观三年,有诏罢福建路小钞,③别路罢行时间失载,也不见小钞具体发行数额。

第二节　南宋货币发行概况

一、南宋货币发行概述

南宋货币发行与北宋相比有很大不同,突出表现在铜钱铸造量的剧减和楮币印行量的剧增,同时,由于版图的变化,货币区的划分也相应地产生了变化。

南宋物价上涨和坑冶业衰落,是铜钱铸造量减少的主要原因。南宋初年,兵荒马乱,官钱监多有废弛,岁铸铜钱总额在十万贯以下。宋金和议后,宋廷几番努力,企图增加铸钱量,甚至搜刮民间铜器充铸,然岁铸铜钱却始终在十五万贯水平上下徘徊。南宋后期岁铸额时有低落,大钱所占比例似又有增加,但岁铸铜钱总额仍接近十五万贯这一水平。

当然,除了钱贯数额之外,我们还必须注意重量和质量的变化。整个北宋时期,虽有几次铸行大钱,但仅就小平钱的铜铅锡制量和铸成后每贯

---

① 参见《宋史》卷一八一《食货志·会子》。按,钱引界数系与交子界数连续接排,故钱引初行即为第四十三界。

② 《皇宋十朝纲要》卷一六,事另见《九朝编年备要》卷二六、《长编纪事本末》卷一三六《当十钱》、谢采伯《密斋笔记》卷一。

③ 《皇宋十朝纲要》卷一七。

钱的净重看,前后变化不大。① 若以南宋情况同北宋比较,其差别就颇为明显。李心传曾对此有所分析,谓:

> [真宗]天禧之制,每千钱用铜三斤十四两,铅一斤八两,锡八两;建州丰国,又减铅五两,加铜亦如之。绍兴之制,每小钱一千省,用铜二斤半,铅一斤十五两,锡三两,炭五斤,盖七百七十七(衍)文为一千者也。今(嘉泰年中)小平钱一千足,乃用此料,则钱愈锲薄宜矣。②

这就是说,南宋嘉泰年前后所铸,用料比北宋时少(自然成钱重量也就轻),铜铅锡三者剂量也有变化,铜减铅锡增,铜钱的质量降低了。再从岁铸额中大小钱数量比例关系看,南宋也不同于北宋。大钱所占比重增加,小钱所占比重减少。以嘉泰年中岁额计,小平钱仅一万八千缗,而折二钱竟有六万六千缗,折小平钱十三万二千缗,③即是说岁额十五万贯中绝大部分是折二钱。后端平年中铸当五大钱,淳祐年中铸当十、当百等大钱。④ 大钱的增加,说明了铜钱实际质量的降低。

与铜钱铸造剧减(大约仅为北宋岁额二十分之一)成为鲜明对照,是楮币印行量的剧增。南宋初,只有四川行楮币,其影响限于一隅。绍兴六年,宋廷拟发行铜钱交子,遭到挫折。至绍兴末年,官府接管私营便钱会子,东南会子由此产生。东南会子明确以铜钱数为面额,这与北宋交子有很大区别。继东南会子之后,又有湖北会子和淮交两种楮币印行。钱引、

---

① 关于北宋钱贯重量,庄季裕《鸡肋编》卷中引蒋仲本《论铸钱事》所记较详,大体庆历四年时最轻,贯重四斤八两即四斤半,其余则为四斤十三两至五斤。另可参见《长编》卷一一六、二六七。又杨时《龟山集》卷四《论时事札子》述北宋末年"钱一千重六斤"。

② 《朝野杂记》甲集卷一六《铸钱诸监》。

③ 《朝野杂记》甲集卷一六《铸钱诸监》。其中绍兴年中铸钱用锡量,系据《宋会要·食货》一一之三校补。又《系年要录》卷一八〇载绍兴二十八年时,江西所用"旧钱百重十一两,新钱百重五两有奇",新钱质量低劣又甚于引文所载。又据载庆元年中曾行当三大钱,李心传此文未言及嘉泰年中岁额有当三钱。

④ 据《文物》一九七八年第五期载思达《宋钱》,现存淳祐当百钱有重三十五克和十四克两种,时小平钱每枚约重三至四克,则当百重量仅为小钱五倍至十倍。但此后各地陆续发现新的淳祐当百钱,小的只重9克,大的有重50克者,真伪难断。或许淳祐当百钱也存在越铸越小,及存在民间私铸劣币的情况。

京会、湖会、淮交这四种楮币长期并存,总发行量越来越大,最后竟超越十亿贯之数。另外,四川曾行用银会,影响稍小。南宋后期,钱引为四川会子取代,东南会子为关子取代。楮币名目和形式的变更未能挽救其颓运。楮币泛滥引起的通货膨胀导致人民的不满和社会动荡,也加快了财政走向崩溃的步伐,这是南宋灭亡的一个重要原因。

楮币发行量过大而发生贬值,宋朝为避免或减少因楮币底值对各方面造成的恶劣影响,竭力设法稳定楮币价值,一再举行秤提。所谓秤提,就是调整楮币与铸币的比价。秤提的办法不外乎两方面:一是减少楮币印行量和设法回笼楮币;二是增加鼓铸,设法禁止铸币(主要是铜钱)的储藏、外流和被销熔他用。另外,官府又采取强制手段硬行规定楮币与铸币的比价。秤提的结果,是使铜钱或多或少地随楮币一道贬值(就其购买力而言)。铜钱的贬值促使铜钱的储藏、外流、销毁更加严重,尽管宋廷三令五申、严刑密法,也无济于事。南宋后期,由于市面上缺乏铜钱,楮币币值又很不稳定,民间至用竹制或纸制的牌帖进行贸易。①

宋朝在与金朝交界处大量驻军,军费特别是军饷开支使铜钱有聚于沿边而流入金境的可能。宋朝为了避免铜钱的流失,即决定在与金交界沿边地区行用铁钱:乾道初年,首先将两淮变为铁钱区,随后又将湖北、京西变为铁钱区。同时又分别发行淮交、湖会两种楮币,这样,就形成了新的货币区划:江东西、浙东西、湖南、两广、福建为铜钱区,兼行用东南会子。两淮为一铁钱区,兼行用淮交。京湖为一铁钱区,兼行湖会。四川为一铁钱区,兼行钱引及银会。庆元至嘉定年中,宋廷又拟于长江以南沿江八州推行铁钱,凡经议论试行,终于罢止。南宋的楮币和铁钱情况较复杂,以下分别作些补述。

---

① 吕午《左史谏草·戊戌年四月二十四日奏……》:"近来州县权时施宜,或为纸帖子,或为竹木牌,或作五十文,或作一百文,虽不可以通行,而各处行之为便。"又《宋史》卷四六《度宗纪》咸淳元年秋七月壬戌,"禁民间用牌帖"。

二、东南会子及关子

东南会子,又称行在会子、京会,南宋时行于铜钱区。南宋初,楮币只限于川陕,其他地区已不行用。绍兴初年,为在沿边筹集军须,"路不通舟,钱重难致",①乃由榷货务发行关子,其性质类于便籴钞引或便钱券。绍兴六年,宋廷置行在交子务发行交子,遭到反对,随即罢止。此后宋廷有意让关子向楮币方向转化,同时又发行性质与之相近的现钱公据,二者均有面额,"自十千至百千凡五等",②行用期限为三年或二年。北、南宋之交,民间有私营便钱会子,绍兴末年,行在临安禁私营便钱会子,"夺其利以归于官",③发行官会子。初由临安府掌管,随即归隶户部。始行于两浙,渐通行于淮南、京湖,后改为在铜钱区行使。绍兴末,宋廷曾下令,税赋许按比例用会子输纳。至隆兴初,会子已有一贯、五百、三百、二百文几种面额。然而此时会子与钱引尚有区别:会子没有按期兑换制度,没有预定的发行额,发行机构也不健全。乾道初,会子出现贬值,信用跌落,宋廷着手整顿。乃规定自此"三年为一界,界以一千万贯为额,随界造新换旧"。④ 兑换时"每道收靡费钱二十足,零百半之"。⑤ 随即又仿钱引两界沓行,又于行都专置会子务(局、库),严密了关于会子法偿效力的规定。从此东南会子步入正轨,逐渐成为一种发行量最大的楮币。

东南会子的发行较之钱引稳定性要差,第一界始行不满十年,淳熙三年,即诏令每界展限三年,即为六年。十余年后,绍熙元年,又复展限三年,每界为九年。此后实际又曾展界,至淳祐七年,竟规定十七、十八两界会子不立限期,永远行使。故东南会子自乾道四年立界至南宋灭亡的百余年时间里,仅发行了十八界。会子发行的数量,乾道立界时规定每界一

---

① 《中兴圣政》卷一〇、《系年要录》卷四八、《宋史》卷一八一《食货志·会子》。
② 《宋史》卷一八一《食货志·会子》。
③ 《朝野杂记》甲集卷一六《东南会子》。
④ 《宋史》卷一八一《食货志·会子》、《通考》卷九《钱币考》。
⑤ 《宋史》卷一八一《食货志·会子》、《通考》卷九《钱币考》。

千万贯,数年后即已突破。庆元初,又定每界三千万贯为额。然而开禧北伐、嘉定八年后宋金开战,使得会子发行额如脱缰野马般地猛跃。至端平年中,发行额已近三亿贯,至淳祐年中更达六亿四千万贯。发行量增,楮币贬值,以新兑旧的制度也被破坏。开禧北伐受挫后,用第十四、十五界兑收第十一至十三界旧会时,以新会一贯兑旧会二贯,至用第十八界兑收第十六界时,则用新会一贯兑旧会五贯。

东南会子会价的变化大体可分两阶段,开禧受挫前,贬值较轻,大体一贯会子可兑六百文以上的铜钱。开禧失利后,会价下跌渐快,虽经几次秤提,终无可挽回。至第十八界初行新会只可兑铜钱二百五十文,旧会(第十七界)只可兑铜钱五十文。然而就当时情况讲,东南会子贬值的程度较钱引、淮交等要小。景定末年,贾似道当权,将关子作为楮币行用,废第十七界会子不兑,令第十八界会子三贯兑关子一贯。关子行用后,楮币贬值更加严重。宋朝也很快灭亡了。

三、四川铁钱、钱引、银会及四川会子等

南宋初(建炎二年),宋廷因得不偿费令四川罢铸铁钱,绍兴十五年,始令利州绍兴监复铸铁钱,另施州、南平军也铸少量铁钱供本州开支。绍兴二十三年,又恢复邛州铁钱监。至绍兴末年,四川邛、利两监岁共铸约十二万贯;其中有部分是折二钱。至淳熙年中,又增铸折三钱。嘉泰年中,岁铸量减为十万七千贯。至嘉定初年,四川经吴曦之乱,财计不支,乃用当三钱料例铸当五钱,利、邛两监岁铸三十万贯。[①] 此后至南宋亡,四川铁钱铸行情况失载。南宋时四川大体不行用铜钱,淳熙年中,宋廷曾下令搜括四川铜钱输送湖广总领所,此后铜钱近于绝迹。南宋时,四川又出现了铁重钱轻的情况,这给铁钱的铸行造成了不少的困难,官府即用铸大钱和征调秤提钱的办法来加以维持。

---

① 四川南宋铸行铁钱事,参见《系年要录》卷一六九、一八八,《朝野杂记》甲集卷一六《川陕铸钱》、乙集卷一六《四川行当五大钱事始》及《蜀中广记》卷六七《方物·钱》。

钱引经过北宋末年的整顿,至南宋初,发行量已回到北宋熙宁年中初两界沓行时的水平。然而随着川陕驻军的增加,军费开支无法解决,不得不增加钱引发行量。自建炎二年后一再增印,至绍兴末年已逾四千万贯,为天圣旧额三十余倍。开始,宋廷对其增长势头之猛颇感忧虑,曾几次下令制止四川总领所等盲目增印,特别是绍兴十年,甚至规定增印钱引者处徒刑,不以赦减免,可是随即"以赡军钱阙",又命增印。① 孝宗在位时期,钱引发行量增加速度稍有减缓,然宁宗开禧年前后三界并行,发行量又失去控制。后四川制、总等司虽竭力想挽回颓势,然吴曦叛乱、农民起义、金兵入侵,大敌迭起,残破之状日加严重。其发行量至端平年中增为一亿七千万贯,淳祐年中,更增至数亿贯。② 随着发行量激增,引直即一再下跌,淳熙年中钱引数道可籴米一石,至宝祐年中,竟须用五千道以上方可籴米一石,南宋初,四川铁钱二枚可兑得一文铜钱,钱引十贯可兑铁钱八贯以上,则钱引一贯约可兑铜钱四百余文,宝祐四年,钱引一贯只可兑铜钱一文至二文。③

钱引与交子一样,四年行两界。据张端义记,第九十九界之后,不称第一百界而称第一界,此后顺排。至淳祐九年,改为每界十年。钱引连同交子,从北宋天圣年创始计,至宝祐四年被四川会子取代止,共发行了一百一十余界。

四川地区除钱引外,还有一种楮币——铁钱会子,仅行于川北数州之地。李心传记:

> 铁钱会子者,兴元府、金、洋州用之,创自隆兴元年。其法自三百、二百至一百凡三等,迄今每二年印给二百四十万缗,其折川钱引

---

① 参见《朝野杂记》甲集卷一六《四川钱引》。

② 钱引发行于嘉定初已逾一亿贯,见度正《性善堂稿》卷七《上本路运使论夫钱札子》。端平元年至一亿七千万贯,见《历代名臣奏议》卷九九李鸣复《论用兵五可忧疏》。宝祐年中李曾伯《可斋续稿》后集卷三《救蜀楮密奏》谓钱引"第二料第三料两界散在公私行用者,共纽计第一料一百二十六千六十——万三百六十二贯"。

③ 折价根据《宋会要·刑法》三之八、《宋会要·职官》五五之四九、一三之三七及前注②引李曾伯文。

四十万缗。①

铁钱会子其他情况无可考，不知其所终。

四川在南宋除了以铁钱为本位的钱引及铁钱会子外，还曾行用一种以银为本位的楮币——银会，始于绍兴七年。其法："一钱或半钱，凡一钱会子十四方（万？）纸，四纸折钱引一贯，半千（钱？）银会子一万纸，每八纸折钱引亦如之。初但行于鱼关及阶、成、岷、凤、兴、文六州，岁一易，其钱隶军中。武安（吴玠）薨，遂属计所。[绍兴]十七年七月，复造于大安军，再岁一易。乾道四年四月，始增一银钱（疑倒）三万纸。九月，行于文州，其后稍益增。"至嘉泰年中，"每二年印给六十一万余纸，共折川钱引十五万缗"。② 此后情况失载，至宝祐二年，因钱引贬值过于严重，于是"更印银会以一当百，一时权于济用，将以重楮，然自此而楮益轻"。③ 银会于宝祐二年至四年共发行二千八百余万贯，折钱引二十八亿贯，银会与钱引一起猛烈贬值，宋廷乃于宝祐四年用由行在印制的四川会子取而代之。后咸淳五年，四川会子又归成都转运司印制而由总领所发行，岁额五百万贯。④

四、两淮京湖的铁钱及淮交、湖会

两淮钱法北宋时与他区无异。南宋初尚无变化。孝宗乾道初年，由于铜钱多由两淮入金境，且两淮驻军颇多，支费巨大，于是始在两淮行

---

① 《朝野杂记》甲集卷一六《铁钱会子》。另《中兴圣政》卷五六载，淳熙五年，"四川总领所又有别造钱粮会子接济民间贸易，比折成贯钱引，自是六十三万道"。原书眉批不知何人所为，称此系讲银会，不知是否有据。又《朝野杂记》乙集卷一六《四川总领所小会子》载四川开禧年中创行小会子。《宋史》卷四〇九《高定子传》载："[宝庆中]制置使郑损损强愎自用，误谓总领所擅十一州小会子之利，奏请废之，令下，民疑而罢市。[高]定子力争，谓：'小会子实以代钱，百姓贸易，赖是以权川引，罢则关、陇之民交病，况又隆兴间得旨为之，非擅也。'乃得存其半。"根据几处记载分析，似铁钱会子与小会子实为一物。

② 《朝野杂记》甲集卷一六《关外银会子》。按，银会虽名义上以银为本位，实际却以钱引为折计基准，详参见拙著《两宋货币史》有关章节。

③ 李曾泊：《可斋续稿》后集卷三《救蜀楮密奏》。

④ 参见《宋季三朝政要》卷二、《宋史》卷一八一《食货志·会子》。

用铁钱。起初仅运川铁钱十五万贯行于少数州军,至乾道六年,宋廷始大力设法于淮南及邻近处铸铁钱。先后于两淮设舒州同安监、蕲州蕲春监、黄州齐安监,另江西铁钱四监似也主要供应两淮。此间,两淮铁钱岁铸行量约为四十万贯。乾道七年,宋廷正式颁布法令,禁止两淮行用铜钱。从乾道五年至淳熙十年十一月,宋廷先后申命十六次,①令有关官员将两淮地区民间流行的铜钱收换尽绝。这样,两淮成为基本行用铁钱的地区,与之相对应,兼行铁钱交子——淮交。

两淮行使铁钱有便利条件,即淮西盛产铁矿,然而同时这又是不利条件,它导致私铸流行。为此,宋廷不得不几次设法禁绝私铸。铁钱岁岁铸行,数量渐多,据绍熙年中在淮西任职的叶适奏疏,自淳熙七年至绍熙二年上半年,十年中共铸约四百万贯,②由于对铁钱的需求减弱,绍熙年以后渐减罢一些铁钱监,淮钱主要靠同安、蕲春两监供应。嘉定七年,又罢同安监,③此后似以蕲春一监为主,岁铸行量似有所减低。

"自两淮铸行铁钱之后,以其不便于商旅之赍行也,于是始有请行交子之议。"④宋廷随即允准实施。李心传记:

> 两淮会子者,乾道二年夏,初令户部印给二百万缗,谓之交子,不得过江。⑤

马端临则述:

> [乾道]二年六月诏:别印二百、三百、五百、一贯交子三百万,止于两淮州县行使。其日前旧会(按,指乾道元年专行于两淮的背印淮南州军行使等字的铜钱会子)听对换。应入纳买卖并以交子、见钱中半。如往来不便,诏给交子、会子各二十万付镇江、建康府榷货务,使淮人之过江、江南人之渡淮者皆得对换,循环使用。⑥

① 参见《中兴圣政》卷六。
② 参见《水心文集》卷二《淮西论铁钱五事状》。
③ 参见《宋史》卷三九《宁宗纪》。按,前此嘉泰三年、开禧三年曾两次罢铸淮铁钱。
④ 《历代名臣奏议》卷二七二虞俦《被召上殿札子》。
⑤ 《朝野杂记》甲集卷一六《两淮会子》。
⑥ 《通考》卷九《钱币考》。又据《宋会要·食货》二七之三,乾道二年,许用淮交算请淮盐。

李、马二人所记可互为补充,只是发行数量不同,应有一误。马氏又记述了淮交初行时遇到的巨大阻力和几次反复。淮交发行后经历了与铜钱、东南会子混合使用的时期,至乾道五年后,宋廷始决意在两淮禁行铜钱及东南会子,专行铁钱与淮交。然而此时所行淮交既无兑界年限,也无发行定额,仍属不正规的楮币。淳熙末年,铁钱及交子发行量过大,两淮钱法混乱,绍熙三年,宋廷在整顿铁钱的同时对淮交加以整顿,规定淮交每贯折铁钱七百七十文足,依湖会例三年一兑,面额分一贯、五百、二百三种,除两淮外,江南邻近两淮的江州、池州、太平州、常州、建康府、镇江府、兴国军、江阴军也可通行。第一界淮交共造三百万贯,二百万贯行淮东,一百万贯行淮西。淮交立界后不久,庆元四年第二界将限满之时,就有展界使用的诏令。① 开禧年以后,印数屡增,情况愈不佳,史载:

> 嘉定十一年,造两淮交子二百万,增印三百万。十三年,印二百万,增印一百五十万。十四年、十五年,皆及三百万。自是其数日增,价亦日损,称提无术,但屡与展界而已。②

京湖地区何时始行铁钱,记载不一。③ 大约在孝宗时初行于京西,稍后湖北汉阳军、荆门军、复州、江陵府等先次也被划为铁钱区,至南宋中期,京西全路及湖北路长江以北及跨江州军行用铁钱,湖北路仍有少数州军行用铜钱。④ 史载,"京西、湖北之铁钱,则取给于汉阳监及兴国富民监,后并富民监于汉阳监,以二十万为额"。⑤

湖会首创于绍兴六年前后,王彦镇江陵,"时军储不继,乃仿川钱引法造交子行于荆南管内",⑥不久废罢。隆兴元年秋,湖广总领所创行直便会子,面额五百文、一贯两种,总额七百万贯。关于初行范围,一说初仅

---

① 参见《朝野杂记》甲集卷一六《两淮会子》及《宋史》卷一八一《食货志·交子》。

② 《宋史》卷一八一《食货志·会子》。

③ 《宋史》卷一八〇《食货志·钱币》载京西路及湖北荆门军始行铁钱,同书卷三五《孝宗纪》却载淳熙七年京西始行铁钱。

④ 湖北州军先次行铁钱参见《宋史》卷三六《光宗纪》、卷三九五《李大性传》。

⑤ 《宋史》卷一八〇《食货志·钱币》。

⑥ 《系年要录》卷九二。

行于湖北,淳熙十一年始通行于京西路;一说创始之初即行于两路。① 始行后,"印造之权既专[于总领所],则印造之数日增。且总所所给止行本路,而京(一作荆)南水陆要冲,商贾必由之地,流通不便"。② 乾道年中,宋廷乃收回湖会印造权,归之尚书省。又几次用茶引、京会、关子及钱银等兑收旧湖会。宋廷一度试图全部收回湖会代之以京会,③然而因与茶引发行冲突而放弃此种打算,改为由行在印行新湖会于京湖行用。淳熙五年前后,已印行新会三百万贯,此后似又陆续印行,至淳熙十一年,"称提不行"即发生了贬值问题,乃用新会兑收旧会。淳熙十三年,诏令湖会三年为界,但并未实行。绍熙初年,又诏"湖广总所将见行及桩贮新旧会取数仿行在例立界收换"。于是,"总领[所]会其已出应换之数,得五百六十二万缗,遂一造两界焉,每界二百七十万缗……总为五百四十万"。④湖会的发行至此正规化了。开禧以后,湖会贬值越来越厉害,其程度超过京会。嘉定五年,以新兑旧时,乃用三兑二或二兑一,说明旧会贬值已较严重。此后则更加严重。嘉定初年每五贯京会兑湖会九贯,⑤然而至嘉定十五年,京会五贯已兑湖会十三贯以上。⑥ 开禧以前,每石米卖湖会一贯七八百文,⑦嘉定年中,每石米卖湖会八贯,⑧至端平初年,"米石为湖会六七十券"。⑨ 时大臣李鸣复讲:"虑湖会太轻也,易以京楮,楮用而无节,亦将为湖会矣。"⑩这番话说明了湖会比京会贬值得更厉害。湖会至南宋后期仍在行用。嘉熙二年,曾拨第七界湖会九百万贯付督视参政行府犒军,宝祐二年,又拨第八界湖会三百万贯,令湖广总领所兑收两界破会。⑪

---

① 分别参见《朝野杂记》甲集卷一六《湖北会子》、《通考》卷九《钱币考》。
② 《通考》卷九《钱币考》。
③ 参见《宋史》卷三八四《叶衡传》及《通考》卷九《钱币考》。
④ 《朝野杂记》甲集卷一六《湖北会子》。
⑤ 参见《宋史》卷一八一《食货志·会子》。
⑥ 参见黄榦《黄文肃公集》卷二九《汉阳申朝省筑城事》。
⑦ 参见《宋会要·食货》四四之二〇。
⑧ 参见黄榦《黄文肃公集》卷三一《申制置司为赈粜米价太高事》。
⑨ 吴潜:《许国公奏议》卷一《应诏上封事条陈……》。
⑩ 《历代名臣奏议》卷九九李鸣复《论储帅才制国用疏》。
⑪ 参见《宋史》卷一八一《食货志·会子》及卷四二《理宗纪》。

第三节　货币发行与财政

货币发行与财政的关系较之货币发行制度问题要更复杂,需要做较多的理论分析,本书拟仅就货币发行与财计出入关系方面的几个问题做些讨论。

一、宋朝铸钱是否有盈利

就货币发行在财政中所起的作用而言,铸币与楮币情况差异较大,故须分述。

我国自周秦至宋朝千余年历史中,大部分时间是封建统治集团直接掌握铸币权,其出发点除了政治因素外,似主要有二:一是掌握所谓轻重散敛之权以控制国家经济命脉;二是以其作为聚财敛财的手段。就其动机的前一个方面而言,其所根据的理论观点是包含有严重错误的。封建统治者及为其服务的知识分子往往过分夸大封建国家机器控制经济的能力,他们基于货币数量论的观点,认为封建国家只要掌握铸币权就能控制物价的起落,进而左右整个社会的经济生活,这是十分错误的。[①] 当然,如果封建国家能适当地运用铸币权,也可以维护和促进封建经济的发展,对社会的发展也有好处,对此,个别封建时代的政治家和思想家也有一定认识,但却多同轻重散敛等认识混淆在一起。

在宋代,认为官铸币可以增加财政收入的看法也颇流行,北宋时拼命增加铸币数量似即与此有关,这种看法不宜简单否定。因为官方可以垄断铸造钱原料资源,最大限度地压低成本,官方又有可能使用便宜的劳动

[①]　我们不能完全否认封建国家通过货币发行并辅之以特定的赋税政策、薪饷制度等,对物价、财政以及社会经济生活能发生一定影响,只是不能夸大这种影响。而且,这种影响的客观效果往往与统治者的愿望背道而驰。

力。但这些有利条件没有能使铸钱创造太多的利润。从记载看,宋代铸币(无论是铜钱还是铁钱)大多经历了一个由盈利到亏折的转变过程。北宋前期和中期,铸钱盈利的情况较多。例如真宗时王禹偁记,江州广宁监,"铸铜钱之费八万八千三百六十贯四百五十,得实钱一十万一千六百三十九贯五百四十五,其为利也博哉!与夫租庸调之入、盐铁榷酤之课相为表里,助国用,亦重事"。① 广宁监盈利为本钱的四分之一强,自属可观。又熙宁初年惠州阜民监,"岁得钱二十万缗,计得子钱十三万缗",② 盈利竟将近本钱二倍。元丰初年,"通远军威远镇改铸铜钱,比之冶铁,岁收净利十四万余缗。"③直到徽宗初年,蔡京仍讲,官铸铜钱,"得至薄,率三钱得一钱之利"。④ 可知此时盈利虽薄,却仍有所得。铸铁钱也似有盈利,陕西河东情况特殊下文另述外,四川铁钱也有盈利记载。如熙宁、元丰之间,兴州济众监岁"铸钱四万一千缗,计支本钱二万四千缗得息万七千缗"。⑤ 元丰六年夔路转运司请求于万州置监,预计"岁可收净利三万二千缗应副本路"。⑥ 铸钱本来是不应有太多盈利的,之所以会有如上盈利的情况,大体有如下的原因:官府基本上控制了条件好的矿山,强制性地低价购买铜铁铅锡及柴炭等铸币原料,铸钱役使厢军、罪徒等便宜劳动力等。另外,当时计算成本时常常不计钱监官兵薪饷开支,这使得有时将实际上亏损当成盈利。

北宋后期及南宋,铸钱大体要赔贴,多是得不偿费。北宋末人蔡絛讲:"昔者鼓冶,凡物料火工之费,铸一钱凡十得息者一二,而赡官吏、运铜铁悉在外也。苟稍加工,则费一钱之用始能成一钱。"⑦另一时人杨时则谓:"今钱一千重六斤,铜每斤官买其直百钱,又须白镴和之乃能成钱,除火耗剉磨损折,须六七斤物料乃得一千。铜自浔水、永兴数千里运至,

① 《小畜集》卷一七《江州广宁监记》。
② 《长编》卷二一四。
③ 《长编》卷二九四。
④ 《通考》卷九《钱币考》。
⑤ 《长编》卷二九一。
⑥ 《长编》卷三三五。
⑦ 《通考》卷九《钱币考》引《国史补》。

其脚乘又在百钱之外。薪炭之费、官兵廪给、工匠率分，其支用不赀，一二细计，千四五百钱本方得一千。"①南宋绍兴末年，铸钱司"岁费铸本及起纲靡费约二十六万缗，司属之费又约二万缗"，而"比岁所收不过十五六万缗耳"。② 至南宋中后期，甚至铸大钱也亏本，据时人张贵义记，"端平铸钱一当五，辇下置监，铸不及千缗，费用朝廷万缗，不一月罢"。③ 不但铸铜钱赔贴，铸铁钱也赔贴。绍兴十年，四川"率费二千而得千钱"；绍兴二十三年，"每千率费千四百"。④ 至淳熙六年，四川"总领李昌图奏，利、邛州两监所铸钱官费本钱倍于息"。⑤ 为了解决赔贴问题，官府不得不征集所谓称提钱补助铸钱。

综上所述，就一般情况而言，宋朝铸钱或则有薄利，然所收至微，或者竟至须赔贴钱财。那么，为什么时人会有广兴铸以实财计的议论呢？这是由于宋朝当时一些特殊情况所致。首先，对钱币盲目崇拜的观念较为流行，即认为有钱币既是有财富，钱币多既是财富多。其次，铸币当时被列入岁入项目，而铸本与铸钱官兵薪饷等却在支出项目中分立，这样就导致一些错误认识：一是铸币所得越多，对财计的助益就越大。如宋人吕祖谦所讲，"论财计不精者，但以铸钱所入多为利"，铸钱"务要得多"。⑥ 范纯粹则讲陕西"自来以本路经费浩大"，"惟患鼓铸不广"。⑦ 杨时也批判有人值"财用匮乏之时，欲兴鼓铸取利，以纾目前之急"。⑧ 二是忽略成本，甚至以亏为盈。最后，南宋时秤提楮币，也是一些君臣主张增加鼓铸的原因。

以上所述，实不包括北宋几次铸大钱和在陕西河东推行铁钱的情况，其事略有不同，须作专述。

---

① 《龟山集》卷四《论时事札子》。
② 《朝野杂记》甲集卷一六《铸钱诸监》、《宋史》卷一八〇《食货志·钱币》。
③ 《贵耳集》卷中。
④ 《朝野杂记》甲集卷一六《川陕铸钱》。按，"川陕"疑为"川峡"之误。
⑤ 《蜀中广记》卷六七《方物·钱币》引费著《楮币谱》。
⑥ 《历代制度详说》卷七《钱币》。
⑦ 《长编》卷三四四。
⑧ 《龟山集》卷四《论时事札子》。

二、北宋铸行当十钱及在陕西、河东铸行铁钱的财政效果

北宋两次铸行当十钱,都有明显的财政方面的动因。第一次行当十钱是北宋仁宗康定、庆历年中,仅行于陕西、河东等处。其目的,显然是为西部战争筹措军费。每枚当十钱所用原料仅相当三枚小铜钱的原料,铸一枚当十钱也较铸十枚小钱省工,故每铸一贯当十钱(折十贯小钱),可得盈利六贯以上。铸当十铁钱的利率更高,因为当时宋廷令铜铁钱混用,其比价为一比一。庆历年中欧阳修被派往河东路考察铁钱情况,他详记了"大小铁钱官本及净利数目",文如下:

> 晋州大钱计用一万七千八百余贯省陌铜钱官本,铸成大钱二万八千八百余贯,当二十八万八千余贯铜钱,凡用一万七千余贯本,得一十七万余贯利,其利约一十五倍有余。晋州小钱计用四万六千贯足陌铜钱官本,铸成一十一万四千五百余贯,凡用四万六千贯本,得六万八千余贯净利,其利一倍有余。泽州大钱计用六千四百余贯省陌铜钱官本,铸成大钱一万六千余贯省,当一十六万余贯铜钱,凡用六千四百余贯本得一十五万三千八百余贯利,其利二十三倍有余。泽州小钱计用九百八十贯省陌铜钱官本,铸成四千余贯,凡用九百余贯本得三千余贯利,其利两倍。①

当十钱的性质,与流通中不足成色的金银铸币、被磨损而重量不足的铸币相近,在主币流通量不足的情况下,借助法令的作用,可以在一段时间内按其面额流行。故在当十钱行用之初,似并未立即引起混乱,这使官府尝到一点甜头,对解决边费问题或有一时的作用。但是,当十钱的发行超过一定限度,问题随即发生。就北宋仁宗时的情况看,首先是铸当十钱利大,"民间盗铸者众,钱文大乱,物价翔踊,公私患之"。② 物价上涨,随之而来的问题是官府开支增加。这正如张方平等当时所作的分析:"关中

---

① 《欧阳文忠公文集》卷一一五《乞罢铁钱札子》。
② 《长编》卷一六四。

用大钱,本以县官取利太多,致奸人盗铸,其用日轻。比年以来,皆虚高物估,始增直于下,终取偿于上,县官虽有折当之虚名,乃受亏损之实害。"①这样,铸行当十钱官府虽得一时之利,却导致钱法混乱、社会动荡,而且财政开支也增加了。利弊相较,弊胜于利。当十钱后改为当三,又改为当二,一场混乱始得平息。

徽宗崇宁、大观年中,宋廷在更大的范围内铸行当十钱,结果是取利心切,造成的混乱就更厉害,持续时间更久。据时人蔡絛记,时铸当十钱,"十得息四"。②官府为广十四之息,大力铸行。此后其演化过程大体与仁宗时相类。先是盗铸流行。民间盗铸者偷工减料,故"盗铸当十,得两倍之利,利之所在,法不能禁"。③随后也是物价上涨,官府开支增加,如时人周行己述:"[当十钱行]则物价益贵,刑禁益烦。而物出于民,钱出于官,天下租税常十之四,而籴常十之六,与夫供奉之物、器用之具,凡所欲得者,必以钱贸易而后得……则国用其能不屈乎?"④当时物价上涨二倍至三倍,官府多方敛财仍不敷支用,与铸行当十钱有直接联系。最后,徽宗时的当十钱也同仁宗时一样,改为当三,混乱才稍得平息。

北宋自仁宗康定年以后,在陕西、河东铸铁钱与铜钱兼行,也有以此弥补开支不足的意义。宋廷所规定的铜铁钱比价是不合理的,大抵铁钱相对偏高,官府借此取利。以神宗时情况看,每折二大铁钱一贯(折小铜钱二贯)净重不足十二斤,铁每斤价约小铜钱二十文,⑤则一贯折二大铁钱所须铁约值铜钱三百文,显然当时铜铁钱比价是不合理的。元祐年中,苏辙讲,陕西岁用本钱五十万贯,造铁钱一百万贯,⑥可知造铁钱本少利大。铁钱实际价值低、铜钱实际价值高,在货币数量充足的前提下,就要发生劣币驱逐良币的现象,而铁钱与铜钱的法定比价就会失效,而陕西等

① 《长编》卷一六四。
② 《通考》卷九《钱币考》引《国史补》。
③ 周行己:《浮沚集》卷一《上皇帝书》。
④ 周行己:《浮沚集》卷一《上皇帝书》。
⑤ 参见《长编》卷二五六熊本语,另包拯讲到仁宗时同州铁市价每斤二十四五文,见《包拯集》卷七《请罢同州韩城县铁冶务人户》,可参照。
⑥ 参见《龙川略志》卷八《议罢陕西铸铁欲以内藏丝纳等折充漕司》。

的情况也正是如此。仁宗时期,即已存在"豪宗富室争蓄大小铜钱"的情况,①然当时被钱法的混乱所掩盖,尚不引人注意。神宗时期官府于陕西广兴铸钱包括铸行铜折二钱,民间铜钱仍有流行,加之战争频繁,此事也未被注意。神宗末年至哲宗以后,此问题逐渐暴露,情势也渐严重。元祐年中大臣刘安世讲:"近岁以来,陕西官司,计较鼓铸铁钱获利稍厚,诸处钱监罢铸铜钱,是以民间稍稍难得,或须用铜钱出入,即以铁钱加息一分换易……始自一分,今至六七分矣。"②至元符年中,每折二大铁钱二贯,方可兑得铜钱一贯。③ 此后仍不断增加。当市场上铜铁钱比价与法定比价开始分离时,官府还竭力想维持法定比价,凡官府入出钱财皆依法折计,结果经济秩序出现混乱,于是官府不得不逐渐废弃原来的法定比价。先是按市场比价调整官售盐钞价,随后调整铜铁钱兑换和便钱办法,官兵的薪饷也不得不做必要调整,最后,几乎所有官方财赋出入场合铜铁钱折计都依市场比价进行。元符初,官府一度强令复用旧法定比价,"民间大骇,以至罢市,道路不通,行旅断绝,民不聊生"。后宋廷下令"听其从便,民间复安。公私皆有损折,而公家损折尤多"。④ 法定比价失效后,铸铁钱逐渐无利可图。

宋廷在陕西、河东铸行铁钱,本拟达到防止铜钱过多外流和弥补边费开支两重目的,实则并未奏效,相反,却给财政管理带来了无穷的麻烦,给广大人民带来了巨大的不便和痛苦。

三、发行楮币对财政的影响

要了解发行楮币对财政的影响,须先要了解楮币的特殊性质。宋朝

---

① 《长编》卷五一二载章案语。

② 《尽言集》卷八《论陕西盐钞铁钱之弊》。

③ 参见《长编》卷五一二、五一六。关于元符年中兑率有三个数字,一为"铁钱一贯六百文足换铜钱一贯文足",二为"二贯五六百文方换得铜钱一贯",三为"以铁钱四千换铜钱一千"。前两种似因时(绍圣年与元符年)地(泾原路与鄜延路)稍异所致,前两种与后一种或因以折二钱贯数计及以钱额数计,故有差别。

④ 《长编》卷五一六引部伯混《题贾炎家传后》。

楮币特别是南宋楮币有三个突出的特点,一是它是从汇兑和钞引发展而来的;二是它在大多数时段内的不可足额兑换性;三是它的非无限法偿性。这三个特点决定了楮币发行对财政影响的主要内容。

楮币是由汇兑和钞引发展而来的,几乎是宋人的共识。人们在讲述楮币时,一般都要追溯到唐代的飞钱便换,讲到宋代的钞引(含关子、公据等)。讲到交子、会子的产生,都要言及它们与民间私营汇兑的关系。宋代官营汇兑、钞引、楮币的广泛流行,是因为财政上对它们的特殊需求:即在广阔疆域内实现巨额资金的调拨。在这方面,楮币显然比一般汇兑(便钱)、钞引更便捷。运输铜钱、铁钱要付出较多的运费,一贯铜钱通常在五斤上下,价值相当一贯铜钱的铁钱,重量更大,这给运输造成巨大困难,需要付出较大的费用。而楮币的发行,就使这些情况得到改变。

讲楮币在大多数时段内是不可足额兑换的,是指各种楮币都经历了一个由可兑换纸币到不可兑换纸币的转变过程,而楮币作为可兑换纸币的时期都非常短暂。楮币在大多数时段内和大多数情况下,并不是随时随地可以依照面额或依照法定牌价兑换铸币,官府只是在极少数地方设有兑换钱楮的机构,而兑换又只是在有特别诏令时才进行,多数情况下,百姓是不能依照面额或依照法定牌价兑得铸币的。一些地方虽有私人开设的交引铺经营钱楮兑换,其兑换比价却是依照市场牌价,而不是根据法定比价,更不是依照楮币面额。楮币的这种特性,使它具备了类似近代纸币的弥补财政开支不足的功能,发行楮币成为一种变相的税收,成为向百姓转嫁财政危机的手段。由于楮币基本是不可兑换的,官府即不必担心人们持楮币向官府兑取铸币所可能引起的麻烦,楮币的发行量即可以不受准备金的限制,甚至是全无上限,这就给南宋时滥印楮币开了方便之门。印行楮币确实给财政带来了不小的补助,所谓"以数钱纸墨之资,得以易天下百姓之货,印造既易,生生无穷,源源不竭",[1]在楮币初行阶段,

---

[1]　《历代名臣奏议》卷二七三许衡《代拟论楮币札子》,收入《许文正公遗书》。但对本文的作者是否为元代大儒许衡,笔者深持疑问:因为查许衡履历及著述,不见有许衡到过南宋的迹象。而本文作者对南宋情况十分熟悉。成书较早的许衡文集都未收此文,而《许文正公集》成书较迟,疑是录于《历代名臣奏议》。

确实起了平地生财的作用,即如马克思所讲的,起到了将金属铸币"从公众的钱袋诱入空虚的国库"①的作用。但是这种作用绝不是无限度的。马克思论述近代纸币时讲:"随着价值符号的总数的增加,每一符号所代表的金量就按同一比例减少。"②楮币也有类似情况,随着其发行量的增加,它与铜钱的比价及它的购买能力就减低,官府通过发行楮币增加收入的企图就受到限制。

所谓楮币是非无限法偿的,是指楮币有一定法偿能力,同时它的法偿能力是不完整的,被局限在一定范围内的。这集中表现在南宋关于"钱会中半"的货币制度上。百姓在向官府输纳赋税、算买盐茶酒等时既可以将半数用楮币代铸币,这一方面就给楮币的流行提供了条件,另一方面却又造成了楮币的回馈,即官府发行的楮币中相当一部分因此渠道流回官府。贬了值的楮币的回馈,势必会减少封建国家财政收入的实际数量,这就抵消了一部分封建国家因增发楮币获得的收入。楮币既无完全代替铸币的法律地位,则其贬值的程度除了决定于它的发行量外,而且决定于它的法偿能力。这使得楮币在发行最初阶段就出现了贬值现象,其贬值的速度也略较一般纸币要快。楮币的贬值给宋朝财政带来一系列的混乱。但是钱会中半的原则又减少了楮币的回馈数量,保证了财政收入不受楮币贬值的过大冲击,在这一方面又有它的积极意义。为什么官方发行楮币时,只有数量很少的准备金,却能发行比准备金多许多倍的楮币呢?就是因为楮币的发行是国家信用作担保的,是以国家财政收入做准备的。当然,由于有钱会中半的政策,楮币的发行限额也应当减半,超过这个限额,楮币的贬值就是无法阻止的。

总之,楮币发行对于宋朝特别是南宋财政,起到了便利财政调拨和弥补财政亏空的作用,其后一点尤其重要。它是强加于人民头上的变相赋税,滥印肆行楮币造成了恶劣的后果,破坏了社会的安定,破坏了社会的正常经济秩序,从长远观点看,对财政有极为不利的影响。

---

① 见恩格斯《反杜林论》第二编第十章"《批判史》论述",恩格斯于"序言"中讲此章为马克思所写,原书见人民出版社 2018 年版,第 252 页。

② 《政治经济学批判》,《马克思恩格斯全集》第 31 卷,人民出版社 1998 年版,第 514 页。

第四节　官营便钱与财政

官营便钱是一种官办金融业,它在宋代基本上不构成财政收入,但官府兴办此事很大程度上是出于财政上的考虑,其结果也确对财政有一定作用,须略作叙述。

一、宋朝宣营便钱的规模

官营便钱首创于唐,时称飞钱、便换。北宋前期效法唐制,兴办此事,且有发展。宋人李焘记:"国初,取唐朝飞钱故事,许民入钱京师,于诸州便换……开宝三年,置便钱务,令商人入钱者诣务陈牒,即日辇致左藏库,给以券,仍敕诸州俟商人赍券至即如数给之,自是无复留滞。"① 景德三年,"又诏客旅见钱往州军使用者,止约赴榷货务便纳,不得私下便换。如违,许人陈告,依漏税条例抽罚后,重罪之……"② 后因边费等各地开支情况不一,乃"定外地闲慢州乃许指射"。③ "至道末,商人便钱一百七十余万贯,天禧末,增一百一十三万贯"。④ 天禧元年,宋廷确定"在京榷货务入便","以大中祥符七年收钱二百六十余万贯为额,每岁比较,不及数,当职官吏准条科罚"。⑤ 这说明,真宗后期官营便钱达最兴盛阶段。此后,粮草钞引、盐茶钞引发行渐广,这些钞引也有便钱券的便于携以致远、能兑取钱财的功能,这就限制了官便钱的发展。或者说,最初的官便钱在其发展中出现了变态,在它与边籴结合的基础上产生了钞引制度。

---

① 《长编》卷八五。
② 参见《宋会要·食货》五五之二二、二三。
③ 《长编》卷八五,另参见卷七五关于停止便钱于陕西请领的记载。
④ 《通考》卷九《钱币考二》。
⑤ 《宋会要·食货》五五之二四、《长编》卷八九。

但是,原来形态的便钱并未因此退出历史舞台,它仍然存在,发挥着作用。这是因为钞引的使用不但要受茶盐法变更的影响,而且受其自身制度的限制(如非交通要道及非盐茶产地州军使用钞引,即不如便钱券方便)。神宗以后,将各地封桩财赋转移入京,多借助便钱,各地之间的财赋转移,也多通过便钱实现。① 与北宋前期有所不同的是,中期和后期因为西部常有战争,故入钱于沿边取钱于京师或内地的官便钱业务较多。如元符年中尚书省的奏札中讲:"熙宁、元丰间,遇有边事,许诸色人于边上入便钱,却于在京向南清领,仍支与加抬及脚乘,不记其数。"②哲宗、徽宗时对此也多有效法。这中间便出现了便钱公据和便钱关子。例如元丰六年十一月,陕西转运司奏请:"乞下户部右曹,于元赐鄜延路入便钱一百万贯数内,金部于元丰六年额钞公据数内,并重别印给公据各一十万贯,其公据每道作钱五贯及十贯,差使臣主掌,赴延州交纳……所贵乘时籴买。"③此奏获准。这里的公据有面额,其形式略近楮币。北宋后期,又有关于"榷货务兑便盐钱空头关子"的记载。④ 便钱公据与便钱关子在南宋前期战乱之中得到进一步推行,这时的关子与公据不但行用数量较多,有面额,而且有较长的行用期限,⑤这为东南会子的广泛行用铺平了道路。此间,官府仍旧以便钱为向京都转移财赋的手段。绍兴二十四年和二十九年,宋廷重新对此作了较详细的规定:前者规定,"将诸路州军不通水路去处,每贯帖支客人兑便优润钱三十文,却于州县从来起纲合破糜费脚乘钱内支给"。⑥ 后者规定,"客人赍钱银赴左藏库送纳,却兑支江浙、荆湖、福建等路合起赴行在纲钱","除福建路依元旨外,余路州军,每千支优润钱自九文至五十文,凡十五等,并于应起脚乘糜费钱内支给,大约水脚费

① 参见《长编》卷三九三、二八,《九朝编年备要》卷二二,《宋会要·食货》五二之一五、三八之三一、三六之二二及《宋史》卷一八〇《食货志·钱币》等。

② 《长编》卷五一二。

③ 《长编》卷三四一,另参见同书卷三八九、四〇二有关记载。

④ 《三朝北盟会编》卷七三引《日历》。另《宋会要·职官》四四之一二载建炎元年有兑便关子。

⑤ 参见《系年要录》卷一八二。

⑥ 《系年要录》卷一六六。

百钱者给其半,他以是为差"。① 南宋楮币广泛行用后,便钱的发展受到进一步限制,但由于宋廷实行钱会中半的货币政策,铜钱仍为社会日常经济生活所不可缺,故便钱也仍有存在的必要。乾道六年,宋廷取消了官便钱的优润制度。② 至宁宗庆元年中,有关官便钱的各种规定仍作为制度见诸于官方律书。③ 宋朝具体经管官便钱的官署主要是:特设的便钱务,管理钞引并经常有现钱收入的专卖机构榷货务,负责钱财保管的机构太府寺和左藏库。④

二、宋朝官营便钱与财政

宋代官营便钱在财政上的功用可以概括为两点,即加速财赋转移的实现,减少财赋转移中的损耗。

宋朝在政治上是高度中央集权的,因此京师的官僚机构臃肿庞大,军队中的半数(有时是半数以上)驻扎于京师附近,这就要求地方的赋入及时地和大量地灌输京师,以供应数量众多的皇室人员、官吏、军兵的消费。战争期间,大量军队聚集边疆,军需供给成为巨大难题。宋朝规定地方赋入除经费所需外全部上供,其出发点也即在于此。在当时的交通条件下,如此数量巨大的财赋转移,存在着很大的困难。无论是运输粮米、布帛等还是运输铜钱,都要花费很多的人力物力,途中难免耗失、耽搁时日。有时宋廷为减少耗费,令地方将上供钱、物在当地变转为轻赍(体积小、重量轻、价值大的货物如金银等)输送,然而有些地方"轻赍"的价格高于京师,变转轻赍不但给财务管理带来不便,而且常常造成比运输一般钱、物更大的耗失。另外,铜钱是当时的主币,宋廷每年在京都都要支用大量铜钱,这不但不允许地方把上供物过多地变为轻赍,甚至也不允许地方过多

① 《系年要录》卷一八二。另参见《庆元条法事类》卷三〇《上供》引绍兴二十九年敕。
② 参见《庆元条法事类》卷三〇《上供》。
③ 参见《庆元条法事类》卷三〇《上供》、卷三一《封桩》、卷三六《场务》等。
④ 参见《宋会要·食货》五五之二二、《宋史》卷一六五《职官志》、《长编》卷一一、卷四三二等。

地将应上供的铜钱变为粮帛等实物。在这种情况下,官营便钱就成为解决上述矛盾的重要手段。也由于上述原因,入钱于京师、请领于外郡的便钱形式是宋代最为常见的,宋廷制定的上供财赋制度中,对以便钱方式向京师输送财赋,有专门较为详细的规定。在北宋中后期,盐茶钞引与便钱券的行用常有互相矛盾的情况,这即如神宗时沈括所讲:"四方上太府钱,募民入资太府,持券以受钱于外州,以省转送之费。此虽为利,而不知民乐应募,而钞盐不售。"①虽然如此,他仍然认为便钱不能完全罢废,而是应使钞盐与便钱并行,"二法欲相权,当以售盐为望,而以便钱调其盈虚"。② 可见,在将地方财赋转输京都这一方面,便钱有钞引无法取代的功用。

　　宋代战争较多,沿边地区常年驻有大量军队,耗资巨大,往沿边地区输送财赋也是一项困难的事情。由于沿边路途艰险,例如,北宋时陕西沿边遥远而不能漕运(水运),其耗费往往比向京师输送财赋要更多。官营便钱在这方面也发挥了不少作用。尤其是在盐茶钞引信用下跌而沿边又急需钱财的时候,便钱的作用较为显著。

　　另外,各种临时性财赋调配,宋朝也多以便钱方法解决。例如,开发坑冶所需投资、市舶司所需和买本钱等,都曾用便钱筹办。③ 初行便钱时,"所由司计一缗私刻钱二十",④当是作为手续费,并不上缴,后不见有关于类似规定的记载,只是依例征头子钱。神宗时召商人于沿边纳钱兑便时,安抚司曾收润官钱。如元丰六年陕西永兴军路安抚司规定,"每百缗贴纳钱十千",⑤至元丰七年,又增为"入便每百缗加收润官钱十三千",⑥但似并不普遍,且所入当也有限。相反,为了鼓励商人便钱,官府

① 《长编》卷二八〇引《沈括自志》。
② 《长编》卷二八〇引《沈括自志》。
③ 参见《长编》卷九七、二八〇、五〇〇,《宋会要·食货》五五之二三、三八之三一、五六之三等。
④ 《长编》卷八五。
⑤ 《长编》卷三三七。
⑥ 《长编》卷三四八。

有一些优待入便者的规定,一是免除请领便钱时应纳之税;①二是添支按地方远近情势缓急确定的不同比率的优润钱。前述南宋绍兴年中,便钱者可得千分之九至千分之五十的优润钱。北宋时也有类似规定,如前述神宗熙、丰年中官便钱"支与加抬及脚乘"即属此例。另哲宗元祐八年宋廷规定:"商旅愿于陕西内郡入便铜钱,给据请于别路者听。仍定加饶之数,每百缗,河东、京西加饶三千,在京、余路四千。"②徽宗崇宁二年,讲议司建议陕西便钱给加饶钱,徽宗不允。③ 官府虽有时根据需要贴支优润、加饶钱,但其支出比起长途运输的费用仍是少得多。因此,官营便钱虽未直接给财政上造成收入,但却减少了财政上的支出,提高了财务管理事务的效率。

官营便钱给当时民间商业带来了便利,商人持便钱券比携持沉重的铸币要容易得多,因此,官营便钱对商业的发展有一定促进作用。但是,官府为垄断便钱业务,对民间便钱采取排斥以至于取缔的态度,④对民间金融业的发展又有阻碍作用。

① 参见《宋会要·食货》三七之一一、《庆元条法事类》卷三六《库务·商税》。
② 《宋史》卷一八〇《食货志·钱币》。
③ 参见《长编纪事本末》卷一三二《讲议司》。
④ 参见《宋会要·食货》五五之二二、《宋会要·刑法》二之六〇、《系年要录》卷九三及《朝野杂记》甲集卷一六《东南会子》。

— 387 —

第 六 章

军费开支

宋朝同以往周、秦、汉、唐等朝相似,皇室,官吏、军队三方面的开支在岁出中占有最大的比重,而由于实行募兵制,宋朝的军费开支则较前代占有更重要的地位。

第一节　军费概况

一、军费开支在财政中的特殊地位

军费开支在宋朝财政中,占有异乎寻常的重要地位,在岁出总额中一般占半数以上,战争时期高达十分之七八甚至更多。关于这一点,宋朝君臣时有议论,他们的言语轻重虽因人因时而有异,但其对此所作的评论,却在基本点上趋于一致。为了节省笔墨,我们将他们的议论摘要列为一表(见书末附表 25)。

他们的议论并非危言耸听,大体是有根据的,例如其中蔡襄所作议论是在三司使任上,他曾对当时宋朝岁入岁出情况作过较细致的分析(见书末附表 1 附专表 6 治平元年财赋收支情况)。

军费开支不仅在岁出中所占比重大,数额巨,而且项目复杂,情况特殊,给财政管理上带来一系列复杂问题。宋朝为了管理和解决军费开支方面的事务与问题,相应地设置了一些特殊的制度(如便籴)和专门的机构(如粮料院和总领所)。

宋代军费多,军队的人数多,与军队担负的任务广有一定联系。宋代的军队不只管打仗,还管一部分治安事务,即兼有部分警察职能。宋代厢军还参加土木工程建设,造酒、铸钱、传递文件信件、维护水利设施等。所以,军费中实际还包括了部分军费以外的其他支出。而军费中最大部分为养兵之费。

二、宋朝的兵制与财政

军费开支如此之大,其原因从根本上说就在于宋朝实行的募兵制。

我国汉代及汉以前大体实行兵役制,即所谓"有践更之卒而无营屯之兵","边境有事,诸侯有变,皆以虎符调发郡国之兵,事已而兵休,则涣然各复其故"。[1] 其最大的好处,就在于无战事之时百姓的赋役负担较轻。汉代虽有常备军,数量很少。初唐主要行府兵制,前代兵制优点大体保留,所谓"天下之府八百","皆无事则力耕而积谷,不惟以自赡养,而又有以广县官之储"。[2] 募兵制是中唐行两税法以后才确立和取代府兵制的。实行两税法后,百姓无服兵役义务,而将代役钱并入两税。此后战争时起,军费已成财政难以承受的负担,只好广行禁榷以敛财。只是当时作战部队费用由中央和地方分别筹办,故军费问题尚不如宋朝那样紧迫和突出。宋初把作战部队统归禁军,直属朝廷,留于地方者仅为负责地方治安及杂役的厢军、土兵等,这样,直属朝廷的军队数量及在军队总人数中所占比重较唐代有所增加,其开支负担直接压在中央政府身上。北宋仁宗以前,禁军大部分驻于京师附近。宋太宗时参知政事张洎曾讲,汉唐

---

[1] 《东坡七集·应诏集》卷四《策别·厚货财》。
[2] 《东坡七集·应诏集》卷四《策别·厚货财》。

"兵甲在外","及(唐)罢府兵,始置神武、神策为禁军,不过三数万人,亦以备扈从藩卫而已。故禄山犯关,驱市人而战……今天下甲卒数十万众,战马数十万匹,并萃京师",①其对财计的影响是巨大的。北宋前期常派京师之兵轮流出戍,仁宗以后北方、西北方边疆增派军队,费用全由朝廷解决。苏轼对此评论道:"大自藩府,而小至于县镇,往往皆有京师之兵,由是观之,则天下之地一尺一寸皆天子自为守也。"②他的话是有一定道理的。宋朝在财政上实行集权,地方财计盈亏也在一定程度上由朝廷包管,于是厢军、土兵、民兵等及实行将兵制后改由地方供应的禁军费用,也同宋朝财政发生密切联系,这也同前代有所不同。由于集权,分散的开支变为集中的开支,分散的矛盾而就因集中而显得更为突出和尖锐,军费即成为宋朝财政第一号的巨大负担。这正如南宋罗大经所讲:"盖五代以前(按,应为唐德宗以前),兵寓于农,素习战斗,一呼即集。本朝兵费最多,兵力最弱,皆缘官自养兵。"③

宋朝的禁军、御前军、土军与厢军等,④作为封建国家的主要武装力量都实行募兵制,其兵员都是常备军,这就大大增加了由百姓供养的脱离生产而为封建国家服务的人数,相应地,封建国家的赋入必然成比例地大幅度增加,才能满足需要,这是宋朝财政岁入岁出都较前代有较大增加的主要原因。宋朝实行募兵制,自然也有其道理:用军兵服兵役、承担传递文件、制造兵器、坑冶铸钱、维护水利设施、修造等劳务,可以使百姓专心务农。战争中使用的武器,装备随着生产力的发展而发展,需要有进行过专门训练的人掌握。在战术训练方面也有类似的要求。但是禁军、厢军等全部实行召募制和常备军制,就不能不引起一系列矛盾问题。一是如前所述数量众多的军兵费用,由封建国家供应,成为一项经常性的开支。二是军兵常年服役,成为一种职业,就不能不以此养家活口,这与服徭役

---

① 《宋史》卷九三《河渠志》。

② 《东坡七集·应诏集》卷四《策别·厚货财》。

③ 《鹤林玉露》甲编卷一《民兵》。又刘一止《苕溪集》卷一四《应诏条具利害》力主废募兵,言"在祖宗之时,平居无事则竭天下之力以养兵,在今日,国势阽危则竭天下之力以养乱"。

④ 宋朝军队的分类是个较为复杂的问题,主要是宋人自己说法不一,例如土军属不属厢军,递铺兵算不算厢军,南宋各地新建的"飞虎军"等能否划入御前军,似都有歧议。

者不同,服徭役者或自带口粮,或只本人由国家供应,而常备兵的家属也须由封建国家供养、军兵常年服役,必须有一定的晋升制度以为鼓励,这样率资高、廪禄厚的军兵所占比重就较大。如此之类,都是募兵制下所必然产生的导致军费增加的因素。

宋朝在禁军、御前军、土军、厢军等实行召募制的同时,还保留了相当数量的民兵,民兵的数量且有逐渐增加的趋势,特别是神宗行保甲法后,这种趋势更为明显。在保存数量众多的募兵的同时,又发展民兵,对财政有不利影响,也使百姓实际上承受双重的兵役负担。

三、频繁的战争与众多的常备军

造成军费开支浩大的主要原因,除了募兵制本身之外,战争的频繁和常备军人数的众多也起重要作用。有一种评论,认为宋朝时期是我国历史上的又一南北朝对峙时期,是有道理的。宋朝始终未能统一中国,处于与辽、夏、金、蒙、西蕃等对峙状态中。战争是时起时伏,时断时续,少有安定和平之日。即便无战,也是处于戒备之中。北宋初两次大规模伐辽,战争绵延至真宗景德年中始议和。随后宋夏矛盾逐渐尖锐,终于仁宗宝元、康定年中爆发大战。仁宗后期及英宗时稍得平缓。神宗即位后又主动向夏、蕃进攻,动员的军队及人力、物力数量都是空前的。同时又开拓西南,进行对交阯的防御战,并暗地积极准备伐辽。哲宗元祐年中本期休战,而西夏却转守为攻,时来骚扰。绍圣以后,宋廷又发动了大规模的进攻,采取步步进筑、逐渐蚕食的策略企图扼灭西夏。哲宗、徽宗之交曾一度停止,崇宁、大观后却又变本加厉地继续进筑。稍后又与金朝联盟攻辽,直至北宋灭亡。北、南宋之交,金兵长驱直入,前锋渡过长江,整个东南为之震动。宋朝军民经过十几年鏖战,至绍兴十二年才得议和喘息。休战未及二十年,绍兴末年,宋金又进行一次大战。隆兴和议后休战时间稍长,是南宋最为安定的一段,然也不及四十年,且此间备战之事未敢松弛,小的摩擦间或有之。开禧年中,宋金重又开战,嘉定初虽有和议,然未能维持数年,嘉定八年以后,激战又起。至绍定末年,金朝灭亡,蒙元代之,对宋的侵扰与进攻更加频繁。小的战争岁岁不止,大规模的进攻时时发动,最后三面包抄,灭亡南宋。如此频繁的战争,使军费开支不能不保持在较高的水平。

宋朝常备军的人数一直是相当众多的,这与宋朝的募兵制及战争的频繁有直接的联系。造成军兵冗多的原因主要有:一是按宋朝兵制,一旦黥为军卒,一般须终生服役至垂老方止,故老弱占有相当比重。所募之兵,成分复杂,多借此以谋生,无保家卫国之观念,加之宋朝军制上的种种弊病,军兵战斗力很差,不得不以多取胜。二是战争频繁,军兵不能少。三是宋朝以募兵作为救济灾民的一种手段。据说宋太祖曾讲:"方凶年饥岁,有叛民而无叛兵;不幸乐岁而变生,则有叛兵而无叛民。"[1]统治者以募兵为实行兵民互相牵制的手段。另外,灾荒年流民很多,走投无路,即易生变,按士大夫们的说法,"不收为兵,则恐为盗"。[2] 四是宋朝建都于汴,四面无屏障,为了安全,统治者就增兵以加强防卫,即如张方平所讲:"今之京师,古所谓陈留,天下四冲八达之地者也。非如函秦天府百二之固、洛宅九州之中表里山河,形胜足恃……其患由乎畿甸无藩篱之限,本根无所庇也……大体利漕运而赡师旅,依重师而为国也,则是今日之势国依兵而立。"[3]据说宋太祖有意迁都于洛阳,再转入长安,其目的即在"欲据山河之胜而去冗兵"。此事遭晋王(太宗)及大臣们的反对未得实现,太祖叹道:"不出百年,天下民力殚矣。"[4]太祖的想法或不全无道理。五是宋朝地不产马,与之对立的辽、夏、金、元等骑兵很厉害,在骑兵弱小的情况下宋朝只好增加步兵人数以壮实力。六是宋朝以厢军等供役使,包括消防救火、侍奉官长、坑冶铸钱、传递公文、修造军器等多由军兵承当,这也促使军兵人数冗多。也由于这个原因,养兵之费中的一小部分,实际上并非军事开支,而应列入冗官、官工业等方面的支出。

---

① 晁说之:《嵩山集》卷一《应诏封事》。
② 欧阳修:《欧阳文忠公文集》卷五九《原弊》。遇灾募兵事见《长编》卷一一一、一六四、五一七及刘敞《公是集》卷一八《荒田行》等处记载。
③ 《乐全集》卷二三《论京师军储事》。
④ 《长编》卷一七。

北宋常备军人数，见于记载者仅有元祐末年以前的数字，大体如书末附表26。

从此表可以看出，北宋自太宗以后，宋朝禁军人数常在四十万以上，最高曾达八十余万，厢军则约三四十万，总数在百万上下。南宋时禁军变为地方军，直隶朝廷的称御前大军。乾道年中，参知政事蒋芾讲："南渡以来兵籍之数，绍兴十二年二十一万四千五百余人，二十三年二十五万四千五百四十人，三十年三十一万八千一百三十八人，乾道三年三十二万三千三百一人。"①他所讲似仅为东南御前大军人数，四川因军费直接由四川总领所负责，故常不入统计。另据李心传记，乾道年中"三衙、江上、四川大军，新额总四十一万八千人"，"其后诸军增损不常，然大都通不减四十余万"。② 御前军外，禁军、厢军及其他召募来的杂牌兵也有相当数量。孝宗时吕祖谦讲："今天下当分裂之余，而养兵无异于全盛之世。京口、秣陵、鄂渚之兵至二十万，行都卫兵至十四五万，诸州厢禁兵及其驼粮〔递〕置戍守者又且二十余万，而蜀之兵亦几二十万，然则今世盖尝养八十万之兵也。"③稍迟于他，叶适则谓："〔御前诸军连同〕诸州之厢兵，禁兵、土兵，又有小小控扼所屯之兵，并兵之数亦且百万。"④其所估计较吕氏又稍多。南宋后期，军队人数因国力不支可能略有减少，特别是地方兵因财力所限减少较甚，但迫于战争形势日趋恶化，军兵的削减受到限制，往往在军情紧急之下，又不能不再行召募。例如自景定元年至咸淳九年，宋廷在财计十分困难的情况下"节次招军凡二十三万三千有奇，除填额，创招者九万五千，近又招五万"。⑤

宋朝常备军人数相对其总人口来说，是数量过多的，供养冗多的常备军，是军费浩大的重要原因之一。

---

① 《宋史》卷一九三《兵志》。

② 《朝野杂记》甲集卷一八《乾道内外大军数》。

③ 《历代制度详说》卷一一《兵制》。又杨冠卿《客亭类稿》卷九《省兵食说》（淳熙年中作）："今日之兵仰给大农者亡虑百万。"

④ 《水心别集》卷一○《实谋》。

⑤ 《宋史》卷一九三《兵志》。又同书卷四一六《汪守信传》："见兵可七十余万。"

四、军费开支的结构

宋朝军费开支中最大的一项,就是所谓养兵支费,即是供养禁军、御前军、厢军等常备军员的支费。北宋仁宗时蔡襄、陈舜俞等估计,当时禁军一卒岁费约五十贯,[①]而范仲淹、傅求等又估计,戍守于边的禁军支费更多些,岁约七十至一百贯。[②] 时共有禁军七八十万,其中戍边者约三十余万,每年费财四千万贯上下。英宗时大臣余君卿讲,时有厢军五十一万人,"以厢军诸处则例,参以军分上下约度,除招军例物赏给外,所支钱粮衣赐等物,每一名约岁费缗钱三十七贯已来,且以五十一万人约之,岁费钱一千八百八十七万贯"。[③] 这样,"一岁所用,养兵之费常居六七,国用无几矣"。[④] 南宋李心传讲,南宋中期御前诸军共有四十万人,"合钱粮衣赐约二百缗可养一兵,是岁费钱已八千万缗",[⑤]地方的禁军厢军等费尚在数外,可知养兵支费之巨。

养兵支费中主要部分自然是军共的廪禄。宋朝军队的廪禄制度是较为复杂的,正式廪禄之外,还有名目繁多的补贴和赏赐。宋人所讲的养兵支费又不仅包括军兵廪禄,而且包括廪禄(含补贴、赏赐)以外的供军支费,其中主要是转移供军财赋的支费。由于禁军(南宋是御前军)多驻于京师或沿边,将各地赋入转移于京师及沿边,耗费是巨大的。京师、沿边与他州郡又存在着物价差,特别是西部沿边同内地的物价差尤大。财赋转移的困难及物价差的存在,就造成了宋代特殊的边籴边费问题。

直接供养军员的支费之外,又有军事装备的支费。在兵役制时期,服兵役者自备兵器、马匹,而在募兵制时期,兵器、马匹则要国家配备。当时交战各方在军事装备方面都较重视,随着生产力的发展,兵器工艺水平也

---

① 参见《宋朝诸臣奏议》卷一二一蔡襄《上仁宗论兵九事》,陈舜俞《都官集》卷一《利用》、卷七《说兵》。
② 参见《长编》卷一一二范仲淹所上《陈八事疏》、司马光《涑水记闻》卷四。
③ 《历代名臣奏议》卷三八余君卿奏。
④ 蔡襄:《蔡忠惠公文集》卷一八《论兵十事疏》。
⑤ 《朝野杂记》甲集卷一八《乾道内外大军数》。

提高到一定水平,这就提高了兵器制造所需费用,尤其是当时火器的广泛用于战争,更增加了用于兵器制造方面的开支。当时军事装备中,战马的配备居重要的地位。宋朝军马的获取多数靠向境外购买,少数靠养殖,军马平日也须调养,这都要耗费大量资财。

宋朝除常规军外,还有相当数量的乡兵,弓箭手、蕃兵、民兵等,在军事行动中往往发挥颇重要的作用。用于乡兵、弓箭手、蕃兵、民兵及保甲等方面的费用也有一定数量。

宋朝军费开支除驻守京师者由朝廷直接解决外,驻于外路者原则上由本路转运司解决,不足部分上报朝廷予以调拨。北宋时陕西、河东、河北驻军较多,除截留上供外,每年须由朝廷调拨大量财赋补助,因此这些路转运使的选用宋廷最为重视。宋廷调拨沿边各路的财赋主要来源是:一是截留上供,即原应上供的财赋留归本路支配;二是三司或户部调拨;三是皇帝支用内藏财赋;四是支用朝廷钞盐钱。南宋时设四总领所分管除行都以外诸处御前大军的供给。转运司只负责地方禁、厢军费用及按定额输送财赋给总领所,对驻于本路的御前军费用已无筹划之责。

第二节　军队俸禄制度(附军赏)

宋朝军俸制度十分复杂,其正式俸禄包括奉钱、给粮、春冬服、傔人衣粮等项,此外还有名目繁多的补贴。俸禄数量不但因军阶不同而差为等级,而且因军队番号、隶属及驻地的不同而有所差异。俸禄制度又随时间推移不断变更,各个时期的俸禄支放办法又各有不同。以下仅就现存记载中提供的情况述其大概。

一、北宋军俸

关于北宋禁军、厢军俸禄制度,史载:

　　凡上军都校,自捧日、天武暨龙卫、神卫左右厢都指挥使遥领团
练使者,月俸钱百千,粟五十斛;诸班直都虞候、诸军都指挥使遥领刺
史者半之。自余诸班直将校,自三十千至二千,凡十二等;诸军将校,
自三十千至三百,凡二十三等,上者有傔;厢军将校,自十五千至三百
五十,凡十七等,有食盐;诸班直自五千至七百,诸军自一千至三百,
凡五等;厢兵阅教者,有月俸钱五百至三百,凡三等,下者给酱菜钱或
食盐而已。自班直而下,将士月给粮,率称是为差;春冬赐衣有绢绵,
或加绢布、缗钱。凡军士,边外率分口券,或折月粮,或从别给。①

复杂多变的军俸制度用如此简短文字概括,难免失之笼统。关于禁军中
有官职者的俸禄,另有较详细的记载,其中奉钱一项,可参见书末附表
27。又史载,禁军殿前司"月给粟,自殿前班都头、虞候十五石,至广建副
都头、吐浑十将二石五斗,凡六等。殿前指挥使五石,[至]鞭箭、清朔二
石,凡五等"。禁军侍卫马军、步军司,"自都虞候五石,至顺化、忠勇军士
二石,凡五等"。禁军春冬服,殿前司"殿前班都虞候已下至军士,岁给春
冬服三十匹至紬绢六匹,而加绵布钱有差"。②侍卫马、步军司所属情况
略同,惟最低者为油绢五匹。禁军给傔粮,殿前司、侍卫马、步军司各自十
人差降至一人。从有关记载看,禁军普通兵士,月奉大体在一贯以下,其
月奉一贯者称为上禁军,月奉五百至七百文者称为中禁军,月奉五百文以
下者称为下禁军。宋初有些禁兵月奉不及三百文,至真宗景德三年,诏令
三百文以下者增及三百文,此后便无月奉三百文以下的禁军兵士了。仁
宗时张方平讲,中禁军士兵"月粮二石五斗","春冬衣绸绢六匹,绵一十
二两,随衣钱三千"。③上禁军、下禁军大约以此为基准增减。有一部分
禁军士卒也有傔粮:殿前司自捧日,天武军至清朔、擒戎军,侍卫马步军司

---

　　①《宋史》卷一九四《兵志·廪禄之制》。按,同书卷一九三《兵志·召募之制》又载:"嘉
祐二年,复定等杖,自上四军至武肃、忠靖皆五尺已上,差以寸分而视其奉钱。"则军兵奉禄又与
个子高矮有关。
　　②并见《宋史》卷一七一《职官志·武臣俸禄》。
　　③《乐全集》卷二三《论国计出纳事》。另《宋史》卷一九四《兵志·廪禄之制》载:天圣七
年,"法寺裁定诸军衣装,骑兵春冬衣各七事,步兵春衣七事、冬衣六事,敢质卖者,重置之法。"
据此,宋初似颁发成衣,后改为颁绢绵及随衣钱。

自龙卫、神卫军至横塞、忠猛军"军士皆给傔一人至半分,他军不给焉"。①

厢军的俸给有地区差:"自河南府等五十州、府,邓州等三十四州,莱州等一百四十四州、军,广济军等三十九军、监,所给之数,差而减焉,咸著有司之籍。"②神宗时裁并厢军,对其俸禄制度曾有如下新规定:

> 河北崇胜、河东雄猛、陕西保宁、京东奉化、京西壮武、淮南宁淮各酱菜钱一百,月粮二石,春衣绢二匹、布半匹、钱一千,冬衣绢二匹、绸半匹、钱一千,绵十二两。两浙崇节、江东西效勇、荆南北宣节,福建保节、广东西清化除酱菜钱不支外,余如六路。川四路克宁已上各小铁钱一千,粮二石,春衣绢一匹、小铁钱十千、冬衣绢一匹、绸一匹、绵八两、小铁钱五千。③

这一规定除反映了各地厢军俸禄数额的不同外,也反映了俸禄因货币区的不同而有异。厢军的俸禄显然较禁军稍低,尤其在春冬衣赐数量上比较明显。

二、南宋军俸

南宋初,因财计困难,官员不支实俸,包括武臣不统兵者一律按比例减支,"唯统兵官依旧全支"。④ 后情况好转,官员们渐改支实俸。但南宋物价较北宋有成倍增加,故实际待遇仍有下降。唯军将待遇似仍较优。绍兴年中,宋廷先次规定,各屯驻大军(御前军)的都统制"每月支供给钱二百贯",副都统制一百八十贯,"统制:副统制一百五十贯,统领一百贯,正将、同正将五十贯,副将四十贯,准备将三十贯"。⑤ 所谓供给钱,实际上是这些军职的职钱,正式俸禄之外有如此优厚的贴补,显示出南宋时对军将的倚仗。绍兴七年,四川都转运使李迨曾讲,驻川陕大军"官员之数

---

① 《宋史》卷一七一《职官志·武臣俸禄》。
② 《宋史》卷一七一《职官志·武臣俸禄》。
③ 《宋史》卷一九四《兵志·廪禄之制》。
④ 庄绰:《鸡肋编》卷中。
⑤ 分别见《宋会要·职官》五七之七三、七四、八五。

比军兵之数约计六分之一,军兵请给钱比官员请给不及十分之一,即是冗滥在官员,不在军兵"。① 淳熙十二年,大臣陈贾也讲:"军之隶卒伍者,所得常不能赡给,而自将佐等而上之,则有至数十百倍之多。"行在殿前司、侍卫步军司"两司岁支除逐官本身请俸外,供给茶汤犹不下一十万缗"。② 这说明南宋时军将待遇的优厚与士卒收入的微薄成为鲜明对照,军俸开支中用于军将者所占比重较大。

南宋正规军士卒中有效用兵与普通兵的区别,效用兵的待遇高于普通士卒。如绍兴二十九年刘锜召募效用,俸禄分三等,上等月支钱九千、米九斗,中等月支钱七千、米八斗,下等月支钱六千、米八斗。③ 淳熙年中,兵部制定有效用兵请受格,略如下表所示:

资级	名目	俸钱(月)	折麦钱(月)	米(月)	春冬衣绢
一资	守阙毅士	3000 文	720 文	1.05 石	4 匹
二资	毅士	3000 文	720 文	1.05 石	4 匹
三资	守阙效士	3000 文	720 文	1.05 石	4 匹
四资	效士	3000 文	972 文	1.13 石	4 匹
五资	守阙听候使唤	4500 文	1080 文	1.20 石	3.5 匹(4.5 匹?)
六资	听候使唤	4500 文	1260 文	1.47 石	5 匹
七资	守阙听候差使	4500 文	1440 文	1.68 石	10 匹
八资	听候差使	4500 文	1440 文	1.68 石	10 匹
九资	守阙准备使唤	5000 文	1440 文	6.08 石(?)	10 匹
十资	准备差使	5000 文	1440 文	6.08 石(?)	10 匹

按,本表转引自王曾瑜《宋朝兵制初探》,中华书局 1983 年版,第 222 页。

此请受格同实际可能有所出入,但仍可见当时效用兵俸禄的大致情况。又据记载,光宗时,上等效用"日支食钱三百文、米三升"(月钱九千文,米九斗),次等效用"日支食钱二百文,米二升"(月钱六千文,米六斗)。④

---

① 《系年要录》卷一一一。
② 《中兴圣政》卷六二。
③ 参见《系年要录》卷一八二。
④ 《宋会要·兵》一七之三二。

宁宗时效用又有正额与额外之分,额外者低于正额。① 从上述情况及有关记载看,效用兵俸禄中日食钱大约二百至三百文(月六至九贯),米二升至三升(月六斗至九斗)。与北宋中等禁兵比较,俸钱数增十几倍,支粮却减为三分之一,考虑进物价变化因素,效用兵的待遇虽稍优于北宋中等禁军,却与北宋上等禁军相差不大。

南宋效用以外的普通士卒,又有御前军与隶于地方的系将禁军、厢军之别,御前军、禁厢军各自又细分为不同的番号,其待遇互有差异。庆元年中,大臣袁说友讲:"今士卒日给虽等杀不同,大率不过二升半米与百金(即百钱)而已,此固从昔定数。"②其言大约反映了南宋普通士卒的一般俸饷水平。与效用兵相比,有不小的差距。③ 近有学者将南宋时台、抚、温等州御前军以外各种军兵的俸禄情况汇制为二表(见第400—402页表),对于我们了解南宋普通士卒俸禄很有帮助。

北宋时因各地币制不同,军俸有支发铜铁钱等的不同,个别时期有折支盐钞、茶、香等实物的情况。南宋时,楮币大行,又同时发行数种,铸币则有铜铁钱之不同,军队俸禄实际所用有铜铁大小钱、银、京会、湖会、淮交、钱引等多种货币,其折算办法十分复杂,又有按比例混支等情况。两宋俸禄中的实物与钱币常常折支,或将实物折支钱,或将钱币折支实物。南宋川陕大军折支货币者尤多,故时财政上有大军折估钱之专用术语。

南宋中后期,军纪涣散,军将克扣军饷及吃空额的情况越来越严重。封建国家赡军的财赋往往落入军将私人腰包,士卒怨恨,兵无斗志。"当是时,财赋之出有限,廪稍之给无涯,浚民膏血,尽充边费,金帛归于二三大将之私帑,国用益竭,而宋亡矣。"④

---

① 参见《宋会要·职官》三二之二一至二四。

② 《东塘集》卷九《宽恤士卒疏》。

③ 时人谓效用之俸禄倍于一般士卒。如魏了翁《鹤山先生大全集》卷七一《洪秘墓志铭》:"顾效用之廪,率倍长行有奇。"

④ 《宋史》卷一九四《兵志·廪禄之制》。

南宋台州、抚州几种地方军士卒俸禄数额表①

军种	地名	番号	料钱	月粮	春冬衣
禁兵	台州	雄节第六指挥	拣中 480文,不拣中240文	白米1.5石	春衣绢2匹,折布钱1700文;冬衣绢2匹,绌0.5匹,绵12两,折布钱850文
禁兵	台州	威果第六十指挥	拣中 600文,不拣中300文	白米1.2石	春衣绢2匹,绌0.5匹,折布钱1841文;冬衣绢2匹,绌0.5匹,绵12两,折布钱1844文
禁兵	抚州	忠节第二十六指挥	300文	1.2石	春衣绢2匹,钱1700文;冬衣绢2.5匹,绌0.5匹,绵15两,钱850文
禁兵	抚州	武雄第十四指挥	250文	1.5石	春衣绢2匹,钱1700文;冬衣绢2.5匹,绌0.5匹,绵15两,钱850文
厢兵	台州	崇节第三十一指挥		糙米1.5石	春衣绢4匹(?),折布钱1050文;冬衣绢2匹,绌0.5匹,绵12两,折布钱1250文
厢兵	台州	牢城第十三指挥		糙米1.5石	春衣绢1匹,冬衣绢1匹,折布钱1250文
厢兵	台州	壮城指挥		白米1.5石	春衣绢2匹,折布钱1090文;冬衣绢2匹,绌0.5匹,绵12两,折布钱1700文
厢兵	抚州	效勇第九指挥		1.2石	春衣绢2匹,钱1050文;冬衣绢2匹,绌0.5匹,绵12两,钱850文
厢兵	抚州	牢城第四指挥	245文	1.2石	春冬衣绢4匹,钱1208文
厢兵	抚州	壮城指挥		1.2石	春衣绢2匹,钱1010文;冬衣绢2匹,绌0.5匹,绵12两,钱850文
厢兵	台州	剩员		白米1.2石	春衣绢2匹,冬衣绢2匹,折布钱850文
土兵	台州	管界寨等寨寨兵	300文	白米1.5石	春衣绢2匹,折布钱1700文;冬衣绢2.5匹,绌0.5匹,绵15两,折布钱850文

---

① 转录自王曾瑜《宋朝兵制初探》,第224—226页。

续表

军种	地名	番号	料钱	月粮	春冬衣
土兵	台州	亭场寨等寨寨兵	240 文	白米 1.5 石	春衣绢 2 匹，折布钱 1700 文；冬衣绢 2.5 匹，绸 0.5 匹，绵 15 两，折布钱 850 文
土兵	抚州	城南寨等寨寨兵	300 文	1.5 石	春衣绢 2 匹，钱 1700 文；冬衣绢 2.5 匹，绢 0.5 匹，绵 15 两，钱 850 文
土兵	抚州	湖坪寨等寨寨兵	300 文	1.2 石	春衣绢 2 匹，钱 1170 文；冬衣绢 2.5 匹，绸 0.5 匹，绵 10 两，钱 850 文
弓手 (弓兵)	台州		雇钱 4418 文		

按，原书又记载递铺士卒等俸禄数额，表内未录，递铺士卒分若干等，总的水平与表内反映者接近，故不详录。特此说明备考。

南宋嘉定年中温州几种地方军士卒俸禄数额表①

军种	番号	月粮	岁钱	春冬衣赐钱
禁兵	威捷	1.5 石	19300 文省	32744 文省
	威果	1.2 石	15733 文省	32744 文省
	雄节	1.5 石	12240 文省	33590 文省
厢兵	崇节第三十三 第三十四指挥	1.2 石	3498 文省	20838 文省
	壮城	1.2 石	3498 文省	20838 文省
	牢城	1.2 石	2977 文省	13944 文省
土兵	水寨、管界寨	1.5 石	5960 文省	33590 文省
	永嘉场塞等十二寨	1.5 石	2880 文省	33590 文省

---

① 转录自王曾瑜《宋朝兵制初探》，第 226 页。

三、各种名目的补助

关于宋朝将士正俸禄以外的各种补助,史载:

> 凡三岁大祀,有赐赉,有优赐。每岁寒食、端午、冬至,有特支,特支有大小差,亦有非时给者。边戍季加给银、绢,邠、宁、环、庆缘边难于爨汲者,两月一给薪水钱,苦寒或赐絮襦袴。役兵劳苦,季给钱。戍岭南者,增月奉。自川、广戍还者,别与装钱。川、广递铺卒,或给时服、钱、履。屯兵州军,官赐钱宴犒将校,谓之旬设,旧止待屯、泊禁军,其后及于本城。①

宋朝军兵所得补助名目繁多,上引记载自然只是言其梗概。由于物价的上涨,旧有的俸禄不能维持原先的收入水平,为了防止军兵不满情绪的滋长,宋朝不得不以补助的方式予以贴偿。各种补助中,有的相沿成为制度,有些则出于一时权宜。其中较为重要的是如下几种。

甲、郊赏:前引南宋隆兴年中,大臣范成大曾讲:"三岁大礼,犒军居十之八。"②这种比例关系,并非一时的情况,大约历次郊费都与此相近。郊赏是用于军队方面正式廪禄之外的一笔大宗开支。从军兵方面讲,郊赏则是正式廪禄之外的重要补助。北宋仁宗时大臣夏竦曾讲:"兵卫至众,颁赉至多,府库之实,半供其费,中民十家之赋,禁卫一卒之赏。"③说明郊赏支费的数额是相当大的。士卒一次郊赏所得,约等于他平日一二个月的奉钱(参见郊赏支费一节所附表),军将所得更为丰厚。

乙、特支:所谓特支,是指"或因屯戍之劳,调发之费"额外支发的津贴。除了每年寒食、端午、冬至等节固定的特支外,还有许多临时的特殊特支。如神宗熙宁四年,赐征讨渝州军兵特支钱。④ 熙宁七年,"赐讨洮

---

① 《宋史》卷一九四《兵志·廪禄之制》。
② 《黄氏日抄》卷六七《范石湖文·试馆职策》。
③ 《文庄集》卷一三《省锡赉》。
④ 《宋史》卷一五《神宗纪》。

州将士特支钱"。① 元丰年中,鄜延路军兵出塞与西夏作战,"诏禁军、民兵、蕃兵并与特支钱。"②绍兴三十年冬,诏:"诸军出戍战守军校天寒暴露,各赐帛一匹。"③这是对出戍者的犒劳。宋仁宗庆历五年,"赐在京开浚城濠役卒特支钱"。④ 哲宗时,"赐北京、恩、冀州界修河役兵夏药、特支钱"。⑤ 这些是对服劳役者的酬奖。这些都属"非时给者"。

丙、雪寒钱、柴炭钱、岁暮凝寒钱等:这些最初乃是因气候变化而增支的临时性补助,以表示皇帝的恩典,后渐成惯例,每年冬季大体都有支降。如南宋建炎四年冬,"令户部依年例特支雪寒柴炭钱一次,将校一贯文,十将节级七百文,长行五百文"。⑥ 后绍兴三年,六年及光宗、宁宗、理宗时都有类似的记载。⑦

丁、银鞋钱:此项可能系由宋初的"月头银"及"鞋钱"合并而成,仅限于戍边者,但禁军、厢军都有支给。银鞋钱原以银为额,后多折支钱。例如景德四年河东路银鞋每两折七百五十文,"其实市价千钱",后诏令每两依市价折支千文。⑧

戊、生券:生券为军兵出戍的津贴费,这一名称仅见于南宋。据时人袁燮讲:"自秦桧当国,阴与金人相结,沿边不宿重兵,故大军屯于江[上],有急出戍,给之生券。"⑨生券是相对熟券而言,生券与熟券都是军兵的口券。口券大约是军兵就所到之处请领俸禄的凭证,军兵移徙之时,凭口券即可向当地官府及仓驿支领疑粮。前述"凡军士边外,率分口券,或折月粮,或从别给",说明口券所得,有时是要扣折月粮的,有时则额外另给,这似即是生券。北宋时,军兵出戍或服役,往往增给口券,却无生

---

① 《宋史》卷一五《神宗纪》。
② 《长编》卷三五一。
③ 《系年要录》卷一八七。
④ 《宋会要·礼》六二之三九、《长编》卷一五五。
⑤ 《宋会要·礼》六二之四八。
⑥ 《宋会要·礼》六二之五五。
⑦ 参见《系年要录》卷六二、一○七,《宋会要·兵》二○之三七至三九、杜范《杜清献公集》卷一四《三月初四日未时奏》。
⑧ 参见《长编》卷六七。
⑨ 《絜斋集》卷四《论备边札子》。

券、熟券之分。南宋时,此种区分颇为明确:生券为对离开原驻地者的追加津贴,熟券则指军兵原有的俸禄。南宋对离开原驻地者加给生券的制度增加了军俸开支。据宝祐年中李曾伯奏疏讲,时四川"屯驻兵熟券见支第一料四百贯(川引),屯戍军生券见支第一料六百贯,却有支盐在外"。① 生券所支超过熟券一倍半。故而淳祐年中任枢密使的郑清之"每谓天下之财困于养兵,兵费困于生券,思所以变通之"。② 可见生券制度对军费开支有不良影响。

四、招刺例物与军赏

新募军士刺字后,照例"给衣履、缗钱,谓之招刺利(例)物"。③ 其数量因军队番号及时地不同而有所差异。宋仁宗时,大臣尹洙建议同州招刺禁军,每名"支例物钱拾贯文",厢军则"只支钱六贯文"。④ 招刺例物有时临事增加。如神宗时,威远军和飞骑军出现阙额,"特增利物钱千招填"。⑤ 哲宗时,河北保甲愿投军而入选者,"合给例物外,更增钱五千"。⑥ 阵亡军兵子弟入伍,可"倍支入军例物"。⑦ 南宋又有所谓身子钱、等下钱、搬家钱等名目,似也由招刺例物推衍而来。如理宗时鄂州召募游击水军,"科降身子钱,每名且以十八界京交四十贯为率,军装在外"。⑧ 招刺例物由于系一次性支出,故于军费中所占比重不大。相对此项开支而言,军赏的支出要更多些。

"战士有功,将吏有劳,随事犒劳,则谓之军赏,皆无定数。"⑨宋朝战争频繁,在大小战役中立有战功者颇多,此外,军事训练及军队所参加的

① 《可斋续稿》后集卷三《救蜀楮密奏》。
② 《宋史》卷四一四《郑清之传》。
③ 《(嘉泰)会稽志》卷四《军营》。
④ 《河南先生文集》卷二四《乞招清边弩手状》。
⑤ 《长编》卷三二七。
⑥ 《长编》卷三七一。
⑦ 曾公亮:《武经总要》前集卷一四《宣例》。
⑧ 李曾伯:《可斋杂稿》卷二〇《回奏置游击军创方田指挥》。
⑨ 《通考》卷一五三《兵考》。

各种劳务中,也有得到奖赏者。

宋朝对有功人员的奖赏分为两部分,一为加官晋爵;二为赐给金银绢钱等。加官晋爵导致军俸开支的增加,而物质赏赐则表现为军俸以外的一项开支。

军赏当中首要的一类,是对斩杀俘获的奖赏,宋廷对此有较详细的规定。例如元丰四年神宗亲自签发的赏功格规定:"[斩杀敌]大首领(谓正监军、伪置郡守之类)[转]四官,赐绢五十匹;首领(谓副监军及贼中所遣伪天赐之类)三官,赐绢三十匹;小首领(谓钤辖、都头、正副寨主之类)两官,赐绢二十匹;蕃丁一级转一资,赐绢二十匹";"当战重伤一次转一资,赐绢一十匹";"斗敌捉获强壮蕃丁一名转一资,赐绢二十匹";"当战轻重伤一次,非斗敌获贼强壮蕃丁一名各赐绢一十匹"。另各部队"每百级加赐银绢五十匹两(官各转,银绢共赐)"。① 徽宗宣和年中,镇压方腊起义,宋廷又规定,"其获级有功合转资别作施行外,其余一级合支绢七匹"。② 有时,宋廷对某些艰苦战役的所有参战者都给予赏赐。如元丰四年,对参加米脂川战斗的人员除"获级诸军等依格酬奖"外,又"等第支赐禁军都指挥使钱七千、绢七匹,都虞候以下有差,其下军卒支绢或绸一匹"。③ 元丰七年有诏:"定西城守城汉蕃诸军并百姓妇女,城上与贼斗敌者人支绢十匹,运什物者七匹,城下供馈杂役者男子五匹,妇人三匹。"④对于杀敌中负重伤者也有赏赐,如元丰四年泾原路军官鲁福"凡三战,皆重伤",于是晋级之外,赏"赐绢百匹"。⑤ 军事训练中也有受赏者。如庆历年中,试骑兵射箭,"视晕数给钱为赏"。⑥ 至和年中,沿边戍兵"遇春秋大阅,武技出众者优给赏物"。⑦ 南宋淳熙年中,立枪手及射铁廉格。"诏中垛廉弓箭手一石二斗力十箭,弩手四石力八箭,依格进两秩,各赐钱百缗。""中

① 《宋会要·兵》一八之七、八。
② 《宋会要·兵》一八之二三。
③ 《宋会要·兵》一八之九。
④ 《长编》卷三四九。
⑤ 《宋会要·兵》一八之九。
⑥ 《宋史》卷一九五《兵志·训练之制》。
⑦ 《宋史》卷一九五《兵志·训练之制》。

外诸军赏格亦如之。"①南宋时行在御前军逐有因"军政严肃"而得厚赏的情况。② 受奖赏者不愿晋级,有时制度上有折支实物的规定,称为折资钱。

军赏开支的数量是不小的,见于记载较为频繁。例如,元丰七年二月,"诏支内藏库绢十万付环庆路经略司为军兵赏"。③ 绍兴六年,"诏令都督府支银、绢各五千匹两,应副淮南东路兼镇江府宣抚使韩世忠支俵,激励将士"。又"诏吴玠赐钱一十万贯充随军激赏等使用"。④ 开禧年中,奖"复四川功,将士共转三十万官资,犒赐共用金七十两,金盘盏一副,金带五条,金束带一条,银六十一万七千七百七十三两,绢六十一万六千九百二十四匹,钱八万二百五十引"⑤淳祐八年,赏四川戍军都统制张实所部战功,赐其本人"刺史象符、金银器二百两、银三百两,缗钱一万。余将士依等第转官,给金银符、钱帛有差"。⑥ 淳祐十一年,收复襄樊,"诏立功将士三万二千七百有二人各官一转,以缗钱三百五十万犒师"。⑦ 类似记载难以枚举,足见军赏是宋朝财政一笔数量可观的开支。

第三节　北宋的边费与南宋的和籴

北宋的边费与南宋的和籴,都是由军事供应造成的财政上的重大课题,在军费开支中占有十分突出的地位。

---

① 《宋史》卷一九五《兵志·训练之制》。
② 参见《宋会要·兵》一九之二八。
③ 《宋会要·兵》一八之一三。
④ 《宋会要·兵》一八之三七。
⑤ 《两朝纲目备要》卷一〇。事又见《朝野杂记》乙集卷一一《诛曦犒师银帛数》。
⑥ 《宋史》卷四三《理宗纪》。
⑦ 《宋史》卷四三《理宗纪》。

一、宋朝军队的分布与军需供给

宋初取消了隶属地方的作战部队,同时扩大禁军编制,将原各地军队中的强壮军兵选入禁军。禁军本是皇帝侍卫军,驻防京师,禁军扩大后,就形成了京师附近经常聚兵数十万众的局面,由于沿边及内地京师以外的地区防卫力量不足,宋廷又实行禁军轮番出戍的制度。宋与辽、夏的紧张对峙状态长期得不到解除,使得一部分禁军不得不常年留戍西北二边。这样,就形成了北宋特殊的军队分布。据统计,仁宗时,南方驻禁兵仅有一百九十四指挥,北方则有一千七百二十指挥。其中开封府、京东西共九百八十三指挥,河北二百五十四指挥,河东一百六十指挥,陕西三百二十三指挥。① 换言之,将宋朝的军队分为四部分,北方、西部驻军各占四分之一,京师驻军占四分之一,其他地区驻军总共约占四分之一。这一布局决定了北宋时期供军财赋的调配格局。南宋时期作战部队主力分为五部分,分驻京师、淮东、淮西、京湖、川陕五地区,从而决定了供军财赋调配的新格局。

京师禁军的轮番出戍,增加了军费开支。苏轼讲,宋朝支费"莫大于养兵,养兵之费,莫大于征行。今出禁兵而戍郡县,远者或数千里,月廪岁给之外,又日供其刍粮。三岁一迁,往者纷纷,来者累累,虽不过数百为辈,而要其归,无以异于数十万之兵三岁而一出征也。农夫之力安得不竭? 馈运之卒安得不疲?"② 据仁宗时理财大臣程琳估计,出戍禁兵一人支费可抵屯驻京师者三人。③ 为了解决这一军制上的弊端,宋廷采取了出戍禁军地方化及将地方武装升为禁军的办法,"由是,禁军遍天下矣"。④ 虽然外路此后有了常驻禁军,但数量却不多,禁军的主要部分仍

① 此统计系朱家源、王曾瑜根据《宋史》卷一八七、一八八《兵志》作出,见其所著《宋朝的和籴粮草》,载《文史》第24辑。
② 《东坡七集·应诏集》卷四《策别·厚货财》。
③ 参见《长编》卷一一四。
④ 吕祖谦:《类编皇朝大事记讲义》卷三。

分布于京师附近及沿边。这是由于宋朝统治者恪守内外相制的信条,即京师的驻军数量须与外路驻军总和数相等,沿边有事驻军既多,京师驻军也不能少。

集中于京师的禁军由宋廷直接供给,分布于州县的厢军由地方供给,这是毋庸赘言的,而戍守二边的军队供给情况就要更复杂,主要表现在边费及籴买粮草等方面。仁宗景祐年中三司使程琳统计:"河北岁费刍粮千二十万,其赋入支十之三,陕西岁费千五百万,其赋入支十之五,自余悉仰给京师。"①又前述,西部战争前,宝元元年陕西、河北、河东三处岁支共计四千二百余万,战争爆发后庆历二年岁支增为七千二百余万。② 可知沿边三路岁支数是巨大的,而岁支半数或半数以上靠宋廷调给。史载:

> 河北、河东、陕西三路租税薄,不足以供兵费,屯田、营田岁入无几,籴买入中之外,岁出内藏库金帛及上京榷货务缗钱,皆不翅数百万。选使臣、军大将,河北船运至乾宁军,河东、陕西船运至河阳,措置陆运,或用铺兵厢军,或发义勇保甲,或差雇夫力,车载驮行,随道路所宜。③

每年向西北调拨财赋,财赋转移即成为财政上一大难题。这时,兑便(包括便钱、便籴等)制度便应运而生。南宋学者陈傅良讲:"雍熙二年三月,令河南、北商人如要折博茶盐,令所在纳银赴京请领交引,盖边郡入纳招请,始见于此。"④此后由交引推衍出盐钞、茶引、香药钞等。随着沿边驻军的增加,边费的数额也不断增加,边籴支费的数量随之增加。庆历七年,三司使张方平讲:"比岁以来,三路入中粮草,度支给还价钱,常至一千万贯上下,边费如此,何以枝梧。"⑤熙宁三年,权三司使吴充也奏称:"三路屯聚士马,费用不赀,河北缘边岁于榷货务给缗三二百万,以供边籴,非次应副不在其数。陕西近年出左藏库及内帑钱银绸绢数百万计,河

---

① 《长编》卷一一四。

② 参见《长编》卷一四〇等。苏辙《栾城集》卷二一《上皇帝书》:宝元、庆历间"沿边所屯至七八十万"。

③ 《宋史》卷一七五《食货志·漕运》。

④ 《通考》卷一五《征榷考·盐铁》。另《宋史》卷一八三《食货志·茶》也有记载。

⑤ 《长编》卷一六一。

东岁支上京钞不少。当无事之时,常苦不足。"①此后神宗、哲宗、徽宗着力开拓西疆,边费有增无减。神宗时行新法,特别规定:"河北、河东、陕西五路常平免役坊场剩钱毋得起发上京及应副别路,惟留本路以备边费。"②"自是三路封桩,所给甚广,[其余]或取之三司,或取之市易务,或取之他路转运司,或赐常平钱,或鬻爵、给度牒,而出内藏钱帛不与焉。"③统统用于边费。

　　南宋时,与金对峙,战线长,军队驻扎沿江,较为分散。除行都附近外,御前军较为集中的驻扎地有剑北、襄鄂、建康、镇江等处,称为四屯驻大军,其军需分别由四总领所供应。这样,前线、驻军处与后方比较接近,财赋的转移便不如北宋那样困难,军队所需钱粮往往由各路州军直接输送,且有定额。例如粮食的供应,绍兴末年宋廷规定:"鄂州大军岁用米四十五万余石,系于永、全、郴、邵、道、衡、潭、鄂、鼎州科拨;荆南府大军岁用约米九万六千石,系于德安、荆南府、澧、纯、复、潭州,荆门、汉阳军科拨;池州大军岁用米十四万四千石,系于吉、信州,南安军科拨,建康府大军岁用米五十五万余石,系于吉、抚、饶州,建昌军科拨;镇江府大军岁用米六十万石,系于洪、江、池、宣、太平州,临江、兴国、南康、广德军科拨;行在合用米一百十二万石,就用二浙米外,系于建康府,太平、宣州科拨。"④另折帛钱的输送也有类似的制度。⑤ 这样,南宋军用钱粮的转移与运输就不如北宋那样引人注目。

二、北宋河北的边费与边籴

　　河北是宋与辽交界之地,宋辽之间自真宗景德以后至徽宗宣和以前,长时间未有大的战争,然而边境上的紧张局势却时时出现,宋朝于河北陈

①　《长编》卷二一四。
②　《长编》卷二八三,另参见卷三九〇。
③　《宋史》卷一七五《食货志·和籴》。
④　《系年要录》卷一八四。按,文中未述四川大军,系由四川总领所调配。
⑤　参见《系年要录》卷一八二。

兵颇众。仁宗至和年中大臣范镇讲:"今河北、河东养兵三十余万五十年矣。"①这三十余万禁军中,戍守河东者不过八九万人,其余乃是戍守河北者。所言五十余年,自是指景德休战后到至和的五十余年,说明休战后河北戍军仍然保持较大数量。这尚仅为禁军数,当地厢军、乡兵等数量也较内地多,据欧阳修庆历年中于河北都转运使任上统计,时河北"厢禁军马义勇民兵共四十七万七千人骑"。② 神宗以后,宋朝开拓西境,自然也不能放松对辽的戒备,其驻兵的数量自不会减少。驻兵既多,支费便巨,本路赋入便不足以供应,就要朝廷调拨补助。如前述,宝元元年,河北岁支一千八百余万,庆历二年支二千五百余万,欧阳修为都转运使的庆历某年,"岁支粮草钱帛二千四百四十五万,而非常之用不与焉"。③ 故前述程琳曾讲,河北赋入仅够应副岁支的十分之三,其余便靠朝廷调拨。河北较陕西地理条件优越,地势较为平坦,且有运河可通漕运,交通运输较为便利。但每年从东南输送大量财赋到河北,毕竟要有相当耗费。熙宁八年有人做过统计,将一百万石粮由京师运入河北,约用运费三十七万缗,④此外还要兵丁护送、差雇车船,颇为劳扰。长途运输困难既多,于是便有入中、便籴等法。

在供军财赋、物资中,粮草的筹办是中心的一环。河北的军粮支用数量是巨大的。元符年中宰臣曾布讲:"国初,以河北沿边十七州军蠲减赋税,年计不足,故岁赐钞钱二百万并十七州军税赋悉令条便司专领。"⑤以筹集粮草。庆历年中大臣富弼讲,当时河北每岁要筹办军粮六七百万斛。⑥ 与之时间相近,包拯也供:"河北军粮支用浩瀚,每月约支五十万石,一年约支七百万石,或缓急添屯军马,所费转多。"⑦为了保证军粮的供应,宋朝于河北修建了许多大的军粮仓,元丰以后,加以扩建,总存储量

---

① 《宋朝诸臣奏议》卷一二〇《论益兵困民》。
② 《欧阳文忠公文集》卷一一八《论河北财产上时相书》。
③ 《欧阳文忠公文集》卷一一八《论河北财产上时相书》。
④ 参见《长编》卷二六五、《宋史》卷一七五《食货志·和籴》。
⑤ 曾布:《曾公遗录》卷九。
⑥ 参见《宋朝诸臣奏议》卷一〇五《上仁宗乞拨河北逃田为屯田》。
⑦ 《包拯集》卷一〇《请支拨汴河粮纲往河北》。

达到一千二百万石。

河北军粮的供应筹集,籴买为主,运输为辅。籴买主要有两种,一是现钱法,[①]于中细分,又有现钱籴买与实物博籴两种;二是便籴法,于中细分,又有现钱钞法、三说法及三分四分等法。各种籴法交替行用,时有变更修改。宋初行现钱籴买与博籴。太宗时接受大臣胡旦、陈恕等建议,行便籴交引法与三说法。随后真宗初年又有三分法。关于三说法与三分法,沈括曾作如下分辨:

> 世传……三说者,皆谓见钱为一说,犀牙香药为一说,茶为一说,深不然也。此乃三分法。其谓缘边入纳粮草,其价折为三分,一分支见钱,一分折犀象杂货,一分折茶尔。后又有并折盐为四分法。更改不一,皆非三说也。予在三司,求得三说旧案。三说者,乃是三事:博籴为一说,便籴为一说,直便为一说。其谓之博籴者,极边粮草,岁入必欲足常额,每岁自三司抛数下库务,先封桩见钱、紧便钱、紧茶钞(紧便钱谓水路商旅所便处,紧茶钞谓上三山场权务),然后召人入中。便籴者,次边粮草,商人先入中粮草,乃诣京师算请慢便钱、慢茶钞及杂货(慢便钱谓道路货易非便处,慢茶钞谓下三山场权务)。直便者,商人取便于缘边入纳见钱,于京师请领。[②]

无论沈括的说法是否属实,他所谓的三说法史籍几乎找不到明确记载,至少在沈括之前的仁宗时期,人们已经将沈括所讲的三分四分法称为三说四说法了,故本书所述的三说四说法,均系依宋人习惯,指三分四分法。[③]此后各法更替见于记载者大体为:咸平五年所行三说法,至天圣元年罢,改行现钱钞法。天圣四年罢现钱钞法复三说法。景祐三年复现钱钞法罢三说法。康定元年复三说法罢现钱钞法。后不久,复现钱钞法罢三说法。庆历八年罢现钱钞法,于沿边行四说法,于近里行三说法。至和二年罢三说四说法行现钱法。此后籴法变化多失载,然大体以便籴为主,现钱实物籴买者较少。

---

① 宋人有时将现钱钞法也称为现钱法,故二者经常相混。

② 《梦溪笔谈》卷一一。

③ 太宗时所行三说法未详其情,或为沈括所谓三说法,情况较特殊。

现钱法、现钱钞法、三说四说法这三种河北主要籴法各有利弊。现钱法的优点是手续简单,帐目清楚,易于管理,官吏难以作弊。缺点是调配、运输现钱与实物多费周折,耗费大,劳扰多,往往耽误籴买有利时机。现钱钞法的优点是官府可免运输现钱及博籴实物赴边,随时随地可行籴买,较为灵便。且以钱计价,以钱支付,比三说四说折算较少,也有限制官吏作弊较易管理的长处。其缺点有两个方面:一是既是便籴,官吏与商人互相勾结,即可虚抬粮价,从中渔利,使官府受损。二是盐茶香等专卖与籴买互相脱节,常常造成财赋调转上的漏洞,特别是容易造成京师现钱支出大于收入而致现钱匮乏,影响京师附近驻军及众多官吏薪饷等的支发。三说四说法的优点除了与现钱钞法相同的"走商贾而实塞下",省去官府漕挽之烦外,它还有利于盐茶香矾等专卖品的销售。它避免了官府过多的现钱支出,减少了钱、粮、帛、专卖品互相变转所带来的烦费。其缺点在于:一、籴买的同时要进行粮、钱、专卖品之间的折算,手续较为复杂;二、入中者必须按官府规定比例支领盐茶香矾等,这势必存在入中者所需与所得不尽一致的情况,有些入中者不得不将所得钞引的一部或全部转售他人,转售难免会遇到困难,这就使得入中者乐于接受现钱钞而不乐于接受三说四说交钞。入中者少,粮草无法筹集,沿边便籴不得不进一步虚抬籴价召诱入中者,这种虚抬给贪官污吏与奸商互相勾结造成机会,有时因此使官府损失沉重。例如仁宗初大臣李谘讲,用三说法籴买,定州入粟值四万五千,官府所支茶则值十万。[①] 至和年中,薛向也讲,用三说四说法便籴,河北"岁费缗钱五百万缗,得米粟百六十万斛,其实才直百万缗尔,而岁常虚费三百万缗入于商贾蓄贩之家"。[②] 各籴法各有利弊,故神宗时范镇讲:"四税与见钱之法,皆不可守常,必视边计之厚薄与物价之高下,以时而变通之乃可也。"[③]在河北边籴所依仗的财赋来源中,东南末盐钞

①　参见《长编》卷一〇二。
②　《长编》卷一八一。另《宋史》卷一八四《食货志·茶》载皇祐二年三司奏:"自改法至今,凡得谷二百二十八万余石,当五十六万余围,而费缗钱一百九十五万有奇,茶、盐、香药又为缗钱一千二百九十五万有奇……"
③　《东斋记事》卷一。

钱占着最重要的地位。故沈括曾讲："度支岁籴河北边粟三百万缗,悉为东南盐钞[钱]"。①

河北边籴,宋廷或委转运司兼管,或专设籴便司,前后不一。当转运司与籴便司并立时,难免有互相竞争、互相矛盾之处。君臣们对此看法不一,常有争论。② 北宋末,据李纲奏中言,时又复行现钱钞法,却又"贴以四分香药",③说明时所行乃不同于旧有各籴法的新便籴法。

三、北宋陕西的边费及边籴

陕西是宋与夏、蕃接壤的边境。陕西农业在宋代以前已有衰退趋势,在宋代似不如东路及南方各路。北宋与夏、蕃的战争较为频繁,真宗景德以后至徽宗宣和以前,几次大的战争都在西线进行,陕西的战略地位十分重要。由于战争不断,陕西戍军数较河北更多,前述仁宗时陕西驻禁军三百二十三指挥,河北仅二百五十四指挥。又据范仲淹估计,时陕西四路有禁军约三十万人,④也较河北多。神宗时,企图攻灭西夏,屯于陕西的禁军更为增加。陕西出产少、驻军多,更加依靠朝廷调拨补助,而陕西的交通条件又大不如河北。所谓"河北地里差近,西路回远,又涉碛险,运致甚艰"。⑤ 这样,陕西边费的调集和边籴的进行就比河北更加困难。

北宋仁宗宝元年中,武臣刘平曾评论宋初军事战略上的失策,谓:

太祖定天下,惩唐末藩镇之盛,削其兵权,收其赋入,自节度使以下,第坐给奉禄,或方面有警,则总师出讨,事已则兵归宿卫,将还本镇。彼边方世袭,宜异于此,而误以朔方李彝兴、灵武冯继业一切亦徙内地。自此灵、夏仰中国戍守,千里运粮,兵民并困。其后灵武失守……于时若止弃灵夏绥银,与之限山为界,则无今日之患矣。而以

---

① 《长编》卷二八〇引《沈括自志》。
② 参见《宋会要·职官》四四之三七,《长编》卷四九四、五〇一,曾布《曾公遗录》卷九。
③ 《靖康传信录》卷三。
④ 参见《范文正公奏议》卷下《奏陕西河北攻守等策·陕西攻策》。
⑤ 《宋史》卷一七五《食货志·漕运》。

灵夏两州及山界蕃汉户并授［赵］德明,故蓄甲治兵,渐窥边隙,鄜延、环庆、泾原、秦陇所以不能弛备也。①

刘平认为可许“边方世袭”,这是不对的。然而他批评宋初统治者只注意防内,而不顾损害边防及对西夏戒备不够的意见,却是有合理成分的。宋廷的失策使西夏成为北宋西部经常存在的一个威胁,它与辽朝互为掎角,与宋形成鼎足之势。宋为了孤立辽,几次企图灭夏,未得成功,而夏也在辽怂恿配合下多次进犯宋境。战争使双方都付出了巨大的代价。

陕西边费的来源主要有三:当地赋入、解盐榷利及朝廷调拨(包括内库科降和截留四川上供财赋等)。在多数年份中,陕西边费支用量在河北、河东、陕西三处中都是最多的。熙宁开拓熙、河以后,边费突出地表现在新开拓边地的费用上。据载:“自开建熙河,岁费四百余万缗,自熙宁七年以后,财用出入稍可会计者,［岁］常费三百六十万缗。元祐二年七月,内令穆衍相度措置熙河兰会路经制财用司事,所取到元丰八年最近年份五州军实费计三百六十八万三千四百八十二贯……鄜延开拓不在其数。”②另有记载,元丰八年确定,鄜延路财计支出“岁八十三万贯,如遇年饥、非次添屯即不在数”。③可知沿边新开拓数州军连同旧有与其邻近数州军,岁费四百万贯以上,有军事行动时更多。有些人所作估计又较此更多,如元丰八年冬大臣韩维讲:“朝廷自得熙、河之地,岁费缗钱五六百万,后得兰州,又费百万以上,所得愈多,所费愈广。”④北宋后期,宋朝又进而开拓湟、廓、西宁等州。据大臣陈次升讲,此时间“陕西新路筑城寨每岁所费不赀,而湟州一年自费二百八十余万”。⑤另一大臣任伯雨讲:“自得湟州以来,岁费三百万贯以守之,一州所费如此,五路边面可知

---

① 《宋史》卷三二五《刘平传》。

② 朱弁:《曲洧旧闻》卷六、《长编》卷二五三。另参见《类编皇朝大事记》卷一五。

③ 《长编》卷三五九。另卷三七五载苏辙讲:“西边熙、兰等州及安疆、米脂等寨每年费用约三百六十万贯,此钱大半出于苗役宽剩。”其文又见《栾城集》卷三七《乞令户部役法所会议状》。

④ 《长编》卷三六〇。

⑤ 《谠论集》卷二《上徽宗论收复湟州状》。

矣。"①陕西边费的巨大开支,成为财政上沉重的负担,它严重地损耗了宋朝的国力,是造成宋朝积弱积贫的一个重要原因。

陕西距宋朝财赋渊薮之东南地理位置遥远,边费开支巨大,调配极为困难。边费的主要用向是供应军队,军队的供应尤以粮草为先,边籴便成为财计上一大课题。陕西籴法见诸记载者主要有三种:宋初实行的现钱、实物和籴、博籴法,此后至庆历以前所行粮草钞法,庆历八年范祥所创行的钞盐法。元祐年中大臣吕大防回顾陕西籴法变更情况道:

> 国初辇运香药、茶、帛、犀、象、金、银等物赴陕西变易粮草,岁计率不下二百四十万贯。自钞法之行,始令商贾于沿边入中见钱、粮草,却于京师或解池请盐赴沿边出卖,一则人户无科买之扰,二则商旅无折阅之弊,三则边储无不足之患,四则物货无般辇之劳,五则运盐减脚乘之费,实于官私为利。②

吕氏所言,将陕西行便籴法的必要性和好处讲得很充分,讲了现钱实物籴买被便籴取代的过程,却混淆了粮草交钞籴法与范祥盐钞法的界限。范祥盐钞法推行以前,便籴早已存在。当时偿还入中者的不只是盐,还有茶、在京现钱、犀象香药等。范祥盐钞法推行后,支偿入中者的基本上是盐钞。熙宁以后,边费增加,解盐不敷支用,除用关子、公据便钱外,主要通过在沿边多支盐钞而于近里州军或军师回买盐钞的办法解决,等于将盐钞当作便钱券使用。神宗时有关事实前已述及,神宗以后也多如此,如绍圣四年秋,"三省言:陕西路备边州秋田收成,虑阙籴本。诏于元丰库支封桩钱四百万贯,令户部依例印给解盐引付陕西转运司,分委诸路乘时广行籴买"。③

陕西大量驻军,农业因战乱遭受破坏,粮食供应紧张,价格经常上涨,特别是有战事时,往往超过内地数倍至十倍以上。这是边费浩大的一个重要原因。粮草价高难得,造成便籴的困难,虚抬籴价的现象比河北更为严重。例如真宗咸平六年,大臣梁鼎奏言:"陕西缘边所折中粮草,率皆

---

① 《历代名臣奏议》卷三三三。
② 《长编》卷四七一。
③ 《长编》卷四九一。

高抬价例,倍给公钱。如镇戎军米一斗,计虚实钱七百十四,而茶一大斤止易米一斗五升五合五勺,颗盐十八斤十一两止易米一斗。粟一升(当为斗之误)计虚实钱四百九十七,而茶一大斤止易粟一斗五升一合七勺,颗盐十三斤二两止易粟一斗。草一围,计虚实钱四百八十五,而茶一大斤止易草一围。"①又据载,景德二年五月前,陕西沿边"入中之价,灵州斗粟有至千钱以上者,自余州率不下数百。边地市估之外,别加抬为入中,价无定,皆转运使视当时缓急而裁处之。如粟价当得七百五十钱者,交引给以千钱,又倍之为二千,切于所须,故不吝南货"。②仁宗初,大臣李谘也讲:"商人入粟[陕西]边郡,算茶与犀象、缗钱,为虚实三估,出钱十四文,坐得三司钱百文。"③初行范祥盐钞法,令商人于沿边入纳现钱,支予盐钞,官府复用卖盐钞所得钱籴粮,虚实钱之弊有所减轻。时间一长,官吏又径用盐钞籴粮,"复听入刍粟以当实钱,而虚估之弊增长,券直亦从而贱,岁损官课无虑百万"。④虽曾有令禁止,终是未能禁绝。至熙宁年中,仍是"虽有条约须纳钱方给钞,以钱市籴粮草,缘官中阙钱,监籴之官,务办年计,不免止以钞折兑粮草"。⑤则虚估之弊仍在。鉴于便籴受制于商贾,宋廷也几次拟议组织人力自内地运输,然耗费巨大。据熙宁七年大臣王广渊讲:"自渭州至熙州运米,斗钱四百三十,草围钱六百五十,诸处阙厢军,若差倩义勇之类,骚费尤甚,必大失生业。"⑥仁宗以后,又在陕西设法就地铸钱,力求增加现钱籴买以减少便籴的弊害。然而钱币尤甚是铁钱积而不泄,又造成物价的进一步上涨,加速了铁钱的贬值。至元丰末年,"沿边诸路如帅臣所在,米斗犹不下一百六十文足","其外城堡寨又非此比"。⑦再至崇宁以后,据时大臣赵挺之言:"和籴入粟,鄜州以每石

① 《长编》卷五四。按,其中茶易粟之数似有误,待考。
② 《长编》卷六〇。
③ 《宋史》卷二九二《李谘传》。又同书卷一八五《食货志·矾》载天圣六年,"麟州粟斗实直钱百,虚估增至三百六十"。麟州隶河东路而邻近陕西,可参照。
④ 《太平治迹统类》卷二九嘉祐三年七月壬辰条。
⑤ 《长编》卷二五四,又见《宋史》卷一八一《食货志·盐》。
⑥ 《长编》卷二五一。
⑦ 《长编》卷三四二。

价至七十贯,湟州五十余贯。"①籴价如此之高,籴买粮草所费可想而知,其给财政造成的压力也便可想而知了。

四、南宋和籴支费

北宋时军队与官吏所需粮米,即多仰籴买,所谓"天下租税常十之四,而籴常十之六"。② 除沿边便籴数量很大外,京师官兵所需粮米也多靠籴买。东南诸路上供粮纲与赋入数出现差额时,即以籴买补足。南宋时版图缩小,沿边大批土地耕作受到战乱影响,赋入粮米数量更加不敷支用。粮米主要消费者是军队,南宋军费开支的相当部分用于籴买。

据李心传记,绍兴十八年,"行在岁支凡三百三十六万石有奇,而浙江、荆湖上供米纲才三百万石","遂命临安、平江府,淮东西、湖北三总领所岁籴米百二十万石有奇"。③ 这当然还只是行在一处所籴数,其余四处屯驻大军所需粮草也有相当部分由籴买获取,其中四川驻军所籴最多。李心传谓:"四川军粮岁用一百五十六万余斛,其十三万余斛岁收,一百三十七万斛籴买。"④仅按定额讲,行在与四川岁籴已有二百五十万石以上,宋廷科降籴本临时增籴尚在数外。例如,绍兴二十八年,"荆湖大稔,米升不过六七钱",宋廷乃"出见钱关子、乳香套共二十万缗,付转运使收籴,应副鄂州戍军岁用,其鄂州岁计米于建康府桩管"。⑤ 次年,"户部言:秋成不远,欲豫行储蓄收籴……令江湖浙西漕司选官置场或就客贩增价收籴米共二百三十万"。⑥ 据李心传记,嘉泰年中,行在岁用粮数,已由绍兴十八年的三百三十六万石,增为四百五十余万石,⑦则所籴之粮必又有

----

① 《宋史》卷一九〇《兵志》。另同书卷四七二《蔡京传附弟卞传》载:"鄯、廓至斗米钱四千,束刍钱千二百。"
② 周行己:《浮沚集》卷一《上皇帝书》。
③ 《系年要录》卷一五八、《朝野杂记》甲集卷一五《东南军储数》。
④ 《朝野杂记》卷一五《四川军粮数》。
⑤ 《系年要录》卷一八〇。
⑥ 《系年要录》卷一八二。
⑦ 参见《朝野杂记》甲集卷一七《丰储仓》。

增加。到南宋后期,"土地日蹙,赋入日少,恃和籴以足糗粮,倚造楮以为泉货"。①和籴的数量及费用更有增加。"开庆元年,沿江制置司招籴米五十万石,湖南安抚司籴米五十万石,两浙转运司五十万石,淮、浙发运司二百万石,江东提举司三十万石,江西转运司五十万石,湖南转运司二十万石,太平州一十万石,淮安州三十万石,高邮军五十万石,涟水军一十万石,庐州一十万石,并……以供军饷。"②总数达五百六十万石,其多为前所未见。又据载,理宗时某岁"因连年用兵,粮食不给,造楮币七八千万,于两浙、江东西和籴米八百余万斛,接济军饷,天下劳扰"。③如记载属实,则所籴又多于开庆元年。

南宋和籴实多带科率性质,即便宋廷明令置场和籴,然而所降籴本多不足,官吏又从中作弊,仍不免成为科率。尽管如此,既是籴买,总要支价,籴买数量既大,总是一笔巨大的开支。因此导致会子发行量膨胀而贬值,对财政岁入也有不良影响。

第四节　军事装备及民兵支费

一、军马问题在宋代的特殊地位

军马在宋代军事装备中居十分重要的地位,其支费数量在军费开支中占不小的比例。骑兵在当时战争中起着非常重要的作用。北宋在军事学方面颇有造诣的曾公亮总结骑兵的十六条优点,高度评价骑兵在战争中的机动能力。④军马除配备给骑兵外,运输、传递命令情报等也不能离

---

① 杜范:《杜清献公集》卷一二《经筵见奏札》。
② 《宋史》卷一七五《食货志·和籴》。
③ 《(至顺)镇江志》卷六《赋税》。
④ 参见《武经总要》前集卷四《用骑》。

开,故宋人说:"军事之先,莫如马政","驰逐应急取胜非马不能"。① 又
说:"马者,兵之本。"②"用兵不可以无马。"③战马在战争中如此重要,宋
朝统治区却极少出产,相反,先后与宋朝对峙的辽、夏、金、蒙(元)等朝,
畜牧业都比较发达,战马来源充足。宋朝战马来源不足,配备常不足数。
仁宗嘉祐年中担任过群牧使的宋祁讲:"今天下马军,大率十人无一二人
有马。"④神宗于熙宁六年也曾讲:"今马军多不精,一营(三百至五百人)
或止有数十匹马。"⑤后来经过合并整顿,情况稍好。元丰八年十一月规
定:"马军所阙马应给者,在京、府界、京东、京西、河东、陕西路无过七分,
河北路无过六分。"⑥可知此时仍不能配备足额。哲宗绍圣三年,因"诸军
阙马者多","乃诏提举陆师阕于岁额外市马三万匹"。⑦ 南宋战马缺乏更
甚于北宋,刘光世军五万二千余人,才有三千多匹战马。⑧ 四川驻兵十
万,最多时有战马一万五千匹,这是南宋战马配备最好的部队,因为其驻
地邻近盛产马匹之西蕃,有近水楼台的优越条件,然而至宁宗末年,竟减
损到只剩五千匹了。⑨ 与之对照,其敌方战马配备较充足。据载,辽朝道
宗大安二年(宋元祐元年)国有马总数一百万余匹,⑩约为北宋最高数真
宗时的二十余万匹的四倍。按辽朝兵制,"每正军一名,马三匹"。⑪ 金朝
世宗大定二十八年(宋淳熙十五年)国有马总数四十七万匹,⑫为北宋
最高数二倍。又据载,蒙元进攻南宋之初,"有骑而无步卒,人二三骑,

---

① 《长编》卷三三七。
② 宋祁:《景文集》卷二九《乞养马札子》《宋朝诸臣奏议》卷一二五《上仁宗乞收入还牧
地罢民间马禁》。
③ 《历代名臣奏议》卷二四二虞允文奏。
④ 宋祁《景文集》卷二九《乞养马札子》、《宋朝诸臣奏议》卷一二五《上仁宗乞收入还牧
地罢民间马禁》。
⑤ 《长编》卷二四七。
⑥ 《长编》卷三六一,另同书卷二六二、二六九又述河东、河北驻军缺马状。
⑦ 《宋史》卷一九八《兵志·马政》。
⑧ 参见《金陀续编》卷八《督府令收掌刘少保下官兵札》。
⑨ 参见《宋史》卷四〇六《崔与之传》。
⑩ 参见《辽史》卷二四《道宗纪》。
⑪ 《辽史》卷三四《兵卫志》。
⑫ 《金史》卷四四《兵志》。

或六七骑"。① 宋朝大臣甚至不无夸张地讲:"敌(蒙元)以马多为国,而人数各十匹或十五六匹,总而计之,或数千万匹。"②战马配备上的悬殊,造成战争中宋朝的被动,宋朝为扭转被动局面,在战马的养殖购买等方面付出了巨大的费用。

二、买马支费

宋朝境内产马既少,战马主要依靠向境外购买,因此买马费用乃是一项巨大的开支。宋朝的战马主要向西蕃购买,包括以茶绢等进行贸易。南宋虞允文讲:"国家(北宋)盛时,陕西买马岁以四万匹为额。"③这大约是宋朝买西马的最高额,北宋一般年度买西马大约一万至二万匹,南宋时则在万匹上下。除西部买马外,宋朝还在广西向境外我西南少数民族地区买马。买广马始见于北宋神宗时期,南宋陕西买马受到限制,买广马致有所增加。至绍兴末年,岁买三千匹左右。南宋又曾向金、蒙元境内买马。据载,理宗宝庆四年"两淮制府贸易北马五千余,而他郡亦往往市马不辍"。④ 又有记载说,南宋曾到海外买马。⑤ 在特殊情况下,宋朝几次括买境内民马,或买湖北等地土产马,然多不能供骑兵使用,而用于运输物资。

两宋时期马匹的价格是较高的,而且也随一般物价有上升趋势。太宗时大臣李觉奏,西马之价"匹不下二十千,往来资给赐予,复在数外"。⑥这是讲纲马的情况。所谓纲马,是指宋朝委官于边境收买,然后约五十匹一纲,牵送京师等处。另又有券马,乃由蕃马商自己牵送,沿途官府供应草料食宿。据载,咸平初,券马匹偿价"三十五千至八千凡二十三等"。

① 彭大雅等:《黑鞑事略》。

② 《宋代蜀文辑存》卷九一牟子才《论兵屯备御疏》。

③ 《历代名臣奏议》卷二四二。另度正《性善堂稿》卷八《贺茶马启》:"在中原全盛之际",买西马"以驷计者,岁将万余"。

④ 《宋史》卷一九八《兵志·马政》。

⑤ 参见罗大经《鹤林玉露》卷二《老卒回易》。

⑥ 《长编》卷二九。

"有献尚乘者,自百一十千至六十千亦三等。"① 哲宗时大臣陈次升奏,"其马及官格尺者,不下四五十缗"。② 南宋"马价踊贵";"已过四五倍承平之时"。③ 绍兴末年以后,买马连同转运之费每匹达数百缗。上述马价乃是以缗钱计,实际交易支付马价者却主要为茶、绢、银等。神宗以前,多用银绢,神宗以后多用茶。元丰四年宋廷曾规定,"每马一匹,支茶一驼,如马价高,茶价少,即将以银、绸、绢及见钱贴支"。④ 此后,博马之物"有锦有茶,又有绸绢,陕西则多用茶而少用锦,四川则多用锦而少用茶"。⑤ 例如崇宁三年,黎州博买"四岁至十三岁四尺四寸大马,每匹用名山茶三百五十斤,每斤折价钱三十文;银六两,每两止折一贯二百五十文;绢六匹,每匹止折一贯二百文;絮六张,每张止折五十文;青布一匹,止折五百文"。⑥ 合计每匹价额虽二十六贯,因上述折价与市价不符,实际价格乃是五十贯上下。南宋广西博马,多以银、盐折支。绍兴年中,马四尺二寸者"价银四十两,每高一寸增银十两,有至六七十两者"。⑦ 又曾以"盐一箩计一百五斤算银五两,折与蕃蛮"。⑧ 四川以茶博马,南宋时茶价跌贱,每匹马须用七驼茶才可博得,⑨甚至有用十驼茶者。⑩

除了买马本身支费外,官吏军兵、结好蕃族首领及长途转输也要耗费大量钱财。北宋券马要应副沿途驿料,纲马则有牵马官兵及马匹本身的花费。南宋川秦买西马,三衙派军兵押解,"再岁一往返,用精甲四千四百人,州县颇惮其费"。⑪ 乾道年中一度改为水运,时人估算,"岁费约二百万缗"。故史载:"川秦之马,遵陆则崇冈复岭,盘回斗绝;舟行则峡江

① 《长编》卷四三。
② 陈次升:《谠论集》卷一《上哲宗论牧马》,收入《历代名臣奏议》卷二四二。
③ 《宋会要·兵》二二之一五。
④ 《宋会要·职官》四三之五六。
⑤ 员兴宗:《九华集》卷七《议国马疏》。
⑥ 《宋会要·职官》四三之八〇。
⑦ 《朝野杂记》甲集卷一八《广马》。
⑧ 《宋会要·兵》二二之二八。
⑨ 参见《宋会要·兵》二五之七。
⑩ 参见《中兴圣政》卷五五。
⑪ 《朝野杂记》甲集卷一八《纲马水陆路》。

湍急,滩碛险恶。每纲运,公私经费十倍,而人马俱疲。上则耗国用,下则困州县。纲兵所经,甚于寇贼。"①马本身的价榜,连同上述转输等费用,使得宋朝每买一匹马都要付出巨大代价。南宋隆兴年中大臣张浚讲:"朝廷每岁于川广收买战马计纲起发,每匹不下三四百千。"②乾道初年有大臣也讲,四川买马马价连同"说诱番羌于价外增支犒锦彩酒食之类","并部押一行官兵资赏口券,马一匹约铜钱三百贯文"。③ 这就是说,宋朝买马除支用马本身的价钱外,还要支付与马价数量相等或超过马价的杂费。

每年宋朝用于买马的支费数额都是可观的。仁宗明道年中,范仲淹讲"沿边市马,岁几百万缗",④不知是否计入前述杂费。另据南宋初茶马司提举官赵开讲,自元丰年中置司榷蜀茶后,转运司每年应副五十二万缗,常平司应副二十余万缗给茶马司博马。⑤ 南宋初广西买马,"岁费黄金五镒,中金二百五十镒,锦四百端,绮四千匹,廉州盐二百万斤,而得马千五百匹"。⑥ 四川博买西马,"三路漕司岁应副博马绸绢十万四千匹,成都、利路十一州产茶二千一百二万斤"。⑦ 这自不包括买马、押运官兵等杂费。若全面统计,南宋岁买马以一万匹计,匹马以前述费铜钱三百贯计,岁费总应为三百万贯。北宋买马匹数多价钱低,应与南宋岁费总额接近。

三、战马养殖等支费

宋朝用于战马养护和繁殖方面的支费也有相当数量。所谓养护,主

---

① 《宋史》卷一九八《兵志·马政》。

② 《宋会要·兵》二二之二八。

③ 《宋会要·兵》二五之七。

④ 《长编》卷一一二。

⑤ 参见《名臣碑传琬琰集》卷三二《赵开墓志铭》。

⑥ 《朝野杂记》甲集卷一八《广马》。

⑦ 《朝野杂记》甲集卷一八《川秦买马》。同书卷一四《蜀茶》载茶马司岁入"约二百四十九万三千余缗……岁用二百四十六万余缗……额市马一万二千九百九十四匹"。

要讲以各种方式进行的战马平日的饲养调护,而繁殖主要指宋廷企图增加境内自产马的数量,以减少向境外买马的努力。二者原本性质是不同的,但实际上又是密不可分的。每年买来的马常常先送马监调养,已分配诸军的马,在无战事时,也要定期送监放牧。病马也多送马监调治。北宋的马监主要设于黄河两岸,最多时达三十六个,占地十万余顷。马监中有些同时又是繁殖马匹的孳生马监。马监的支费是颇大的。首先,牧养需要占用大量土地,这等于占用了财政上一笔潜在收入。这些土地熙宁以后大部分出租于民,元丰三年岁入一百一十六万贯,绍圣年中岁额一百七十万贯。① 这说明马监占用土地等于占用了百万贯以上的岁入。其次,马监本身还要支用钱财,皇祐年中,"河北七监岁耗缗钱百万"。②

军队养马也要花费人力物力。史载,真宗大中祥符元年,"凡内外坊监及诸军马凡二十余万匹马,饲马兵校一万六千三十八人。每岁京城草六十六万六千围,麸料六万二千二百石,盐、油、药、糖九万五千余斤、石,诸军不与焉"。③ 其中饲马兵校若俸禄每人岁支以四十贯计,则已岁总支六十五万贯以上。据神宗时枢密院、尚书省统计,官养一马岁费约二十七贯,④以此计,真宗时有马二十万匹,岁总费五百四十万贯,神宗时马数减少,有十五万三千匹,岁总费仍在四百万贯以上。官养马支费大,繁殖更为不易。宋廷曾努力繁殖官马,为此设立奖惩条例,如真宗大中祥符元年规定:"外监息马,一岁终以十分为率,死一分以上,勾当官罚一月俸,余等第决杖……凡生驹一匹,兵校而下赏绢一匹。"⑤然而宋代官马的繁殖是失败的,得马甚少而耗费巨大。据王安石估算,官监每繁殖马一匹,需耗资五百贯。⑥ 这大大超过了向境外买马的支费。又据神宗时官方统计:"河南北十二监,起熙宁二年至五年,岁出马一千六百四十匹,可给骑兵者二百六十匹,余仅足配邮传。而两监牧吏卒杂费及所占地租,为缗钱

① 分别见《宋史》卷一九八《兵志·马政》、卷一九三《兵志·召募之制》。
② 《玉海》卷一四九《兵·马政》。
③ 《宋史》卷一九八《兵志·马政》。
④ 《宋史》卷一九八《兵志·马政》。
⑤ 《通考》卷一六〇《兵考》。
⑥ 《宋史》卷一九八《兵志·马政》。

五十三万九千有奇,计所出马为钱三万六千四百余缗而已。"①由于官养殖战马耗资巨大,自真宗时即有大臣主张罢废官养殖马监,设法鼓励言姓养马,战争时临事调用。宰相王旦也认为:"少损马食,用资军储,亦当世之切务。"②故自此以后,官马监逐渐削减。至宋神宗时,官马监更大部分被罢,将牧地出租于民,而大力推行保马、户马法。哲宗、徽宗,大体继承,又行给地牧马等法。这些养马新法推行的主旨,在于把战马养殖的沉重负担转嫁于民。神宗时即有人指出:"官养一马,岁为钱二十七千。[行保马法]民养一马,才免折变、缘纳钱六千五百,折米而输其直为钱十四千四百,余皆出于民。"③这样,保马等法遭到了百姓的冷遇,战马更加依赖外购。南宋恢复设马监的制度,不再推行保马等法,但繁殖官马却仍不断受挫。南宋绍兴末年,为解决行在马料支费,曾清查江淮浙等路沙田芦场向其征税,总额达六十余万贯。④又时"行在诸军马草,每年计三百六十万束,每束户部降本钱百文,下浙漕司于诸州收买",⑤合计岁支三十六万贯。西川置场条买马料大麦二十五万余斛,⑥也须岁支数十万贯,可知南宋战马养殖也耗资颇多。

四、兵器支费

宋朝军事装备方面的开支,用于制造攻守器械、武器、盔甲盾牌等者也有相当数量,特别是制造火器和南宋的兵舰更显突出。

宋朝军工生产系统较为复杂,有直隶朝廷的御前军器局所、弓弩院、万全指挥、东西作坊,有隶于地方的各路都作院、各州小作院。管理军工生产的机构有三司的胄案,后来的工部、军器监、都大提举内外制造军器

---

① 《宋史》卷一九八《兵志·马政》。
② 《长编》卷七六。又吕祖谦《类编皇朝大事记》卷七载:"天禧元年七月,散监牧马。时仍岁旱媒,向敏中言:'国家监牧马数万,广费刍粟……'"
③ 《宋史》卷一九八《兵志·马政》。
④ 《朝野杂记》甲集卷一五《都下马料》。
⑤ 《朝野杂记》甲集卷一五《行在诸军马草》。
⑥ 《朝野杂记》甲集卷一五《关上诸军马料》。

所及有作院各路转运司等。从事军工生产者有军匠、役兵及临时召募的工匠杂役,其中长期雇佣者多时逾万,少时数千。例如,北宋元祐年中吕陶奏称,哲宗即位后减并军器作坊,"省去监督综辖之员,拣放疲癃拙惰之匠","然至今兵匠尚六千人为额,两坊额外亦四五百人"。① 南宋前期,大臣楼钥讲,朝廷军器所"万全指挥及东西作坊见役五千七百余人","更于诸州作院差拨兵士入所,又一千余人"。② 由此可知军工生产之规模。

宋代武器较为精良,造价颇高。北宋仁宗时,陕西"弩一枝,钱一贯五百文足;弓一张,钱七八百文足"。③ 神宗时,开封"买弓一张至千五百,箭十只六七百"。④ 南宋绍兴三年,"凡军中造提刀一,费钱三千三百;手弓一,费钱二千七百;手箭一,费钱七十四;弩箭一,费钱六十五;应鼓一,费钱六千五百;披膊一副,费钱三十八千二百;兵幕一座,费钱六十九千八百;朱马甲一副,费钱四十千一百;朱马甲当胸一副,费钱十七千三百,皆有奇"。⑤ 又陆游记南宋初"平江造战船,略计其费,四百料八橹战船长八丈,为钱一千一百五十九贯,四橹海鹘船长四丈五尺,为钱三百二十九贯"。⑥ 军器造价高,要经常使数十万军队保持装备整齐状态,其费用自不会少。

军工生产费用,因与军事机密有关,多不见记载。其零散反映在史籍者,例如元丰五年七月,"鄜延路计议边事所奏乞缗钱百万、工匠千人、铁生熟五万斤、牛马皮万张造军器。并给之"。⑦ 元丰六年五月,"诏荆湖南路转运司应副造上京甲叶二百七十万,并造广东甲叶四十七万,计工料钱三十五万缗,其以封桩阙额禁军钱拨还之"。⑧ 南宋前期,京都万全指挥等每岁约支缗钱三十万缗、米五万斛。⑨ 景定年中,建康置局造万人军

①　《净德集》卷四《奏乞罢军器冗作状》。另参见《宋朝诸臣奏议》卷五八蔡承禧奏。
②　《攻媿集》卷二六《论军器所冗费》。
③　尹洙:《河南先生文集》卷二四《申乡兵弓手轮番教阅状》。
④　《长编》卷二二一。
⑤　《朝野杂记》甲集卷一八《御前军器所》、《系年要录》卷五五。
⑥　《老学庵笔记》卷一。
⑦　《宋史》卷一九七《兵志·器甲之制》。
⑧　《长编》卷三三五。
⑨　参见楼钥《攻媿集》卷二六《论军器所冗费》。

器,"物料其费二百二十一万贯,铁炭米之类不与焉"。① 从这些记述中,略可窥兵器制造费用之一斑。

南宋重视水战,战船的制造较北宋更受重视。时有铁头船、海鹘船、车船等多种,大者可载兵士千余人。据统计,自淳祐九年至景定年中,仅建康府一处即造新战船八百五十只,修旧船二千六百九十三只。② 南宋造船修船费用未见统计数,大约也有相当数量。火药自北宋时即被用于战争,元丰年中有向日本购买硫磺五十万斤的记载。③ 南宋时火器在战争中得到更广泛的应用。南宋后期大臣李曾伯讲,"荆淮铁火炮动十数万只,臣在荆州,一月制造一二千只,如拨付襄郢,皆一二万"。④ 南宋末,更制造回回炮等新火器。史云:"是时兵纪不振,独器甲视旧制益详。"⑤ 器甲的进步发展与精良,自然要以耗用较多钱财为基础。

五、乡兵与保甲支费

宋朝除禁军、厢军两种正规军队外,还有各种名目的乡兵(如保毅、忠顺、强人、强壮、弓箭手、义勇、土丁、枪杖手、良家子等),另有番兵,其性质与乡兵相似,只是由沿边少数民族人组成。北宋神宗时行保甲法,将乡兵与保甲互相结合,令保甲担任一定军事职能,乡兵与保丁常常混同。宋初至真宗初年,乡兵较少,真宗中期以后乡兵得到很大发展。宋廷发展乡兵,其目的一是以之配合正规军作战,二是有意识地发展乡兵取代一部分正规军,以减少军费开支。神宗时行保甲法,主要是出于后一种动机。

北宋仁宗以后,乡兵、蕃兵数量渐多。据南宋袁甫讲,仁宗时河北、河东、陕西共有在籍强壮、弓箭手等乡兵、蕃兵五十八万余人。⑥ 熙宁二年

---

① 《(景定)建康志》卷三九《武卫志》。
② 《(景定)建康志》卷三九《武卫志》。
③ 参见《长编》卷三四三、《宋会要·食货》三八之二六。
④ 《可斋续稿》后集卷五《条具广南备御事宜奏》。
⑤ 《宋史》卷一九七《兵志·器甲之制》。
⑥ 参见《蒙斋集》卷七《奏乞团结民兵札子》。

宋廷统计,上述地区仅义勇一种乡兵计有四十二万余人。行保甲法后,熙宁九年全宋系籍义勇保甲及民兵共七百一十八万余人。① 元丰四年,开封府界及沿边三路保丁共六十九万余人。② 南宋时不见统计数字,从有关记载看,其总数也有十万或几十万之众。

　　乡兵不是正规军,一般都不是常备兵,封建国家用在每个乡兵身上的支费,固然要比禁厢军士卒少得多,但绝不是全无支费。乡兵一般是在出戍或集训时才支钱粮。例如,太宗时河北忠顺自十月至二月番戍,“人给粮二升”。③ 真宗咸平年中,陕西保毅弓箭手“上番人月给米六斗,仲冬,赐指挥使至副都头紫绫绵袍,十将以下帛绫袍”。④ 仁宗时,河北乡兵番戍,“每人月支口食九斗、盐二斤”。⑤ 神宗熙宁三年规定:“陕西起发义勇赴沿边战守,今后并令自赍一月樏粮,折本户税赋,若不能自备,乞就所发州军预请口食一月者亦听。”⑥后两年又规定:保丁上番“月给口粮、薪菜钱”,其“都副保正月各给钱七千,大保长三千”。⑦ 南宋隆兴二年,宋廷令沿江州军每县发保甲一千人分戍各渡口,官给钱米,每人每日米三升,钱一百文。⑧ 乾道四年规定,兴元义士“如遇调发,每人日破口食米二升半,回军日止,其行军犒赏、带甲等钱,并许依正军例一等支破”。⑨ 乾道六年,戍守京西、湖北的民兵“每人合日给米二升半,钱五十文省”。⑩ 以上是出戍时支给钱粮的例子。乡兵出戍时少,集中教阅却较为经常,教阅时也要支给钱粮。例如,仁宗时三边及京东西各路乡兵“教习时每人支日食米二升”。⑪ 英宗时,陕西秦陇十二州义勇教阅时“日支口食米二升,各

① 参见《宋史》卷一九一至一九二《兵志·乡兵》。
② 参见《九朝编年备要》卷二一。另《宋会要·兵》二之三八记,熙宁中“行保甲法,三路府[界]得七十余万丁,设官教阅”。
③ 《宋史》卷一九〇至一九二《兵志·乡兵》。
④ 《宋史》卷一九〇至一九二《兵志·乡兵》。
⑤ 《包拯集》卷八《请那移河北兵马事》。
⑥ 《宋会要·兵》二之四。
⑦ 《宋史》卷一九〇至一九二《兵志·乡兵》。
⑧ 参见《宋会要·兵》一之二五。
⑨ 《宋会要·兵》一之二五。
⑩ 《宋会要·兵》一之三一。
⑪ 张方平:《乐全集》卷二一《论天下州县新添置弓手事宜》。

酱菜钱三十文"。① 神宗元丰年中,"保甲当教时,月给钱三千,日给食,官与戎械战袍,又其犒赏"。② 南宋乾道年中,两淮民兵集训,每人每日支钱百文,米二升,后米增为二升半。其总首每人每日支钱二百文、米三升,后改为月给食钱五贯,其他民兵首领食钱依级递增,米则与普通民兵相同。③ 对于教阅中表现优异、武艺高强者,还要支发犒赐。例如元丰五年,定河北保甲集教赏格:"弓箭手马射第一等银碗七两、绢五匹,步射及弩手第一等银碗五两、绢五匹,第二第三等各第减三之一。"④ 南宋乾道五年拍试教阅两淮民兵,"武艺精熟之人,令州军优与犒赏,谓如射箭上帖,每只支犒钱一贯文省,中红心每只支犒钱二贯文省,枪手刺赢者每人支犒钱三百文省"。⑤ 充乡兵的民户,往往可免除部分赋役负担,这在南宋较为多见。例如绍兴元年规定兴元府等处义士,各免本户名下物力钱二百千,乾道年中,又进一步规定可免部分科籴及本户差役。⑥ 南宋初,广西邕州洞丁按武艺分为上中下三等,上等"与免诸般差使及科配",中等"与免夫役"。⑦ 绍兴末年,广西宜州土丁可免纳身丁钱。⑧ 孝宗时,淮南"籍定万弩手之家,依元降指挥,并与免户下三百亩税赋"。⑨ 乡兵还有一些杂支,如出戍时给路费、作战有功者给赏,受伤或死亡者有赐等,还要配给一定数量的盔甲武器等。蕃兵一般士卒不见有官支钱粮的情况,但其首领却有俸禄。其"充本族巡检者,奉同正员,月添支钱十五千,米面傔马有差"。"首领补军职者,月奉钱自三千至三百,又岁给冬服绵袍凡七种,紫绫三种"。⑩ 熙宁年中,因西部战争,特诏蕃兵军官"每月请受外""别给添支钱,指挥使一千五百,副指挥使一千,军使七百,副兵马使五百;十

---

① 参见《宋会要·兵》二之二。
② 《九朝编年备要》卷二一。
③ 参见《宋会要·兵》一之二七、二八、三六。
④ 《宋会要·兵》二之二四。
⑤ 《宋会要·兵》一之二八,另参见一之三、五。
⑥ 参见《系年要录》卷四八及《宋会要·兵》一之二五。
⑦ 《永乐大典》卷八五○七引《邕州志》。
⑧ 参见《宋会要·兵》一之二○。
⑨ 《宋会要·兵》一之二四。
⑩ 《宋史》卷一九一《兵志》。

将三百"。① 乡兵及蕃兵中的一部分,宋廷配给一部分无人耕种的土地令其耕种,以为优惠。其税租之额各地不同,大体轻于营屯田租额。

乡兵、蕃兵所费钱粮,比之禁厢军要少得多,据仁宗时包拯估计,"比之屯驻、驻泊就粮兵士,一月支费可充乡兵一岁之用"。② 南宋乾道年中大臣王炎也作了类似的估计。这是因为乡兵集教出戍外平日并不费官钱粮,而集教出戍时所支也低于禁军。但是,由于其数量众多,合计起来也有一定支费。仁宗时张方平估计,全宋乡兵"将多补少,计天下支费其数不啻百万斛"。③ 元丰五年,陕西、河东、河北保甲"岁费缗钱三十一万三千余,而团教之赏为钱一百万缗"。④ 元丰六年,诏令将京东新法增收盐钱内岁支十五万贯买细绢助河东路保甲司充赏赐。⑤ 南宋乾道年中,荆南府籍义勇民兵八千四百余人,每年截留苗米一万四千石,漕司支钱二万贯。⑥ 一府如此,全宋当也不在少数。

乡兵、保甲制度的广泛推行,等于变相部分地恢复了百姓的兵役。宋代赋役繁重,其源首先就在于募兵制的推行,在募兵数量及百姓赋税负担未大削减的情况下,部分恢复兵役,必然加重百姓负担。熙宁初年,枢密使陈升之曾表忧虑:"今募兵未已,且养上番义勇,则调度尤不易。"⑦元丰年中,老臣王拱辰冒"沮坏新法"之罪,上奏言"籍民为保甲,日聚而教之","非止困其财力,夺其农时,是以法驱之使陷于罪罟也"。⑧ 元祐初,司马光更进一步指出:"今籍乡村人民,二丁取一,以为保甲,授以弓弩,教之战阵,是农民半为兵也……耕耘收获稼穑之业几尽废也。"⑨北宋后期西北数路灾荒频仍,除了战争的因素外,乡兵、保甲制度的推行也是重

---

① 《长编》卷二七〇。
② 《包拯集》卷八《请那移河北兵马事》。
③ 《乐全集》卷二一《论天下州县新添置弓手事宜》。
④ 《长编》卷三二九,另参见《通考》卷一五三《兵考》。
⑤ 参见《宋会要·兵》二之二八、三一。
⑥ 参见《宋会要·兵》一之二四、《中兴圣政》卷四七。
⑦ 《宋史》卷一九一《兵志》。
⑧ 《宋史》卷三一八《王拱辰传》。
⑨ 《通考》卷一五二《兵考》。

要原因。故叶适总结历史教训道:"王安石为神宗讲所以销兵之术,知兵之不胜养,而犹不悟籍兵之不必多,教诸路保甲至四五十方,阴欲以代正兵。正兵不可代,而保甲化天下之民皆为兵,于是虚耗之形见而天下之势愈弱……至于绍圣以后,则又甚矣。保甲复治,正兵自若,内外俱耗,本末并弱。"①不精简募兵而又发展乡兵、保甲,给百姓带来巨大痛苦,也给宋朝财政带来了深远的不良后果。

宋朝军费开支在财政上占据异乎寻常的位置,财政上许多与前代不同的新特点、新现象、新问题大都与军费开支有密切的联系,对于军费开支在财政中的这种重要意义,必须有足够的认识。

---

① 《水心别集》卷一《兵总论》。